CH. DICKENS

BLEAK-HOUSE

ROMAN ANGLAIS

TRADUIT AVEC L'AUTORISATION DE L'AUTEUR

SOUS LA DIRECTION DE P. LORAIN

TOME SECOND

PRIX: 2.00

PARIS
LIBRAIRIE HACHETTE ET Cie
79, BOULEVARD SAINT-GERMAIN, 79

Librairie HACHETTE et Cie, boulevard Saint-Germain, n° 79, à Paris.

BIBLIOTHÈQUE DES MEILLEURS ROMANS ÉTRANGERS

ÉDITIONS À 1 FRANC 25 CENTIMES LE VOLUME

ROMANS TRADUITS DE L'ANGLAIS

Ainsworth (W.) : Abigail, 1 v. — Crichton, 2 v. — Jack Sheppard, 2 v.
Anonymes : Les pilleurs d'épaves, 1 v. — Miss Mortimer, 1 v. — Paul Ferroll, 1 v. — Violette, 1 v. — Whitehall, 2 v. — Whitefriars, 2 v. — La veuve Barnaby, 2 vol. — Tom Brown à Oxford, 2 vol. — Mahalah, 1 vol. — Molly Bawn, 1 vol.
Austen (Miss) : Persuasion, 1 v.
Beaconsfield (lord) : Endymion, 2 vol.
Beecher-Stowe (Mrs) : La case de l'oncle Tom, 1 v. — La fiancée du ministre, 1 v.
Black (W.) : Anna Beresford, 1 vol.
Blakmore (R.) : Erema, 2 vol.
Braddon (Miss) : Œuvres, 41 volumes.
Bulwer Lytton (sir Ed.) : Œuvres, 25 vol.
Conway (H.) : Le secret de la neige, 1 v.
Craik (Miss Mulock.) : Deux mariages, 1 v. — Une noble femme, 1 v. — Mildred, 1 v.
Cummins (Miss) : L'allumeur de réverbères, 1 v. — Mabel Vaughan, 1 v. — La rose du Liban, 1 v.
Currer-Bell (Miss Brontë) : Jane Eyre, 2 v. — Le Professeur, 1 v. — Shirley, 2 v.
Dasent : Les Vikings de la Baltique, 2 v.
Derrick (F.) : Olive Varcoe, 2 v.
Dickens (Ch.) : Œuvres, 23 volumes.
Dickens et Collins : L'abîme, 1 v.
Voir ci-dessus Beaconsfield.
Disraeli : Sybil, 2 v. — Lothair, 2 v.
Edwardes (Mme Annie) : Un bas-bleu, 1 v. — Une singulière héroïne, 1 v.
Edwards (Miss Amélia) : L'héritage de Jacob Trefalden, 2 vol.
Elliot (F.) : Les Italiens, 1 vol.
Fleming (M.) : Un mariage extravagant, 2 v. — Le mystère de Catheron, 2 vol. — Les chaînes d'or, 1 vol.
Fullerton (lady) : L'oiseau du bon Dieu, 1 v. — Hélène Middleton, 1 v.
Gaskell (Mrs) : Autour du sofa, 1 v. — Marie Barton, 1 v. — Marguerite Hall (Nord et Sud), 2 v. — Ruth, 1 v. — Les amoureux de Sylvia, 2 v. — Cousine Phillis, 1 v. — L'œuvre d'une nuit de mai, Le héros du fossoyeur, 1 v.
Grenville Murray : Le jeune Brown, 2 v. — La cabale du boudoir, 2 v. — Veuve ou mariée? 1 v. — Une famille endettée, 1 v. — Étranges histoires, 1 v.
Hall (Cap. Basil) : Scènes de la vie maritime, 1 v. — Scènes du bord et de la terre ferme, 1 v.
Hamilton-Aïdé : Rita, 1 v.

Hardy (T.) : Le trompette-major, 1 v.
Harwood (J.) : Lord Ulswater, 2 vol.
Haworth (Miss) : Une méprise. — Les trois soirées de la Saint-Jean. — Morwell, 1 v.
Hawthorne : La lettre rouge, 1 v. — La maison aux 7 pignons, 1 v.
Hildreth : L'esclave blanc, 1 v.
Howells : La passagère de l'Arowstoock, 1 v.
James : Léonora d'Orco, 1 v. — L'Américain à Paris, 2 v. — Roderick Hudson, 1 v.
Jenkin (Mrs) : Qui casse paie, 1 v.
Jerrold (D.) : Sous les rideaux, 1 v.
Kavanagh (J.) : Tuteur et pupille, 2 v.
Kingsley : Il y a deux ans, 2 v.
Lawrence (G.) : Frontière et prison. Guy Livingstone, 1 v. — Honneur et 2 v. — L'épée et la robe, 1 v. — Maurice Dering, 1 v. — Flora Bellassy, 2 v.
Longfellow : Drames et poésies, 1 v.
Marryat (Miss) : Deux amours, 2 v.
Marsh (Mrs) : Le contrefait, 1 v.
Mayne-Reid : La piste de guerre. Quarteronne, 1 v. — Le doigt de 1 v. — Le roi des Séminoles, 1 v. — partisans, 1 v.
Melville (Whyte) : Les gladiateurs : Rome et Judée, 2 v. — Katerfelto, 1 v. — Digby Grand, 2 v. — Kate Coventry, 1 v. — tanella, 1 v.
Ouida : Ariane, 2 v. — Pascarel, 1 v.
Page (H.) : Un collège de femmes, 1 v.
Poynter (E.) : Hetty, 1 v.
Reade et Dion Boucicault : L'île providentielle, 2 v.
Seagrave (A.) : Marmorne, 1 v.
Smith (J.) : L'héritage, 3 v.
Stephens (Miss) : Opulence et misère, 1 v.
Thackeray : Henry Esmond, 2 v. — Histoire de Pendennis, 3 v. — La foire aux vanités, 2 v. — Le livre des Snobs, 1 v. — Mémoires de Barry Lyndon, 1 v.
Thackeray (Miss) : Sur la falaise, 1 v.
Townsend (V.-F.) : Madeline, 1 v.
Trollope (A.) : Le domaine de Belton, 1 v. — La veuve remariée, 2 v. — Le cousin Henry, 1 v.
Trolloppe (Mrs) : La Pupille, 1 v.
Wilkie Collins : Œuvres, 16 volumes.
Wood (Mrs) : Les filles de lord Oakburn, 2 v. — Le serment de Lady Adelaide, 2 v. — Le maître de Greylands, 2 v. — La gloire des Verner, 2 v. — Edina, 2 v. — L'héritier de Court-Netherleigh, 2 v.

Coulommiers. — Imp. P. Brodard et Gallois.

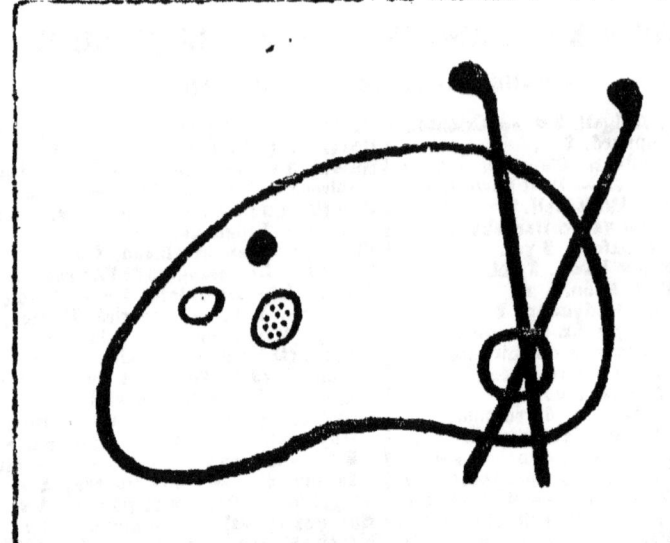

Fin d'une série de documents en couleur

BLEAK-HOUSE

OUVRAGES DU MÊME AUTEUR

PUBLIÉS DANS LA BIBLIOTHÈQUE DES ROMANS ÉTRANGERS
PAR LA LIBRAIRIE HACHETTE ET Cⁱᵉ

Œuvres de Charles Dickens, traduites de l'anglais, sous la direction de P. Lorain. 28 vol.

Aventures de M. Pickwick. 2 vol.
Barnabé Rudge. 2 vol.
Bleak-House. 2 vol.
Contes de Noël. 1 vol.
David Copperfield. 2 vol.
La petite Dorrit. 2 vol.
Dombey et fils. 3 vol.
Le Magasin d'antiquités. 2 vol.
Les temps difficiles. 1 vol.
Nicolas Nickleby. 2 vol.
Olivier Twist. 1 vol.
Paris et Londres en 1793. 1 vol.
Vie et aventures de Martin Chuzzlewit. 2 vol.
Les grandes Espérances. 2 vol.
L'ami commun. 2 vol.
Le Mystère d'Edwin Drood. 1 vol.

DICKENS et COLLINS : L'Abîme, traduit de l'anglais, par Mᵐᵉ Judith. 1 vol.

Coulommiers. — Imp. PAUL BRODARD. — 384-96.

CH. DICKENS

BLEAK-HOUSE

ROMAN ANGLAIS

TRADUIT AVEC L'AUTORISATION DE L'AUTEUR

SOUS LA DIRECTION DE P. LORAIN

TOME SECOND

PARIS
LIBRAIRIE HACHETTE ET Cie
79, BOULEVARD SAINT-GERMAIN, 79

1896
Tous droits réservés.

BLEAK-HOUSE.

CHAPITRE PREMIER.

Garde et malade.

Il y avait quelques jours seulement que nous étions revenus à Bleak-House, lorsqu'un soir je montai dans ma chambre pour jeter un coup d'œil, par-dessus l'épaule de Charley, sur la page d'écriture qu'elle s'appliquait à faire. En dépit de ses efforts, écrire était pour elle une besogne impossible; la pauvre enfant paraissait dépourvue de toute influence sur sa plume, qui semblait, au contraire, s'animer entre ses doigts d'une perversité sans égale : elle allait tout de travers, faisait un crochet, s'arrêtait court, éclaboussait et se rebiffait comme un âne sur lequel on est monté sans son agrément. Rien n'était plus drôle que de voir faire des lettres si vieilles par des mains si jeunes; les unes ridées et chancelantes, les autres si potelées et si fraîches. Elle était pourtant d'une adresse peu commune, et avait, pour bien des choses, les doigts les plus agiles qu'il fût possible de voir.

« Eh bien! lui dis-je en regardant une quantité d'O carrés, triangulaires ou en forme de poires de toute espèce, nous faisons des progrès; si nous pouvions finir par un O qui fût rond, ce serait très-bien, Charley. »

J'en fis un, Charley en fit un autre; mais sa plume ne voulut ni rejoindre le point de départ, ni s'arrêter convenablement, et l'O de Charley eut une queue.

« N'importe, lui dis-je, nous y arriverons avec le temps. »

Charley posa la plume, ouvrit et ferma plusieurs fois sa petite main crispée, regarda la page qu'elle venait de faire avec un sérieux où l'orgueil était mélangé de doute, se leva et me fit une révérence en me disant:

« Merci bien, miss; vous connaissez une pauvre femme que l'on appelle Jenny?

— Oui ; la femme d'un briquetier, n'est-ce pas ?

— Elle m'a demandé, l'autre jour, si je n'étais pas la petite femme de chambre de la jeune lady ; c'était de vous qu'elle parlait, et j'ai répondu oui, miss.

— Je croyais qu'elle avait quitté ce pays-ci pour aller vivre ailleurs ?

— Oui, miss ; elle était partie ; mais elle est revenue dans sa maison avec une autre femme qui s'appelle Liz ; connaissez-vous Liz aussi, miss ?

— Je crois l'avoir vue ; mais j'ignorais son nom.

— Elles sont revenues toutes les deux, miss, après avoir couru tout le pays.

— Tout le pays, Charley ?

— Oui, miss ; et il y a trois ou quatre jours, cette pauvre femme est venue auprès de la maison dans l'espoir qu'elle vous apercevrait ; c'est alors qu'elle m'a vue, parce que j'étais sortie, et qu'elle a trouvé que j'avais l'air de votre petite servante, ajouta Charley avec un éclat de rire rempli de joie et d'orgueil.

— Vraiment, Charley ?

— Oui, miss, vraiment. »

Et Charley, après un autre éclat de rire où vibrait la joie la plus pure, reprit le sérieux qui convenait à ses fonctions de femme de chambre.

« Et où as-tu vu Jenny ? lui demandai-je.

— Près de la boutique du docteur, me dit-elle ; et sa figure s'attrista, car la chère petite portait encore ses habits de deuil.

— Est-ce que la pauvre femme est malade ?

— Non, répondit Charley ; c'est quelqu'un qui s'est retiré chez elle, et qui court le pays sans savoir où aller ; un pauvre garçon bien malheureux ; ni père, ni mère, personne au monde ! comme serait mon pauvre Tom, si Emma et moi nous étions mortes après mon père. Et les yeux de Charley s'emplirent de larmes.

— Et c'est pour lui qu'elle allait chercher quelque médicament ?

— Oui, miss ; elle a dit comme ça, qu'une fois il en avait fait autant pour elle. »

Ma petite femme de chambre croisait ses mains avec tant de ferveur, et me regardait d'une manière si expressive, que je n'eus pas grand'peine à deviner sa pensée.

« Je crois, lui dis-je, que nous ferions bien d'aller au cottage, et de voir où en est ce pauvre garçon. »

La rapidité avec laquelle Charley m'apporta mon chapeau et

mon voile, s'enveloppa d'un grand châle qu'elle attacha soigneusement, et se déguisa en petite vieille, exprimait assez que j'avais prévenu ses désirs. Nous sortîmes toutes les deux sans rien dire à personne.

Il faisait nuit; le temps était froid et les arbres frissonnaient sous la bise; la pluie, qui tombait à torrents depuis plusieurs jours, venait de cesser; le vent avait chassé les nuages au-dessus de nos têtes; mais le ciel était sombre, malgré les étoiles qui commençaient à briller; au couchant, une lueur mourante donnait à l'horizon quelque chose de sinistre, et sur ce fond livide se détachait une ligne de nuées épaisses, qui ressemblaient à une mer frappée d'immobilité au milieu de la tempête; une teinte rougeâtre flamboyait du côté de Londres; et cette lumière sanglante, qui ne semblait pas appartenir à la terre, suspendue, entre d'immenses ténèbres, au-dessus de la Cité qu'on ne voyait pas, et de ses habitants sans nombre, formait, avec le pâle reflet du ciel, un contraste d'une grandeur effrayante.

Je ne savais pas assurément ce qui allait m'advenir; mais je me suis toujours rappelé que quand je m'arrêtai à la porte du jardin pour regarder l'état du ciel, j'éprouvai un sentiment indéfinissable, et je me vis moi-même sous un aspect tout différent de celui que j'avais alors. Cette impression étrange est restée dans mon esprit, associée avec l'endroit et l'heure où je la ressentis si vivement; avec les rumeurs lointaines de la ville, les aboiements d'un chien, et le bruit d'une voiture qui descendait la colline.

C'était un samedi soir; la plupart des habitants du hameau vers lequel nous nous dirigions étaient au cabaret: nous trouvâmes leurs masures plus tranquilles, mais tout aussi misérables qu'à ma première visite; les fours étaient allumés et répandaient autour de nous leur vapeur étouffante et leur lumière bleuâtre.

Arrivées au cottage où la lueur d'une chandelle se distinguait à travers les vitres rapiécées, nous entrâmes après avoir frappé à la porte. Un air épais, malsain et d'une odeur particulière, remplissait toute la pièce. La mère du petit enfant que j'avais vu mourir dans cette chambre, était assise auprès d'un feu presque éteint; en face d'elle, un jeune garçon tout en guenilles, accroupi sur le carreau, s'appuyait au coin de la cheminée; il portait sous son bras les fragments d'une casquette de fourrure, et tâchait de se réchauffer, car il tremblait au point d'en ébranler la fenêtre et la porte disjointes.

En entrant, j'avais adressé la parole à Jenny, sans écarter mon voile; au son de ma voix, le malheureux s'était redressé tout à coup, et m'avait regardée avec une singulière expression d'étonnement et de frayeur.

J'étais si évidemment la cause de son effroi, que je restai près de la porte.

« J' veux pas aller au ceumetière, murmura-t-il, j' veux pas y aller, je l' veux pas que j' vous dis. »

— Ne faites pas attention, madame, me dit tout bas Jenny; c'est la fièvre; mais sa tête lui reviendra. Et se retournant vers le malade : Jo, dit-elle, qu'est-ce qui te prend, mon garçon?

— J' sais bien pourquoi qu'elle vient, répondit le pauvre Jo.

— Qui ça qu' tu veux dire!

— C' te lady qui vient m' prendre pour aller au ceumetière; mais j' veux pas y aller, je l' veux pas, que j' vous dis; elle irait m'y faire enterrer. »

Il eut un redoublement de frisson, et, se replaçant contre le mur, il fit trembler la cabane.

« Depuis ce matin, reprit Jenny avec douceur, il parle de cimetière, de belle dame et de souverain, sans qu'on puisse y rien comprendre. Allons, Jo, c'est milady; qu'est-ce que tu as à la regarder comme ça?

— Milady! répliqua-t-il d'un air de doute en mettant son bras au-dessus de ses yeux brûlants pour mieux m'examiner. Milady! elle ressemble pourtant bon à l'autre; c'est pas l' chapeau ni la robe, mais c'est tout comme l'autre. »

Ma petite Charley, qui devait à ses malheurs une expérience prématurée, avait ôté son chapeau et son châle, et, prenant une chaise, y fit asseoir le pauvre Jo avec toutes les attentions d'une vieille garde-malade, si ce n'est que la vieille garde n'aurait pas eu sa figure enfantine, qui parut gagner la confiance du patient.

« Dites-le-moi, *vous*, reprit-il en s'adressant à elle, c'te lady-là, c'est-i' pas l'autre? »

Charley lui fit un signe négatif en l'enveloppant avec soin des haillons qu'il portait, de manière qu'il pût avoir moins froid.

« Alors, murmura-t-il, j' s'pose que c'est pas elle.

— Je suis venue pour vous voir, lui dis-je, et pour essayer de vous faire un peu de bien. Qu'est-ce que vous éprouvez?

— J' suis tout gelé, répondit-il d'une voix rauque, en promenant autour de moi ses yeux hagards; et j' brûle tout de même; j' suis comme dans le feu et dans la glace; j'ai froid et pis j' brûle, et pis j'ai froid. Ma tête est gourde comme si je devenais fou; et j'ai si soif! pis, dans mes os, c'est qu'une souffrance.

— Depuis quand est-il ici ? demandai-je à la femme du briquetier.

— Depuis ce matin, répondit-elle ; je l'ai trouvé au coin de la ville. Nous nous étions connus à Londres ; n'est-ce pas, Jo

— Tom-all-Alone's, » balbutia-t-il ; et laissant retomber sa tête sur sa poitrine, il murmura des mots sans suite, comme en rêve.

« Quand est-il arrivé ? demandai-je encore à Jenny.

— J'ai parti de Londres hier, répondit Jo lui-même ; faut que j'aille en queuqu' endroit.

— Où cela, mon pauvre Jo ?

— Queuque part, reprit-il d'une voix plus forte. J'ai été dit d' circuler, encore pus qu'auparavant, d'pis qu' l'autre m'a donné un souverain. Mistress Saugsby, alle est toujours à me guetter, à me tourmenter à c'te fin que j' m'en aille. Qué qu' j'y ai fait à elle ? et y sont tous après moi, à m' tourmenter pour m' faire en sauver ; trétous enfin, depuis que j' me lève jusqu'au soir ; eh ben ! j' m'en vas queuqu' part. C'est là que j' vas. Alle m'a dit l'aut' fois dans Tom-all-Alone's qu'alle était de Stolbuns, et j'ai pris la route de Stolbuns ; autant c'telle-là qu'une autre. »

Il finissait toujours par s'adresser à Charley.

« Que faire de lui ? demandai-je à la femme en la prenant à part. Il ne peut pas voyager dans l'état où il est, alors même qu'il saurait où aller.

— J' n'en sais pas pus que les morts, répondit-elle en jetant sur Jo un regard de compassion. Et s'ils pouvaient nous le dire, pe't-être ben qu' les morts en sauraient plus long qu' moi. J' l'ai gardé ici par pitié ; j'y ai donné un peu de bouillon et de la médecine que j'ai pris chez l' docteur ; Lize est allée pour voir si queuqu'un voudrait le prendre (mon p'tit est couché là ;... c'est son petit à elle, mais j' parle toujours comme s'il était à moi), et je peux pas l' garder longtemps ; car si mon homme rentrait et qu'il le trouve à la maison, il serait ben assez dur pour le mettre à la porte et pourrait ben le cogner. Écoutez ! c'est Lize qui revient. »

Lize entra précipitamment et Jo se leva de sa chaise, sentant d'une manière confuse qu'il devait s'en aller. Je ne sais pas à quel instant l'enfant s'était éveillé, ni à quel moment ma petite femme de chambre l'avait pris dans ses bras ; toujours est-il qu'elle le promenait en calmant ses cris d'une façon toute maternelle, comme si elle était encore dans le grenier de mistress Blinder, avec son frère et sa sœur.

Lize avait été chez tous ceux qui sont chargés du service de l'hôpital et rentrait aussi avancée qu'auparavant; le matin, on lui avait dit qu'il était trop tôt pour admettre un malade, et, le soir, que l'heure était passée. Celui-ci l'avait adressée à celui-là qui l'avait renvoyée à tel autre d'où il avait fallu qu'elle revînt chez le premier; ce qui me fit supposer que ces messieurs avaient été choisis pour leur habileté, non pas à remplir leurs devoirs, mais à les éluder. Elle arrivait tout essoufflée, car elle avait couru tout le long du chemin, et s'écria d'un air effaré.

« Jenny, ton maître est sur la route et va bientôt rentrer; il est suivi du mien qui n' tardera pas non plus; que le Seigneur ait pitié de ce garçon; nous ne pouvons rien pour lui. »

Elles rassemblèrent quelques sous à la hâte, les lui mirent dans la main, et Jo sortit de la maison en les remerciant à peine et sans savoir ce qui le faisait partir.

« Donnez-moi l'enfant, dit la mère à Charley; merci bien de votre bonté; bonsoir, Jenny! Ma jeune dame, si mon maître ne s'en prend pas à moi quand il va être rentré, j'irai regarder dans tous les coins où ce qu'il est possible que ce pauvre gars se soit fourré et je recommencerai demain matin. »

Elle s'enfuit bien vite et l'instant d'après, quand nous passâmes devant sa masure, nous la vîmes sur sa porte, chantant tout bas pour endormir son enfant qui pleurait, et guettant avec inquiétude le retour de son ivrogne. Je n'osais pas m'arrêter dans la crainte de lui attirer quelque reproche; mais il était impossible d'abandonner le pauvre Jo et de le laisser mourir. J'en parlai à Charley qui connaissait mieux que moi ce qu'on pouvait faire pour lui; et sa vivacité naturelle égalant sa présence d'esprit, elle eut bientôt retrouvé notre malade à côté du four à briques.

Je pense qu'il avait emporté de Londres un petit paquet de hardes que sans doute on lui avait volé ou qu'il avait perdu, car il n'avait sous le bras que sa misérable casquette et s'en allait tête nue, bien que la pluie eût recommencé et tombât maintenant à verse. Il s'arrêta quand nous l'appelâmes et parut fort effrayé lorsque je m'approchai de lui.

« Venez avec nous, lui dis-je, nous vous procurerons un logement pour la nuit.

— J'ai pas besoin d' logis, répondit-il; j' vas me coucher dans le tas de briques chaudes, là-bas.

— Mais vous ne savez donc pas que vous pourriez y mourir? lui dit Charley.

— On meurt partout, réplique Jo; dans une maison tout comme ailleurs; alle sait ben où, j'y ai montré l'endroit. J' mourons par maisonnées dans Tom-all-Alone's; et si elle n'est pas l'autre, dit-il tout bas à Charley d'une voix râlante, c'est pas non pus l'étrangère; y en a donc trois, alors? »

Charley me regarda tout effrayée; je me sentais moi-même un peu troublée par le regard étincelant que Jo arrêtait sur moi. Cependant à un signe que je lui fis, pour l'engager à venir, il n'hésita plus à nous suivre, paraissant obéir à une certaine influence que j'exerçais sur lui. Nous avions peu de chemin à faire, seulement la colline à monter; mais je craignis un instant d'avoir besoin d'assistance pour gagner la maison, tant la marche de Jo était incertaine et tremblante. Il ne se plaignait pas néanmoins et paraissait pour lui-même d'une étrange indifférence. Quand nous fûmes arrivés, je le laissai dans l'antichambre, où il se blottit dans l'embrasure d'une fenêtre, regardant avec insouciance le confort dont il était environné; et j'entrai dans le salon pour parler à mon tuteur. J'y trouvai M. Skimpole qui était arrivé par la voiture du soir, ainsi qu'il faisait fréquemment sans avertir et sans jamais apporter le moindre bagage, se réservant d'emprunter ce dont il avait besoin.

Ils vinrent immédiatement avec moi pour examiner Jo; les domestiques entouraient le pauvre malade. Charley était assise auprès de lui sur une banquette, et lui, il était là tout tremblant comme un animal blessé qu'on vient de trouver dans un fossé, sur le grand chemin.

« Sa maladie me paraît très-grave, dit mon tuteur après lui avoir adressé plusieurs questions; qu'en pensez-vous, Léonard?

— Vous feriez bien de le mettre dehors, répondit M. Skimpole.

— Mais vous n'y songez pas! répliqua mon tuteur d'un ton presque sévère.

— Mon cher Jarndyce, vous savez, je ne suis qu'un enfant, grondez-moi si je le mérite; mais j'ai toujours eu pour tout cela une répugnance que je n'ai jamais pu vaincre alors même que j'exerçais la médecine; vous le trouvez fort malade, vous venez de le dire, et j'ajouterai que c'est une fort mauvaise maladie. »

M. Skimpole était rentré dans le salon, où il nous parlait ainsi avec son aisance habituelle:

« C'est un enfantillage, direz-vous, poursuivit-il en nous regardant avec gaieté; je ne dis pas non, mais je ne suis qu'un enfant et n'ai pas la prétention qu'on me prenne pour autre chose. Si vous le mettez à la porte, vous ne ferez que le replacer où il était avant; il n'y sera pas plus mal qu'il n'y était tout à l'heure. Faites plus si vous voulez, donnez-lui six pence, quatre schellings ou cinq livres.... vous savez compter, vous autres ; mais débarrassez-en la maison.

— Et que deviendra-t-il ? demanda mon tuteur.

— Je n'en ai pas la moindre idée, répondit M. Skimpole en haussant les épaules et en souriant de son agréable sourire ; mais je ne doute pas le moins du monde qu'il ne devienne quelque chose.

— N'est-ce pas horrible de songer, continua mon tuteur à qui j'avais brièvement raconté les efforts inutiles des deux femmes, que, si ce malheureux était condamné pour n'importe quel crime, l'entrée de l'hôpital lui serait ouverte à deux battants et qu'on l'y soignerait à merveille ?

— Mon cher Jarndyce, reprit M. Skimpole, pardonnez-moi la simplicité de ma question comme venant d'une créature parfaitement ignorante des affaires de ce bas monde, pourquoi ne se fait-il pas condamner ? »

Mon tuteur, qui marchait à grands pas, s'arrêta tout à coup et regarda M. Skimpole avec un visage où l'indignation se mêlait à une certaine envie de rire.

« Notre jeune ami, poursuivit M. Skimpole, ne saurait être soupçonné, je le suppose, d'une délicatesse exagérée ; il me semble qu'il serait plus sage, et en quelque sorte plus honorable pour lui, de montrer un peu de cette énergie mal placée qui le conduirait en prison. Il ferait preuve dans ce cas-là d'un esprit aventureux, et partant d'une certaine poésie.

— Je ne crois pas, répondit mon tuteur en se remettant à marcher avec agitation, qu'il y ait sur terre un second enfant comme vous.

— En vérité ? reprit M. Skimpole ; mais enfin je ne vois pas pourquoi notre jeune ami ne chercherait pas à profiter, dans la mesure de ses moyens, de la somme de poésie qui a été mise à son service. Il a, sans aucun doute, reçu avec le jour un fort bon appétit ; n'est-il pas naturel qu'à l'heure de son dîner, vers midi, par exemple, notre jeune ami dise à la société : « J'ai faim, soyez donc assez bonne pour avancer votre cuiller et me servir à manger. » La société, qui a pris sur elle l'organisation générale du système des cuillers, et qui professe ouvertement qu'elle en a une pour notre jeune ami, n'avance pas celle qu'il réclame ; notre jeune ami est donc en droit de lui dire : « Vous m'excuserez si je la prends. » C'est là ce que j'appelle un cas d'énergie subversive, où la justice et la raison s'allient au romanesque ; et notre jeune ami m'inspirerait plus d'intérêt comme représentant de ce principe, que comme simple vagabond, sans caractère et sans couleur.

— En attendant, il va plus mal, fis-je observer à mon tour.

— C'est pourquoi, répondit gaiement M. Skimpole, j'insiste pour qu'on se hâte de le renvoyer d'ici, avant qu'il soit plus mal encore. »

Je n'oublierai jamais de quel air aimable il proféra ces paroles.

« Je pourrais bien, petite femme, dit mon tuteur en se tournant de mon côté, obtenir son admission à l'hôpital en y allant moi-même; c'est un triste état de choses que celui où, dans sa position, cette démarche est nécessaire. Mais il est tard, la nuit est mauvaise, le pauvre garçon est exténué; la petite chambre qui est au-dessus de l'écurie est très-saine, il s'y trouve un lit; mieux vaut l'y faire coucher, et demain matin on le conduira, bien enveloppé, à Saint-Alban.

— Est-ce que vous retournez auprès de lui? demanda M. Skimpole en faisant errer ses doigts sur les touches du piano.

— Oui, répondit mon tuteur.

— Combien j'envie votre organisation, Jarndyce! Vous ne craignez rien; vous êtes toujours disposé à tout faire; prêt à aller n'importe où. Vous avez de la volonté; moi, je ne sais pas vouloir; je ne demanderais pas mieux, mais je ne peux vraiment pas.

— Vous ne pouvez pas non plus, à ce que j'imagine, ordonner quelque chose à notre pauvre malade, dit mon tuteur en le regardant par-dessus l'épaule d'un air à demi fâché.

— J'ai remarqué dans sa poche une potion calmante, répondit le vieil enfant, et c'est bien ce qu'il peut prendre de meilleur; vous pouvez faire jeter du vinaigre dans l'endroit où vous allez le coucher; recommandez, si vous voulez, qu'on le tienne chaudement et qu'il ait de l'air dans sa chambre. Mais c'est une impertinence de ma part que de vous donner des conseils; miss Summerson a une telle connaissance de toutes choses, qu'elle n'ignore pas ce qu'il faut faire. »

Nous retournâmes dans l'antichambre pour dire à Jo ce que nous avions décidé à son égard; Charley le lui expliqua de nouveau lorsque nous eûmes fini, et il reçut cette communication avec la suprême indifférence que j'avais déjà remarquée chez lui, regardant tous les préparatifs dont il était l'objet comme si tout cela eût été pour un autre. Les domestiques, prenant pitié de son misérable état, s'empressèrent de nous aider; la petite chambre ne tarda pas à être prête, et deux hommes le portèrent, bien enveloppé, de l'autre côté de la cour, y mettant une douceur et une bonté qui faisaient plaisir à voir, et croyant ranimer son courage en l'appelant leur « vieux camarade. » Charley dirigeait les opérations et se multipliait pour porter dans la chambre du malade tout ce que nous pûmes imaginer d'utile ou de confortable, mon tuteur le vit lui-même avant de se coucher ; et quand il revint au grognoir pour écrire la lettre qu'un messager devait porter le lendemain matin à l'un des administrateurs de l'hôpital, il me dit que Jo semblait plus tranquille et paraissait vouloir dormir. « On avait fermé sa porte en dehors, ajouta-t-il, au cas où le délire le reprendrait. » En tout cas, les choses étaient arrangées de façon qu'il ne pût pas bouger sans que le moindre bruit fût entendu.

Eva gardait la chambre à cause d'un gros rhume, et M. Skimpole resta seul pendant tout le temps que nous nous occupâmes de notre malade ; il se mit au piano, joua des fragments d'airs pathétiques et chanta quelques morceaux avec la plus grande expression, ainsi que nous pûmes en juger, même à distance. « Il faut, dit-il quand nous rentrâmes au salon, que je vous chante une petite ballade qui me revient dans la tête à propos de notre jeune ami ; ballade qui a pour sujet un pauvre orphelin, errant sur la terre où il n'a pas d'asile, et qui me fait toujours pleurer. »

Il fut extrêmement gai tout le reste de la soirée, avouant avec franchise que rien ne le disposait à gazouiller comme de se voir entouré de gens si admirablement doués pour les affaires. Il but son négus à la santé de notre jeune ami, destiné peut-être, disait-il, à devenir, comme Whittington, lord-maire de Londres. Il ne doutait pas qu'alors, se souvenant d'aujourd'hui, le chef de la Cité ne fondât l'hôpital Jarndyce, l'aumônerie Summerson et n'instituât une corporation chargée de faire tous les ans un pèlerinage à Saint-Alban.

A son dernier rapport, Charley nous avait dit que Jo était plus calme. Je voyais, de ma fenêtre, brûler paisiblement la bougie de la lanterne qu'on lui avait laissée ; et je me couchai tout heureuse en pensant qu'il allait mieux et qu'il avait un abri.

Je fus réveillée un peu avant le jour par un mouvement inusité dans la maison ; tandis que je m'habillais, ayant regardé par la fenêtre, je demandai à l'un des hommes qui, la veille, avaient montré le plus d'empressement à s'occuper du malade, s'il était arrivé quelque chose d'extraordinaire.

« C'est ce pauvre gars, miss, répondit-il.
— Est-ce qu'il est plus mal qu'hier ?

— C'est fini, miss.
— Il est mort!
— Non, il s'est sauvé. »

Comment et à quelle heure, c'est ce qu'on ne pouvait savoir; la porte était close, la fenêtre était fermée, la lanterne à sa place; il n'avait pu s'enfuir que par une trappe, qui du plancher communiquait avec une remise ouverte; mais la trappe était baissée et rien n'annonçait qu'on eût passé par là. Toutefois, aucun objet n'ayant été dérobé, nous supposâmes que le malheureux, dans un accès de délire, attiré vers un but imaginaire ou poursuivi par une terreur maladive, s'était enfui, après avoir soigneusement refermé la trappe pour détourner les soupçons. Quant à M. Skimpole, loin de partager l'inquiétude que nous causait l'état de ce pauvre Jo, il supposait que notre jeune ami, ayant enfin compris la mauvaise nature de son mal, avait, avec une politesse naturelle digne d'éloges, quitté des hôtes qu'il mettait en danger.

On courut aussitôt dans toutes les directions, fouillant dans tous les coins, visitant les masures, examinant les fours, questionnant les deux femmes, qui ne nous répondirent que par leur étonnement, dont la sincérité ne pouvait être mise en doute. Il avait plu trop fort pour que la trace des pas fût restée sur le sol; les fossés, les haies, les murailles, les tas de foin, les meules de blé, tout fut inspecté à plusieurs milles à la ronde, mais rien ne put indiquer la route qu'il avait prise.

Les recherches continuèrent pendant cinq jours, et se prolongèrent probablement au delà, mais mon attention fut détournée de ce qui se passait au dehors par un événement dont ma mémoire a dû garder le souvenir.

Comme j'étais assise en face de Charley qui prenait sa leçon d'écriture, je sentis remuer la table; et levant les yeux, je vis ma petite femme de chambre qui tremblait de la tête aux pieds.
« Est-ce que tu as froid? lui demandai-je.
— Oui, miss, et je ne sais pas ce que j'ai; c'est malgré moi que je tremble; ça m'a pris hier à la même heure; je crois bien que je suis malade; mais ne vous inquiétez pas. »

J'entendis la voix d'Éva dans l'escalier et je me précipitai vers la porte que je fermai; il était temps, car j'avais encore la main sur la clef au moment où elle frappait. Elle m'appela pour lui ouvrir. « Pas maintenant, chérie, lui répondis-je; allez-vous-en, j'irai bientôt vous rejoindre. » Hélas! il devait s'écouler bien des jours avant que ma chère fille et moi nous pussions nous retrouver.

Charley tomba malade; douze heures après elle était au plus mal; je la transportai dans ma chambre, la couchai dans mon lit et m'installai auprès d'elle. Je prévins mon tuteur et lui dis pourquoi je désirais avant tout n'avoir aucun rapport avec Eva. Les premiers jours, elle vint souvent à ma porte et me reprocha en pleurant de ne pas lui ouvrir; je lui écrivis longuement pour la supplier, au nom de la vive tendresse qu'elle ressentait pour moi, de ne pas même approcher de ma chambre, et de s'en tenir à me parler du jardin. Elle venait donc fréquemment sous ma fenêtre, et si j'avais toujours aimé à l'entendre, combien sa voix m'était douce quand je l'écoutais, cachée derrière le rideau que je n'osais pas ouvrir! combien surtout elle me sembla précieuse pendant ces jours d'épreuve!

On mit un lit pour moi dans notre petit salon; j'ouvris la porte qui donnait dans ma chambre, et des deux pièces je n'en fis qu'une, pour avoir plus d'air autour de la malade; Eva n'habitait plus cette partie de la maison, et, malgré la bonne volonté de nos servantes, qui auraient été heureuses de me seconder auprès de Charley, je pensai qu'il valait mieux choisir une bonne femme du voisinage, qui ne verrait pas Eva, et en qui je pouvais avoir toute confiance.

La maladie de Charley devenait de plus en plus grave, et la pauvre petite fut en danger pendant longtemps; elle était si patiente et montrait tant de courage, que bien des fois, tandis qu'elle appuyait sa tête sur mon bras, seule attitude où elle trouvât le repos, je demandai à notre Père qui est aux cieux, de ne pas oublier l'exemple que me donnait cette chère enfant.

J'avais d'abord été bien triste en songeant qu'elle serait défigurée; elle était si jolie avec ses joues à fossettes! mais cette pensée fit bientôt place à une plus vive inquiétude; et, lorsque j'écoutais son délire, je me demandais comment je ferais pour apprendre à son frère et à sa sœur que l'enfant qui avait trouvé dans son amour la force de leur servir de mère, était morte.

Quand elle avait sa raison, elle causait de Tom et d'Emma, leur envoyait toute sa tendresse et me disait que bien sûr un jour Tom serait un bon garçon; puis elle me parlait des dernières lectures qu'elle avait faites à son père afin de le consoler; du fils unique de la veuve que l'on allait enterrer; de la fille du centurion qu'une main divine avait ressuscitée; et ajoutait que, lorsque son père était mort, elle avait demandé au bon Dieu de le ressusciter aussi et de le rendre à ses pauvres enfants; que si elle venait à mourir, elle pensait que la même prière viendrait à l'esprit de Tom, et qu'alors je veuille bien lui dire qu'autrefois ces personnes-là avaient été rappelées à la vie, seulement pour nous apprendre qu'un jour nous ressusciterons dans le ciel.

Mais, soit qu'elle eût sa raison ou qu'elle fût en délire, jamais sa résignation et sa douceur ne l'abandonnèrent un instant; que de fois je me rappelai le soir où, plein de confiance en Dieu, son pauvre père invoquait pour elle, avec ferveur, l'ange gardien qui devait veiller sur elle !

Charley ne mourut pas; elle échappa lentement au péril et fut enfin convalescente; peu à peu l'espoir qu'elle ne serait pas défigurée gagna plus de consistance, et j'eus la satisfaction de lui voir reprendre sa fraîcheur et ses traits d'autrefois.

Ce fut un grand jour lorsque je pus annoncer à Eva la convalescence de Charley; et ce fut aussi un beau soir que celui où, tout à fait guérie, la pauvre enfant quitta sa chambre et vint prendre le thé avec moi dans la petite pièce voisine; mais, ce soir-là, je fus à mon tour saisie par le frisson. Charley était couchée; elle dormait paisiblement quand je n'eus plus aucun doute sur la nature du mal dont je me sentais atteinte. Le lendemain matin, je me trouvai assez bien pour me lever de bonne heure afin de répondre à Eva, qui était sous ma fenêtre et m'envoyait son bonjour; mais j'avais un vague souvenir de m'être promenée la nuit dans ma chambre sous l'influence de la fièvre; et j'éprouvais comme une plénitude intérieure, une sensation bizarre qui me faisait croire à une enflure générale; enfin, dans la soirée, je devins tellement malade, que je résolus d'en avertir Charley.

« Te voilà tout à fait bien? lui dis-je.

— Tout à fait, répondit-elle.

— Assez bien pour que je te confie un secret?

— Oui, miss, » répliqua joyeusement la chère enfant; mais aussitôt sa figure s'attrista, car elle voyait sur la mienne ce que j'avais à lui dire, et, se jetant dans mes bras, elle s'écria tout en larmes : « C'est ma faute, oh! mon Dieu! vous êtes malade à cause de moi; » et bien d'autres paroles qui s'échappaient de son cœur.

« Maintenant, continuai-je, c'est sur toi que repose toute ma confiance, et, pour ne pas la tromper, il faut que tu sois aussi calme et aussi forte pour moi que tu l'as été pour toi-même.

— Laissez-moi pleurer encore un peu, dit-elle, rien qu'un peu, et je serai bien sage après, chère miss! »

Les larmes me viennent aux yeux quand je me rappelle avec quelle affection et quel dévouement elle m'embrassa en me faisant cette promesse. Je la laissai donc pleurer comme elle voulut, et cela nous fit du bien à toutes les deux.

« A présent, dit-elle avec calme, si vous voulez me dire tout ce que j'aurai à faire, je vous écoute, chère miss.

— Pour l'instant, c'est peu de chose, mon enfant; quand le docteur va venir, je lui dirai que je me sens un peu malade et que c'est toi que je prends pour me soigner. »

La chère petite me remercia de tout son cœur.

« Et, poursuivis-je, quand tu entendras miss Eva dans le jardin, si je ne peux pas me lever pour aller à la fenêtre, tu lui diras que je repose, que j'étais lasse et que je me suis endormie; reste auprès de moi tout le temps; et surtout, Charley, que personne ne mette le pied dans ma chambre. »

Elle me promit tout cela, et je me couchai, car j'étais accablée; je demandai au docteur de ne pas annoncer dans la maison que j'étais malade; il se rendit à ma prière; la nuit vint et fut mauvaise; mais au matin je pus encore aller à la fenêtre pour parler à Eva. Le lendemain, elle m'appela comme toujours.... Oh! que sa voix me parut douce! je priai Charley de lui dire que j'étais endormie (la parole me devenait très-pénible); j'entendis Eva lui répondre:

« Ne l'éveille pas, Charley, prends bien garde.

— Quel air avait-elle? demandai-je.

— Un peu contrarié, répliqua Charley en jetant un coup d'œil à travers les rideaux.

— Mais je suis sûre qu'elle est toujours bien belle, n'est-ce pas.

— Oh! je crois bien, miss;... elle est toujours là à regarder votre fenêtre.

— Charley, quand elle saura que je suis malade, elle voudra venir auprès de moi; empêche-la d'entrer, si tu m'aimes, car je mourrai si elle me regarde un seul instant.

— Elle n'entrera pas, soyez tranquille; non, non, je vous le promets!

— Bien, Charley, je me fie à toi; et maintenant viens t'asseoir près de mon lit; donne-moi ta main, que je la sente; je ne te vois plus, enfant; je suis aveugle, Charley. »

CHAPITRE II.

Le rendez-vous.

Il fait nuit dans Lincoln's-Inn, vallée obscure et trouble où, à l'ombre de la loi, les plaideurs ne rencontrent jamais qu'un jour douteux; les chandelles sont éteintes; les clercs ont descendu quatre à quatre les vieux escaliers de bois et se sont dispersés par la ville.

Tout est fermé; il est neuf heures, et le portier de nuit, respectable gardien qui a pour le sommeil une faculté sans égale, est à son poste dans sa loge. Aux fenêtres des paliers, quelques quinquets fumeux et voilés comme les yeux de la justice, servent d'argus pour éclairer les ténèbres, mais au lieu des yeux, qu'Argus étalait sur sa queue, elles n'ont qu'un lumignon blafard qui regarde d'un air d'envie les étoiles du firmament. De petits points lumineux, que çà et là on aperçoit près des combles, dénoncent l'endroit où d'infatigables expéditionnaires travaillent sans relâche à entortiller de vrais domaines dans un réseau de parchemins, consommant, l'un dans l'autre, la peau de dix moutons en moyenne par arpent, et continuent après l'heure de pâlir sur cette besogne éminemment utile, afin qu'on puisse chaque jour grossir le compte du client.

Dans la cour voisine, où le chancelier marchand de guenilles tient sa boutique de chiffons et de vieilles bouteilles, on se dispose à souper. Mistress Perkins et mistress Piper, dont les fils jouent avec leurs camarades quelques heures à cache-cache dans les recoins de Chancery-Lane, au grand déplaisir des passants, se congratulent réciproquement de ce que les enfants sont couchés, et babillent sur la porte avant de se séparer. M. Krook et son locataire, l'habitude qu'a le premier d'être « continuellement ivre, » et l'avenir testamentaire du jeune homme, forment comme toujours le fond de la conversation; mais ces dames ont encore bien d'autres choses à se dire; probablement à propos de la réunion philharmonique des *Armes d'Apollon*, d'où, par les fenêtres ouvertes, le clapotis du piano arrive jusqu'à elles, avec la voix du petit Swills, qui, après un succès frénétique, adjure ses amis d'un ton sentimental d'écouter en silence. « Le père Grégoire en goguette. » Mistress Perkins et mistress Piper se confient leur opinion sur la jeune « sirène, d'un talent éprouvé, » dont le nom tient sur l'affiche une place considérable, et qui, d'après mistress Perkins, serait mariée déjà depuis plus de dix-huit mois, bien qu'on l'appelle « miss Melvilleson » dans la susdite affiche, et qu'on lui porte tous les soirs son soupon en cachette, aux *Armes d'Apollon*, pour y prendre son repas naturel.

« J'aimerais mieux vendre des allumettes chimiques, s'écrie mistress Perkins avec indignation, que de faire pareille chose! »

Mistress Piper est du même avis, ayant toujours pensé qu'une condition obscure est préférable aux applaudissements de la foule; et elle rend grâces au ciel d'être, ainsi que mistress Perkins, d'une respectabilité qui ne laisse rien à dire.

Sur ces entrefaites, le garçon des *Armes d'Apollon* apparaît avec une pinte de bière mousseuse; mistress Perkins la reçoit et rentre chez elle après avoir souhaité le bonsoir à mistress Piper, qui tient à la main la même mesure de liquide, apportée du même endroit par son fils avant d'aller au lit. Un claquement de volets annonce qu'on ferme les boutiques; une odeur de pipe se répand dans la cour, et la lumière qui brille aux étages supérieurs indique suffisamment que l'heure du repos est arrivée. Le policeman commence à pousser toutes les portes pour voir si elles sont bien fermées, à devenir soupçonneux et à faire sa ronde d'après cette hypothèse, que chacun ici-bas est voleur ou volé.

On étouffe en dépit du froid, qui est humide et pénétrant; il n'y a pas d'air, et le brouillard se traîne lentement sans parvenir à s'élever; c'est une de ces nuits que les abattoirs, les industries malsaines, les égouts, les eaux corrompues et les cimetières mettent à profit pour répandre leurs émanations morbides et qui donnent un surcroît de besogne au greffier chargé d'enregistrer les morts. Il faut qu'il y ait quelque chose de particulier dans l'atmosphère; M. Weevle, autrement dit M. Jobling, se sent mal à son aise; il a été vingt fois de sa chambre à la porte de la rue depuis que le chancelier a fermé sa boutique; il ne fait que monter et descendre, aller et venir, coiffé d'une petite calotte de velours, très-bon marché, qui lui serre le crâne et fait paraître ses favoris plus énormes que jamais. Il n'est pas étonnant que M. Snagsby éprouve le même malaise; car il est toujours plus ou moins oppressé par le secret où il se trouve engagé sans pouvoir le comprendre; il hante fréquemment la boutique du regrattier, qu'il croit être la source de cet affreux mystère et qui a pour lui un attrait irrésistible. Ce soir même, où il passe devant les *Armes d'Apollon* avec l'intention d'aller seulement jusqu'au bout de Chancery-Lane et de revenir, après avoir fait ce petit tour, il s'approche malgré lui du magasin de chiffons.

« Êtes-vous là, monsieur Weevle ? demande le papetier.

— Ah ! c'est vous, monsieur Snagsby !

— Oui, monsieur Weevle ; vous faites comme moi, vous prenez l'air avant de vous mettre au lit.

— Mais il n'y en a guère à prendre ce soir, et le peu qu'il y a ne me semble pas très-pur, dit M. Weevle en lançant un regard d'un bout à l'autre de la cour.

— C'est vrai, monsieur ; et ne remarquez-vous pas, ajoute le papetier en reniflant deux ou trois fois, que.... pour dire le mot et parler sans détour, cela sent un peu la graisse.

— J'ai déjà fait cette remarque depuis quelques instants, répond M. Weevle ; une singulière odeur !... Ils font sans doute cuire des côtelettes aux *Armes d'Apollon*.

— Croyez-vous ? réplique M. Snagsby qui respire fortement pour mieux s'en assurer ; vous avez peut-être raison, monsieur, continue-t-il, mais j'ose dire que la cuisinière les aura négligées ; elles brûlent, monsieur, elles brûlent ; et je ne pense pas.... » M. Snagsby renifle de nouveau, crache et s'essuie les lèvres ; « je ne pense pas.... à dire le mot, qu'elles fussent bien fraîches quand on les a mises sur le gril.

— C'est probable. Quel temps malsain ! l'air est infect, répond M. Weevle.

— Et accablant, ajoute M. Snagsby.

— Par saint Georges ! il me donne le frisson, réplique M. Weevle.

— C'est qu'aussi vous vivez solitaire dans une chambre écartée, où s'est passé un affreux événement, dit M. Snagsby qui jette un coup d'œil par-dessus l'épaule du jeune homme et fait un pas en arrière pour regarder la maison ; je ne pourrais pas rester seul dans votre chambre, monsieur ; je serais tellement inquiet, agité quand viendrait le soir, que j'aimerais mieux passer la nuit dans la rue que de me coucher là-haut ; il est vrai que vous n'avez pas vu dans cette chambre ce que j'y ai vu moi-même, ça fait une différence.

— Je connais suffisamment cette histoire, répond Tony

— Histoire peu agréable, n'est-ce pas ? dit le papetier qui tousse derrière sa main en insinuant que M. Krook doit prendre le fait en considération et diminuer le loyer.

— Je le voudrais, mais j'en doute, reprend le jeune homme.

— Vous trouvez que c'est un peu cher, continue le papetier; les loyers sont fort élevés dans ce quartier-ci; je ne sais pas comment ça se fait, mais on dirait que la robe augmente le prix de toutes choses; non pas que j'aie l'intention, ajoute M. Snagsby en toussant une excuse, de dire le moindre mot contre une profession honorable qui me fait gagner ma vie. »

M. Weevle jette de nouveau les yeux d'un bout de la cour à l'autre et regarde le papetier. M. Snagsby, déconcerté par le coup d'œil de M. Weevle, regarde une étoile ou deux; sa toux exprime l'embarras qu'il éprouve à sortir de cette conversation.

« C'est un fait bien étrange, monsieur, dit-il en se frottant seulement les mains, que cet homme ait pu demeurer....

— Quel homme ? interrompt M. Weevle.

— Le défunt en question, réplique M. Snagsby en levant la tête et le sourcil droit vers le palier du second étage et en frappant son interlocuteur sur le bouton de sa redingote.

— Ah ! j'y suis, répond M. Weevle d'un air à prouver que ce sujet lui est peu agréable; je pensais que nous avions fini d'en parler.

— Je voulais dire seulement que c'est un fait bien étrange, monsieur, qu'il soit venu habiter cette maison où il travaillait pour moi, et que vous soyez venu, comme lui, demeurer dans cette même chambre, pour y devenir aussi mon expéditionnaire,... ce qui n'a rien de déshonorant, interrompt M. Snagsby craignant tout à coup d'avoir commis une incivilité en appliquant le pronom possessif à la personne de M. Weevle; j'ai connu des expéditionnaires qui sont entrés dans des brasseries et qui sont devenus des gens fort respectables, monsieur, éminemment respectables, ajoute-t-il avec un certain pressentiment qu'il ne fait qu'embrouiller de plus en plus les affaires.

— C'est, comme vous dites, une étrange coïncidence, répond M. Weevle en regardant encore du haut en bas de la cour.

— Ne dirait-on pas qu'il y a là une destinée ? insinue M. Snagsby.

— Peut-être, dit le jeune homme d'un ton distrait.

— Assurément, réplique le papetier avec sa toux confirmative; une destinée !... monsieur Weevle !... J'ai bien peur d'être forcé de vous quitter, poursuit-il d'un air triste, bien qu'il n'ait pas fait autre chose que de chercher le moyen de s'échapper depuis qu'il est auprès du jeune homme. Ma petite femme pourrait me chercher si je ne m'en allais pas; et je vous souhaite le bonsoir. »

Mais la petite femme sait fort bien où trouver son mari, qu'elle n'a pas quitté des yeux, placée qu'elle était près des *Armes d'Apollon*, elle se glisse derrière lui, son mouchoir sur la tête, et honore en passant M. Weevle et sa porte d'un regard inquisiteur qui fait que le jeune homme se dit intérieurement :

« Dans tous les cas, madame, vous pourrez me reconnaître ; et qui que vous soyez, je ne vous fais pas mon compliment sur votre manière de vous coiffer.... Ah çà, le camarade n'arrivera donc jamais ! »

Le camarade, au contraire, s'approche au même instant ; M. Weevle étend la main, attire le visiteur qu'il attend et ferme la porte de la rue. Ils montent l'escalier en silence ; M. Weevle d'un pas pesant, son camarade, c'est-à-dire M. Guppy, avec assez de légèreté ; quand ils sont dans la chambre et que la porte est fermée, Tony prend la parole et s'écrie à voix basse :

« Je vous croyais, en vérité, parti pour Jéricho !

— Je vous avais prévenu que je ne viendrais qu'à dix heures ! répond M. Guppy.

— C'est vrai ; mais, à mon compte, il est dix fois dix heures. Quelle nuit ! mon Dieu ! jamais de la vie on n'en a vu de pareille.

— Qu'est-ce qui est donc arrivé ?

— Rien du tout, si ce n'est que j'étais à l'étuve dans cette affreuse baraque, où je suis resté à vous attendre jusqu'au moment où le frisson m'a saisi ; voyez plutôt, dit M. Weevle en montrant du doigt la chandelle qui brûle péniblement sur la table, et qui, coiffée d'un champignon fumeux, laisse traîner un flot de suif autour du chandelier.

— On peut facilement remédier à cela, répond M. Guppy en prenant les mouchettes.

— Pas si aisément que vous le pensez, mon cher ; elle fond ainsi depuis qu'elle est allumée. Elle ne fait que charbonner à la sourdine, sans vouloir flamber.

— Ah çà ! qu'est-ce qui vous prend ? s'écrie M. Guppy en regardant M. Weevle qui s'assied et met son coude sur la table.

— William Guppy, répond l'autre, j'ai du noir dans la tête ; cette chambre est horriblement triste, elle sent le suicide ; et c'est le diable qui est en bas dans la peau du vieux Krook. »

M. Weevle repousse du coude le plateau des mouchettes, appuie son front sur sa main, pose les pieds sur le garde-cendres et tourne les yeux vers la cheminée. M. Guppy l'observe attentivement, hoche la tête et s'assied de l'autre côté de la table, dans une attitude pleine d'abandon.

« N'était-ce pas Snagsby qui causait avec vous? demande-t-il à son ami.

— Oui, et je voudrais que.... c'était Snagsby, dit M. Weevle en n'achevant pas sa phrase.

— Qui vous parlait d'affaires, reprend M. Guppy.

— Non pas; il se promenait par ici, et, m'ayant aperçu, il m'a souhaité le bonsoir.

— Je me suis bien douté que c'était lui; et, comme j'aimais mieux qu'il ne me vît pas, j'ai attendu qu'il fût parti.

— Nous y voilà! s'écrie le pauvre Tony en levant les yeux sur William; toujours le même! ténébreux et discret. Par saint Georges! nous aurions fait un crime, que nous n'y mettrions pas plus de mystère. »

M. Guppy affecte de sourire, et, pour changer de conversation, promène un regard admirateur sur la galerie de beautés qui orne les murailles; il termine cette inspection en s'arrêtant au portrait de lady Dedlock placé au-dessus de la cheminée; portrait dans lequel milady est représentée sur une terrasse, avec un piédestal sur la terrasse, un vase sur le piédestal, un châle sur le vase, une énorme fourrure sur le châle, l'un de ses bras sur la fourrure et un bracelet à son bras.

« C'est parlant! dit-il après un instant de silence.

— Tant mieux! grogne Tony sans changer de position; je pourrai au moins causer de temps en temps avec une personne comme il faut. »

Voyant alors que l'humeur insociable de son ami résiste à ses avances, William change de système, et, prenant un air sérieux:

« Tony, dit-il, je peux faire la part de la tristesse et du découragement; personne, peut-être, ne connaît mieux ces défaillances de l'esprit qu'un homme qui porte dans son cœur l'image profondément gravée d'une beauté insensible; mais il y a des bornes quand on est en présence d'une personne qui ne vous a point offensé, et l'on doit savoir se retenir. Je vous le dis donc franchement, Tony, votre manière d'être envers moi n'est ni celle d'un hôte, ni celle d'un gentleman.

— Voilà des paroles bien vives, William Guppy! répond gravement M. Weevle.

— Peut-être bien, monsieur; mais si je m'exprime ainsi, c'est que je sens vivement. »

M. Weevle avoue qu'il a eu tort et prie M. Guppy de vouloir bien l'oublier; toutefois, M. Guppy ne peut pas abandonner la position qu'il a su prendre, sans ajouter quelques reproches à celui qu'il vient de faire.

« Non pas, dit-il ; que diantre ! on ne blesse point ainsi les sentiments d'un homme qui a dans le cœur l'image d'une beauté insensible, et qui souffre dans ces cordes que font vibrer les plus tendres émotions. Vous, Tony, qui possédez tout ce qui charme les yeux et attire la beauté, vous n'êtes pas..... fort heureusement pour vous, et je souhaiterais qu'il en fût ainsi de moi-même, vous n'êtes pas de ceux qui suspendent leur âme à une seule fleur. Le jardin vous est ouvert et vos ailes vous y portent de rose en rose. Et pourtant, je me garderais bien, Tony, de blesser sans motifs les sentiments de votre âme.

— Ne parlons plus de ça, William, je vous en conjure ! » dit M. Weevle avec emphase.

M. Guppy consent à oublier un sujet aussi pénible et répond d'une voix dolente : « Ce n'est pas de mon propre mouvement, Tony, que j'aurais évoqué ce douloureux souvenir.

— Et maintenant, pour en venir à ce paquet de lettres, dit M. Weevle en attisant les charbons, n'est-ce pas bien bizarre de la part du vieux Krook d'avoir fixé minuit, l'heure fatale, pour déposer ça entre mes mains ?

— Assurément ! Quel peut être son motif ?

— Est-ce qu'il le sait lui-même ! Il a pris pour prétexte que c'est demain son jour de naissance ; et il a fini par me dire qu'il ne me donnerait les lettres qu'à minuit ; peut-être parce qu'il est ivre en ce moment ; toute la journée il n'a fait que boire.

— Pourvu qu'il n'oublie pas son rendez-vous !

— N'ayez pas peur ; il n'oublie jamais rien. Je l'ai vu ce soir : je l'ai même aidé à fermer sa boutique ; il m'a montré les lettres qu'il avait dans sa casquette ; il les en a tirées après la fermeture du magasin, et s'est assis devant le feu en défaisant le paquet pour l'examiner encore ; je suis rentré dans ma chambre et l'ai entendu bourdonner, à la façon du vent qui gronde, sa chanson du vieux Caron et de Bibo, un ivrogne qui était soûl quand il est mort ; depuis il n'a pas plus bougé qu'un vieux rat dans son trou.

— Et vous descendrez à minuit ?

— A minuit ; mais, comme je vous le disais quand vous êtes arrivé, il me semble qu'il est au moins cent heures.

— Il ne sait pas lire ? demande M. Guppy après avoir réfléchi pendant quelques instants.

— Il ne l'a jamais su et ne le saura jamais ; il est trop vieux maintenant et surtout trop ivrogne. Il épelle ses lettres une à une ; c'est moi qui les lui ai apprises ; mais il n'en sait pas davantage, soyez-en bien certain.

— Comment, alors, supposez-vous qu'il ait pu déchiffrer ce nom que vous savez? reprend M. Guppy en décroisant et en recroisant ses jambes.

— Il ne l'a pas déchiffré le moins du monde; seulement, avec la singulière faculté d'imitation dont il est doué, il a copié ce nom, évidemment sur l'adresse de quelque lettre, et m'a demandé de le lui lire; j'ai répondu, comme de juste, que cela faisait Hawdon, et c'est ainsi qu'il l'a su.

— Vous ne savez pas si l'original est écrit par un homme ou par une femme? demande encore M. Guppy en décroisant et en recroisant de nouveau ses jambes.

— Par une femme; et je parierais cent contre un que c'est une lady; écriture fine et penchée; le dernier jambage de la lettre n jeté à la hâte et d'une longueur démesurée. »

Pendant tout ce dialogue, M. Guppy a mordillé l'ongle de son pouce en changeant de pouce chaque fois qu'il change de jambe. Au moment où il va renouveler cette manœuvre, il laisse tomber son regard sur la manche de son habit; quelque chose y attire son attention; ses yeux s'arrondissent et la stupeur se peint sur son visage.

« Est-ce que le feu est dans la cheminée, Tony? s'écrie-t-il.

— Pourquoi? dit M. Weevle.

— Regardez sur ma manche, reprend M. Guppy; et sur la table! n'est-ce pas de la suie qui tombe? Mais quelle suie! quelle odeur! on dirait de la graisse noire! »

Ils échangent un coup d'œil; Tony ouvre la porte, écoute un instant, monte quelques marches, en descend quelques autres; revient à sa place en disant que tout est tranquille; ce n'est toujours, selon lui, que le résultat des côtelettes qu'on fait cuire aux *Armes d'Apollon*.

« Et c'est alors, reprend M. Guppy en regardant sa manche avec un dégoût inexprimable, que ce vieux ladre vous a dit avoir trouvé ces lettres dans le portemanteau de son locataire?

— Précisément, répond Tony en caressant ses favoris; sur quoi j'écrivis un mot à mon cher camarade, l'honorable Guppy, dans le but de l'informer du rendez-vous qui m'était donné pour cette nuit, et de l'avertir de ne pas arriver trop tôt, parce que le diable est un fin matois. »

La légèreté fashionable qu'affecte ordinairement Tony, l'abandonne ce soir. L'émotion lui fait même négliger jusqu'à ses favoris; il regarde derrière lui par-dessus son épaule et paraît céder tout à coup à un horrible frisson.

« Vous devez prendre les lettres, les apporter ici pour les lire, afin de lui faire connaître ce qu'elles renferment; n'est-ce pas là ce qui est convenu? demande M. Guppy en rongeant avec inquiétude l'ongle de son pouce gauche.

— Parlez plus bas, William! c'est en effet ce qui est convenu entre nous.

— Et vous savez que....

— Parlez plus bas, dit encore M. Weevle. » M. Guppy fait un signe affirmatif rempli de sagacité, avance la tête auprès de celle de Tony et poursuit à voix basse : « Vous savez que la première chose à faire est de fabriquer un paquet de lettres pareil à celui que vous recevrez; de manière que, s'il vous demandait à les voir pendant qu'elles seront chez moi, vous puissiez lui présenter le faux paquet.

— Et s'il découvre la fraude, ce qui est cent fois plus que probable, avec son œil en tirebouchon? insinue M. Weevle.

— Eh bien! dans ce cas-là, vous lui dites franchement la chose : ces lettres ne lui appartiennent pas, ne lui ont jamais appartenu; vous l'avez découvert et vous avez remis ces papiers entre les mains d'un juriste de vos amis.... pour.... plus de sécurité. S'il exige qu'on les lui montre, on les lui produira; tout ça n'est-il pas clair?

— S....i, répond M. Weevle avec une répugnance évidente.

— Vous dites ça d'un air étrange, fait observer son ami. Vous ne doutez pas de moi, Tony; vous ne soupçonnez pas?...

— Je sais ce que je sais, William, et je ne soupçonne rien, répond gravement Tony.

— Et que savez-vous? » demande l'autre avec autorité en élevant un peu la voix.

Mais son ami ayant renouvelé sa recommandation de « parler plus bas, » il répète ces mots, en les articulant des lèvres seulement :

« Que savez-vous, Tony?

— Je sais trois choses : primo, que nous chuchotons en secret comme une couple de conspirateurs.

— Ce qui vaut mieux que d'être une couple de niais, comme nous le serions à coup sûr si nous agissions autrement, car ce serait le moyen de faire avorter l'affaire. Secundo?

— Qu'il ne m'est pas démontré que cette affaire puisse être profitable. »

M. Guppy jette les yeux sur le portrait de lady Dedlock, et répond à M. Weevle :

« Tony, je vous demande de vous en rapporter à l'honneur de votre ami. Non-seulement l'affaire en question doit lui servir dans les intérêts importants qui ont rapport à ces cordes de l'esprit humain,... cordes.... auxquelles il est inutile d'imprimer à cette heure une vibration douloureuse.... Croyez-le, votre ami n'est pas un imbécile.... Qu'est-ce que c'est que cette heure-là, Tony?

— Onze heures qui sonnent à l'horloge de Saint-Paul ; toutes celles de la Cité vont lui répondre. »

Ils se taisent pour écouter la voix métallique des vieilles tours échelonnées à distance. Le dernier coup vient de mourir, et le calme profond de la nuit semble plus mystérieux encore. L'un des résultats désagréables d'un entretien nocturne à voix basse est d'évoquer une atmosphère de silence où glissent des ombres de son qui vous font tressaillir : craquements étranges, murmures insaisissables, frôlements d'habits invisibles, bruit de pas effrayants qui ne laissent point de traces sur la grève ou sur la neige. Les deux amis frissonnent; pour eux, l'air est plein de ces fantômes, et, d'un commun accord, ils se retournent pour voir si la porte est fermée.

« Et la troisième chose? allez-vous dire, reprend M. Guppy en se rapprochant du feu et en continuant de ronger son ongle.

— Tertio, répond Tony, c'est qu'il est peu agréable de comploter contre un mort, dans la chambre même où il mourut, surtout quand c'est vous qui habitez cette chambre.

— Mais ce n'est point un complot ; encore moins contre lui.

— C'est possible ; mais tout ça ne me va pas. Demeurez ici quelque temps, et vous verrez ensuite.

— Quant à des morts, réplique M. Guppy en tournant la question, il n'y a guère de chambre où il n'y en ait pas eu.

— Je ne dis pas non ; mais dans ces chambres-là on ne s'occupe pas des morts, et alors ils vous laissent tranquilles. »

Les deux amis se regardent ; M. Guppy s'empresse de dire que c'est peut-être un service qu'ils rendent au défunt, et qu'il en a presque la certitude. Un silence pénible succède à ces paroles, jusqu'au moment où M. Weevle, en tisonnant tout à coup, fait tressaillir M. Guppy, comme si c'eût été son cœur que M. Weevle eût fouillé.

« Quelle horreur, dit-il, que cette abominable suie ! Ouvrons la fenêtre pour avoir un peu d'air ; on étouffe dans cette chambre. »

Ils lèvent le châssis, et, s'appuyant sur l'allége, ils regardent dehors. La rue est trop étroite pour leur permettre d'apercevoir le ciel ; mais la lumière qui brille çà et là aux vitres graisseuses, le roulement lointain des voitures et le bruit confus de la cité, qui prouve qu'autour d'eux il y a des hommes qui vont et viennent, leur font éprouver un véritable soulagement.

M. Guppy frappe doucement sur le bord de la fenêtre.

« A propos, dit-il à voix basse et d'un ton dégagé, n'oubliez pas que je n'ai rien dit au vieux Smallweed (désignant ainsi le jeune Bart). Son grand-père est d'une finesse trop pénétrante : toute la famille en serait bientôt informée.

— Je le sais, répond Tony.

— Et pour en revenir au chancelier, reprend M. Guppy, croyez-vous qu'il ait réellement en sa possession quelques autres papiers d'une véritable importance, comme il s'en est vanté auprès de vous?

— Je ne sais pas, répond Tony en secouant la tête. Si nous pouvons mener à bien cette affaire sans éveiller ses soupçons, il me deviendra facile d'en savoir davantage. Je ne puis en rien dire avant de les avoir vus, puisque lui-même en ignore le contenu. Il s'occupe sans cesse d'épeler quelques mots qu'il retrace à la craie sur la table ou sur le mur; puis il me les fait lire, et quant à présent tout se borne là; mais je suis persuadé que tout cela n'est que de méchant papier sans valeur qu'il achète avec ses vieux chiffons. C'est sa monomanie de penser qu'il a entre les mains des documents précieux. Depuis vingt-cinq ans il tâche d'apprendre à lire afin de les déchiffrer, mais sans aucun succès, voilà ce qu'il y a de certain.

— Comment l'idée lui en est-elle venue? c'est là toute la question, demande M. Guppy après avoir médité quelques minutes et en fermant un œil. Il est possible qu'il ait trouvé ces papiers dans quelque vieille harde, et qu'il ait supposé, d'après le soin qu'on avait pris de les cacher, qu'ils n'étaient pas sans importance.

— Ou bien qu'on l'ait mis dedans en lui faisant accroire qu'ils avaient de la valeur; que, troublé par la boisson, il leur ait accordé un intérêt imaginaire, ou qu'à force de fréquenter la cour et d'y entendre parler de documents, il se soit figuré que ces paperasses étaient des titres sérieux, » dit M. Weevle.

M. Guppy hoche la tête en pesant dans son esprit toutes ces possibilités, et continue, d'un air pensif, à frapper en cadence l'appui de la fenêtre sur lequel il est assis, lorsque, retirant vivement la main, il s'écrie avec horreur :

Que diable ça peut-il être ! »

Un liquide jaune et visqueux découle de ses doigts et blesse encore plus l'odorat que la vue et le toucher. Une huile épaisse et nauséabonde, qui leur inspire une répugnance instinctive et les fait frissonner.

« Qu'est-ce que vous avez répandu? Qu'est-ce que vous avez jeté par la fenêtre? s'écrie William.

— Je n'ai jamais rien jeté par la fenêtre depuis que je suis ici, répond Tony.

— Cependant voyez! » poursuit l'autre en apportant la chandelle.

L'odieux liquide tombe lentement goutte à goutte du coin du mur, rampe le long des briques et forme sur l'allège une mare de graisse fétide.

« Quelle horrible maison! dit M. Guppy en fermant la fenêtre. Donnez-moi de l'eau, que je me lave les mains. »

Il les frotte, les gratte, les râcle, les flaire, les refrotte et les relave, tant et tant, qu'il vient à peine de finir le verre d'eau-de-vie dont il s'est restauré, quand minuit sonne enfin à l'horloge de Saint-Paul, et, du haut des vieilles tours, vibre dans les ténèbres et se répète sur tous les tons.

« C'est l'heure fixée, dit M. Weevle quand le dernier coup s'est fait entendre. Dois-je y aller, William? »

M. Guppy lui fait signe que oui et lui souhaite bonne chance.

M. Weevle descend; M. Guppy s'installe auprès du feu, dans la pensée d'une longue attente; mais il ne s'est pas écoulé deux minutes que l'escalier craque sous les pas de Tony, qui rentre précipitamment.

« Vous les avez? dit William.

— Ah bien oui! je n'ai seulement pas vu Krook. »

La frayeur qu'il témoigne est si vive, que son ami s'élance vers lui en s'écriant :

« Mais qu'y a-t-il?

— N'obtenant pas de réponse, j'ai ouvert doucement la porte.... C'est de là que vient cette affreuse odeur, la suie, la graisse.... Quant à lui,... je ne l'ai seulement pas vu, » ajoute Tony avec un gémissement.

William prend la chandelle; nos deux amis, plus morts que vifs, descendent l'escalier en se tenant par la main et ouvrent la porte de l'arrière-boutique. Le chat s'est réfugié dans un coin, et, le poil hérissé, montre les dents à quelque chose qui est par terre, devant la cheminée. Il n'y a presque plus de feu dans la grille; mais une vapeur suffocante emplit la chambre, et le plafond et les murs sont revêtus d'un enduit visqueux et noirâtre. Les chaises, la table et la bouteille, qu'on y voit presque toujours, sont à leur place ordinaire ; sur le dos du fauteuil, se trouvent la casquette de fourrure et l'habit du vieillard.

« Voyez, murmure le locataire en signalant d'une main tremblante ces objets à l'attention de M. Guppy ; je vous le disais bien ; lorsque je le quittai ce soir, il ôta, pour y prendre le paquet de lettres qui s'y trouvait, sa casquette, qu'il accrocha au dos du fauteuil, où était déjà son paletot, qu'il avait quitté pour fermer la boutique ; et je le laissai feuilletant ces lettres, juste à l'endroit où vous voyez sur le plancher ce petit tas de braise. »

S'est-il pendu quelque part ? Non. Les deux amis lèvent la tête et ne voient rien.

« Tenez, reprend Tony ; au pied de cette chaise, il y a un méchant petit bout de ficelle rouge, de cette ficelle qui sert à lier les paquets de plumes ; c'était ça qui entourait les lettres. Krook l'a défait devant moi, tandis qu'il me regardait en ricanant, et l'a jeté où il est encore ; je l'y ai vu tomber.

— Qu'est-ce que peut donc avoir ce vilain chat ? s'écrie William.

— Il est enragé, et ce n'est pas étonnant dans un pareil repaire. »

Ils font le tour de la pièce en examinant tout ce qui s'y trouve ; le chat reste immobile, montrant toujours les dents à ce quelque chose qui est par terre, entre les deux fauteuils.

« Qu'est-ce que cela peut être ? baissez un peu la chandelle. »

Un petit endroit du plancher est complétement carbonisé ; à côté, sont les restes noircis d'un paquet de papier brûlé ; mais ils n'ont pas cette légèreté qui leur est ordinaire, et l'on dirait qu'ils ont trempé dans quelque chose de gras ; plus loin,... est-ce un éclat de bois brûlé recouvert de cendre, ou un morceau de charbon ?... Horreur ! c'est le vieux Krook ! Cette braise huileuse, d'où s'éloignent en courant les deux amis, qui laissent tomber la chandelle et se précipitent dans la rue, voilà tout ce qui reste du vieillard.

« Au secours ! au secours ! Au nom du ciel, vite au secours ! »

La foule arrive, mais nul secours n'est plus possible. Le lord chancelier de Cook's-Court, fidèle à son titre jusqu'à sa dernière heure, est mort, comme devraient mourir tous les chanceliers des autres cours et toutes les autorités de ces lieux où l'équité sert de prétexte pour commettre l'iniquité. Que Votre Altesse donne à cette mort le nom qu'il lui plaira, qu'elle l'attribue à telle ou telle cause et dise qu'on aurait pu la prévenir de telle ou telle manière, c'est toujours la mort, cette mort innée, semée, engendrée dans les humeurs corrompues du corps vicié lui-même, et pas autre chose,... la combustion spontanée, enfin, et non pas une des autres morts dont on peut mourir.

CHAPITRE III.

Intrus.

Aussitôt les deux gentlemen, aux parements et aux boutons d'une propreté douteuse, qui assistaient à la dernière enquête que le coroner fit dans Cook's-Court, reparaissent encore avec une rapidité surprenante, conduits en toute hâte par Mooney (l'actif et intelligent bedeau) ; ils font une perquisition dans toute la cour, s'enfoncent dans le parloir des *Armes d'Apollon*, et, de leurs petites plumes avides, relatent, sur du papier pelure d'oignon, comment tout le quartier de Chancery-Lane fut plongé, vers minuit, dans la plus vive agitation par l'horrible découverte qu'on va lire ; ils établissent d'abord qu'on n'a pas oublié l'émotion pénible causée naguère, dans l'esprit public, par un cas de mort mystérieuse attribuée à l'opium et arrivée au premier étage de la maison où se trouve situé le magasin de chiffons et de vieilles bouteilles appartenant à un vieillard excentrique, nommé Krook, dont tout le monde connaissait les habitudes intempérantes ; que, par une singulière coïncidence, Krook fut interrogé à l'enquête du coroner qui eut lieu à cette occasion, comme on peut se le rappeler, aux *Armes d'Apollon*, taverne parfaitement tenue, dirigée par un homme éminemment respectable, M. Georges Bogsby, et qui touche, du côté de l'ouest, à la demeure en question. Après quoi les deux chroniqueurs racontent, le plus longuement possible, que, dans la soirée précédente, une odeur particulière fut observée par les habitants de la cour où s'est produit le tragique événement qui fait le sujet de cet article ; que, pendant un instant, cette odeur fut si forte, que M. Swills, chanteur comique engagé par M. Georges Bogsby, a dit à celui qui nous l'a rapporté, qu'il avait confié à miss Melvilleson (cantatrice remarquable, également engagée par M. Bogsby pour chanter dans une série de concerts qui, sous le nom de soirées musicales et sous la direction de M. Bogsby, se donnent aux *Armes d'Apollon*, en vertu de l'ordonnance de Georges II), qu'il sentait sa voix sérieusement affectée par l'état impur de l'atmosphère; et que, suivant son expression plaisante, « il était comme un moulin après un long chômage, n'ayant pas de son dans son coffre; » que cette assertion de M. Swills est complètement corroborée par le témoignage de deux femmes intelligentes, toutes deux mariées, mistress Perkins et mistress Piper, qui habitent la même cour et qui ont remarqué ces émanations fétides qu'elles ont supposé provenir de la maison de M. Krook, l'infortuné défunt.

Pendant que cette relation, augmentée de bien d'autres détails encore, est écrite sur les lieux, tous les gamins de la cour, à bas du lit en un clin d'œil, escaladent les contrevents du parloir des *Armes d'Apollon* pour contempler le sommet de la tête des chroniqueurs noircissant leur papier pelure.

Toute la population de Cook's-Court est dehors, les adultes aussi bien que les enfants; impossible de dormir et de faire autre chose que de s'emmitoufler chaudement pour se rendre à la maison maudite où la catastrophe est arrivée. Miss Flite est bravement arrachée de sa chambre comme si le feu y avait été; on lui fait un lit aux *Armes d'Apollon*, où le gaz ne s'éteint pas de la nuit et dont la porte reste ouverte, car toute émotion publique fait éprouver aux habitants de la cour le besoin de prendre quelque rafraîchissement. Jamais, depuis la dernière enquête, l'Apollon n'a tant débité de grogs et de spiritueux. « La pratique va joliment donner! » s'est dit le garçon de taverne en roulant ses manches de chemise qu'il relève jusqu'à l'épaule, tandis que le jeune Piper, qui, au premier cri d'alarme, s'est précipité vers le poste de pompiers, revient triomphalement au petit galop, perché sur le Phénix, et reparaît au milieu des casques et des torches. L'un des pompiers reste en arrière, après avoir examiné soigneusement toutes les lézardes et les fissures, et se promène lentement de long en large devant la maison, en compagnie de l'un des deux policemen qui sont probablement chargés de veiller sur cet immeuble. Quiconque a six pence dans sa poche éprouve le besoin d'offrir à cet estimable trio l'hospitalité sous une forme liquide.

M. Weevle et M. Guppy sont dans l'intérieur de la taverne, où leur présence est d'un tel intérêt pour les *Armes d'Apollon*, que rien ne saurait être épargné pour les retenir. « Ce n'est pas l'heure de regarder à l'argent, » dit M. Bogsby, qui, néanmoins, fait la plus grande attention à celui qu'on dépose sur le comptoir; « Donnez vos ordres, messieurs, et c'est avec plaisir que l'on vous servira tout ce que vous demanderez. »

Pour répondre à cette invitation, les deux gentlemen (M. Weevle surtout) demandent tant et tant de choses, qu'il leur devient très-difficile de désigner quoi que ce soit d'une manière distincte, bien qu'ils continuent d'informer tous les nouveaux arrivants de ce qu'ils ont vu, dit et pensé depuis la veille. De temps en temps un policeman pousse la porte qu'il entrebâille, et, de l'ombre où il se trouve, jette un coup d'œil à l'intérieur; non pas qu'il ait aucun soupçon; mais pour savoir, par curiosité d'état, ce qui se passe dans la taverne.

La nuit s'écoule ainsi, traînant sa marche pesante, et voit les habitants de la cour, à une heure qui ne les a jamais trouvés debout, continuant de se traiter réciproquement et d'agir comme des voisins qui ont retrouvé tout à coup un peu d'argent qu'on ne leur soupçonnait pas. Elle se retire enfin; et l'allumeur de réverbères, chargé de les éteindre, faisant sa ronde comme le bourreau d'un monarque absolu, fait tomber ces têtes de flammes qui aspiraient à diminuer les ténèbres.

Le jour vient, le jour de Londres, c'est-à-dire brumeux et sombre; mais il suffit pour reconnaître que les habitants de Cook's-Court ne se sont pas couchés. La brique et le mortier des murailles qui entourent les visages endormis sur les tables, les jambes étendues sur le carreau, ont eux-mêmes un air de fatigue et d'épuisement. Le quartier s'éveille; et, apprenant ce qui est arrivé, accourt en foule, à demi vêtu, s'enquérir des détails de cette histoire lamentable; si bien que les deux policemen et le pompier, sur qui l'agitation et l'insomnie ont laissé des traces beaucoup moins visibles que sur le reste de la cour, ont infiniment de peine à garder la porte de la maison.

« Bonté divine! qu'est-ce que je viens d'apprendre! s'écrie M. Snagsby en s'approchant d'un policeman.

— La pure vérité, répond l'un d'eux.

— Quand je pense, gentleman, reprend M. Snagsby en faisant un pas en arrière, quand je pense que j'étais là, hier au soir, entre dix et onze, à causer sur cette porte avec un jeune homme qui loge dans cette maison!

— En vérité? dit le policeman; eh bien, vous trouverez ce jeune homme dans la maison d'à côté.... allons, vous autres, circulez.

— Il n'est pas blessé, j'espère? demande M. Snagsby.

— Non; qu'est-ce qui l'aurait blessé? »

M. Snagsby, incapable de répondre à quoi que ce soit dans l'état d'esprit où il est, se dirige vers les *Armes d'Apollon* et trouve M. Weevle assis languissamment devant une tasse de thé, au milieu d'un nuage de fumée de tabac et dans un accablement indicible.

« M. Guppy ! s'écrie le papetier ; lui aussi ! Mon Dieu, mon Dieu, mon Dieu ! Quelle destinée dans tout cela ! Et ma peti... »

M. Snagsby perd tout à coup la parole en voyant celle qu'il allait nommer entrer aux *Armes d'Apollon* à cette heure matinale et s'arrêter en fixant sur lui des yeux accusateurs.

« Ma chère, veux-tu prendre quelque chose ? demande-t-il à sa femme dès que sa langue est déliée. Un petit...., pour dire le mot et parler sans détour, un petit grog ?

— Non !

— Mon amour, tu connais ces deux gentlemen ?

— Oui ! »

L'excellent homme ne peut pas supporter un pareil laconisme ; il prend mistress Snagsby par la main et la conduit près d'un tonneau :

« Ma petite femme ! pourquoi me regardes-tu ainsi ? Je t'en conjure, ne me fais pas ces yeux-là !

— Je ne peux pas changer mes yeux, dit la petite femme ; et je ne le voudrais pas, quand bien même je le pourrais.

— Tu ne le voudrais pas ? reprend M. Snagsby en toussant avec douceur. » Il réfléchit un moment, fait entendre sa toux inquiète et dit : « C'est un effroyable mystère, mon amour. » Il est de plus en plus déconcerté par le regard de sa femme.

« Effroyable, en effet ! répond mistress Snagsby.

— Ma petite femme ! dit le papetier d'une voix piteuse ; au nom du ciel, ne me parle pas avec cette amertume et ne me regarde point de cet œil inquisiteur, je t'en supplie ; tu ne supposes pas que j'aie pu vouloir combustionner spontanément qui que ce soit, cher trésor ?

— Je n'en sais rien, » réplique mistress Snagsby.

L'infortuné papetier, après un rapide examen de sa triste position, ne pourrait pas non plus affirmer qu'il n'est pour rien dans cette mort. Il est tellement mêlé à quelque sombre mystère, il a pris, sans le vouloir, une part si active à quelque chose de ténébreux, qu'il est bien possible qu'il soit impliqué, à son insu, dans ce dernier événement.

« Chère âme, dit-il en s'essuyant le front avec son mouchoir et d'une voix étouffée, n'y a-t-il rien qui puisse t'empêcher de me dire comment il se fait que toi, dont la conduite est généralement d'une circonspection scrupuleuse, tu sois venue dans une taverne avant l'heure du déjeuner ?

— Et vous, pourquoi y êtes-vous ? demande à son tour mistress Snagsby.

— Chère âme, simplement pour savoir la vérité sur le fatal

accident qui est arrivé à ce malheureux Krook afin de t'en rapporter les détails, mon amour, pendant que tu aurais mangé ton pain mollet.

— Je n'en doute pas, monsieur Snagsby. Vous me racontez si exactement ce que vous savez!

— Tout ce que je sais, ma peti...

— Je serais bien aise de vous voir revenir à la maison, dit mistress Snagsby avec un sourire sinistre, après avoir contemplé un instant la confusion croissante de son mari; vous y seriez plus en sûreté que partout ailleurs, monsieur Snagsby.

— Je ne sais pas, mon amour; mais je suis prêt à partir. »

Le papetier jette un regard consterné autour de lui; souhaite le bonjour à M. Weevle et à M. Guppy; leur exprime la satisfaction qu'il éprouve de les voir sains et saufs, et accompagne sa petite femme qui sort de la taverne. Le soir n'est pas arrivé, qu'à la persistance avec laquelle mistress Snagsby le regarde fixement depuis le matin, il ne doute plus de la part de responsabilité qu'il a assumée dans la catastrophe dont s'entretient tout le voisinage; cette pensée lui cause une telle souffrance, que, par instants, l'idée lui vient d'aller se livrer à la justice et de demander à être jugé pour se voir absoudre s'il est innocent, ou pour subir toutes les rigueurs de la loi s'il est vraiment coupable.

M. Weevle et M. Guppy, ayant fini de déjeuner, vont faire un tour dans Lincoln's-Inn, avec l'espoir que le grand air débarrassera leur cerveau des toiles d'araignées qui l'obscurcissent.

« Nous ne pouvons pas trouver de moment plus favorable que celui-ci pour échanger un mot ou deux sur un point qu'il est important de régler le plus tôt possible, dit M. Guppy après avoir parcouru d'un air pensif les quatre côtés du square.

— William Guppy, répond l'autre en lui lançant un coup d'œil sanglant, s'il s'agit encore d'une conspiration quelconque, ne prenez pas la peine de m'en parler; j'ai assez de vos complots, et n'en veux pas davantage. Je suis sûr que prochainement nous vous verrons brûler ou sauter comme une mine dont la mèche a pris feu. »

Cette assertion est tellement désagréable à M. Guppy, que c'est d'une voix tremblante qu'il réplique d'un ton de reproche: « Tony, j'aurais pensé que les événements de la nuit dernière vous auraient servi de leçon, et que désormais vous vous seriez abstenu de toute personnalité.

— J'aurais pensé, William, répond à son tour M. Weevle

qu'après un pareil avertissement vous vous seriez abstenu désormais de toute conspiration.

— Qui conspire ? demande M. Guppy.
— Vous, répond M. Jobling.
— Non ! affirme M. Guppy.
— Si ! retourne M. Jobling.
— Qui ose le dire ? poursuit M. Guppy.
— Moi ! riposte M. Jobling.
— En vérité ? s'écrie M. Guppy.
— Oui, vraiment ! » répète M. Jobling.

Et tous les deux, s'étant échauffés, ils marchent quelque temps sans rien dire, afin de recouvrer leur sang-froid.

« Tony, reprend alors William, si au lieu de l'accuser vous écoutiez votre ami, vous ne tomberiez pas dans de semblables méprises. Mais vous vous emportez et ne réfléchissez pas. Doté par la nature de tout ce qui charme les yeux....

— Oh ! je vous en prie, s'écrie M. Weevle, ne parlons pas de mes charmes, et dites ce que vous avez à dire. »

Cette disposition morose de son ami oblige M. Guppy à refouler en lui-même les sentiments les plus délicats de son âme, dont l'expression ne se trahit plus que par le ton offensé avec lequel il reprend la parole.

« Tony, poursuit-il, quand je disais tout à l'heure qu'il était important d'éclaircir entre nous, et le plus tôt possible, un point auquel je faisais allusion, je parlais d'une chose complétement étrangère à toute espèce de complot. Vous savez que dans toutes les causes qui doivent être jugées, les faits que les témoins ont à prouver sont légalement discutés à l'avance. Est-il ou n'est-il pas convenable que nous sachions sur quels faits nous aurons à déposer dans l'enquête qui va s'ouvrir relativement à la mort de ce vieux gred... de cet infortuné gentleman ? (M. Guppy allait dire gredin ; mais il pense que gentleman est plus approprié aux circonstances.)

— Sur quels faits ? demande Tony.
— Les faits sur lesquels portera l'enquête. » 1°, dit M. Guppy en comptant sur ses doigts, 1° ce que nous connaissons des habitudes de ce gentleman ; 2° à quelle époque nous l'avons vu la dernière fois ; 3° dans quelle condition il se trouvait alors ; 4° comment nous avons découvert l'événement dont il s'agit, et ce que nous savons à cet égard.

— Oui, répond M. Weevle ; tous ces faits sont relatifs à la cause.

— Notre découverte a eu lieu, continue William, par suite

d'un rendez-vous qu'il vous avait donné; rendez-vous qu'avec la bizarrerie qui lui était ordinaire, il avait fixé à minuit, heure à laquelle vous deviez lui dire le contenu de certains papiers, ainsi que vous l'aviez fait déjà plusieurs fois, ledit gentleman n'ayant jamais su lire. Je passais la soirée avec vous, et j'étais dans votre chambre, lorsque je fus appelé à descendre, etc., etc. L'enquête n'ayant pas d'autre but que d'établir les circonstances dans lesquelles la mort s'est produite, il n'est pas nécessaire d'en dire davantage. Je suppose que vous êtes là-dessus d'accord avec moi.

— Oui, répond M. Weevle, je le suppose comme vous

— A moins que vous ne voyiez encore là dedans un complot? demande M. Guppy d'un air profondément blessé.

Non, réplique M. Weevle, et je retire l'observation que j'ai faite, si vraiment c'est tout ce que vous désirez.

— Et maintenant je voudrais savoir, poursuit M. Guppy, en prenant le bras de son ami et en ralentissant le pas, si vous avez songé aux nombreux avantages qu'il y a pour vous de continuer à demeurer au même endroit?

— Que voulez-vous dire? demande Tony en s'arrêtant.

— La chose est claire : avez-vous réfléchi aux nombreux avantages qu'il y a pour vous à continuer de demeurer au même endroit? répète M. Guppy en entraînant M. Weevle.

— Là-bas? » répond Tony en désignant du bout du doigt la direction où se trouve la boutique de chiffons et de vieilles bouteilles.

M. Guppy fait un signe affirmatif.

— Je n'y passerais pas une nuit pour tout au monde, dit M. Weevle en fixant un œil hagard sur son interlocuteur.

— Sérieusement, Tony ?

— Ai-je l'air de plaisanter ? répond M. Weevle en frissonnant de tous ses membres.

— De sorte que la possibilité ou même la probabilité, car c'est ainsi que la chose doit être envisagée, la probabilité de jouir paisiblement des effets qui appartenaient hier encore à un vieillard isolé, n'ayant sans doute aucun parent sur la terre; et la certitude d'être à même de découvrir ce qu'il avait réellement amassé, ne pèsent rien dans la balance à vos yeux, sous l'empire des événements de la nuit dernière? demande M. Guppy en rongeant son ongle de l'air d'un homme profondément vexé.

— Certainement non! et je ne comprends pas qu'on parle avec ce calme de faire rester un ami dans une pareille demeure. Habitez-y vous-même! s'écrie M. Weevle avec indignation.

— Moi, Tony, répond William d'une voix flatteuse, je ne puis pas aller occuper là maintenant un logement que vous avez loué pour vous, et où l'on ne m'a jamais vu résider.

— Vous y serez le bienvenu, répond M. Weevle. Bonté divine! certainement vous pouvez le prendre et vous y installer comme chez vous.

— Ainsi, dit William, vous renoncez à tout, si je vous ai bien compris?

— Vous l'avez dit : je renonce à tout, » répète M. Weevle avec une fermeté inébranlable.

Pendant qu'ils s'entretiennent de la sorte, un fiacre apparaît dans le square; sur le siége est un énorme chapeau qui attire les yeux du public. A l'intérieur, et, par conséquent beaucoup moins visibles pour la multitude, mais suffisamment reconnaissables pour nos deux amis, car la voiture s'arrête précisément à côté d'eux, se trouvent le vénérable M. Smallweed et sa femme, accompagnés de Judy; toute la famille a un certain air d'animation qui perce dans ses moindres gestes; et lorsque le grand chapeau qui surmonte M. Smallweed junior, quitte le siége de la voiture, le vieux Smallweed jette la tête hors de la portière en criant à M. Guppy : « Comment vous portez-vous, monsieur, comment vous portez-vous?

— Qu'est-ce que Small vient faire ici avec toute sa famille? je voudrais bien le savoir, dit William en faisant un signe de protection à son familier.

— Mon cher monsieur, continue le grand-père Smallweed, auriez-vous l'extrême obligeance, vous et votre ami, de me porter à la taverne de Cook's-Court, pendant que Bart et sa sœur porteront leur grand'mère? Voulez-vous, mon cher monsieur rendre ce service à un vieillard?

— A la taverne de Cook's-Court! répète M. Guppy en interrogeant du regard M. Weevle; et tous deux s'apprêtent à porter ce fardeau vénérable aux *Armes d'Apollon*.

— Voilà ce qui vous est dû, cocher, dit le patriarche en faisant une affreuse grimace et en montrant le poing au brave homme; demandez voire un penny de plus, et je vous attaque en justice! Mes bons jeunes gens, prenez bien garde, allez doucement, s'il vous plaît; permettez-moi de vous prendre par le cou, je ferai tout mon possible pour ne pas trop vous serrer. Miséricorde! oh! mon Dieu!... mes pauvres os! »

Il est heureux que la taverne de la cour ne soit point éloignée, car M. Weevle n'a pas fait la moitié du chemin, que sa figure présente un aspect apoplectique; il accomplit néanmoins sa tâche sans qu'il résulte autre chose de ce symptôme alarmant, que quelques sons gutturaux, indices d'une respiration excessivement gênée : et le vieux gentleman est déposé, suivant son désir, dans le parloir des *Armes d'Apollon*.

« Seigneur, mon Dieu ! s'écrie d'une voix étouffée M. Smallweed en regardant autour de lui. Miséricorde ! mes os et mes reins ! Quelle souffrance, oh ! mon Dieu ! Asseyez-vous, vieille tête de perruche sautillante ; asseyez-vous, vieille folle caracolante. »

Cette légère apostrophe est adressée à mistress Smallweed, à propos du penchant qui entraîne la vieille dame, toutes les fois qu'elle est debout, à sauter d'un pied sur l'autre, et à prendre pour vis-à-vis tous les objets qu'elle trouve, en s'accompagnant d'un ramage particulier, comme une sorcière au sabbat. Une affection nerveuse entre probablement, dans ces démonstrations chorégraphiques, pour une part aussi grande que l'imbécillité de la pauvre femme, qui, déposée dans le parloir de la taverne, se livre avec tant d'ardeur à la danse en face d'un fauteuil Windsor, le jumeau de celui qui est occupé par M. Smallweed, qu'on ne peut l'y faire renoncer qu'en l'y asseyant de vive force, pendant que son seigneur et maître lui prodigue les épithètes affectueuses de « vieille folle et de corneille à tête de cochon, » mille et mille fois répétées.

« Mon cher monsieur, poursuit le grand-père Smallweed en s'adressant à William, avez-vous entendu parler de cet affreux malheur qui est arrivé dans la maison voisine ?

— Entendu parler, monsieur ! mais c'est nous qui l'avons découvert.

— Vous, monsieur ! comment, c'est vous ? Bart, ce sont eux qui ont tout découvert ! »

Les deux jeunes gens fixent des yeux étonnés sur les Smal' weed qui, de leur côté, les regardent fixement.

« Mes chers amis ! s'écrie le vieillard en leur tendant les bras, que de remercîments ne vous dois-je pas, pour avoir découvert les cendres du frère de mistress Smallweed ?

— Hein ? dit M. Guppy.

— De son frère unique, mon cher ami, du seul parent qui lui restât. Il n'y avait pas entre nous de relations très-suivies ; je le déplore actuellement : c'est lui qui ne l'a jamais voulu. Cependant, il nous aimait beaucoup ; mais il était si excentrique ! A moins qu'il n'ait fait un testament (ce qui n'est pas vraisemblable), j'entre en possession des biens qu'il a laissés ; je viens jeter un coup d'œil sur la propriété. Il faut qu'on y appose les scellés, qu'on la protége contre les malfaiteurs. Je suis venu pour examiner la maison, répète le vieil avare en griffant l'air de ses dix doigts crochus.

— Small, dit l'inconsolable M. Guppy, vous auriez pu nous apprendre que ce vieillard était votre oncle.

— Vous étiez si réservés tous les deux à son endroit, répond le vieux petit jeune homme dont l'œil brille secrètement, que j'ai cru vous faire plaisir en agissant comme vous; d'ailleurs je n'étais pas trop fier de la parenté.

— Et de plus, ajoute la sœur de Small, dont l'œil brille également, ça devait vous être fort égal qu'il fût son oncle ou non.

— Il ne m'avait jamais vu : il ne me connaissait pas, continue Small, et je ne vois pas comment j'aurais pu vous le présenter.

— Nous ne nous visitions pas, reprend le vieux gentleman, et je le déplore; je viens aujourd'hui pour examiner la maison, les papiers, toute la propriété, pour faire valoir mes titres; l'acte qui établit mes droits est entre les mains de mon avoué, M. Tulkinghorn, de Lincoln's-inn-Fields, qui a la bonté de s'occuper de mes affaires; et je vous assure que celui-là ne s'endort pas. Krook était l'unique frère de mistress Smallweed; elle n'avait pas d'autre parent que lui; il n'en avait pas d'autre qu'elle. Je parle de votre frère, vieille sauterelle imbécile, de votre frère qui avait soixante-seize ans. »

Aussitôt mistress Smallweed se met à crier en branlant la tête ;

« Soixante-seize livres et seize schellings; soixante-seize fois soixante-seize livres; soixante-seize mille sacs de mille livres, soixante-seize millions de paquets de mille billets de banque.

— Qui veut me passer un pot ou une bouteille? s'écrie le vieux ladre exaspéré, cherchant en vain autour de lui un objet qu'il puisse saisir et lancer à sa femme. Qui veut être assez bon pour me donner le crachoir, n'importe quoi de solide et de résistant, que je puisse lui jeter à la tête; vous tairez-vous, vieille sorcière, chienne aboyeuse, chatte enragée, furie d'enfer ! »

Et M. Smallweed, exalté par sa propre éloquence, jette, à défaut d'autre chose, sa petite-fille à sa femme, et retombe sur son fauteuil, où il ne présente plus qu'une masse informe qui se débat en criant :

« Remontez-moi, s'il vous plaît; je suis venu jeter un coup d'œil à la propriété. Remontez-moi, je vous en prie, et appelez la police pour que je m'explique relativement à cette propriété; il y va des galères et de la transportation pour qui oserait toucher à la propriété... la... la propriété, la propriété, » répète-t-il comme un écho tandis que sa petite-fille le redresse à coups de poing, suivant son habitude en pareille circonstance.

Les deux amis se regardent ; M. Weevle a depuis longtemps abandonné l'affaire ; M. Guppy voudrait bien ne pas désespérer ; mais les prétentions du vieil avare ne sont que trop justifiées ; le clerc de M. Tulkinghorn arrive et annonce à la police que l'éminent juriste répond de la validité des titres ; et que les biens du défunt, ses papiers et ses meubles devront être, après accomplissement des formalités légales, délivrés à M. Smallweed qui, en attendant, et comme preuve de ses droits, est admis à faire une visite de sentiment dans la maison mortuaire, et se fait porter jusque dans la chambre abandonnée de miss Flite, où il a l'air d'un ignoble oiseau de proie ajouté à la volière de la pauvre plaideuse.

L'arrivée de cet héritier dont personne ne soupçonnait l'existence se répand bientôt dans la cour où elle excite un puissant intérêt, qui se traduit en beaux deniers comptants pour les *Armes d'Apollon*.

Mistress Piper et mistress Perkins pensent que c'est bien malheureux pour M. Weevle, si le décédé n'a pas fait de testament, et trouvent qu'en pareil cas on lui doit sur la fortune du défunt une jolie petite indemnité. Le jeune Piper et le jeune Perkins, comme membres de ce cercle juvénile qui fait la terreur des passants dans Chancery-Lane, imaginent un nouveau jeu, qui consiste à simuler la mort du vieux Krook, tantôt derrière la pompe, tantôt sous le grand portail, et à pousser des cris sauvages et des lamentations effroyables sur les cendres du défunt.

Miss Melvilson et le petit Swills, jugeant qu'en pareille occasion on peut franchir la distance qui sépare les artistes des bourgeois, causent amicalement avec les patrons de la taverne, M. Bogsby annonce que l'attrait principal de la prochaine réunion du cercle philharmonique sera la *Mort du Roi*, ballade populaire, avec chœurs, exécutée par tous les membres de la société des concerts. M. Bogsby, ajoute l'affiche, a cru devoir faire exécuter cette ballade, malgré les frais extraordinaires que cela lui occasionne, pour répondre au vœu qui en a été généralement exprimé, ainsi que pour prendre part au triste événement qui vient de causer dans le public une si profonde émotion. Un point important, qui a trait aux funérailles, inquiète surtout les habitants du quartier, à savoir si, dans la circonstance, on donnera au cercueil la dimension ordinaire, ayant si peu de chose à y mettre ; sur la réponse de l'entrepreneur des pompes funèbres, qui déclare, vers le milieu du jour, aux *Armes d'Apollon*, avoir reçu la commande d'un cercueil de six pieds, la sollicitude générale est délivrée d'un grand poids, et le fait est considéré par tout le monde comme des plus honorables pour M. Smallweed.

En dehors de la cour, l'agitation n'est pas moins grande; des savants, des médecins et des philosophes viennent en foule visiter l'endroit où l'événement a eu lieu; et les échos du voisinage entendent ce jour-là plus de discussions profondes sur l'inflammabilité des gaz et sur l'hydrogène phosphoré, que depuis que la cour existe. Quelques-unes de ces autorités (notamment les plus savantes) soutiennent avec indignation que le défunt devait choisir un autre genre de mort; et, malgré l'objection d'autorités adverses, qui rappellent à leur mémoire un livre anglais fort connu sur la médecine légale, certaine enquête relative à des cas de même nature, consignée au sixième volume des Travaux philosophiques, et la mort de la comtesse Cornélia Bandi, rapportée dans ses moindres détails par un nommé Bianchini, prébendier de Vérone, auteur d'un livre estimé et qui passait dans son temps pour un homme éclairé; malgré l'opinion de MM. Mère et Fodéré, deux Français qui se sont mêlés d'approfondir ce mystérieux sujet; malgré le témoignage de leur compatriote, M. Lecat, chirurgien célèbre, qui eut l'impertinence d'habiter une maison où pareil fait se présenta, pour en rendre un compte plus authentique, ces illustres docteurs n'en persistent pas moins à regarder l'entêtement que M. Krook a mis à quitter ce monde par ce chemin peu fréquenté, comme un tort personnel complétement injustifiable.

La cour attentive est d'autant plus enchantée qu'elle comprend moins ces théories savantes, et le plaisir qu'elle y trouve est une nouvelle source de gain pour les *Armes d'Apollon.*

Bientôt paraît le dessinateur d'un journal pittoresque, avec le premier plan tout prêt et les figures qui se retrouvent dans l'illustration de n'importe quel événement, depuis un naufrage sur les côtes de Cornouailles jusqu'à une promenade dans Hyde-Park ou un meeting à Manchester. L'artiste s'établit dans la chambre de mistress Perkins; et de la fenêtre de cette chambre, désormais célèbre, reproduit sur le bois la maison de l'ex-marchand de guenilles qui prend sous le burin des proportions monumentales; l'arrière-boutique où l'on introduit ce gentleman grandit, à son tour, dans une telle mesure, que dans la gravure elle n'a pas moins d'un kilomètre de long sur cinquante mètres de haut, ce dont les habitants de la cour éprouvent une satisfaction particulière. Pendant tout ce temps-là, nos deux chroniqueurs officiels vont de maison en maison, se rendent partout, entendent tout, regardent tout, mais finissent toujours par revenir au parloir des *Armes d'Apollon*, où leurs petites plumes insatiables ne cessent d'écrire sur du papier pelure.

Enfin, arrive le coroner et son enquête, absolument pareille à celle que nous avons déjà vue; si ce n'est que le magistrat témoigne une sollicitude plus vive pour le cas dont il s'agit, comme sortant de la voie commune, et dit aux jurés dans un aparté qui n'a rien d'officiel : « On serait tenté de croire qu'il pèse sur cette maison quelque chose de fatal, comme un sort que lui aurait jeté la destinée; nous voyons quelquefois de ces choses-là, gentlemen, et c'est un de ces mystères que nous ne saurions expliquer. »

Après l'enquête on apporte le cercueil dont les six pieds excitent une admiration générale.

M. Guppy ne joue dans tout cela qu'un rôle tellement secondaire, excepté lors de sa déposition, qu'il est repoussé comme tout le monde, réduit à contempler les murs de cette demeure qu'un instant il a cru fouiller de fond en comble, et dont il a la mortification de voir M. Smallweed cadenasser la porte, et l'amertume de se sentir éconduit. Mais, avant qu'on ait terminé toutes ces formalités, c'est-à-dire avant la fin du jour, M. Guppy a quelque chose à communiquer à milady Dedlock.

C'est pour ce motif que, l'âme défaillante et la conscience troublée comme un chien qui se sent en faute, il se présente à l'hôtel vers sept heures et demande à voir Sa Seigneurie; Mercure lui répond qu'elle va dîner en ville; est-ce qu'il n'a pas vu sa voiture à la porte? Le jeune homme a bien vu la voiture, mais il faut absolument qu'il parle à milady.

Mercure ne demanderait pas mieux que d'introduire ce jeune homme, ainsi qu'il le déclare à l'un de ses camarades; mais ses instructions sont positives; et tout ce qu'il peut faire c'est de le mener dans la bibliothèque et d'aller informer milady de sa présence.

L'énorme pièce est à peine éclairée; M. Guppy jette de tous les côtés un regard inquiet et soupçonneux. Depuis l'événement il voit partout dans l'ombre un peu de charbon couvert de cendres. Le frôlement d'une robe se fait entendre; serait-ce?.... Non; ce n'est pas un spectre; mais un être vivant en chair et en os, splendidement habillé.

« Je demande à Votre Seigneurie mille fois pardon, bégaye M. Guppy; c'est une heure peu convenable pour...

— Je vous ai dit que vous pouviez venir à n'importe quelle heure. »

Milady prend une chaise et le regarde fixement comme la première fois qu'il est venu.

« Je remercie Votre Seigneurie.... Votre Seigneurie est bien aimable.

— Asseyez-vous, dit-elle d'un air qui ne brille point précisément par l'amabilité.

— Je ne crois pas que cela vaille la peine de m'asseoir et de retenir Votre Seigneurie, car, je.... je n'ai pas pu me procurer les lettres dont je lui ai parlé dans la dernière visite que j'ai eu l'honneur de lui faire.

— Vous n'êtes venu que pour me dire cela?

— Oui, Votre Seigneurie. » Le malaise du jeune homme est considérablement accru par la splendeur et la beauté de milady. Elle connaît parfaitement l'influence qu'elle exerce; elle l'a trop bien étudiée pour perdre un atome de l'effet qu'elle produit sur tout le monde, et, pendant qu'elle le regarde avec cette froideur morne qui augmente le trouble du jeune homme, M. Guppy comprend que non-seulement il a perdu le fil qui pouvait le guider dans le labyrinthe des pensées de Sa Seigneurie, mais que chaque seconde recule encore la distance qui les sépare.

« En un mot, poursuit-il de l'air confus et repentant d'un voleur honteux de son crime, la personne qui devait me donner ces lettres vient de mourir subitement ; elle a été brûlée, et....»

Milady finit sa phrase :

« Et ces lettres, dit-elle, ont été détruites par la même occasion?

— Je le pense, » répond M. Guppy qui voudrait dire le contraire, mais qui ne peut pas mentir.

Et ne découvrant pas sur ce noble visage le moindre éclair de joie, le plus léger indice de satisfaction à cette nouvelle, il balbutie gauchement une excuse maladroite.

« Est-ce là tout ce que vous avez à me dire? lui demande lady Dedlock.

— Je le pense, Votre Seigneurie.

— Vous feriez mieux d'en être sûr, car c'est la dernière fois que vous avez l'occasion de m'en donner l'assurance. »

M. Guppy en a la certitude, et d'ailleurs n'a pas le moindre désir de prolonger cet entretien.

« Cela suffit; je vous dispense de toute excuse. » Et milady sonne Mercure pour qu'il montre la porte au jeune M. Guppy. Mais voilà qu'au même instant paraît, dans ce même hôtel, un vieillard appelé Tulkinghorn; et que ce vieillard, se dirigeant de son pas discret vers la bibliothèque, ouvre la porte et se trouve face à face avec le jeune homme qui allait en sortir.

Les yeux du procureur et de milady échangent un regard; le voile tombe un moment, le soupçon ardent et subtil s'allume, mais ce n'est que l'affaire d'un instant et le nuage passe.

« Mille pardons, lady Dedlock, il est si peu ordinaire de vous trouver à l'heure qu'il est dans cette pièce, que je pensais n'y rencontrer personne; mille et mille fois pardon.

— Restez, je vous en prie, dit-elle avec indifférence; je sors et je n'ai plus rien à dire à ce jeune homme. »

Ce dernier fait un profond salut, et, d'une voix humble et soumise, exprime l'espérance que M. Tulkinghorn se porte bien.

« Ah! répond l'avoué en le regardant avec attention, bien qu'un second coup d'œil lui fût parfaitement inutile, n'appartenez-vous pas à l'étude Kenge et Corboy?

— Oui, monsieur Tulkinghorn, c'est moi qu'on appelle Guppy.

— Certainement, je vous remercie, monsieur Guppy; je me porte à merveille.

— Enchanté de vous l'entendre dire, monsieur; vous ne serez jamais trop bien portant pour l'honneur du barreau. »

M. Guppy s'esquive, et M. Tulkinghorn, dont l'accoutrement de forme antique et d'un noir mat fait ressortir la beauté souveraine et l'éclat de Sa Seigneurie, donne la main à milady pour la conduire à sa voiture. Il remonte en se caressant le menton, et continue quelque temps cet exercice auquel il revient souvent dans le cours de la soirée.

CHAPITRE IV.

Un tour de vis.

« Qu'est-ce que cela peut être? dit M. Georges; une cartouche à balle ou à poudre? une simple amorce, ou un bel et bon coup? »

Une lettre ouverte est le sujet des méditations du troupier, et semble lui causer une profonde inquiétude. Il tient le papier d'une main, l'éloigne, le rapproche, le change de main, le lit et le relit en inclinant la tête, contracte ses sourcils et les relève, sans parvenir à dissiper ses doutes. Il pose la lettre sur la table, se promène d'un air pensif et revient de temps en temps jeter un coup d'œil à ce papier qui le tourmente :

« Est-ce à balle ou simplement à poudre? » se demande-t-il avec anxiété.

Phil Squod est à l'autre bout de la galerie, occupé à blanchir des cibles à l'aide d'une brosse et d'un pot de couleur, et siffle à mi-voix, sur le rhythme d'une marche rapide, l'air de : « Et l'on revient toujours à ses premières amours. »

« Phil ! » dit tout à coup le troupier en lui faisant signe de venir.

Le petit homme s'approche, suivant son habitude, en commençant d'abord par faire le tour de la galerie comme s'il allait ailleurs, et fond ensuite au pas de charge du côté du maître d'armes.

« Attention, Phil ! écoute bien, dit celui-ci.
— Oui, commandant !

« Monsieur, permettez-moi de vous rappeler, bien que je
« n'y sois point obligé par la loi, que le billet à deux mois de
« date, tiré sur vous par M. Mathieu Bagnet, et par vous accepté
« pour la somme de quatre-vingt-dix-sept livres quatre schellings
« et neuf pence, écherra demain, dans la journée, époque à laquelle il vous plaira payer ladite somme à présentation dudit
« billet.   « Tout à vous,
                « Josué Smallweed. »

« Que penses-tu de ça, Phil?
— Malheur, commandant.
— Comment cela?
— Dame ! répond Phil après un instant de réflexion, je pense que c'est toujours un malheur quand on vous demande de l'argent.
— Note bien, reprend le troupier en s'asseyant sur la table, que j'ai déjà payé, tant pour les intérêts que pour une chose ou l'autre, une somme presque aussi forte que le principal du billet. »

Phil se frotte contre le mur, et la grimace intraduisible que fait son visage de travers exprime assez qu'il ne voit pas que cet incident rende l'affaire moins mauvaise.

« Attends donc ! dit M. Georges avec un geste persuasif, remarque bien qu'il a toujours été entendu que ce billet pourrait être ce qu'ils appellent renouvelé, chose qui a eu lieu nombre de fois ; et maintenant, qu'en penses-tu ?

— Que l' nombre de fois est fini, et qu' c'est la fin de la fin.

— Hum ! c'est aussi mon opinion.

— Josué Smallweed ! mais, n'est-ce pas celui que j'ai porté sur une chaise ?

— Précisément.

— Gouv'neur, dit Phil avec une extrême gravité, c't'homme-là, voyez-vous, est vorace comme une sangsue, dur comme une enclume ; il vous entortille comme un serpent, et vous serre dans ses pinces comme un homard. »

Après avoir ainsi exprimé ses sentiments, M. Squod retourne à ses occupations et se remet à siffler avec plus de verve que jamais, l'air de : « Et l'on revient toujours à ses premières amours. » Le maître d'armes replie sa lettre et se dirige du côté de Phil.

« Gouv'neur, dit celui-ci en le regardant avec finesse, y a un moyen d'arranger vot' affaire.

— C'est de payer, parbleu ; et je voudrais bien le pouvoir.

— Non, commandant, non ; justement tout le contraire, dit le petit homme en faisant un geste significatif de son pinceau, et en étendant une couche de blanc sur la cible qu'il peinturlure. Un mois de prison pour dettes, et vous sortez blanc comme le badigeon.

— Joli moyen, par ma foi ; sais-tu quelle serait alors la position des Bagnet ? Sais-tu qu'ils seraient ruinés pour payer mes folies ? Belle probité que la vôtre, monsieur Phil ! » s'écrie l'ancien troupier avec indignation.

Phil est en train de protester avec ardeur qu'il avait oublié la responsabilité des Bagnet, et que pour rien au monde il ne voudrait faire le moindre tort à aucun des membres de cette brave et digne famille, lorsqu'on entend des pas dans le couloir, ainsi qu'une voix joyeuse qui demande si Georges est chez lui. Phil jette un coup d'œil à son maître, remonte la galerie en clopinant, répond à la voix que M. Georges est là ; et mistress Bagnet apparaît accompagnée de son mari.

Jamais l'excellente femme ne sort, quel que soit le temps qu'il fasse et dans n'importe quelle saison, sans avoir un manteau gris d'étoffe grossière, un peu râpé mais toujours propre ; le même qui inspire à M. Bagnet un si vif intérêt pour être revenu de l'autre bout du monde en compagnie de mistress Bagnet et d'un certain parapluie, accessoire non moins fidèle de la toilette de la brave dame. Le parapluie de mistress Bagnet, d'une couleur indescriptible, inconnue sur la terre, a pour poignée un morceau de bois recourbé sillonné de rides profondes, ayant au bec une petite plaque de métal, pur objet d'ornement qui ne reste pas à son poste, avec la fermeté qu'on pourrait attendre d'un objet si longtemps à l'école de l'infanterie anglaise si renommée pour sa solidité; cet estimable parapluie est en outre d'un laisser aller dans sa tenue qui semblerait indiquer une absence de corset, et qui provient peut-être des services à deux fins qu'il rend depuis tant d'années, comme buffet à la maison et comme sac de nuit en voyage. Mistress Bagnet, comptant sur son manteau gris seulement, orné d'un immense capuchon, et qui est imperméable, n'ouvre jamais son parapluie; elle en use, comme d'une baguette, pour désigner les morceaux de viande ou les tas de légumes quand elle fait son marché, ou pour attirer l'attention du boucher ou du fruitier par un attouchement amical de cet utile instrument. Son panier, sorte de puits en osier avec un couvercle à deux battants, ne la quitte pas davantage; et c'est pourquoi nous la voyons arriver chez le maître d'armes avec ces trois objets, compagnons indispensables de ses moindres courses.

« Bonjour, vieux camarade; comment vous portez-vous par cette belle matinée ? » dit-elle à M. Georges en lui tenant la main.

Ayant acquis sur les chariots de bagage et dans une foule de situations analogues la faculté de se trouver bien partout, elle se perche sur un banc, dénoue les brides de son chapeau, qu'elle repousse en arrière, croise les bras et semble parfaitement à son aise.

Pendant ce temps-là, M. Bagnet a échangé quelques poignées de main avec M. Georges et avec Phil, à qui mistress Bagnet fait un signe amical et envoie un sourire de bonne humeur.

« Nous voilà, Georges, dit l'excellente femme avec vivacité; nous sommes venus, Lignum et moi (c'est ainsi qu'elle appelle son mari, parce qu'il portait au régiment le sobriquet de Lignum-Vitæ, en raison de la sécheresse de son corps et de l'inflexibilité de sa personne), nous sommes venus pour vous voir et mettre tout en règle comme à l'ordinaire, relativement à la garantie que vous savez; donnez à Lignum le nouveau billet, pour qu'il le signe, Georges, et il le fera bravement.

— J'allais aller chez vous, répond le troupier avec un certain embarras.

— Nous avons bien pensé que vous alliez venir; c'est pour ça que nous sommes partis de bonne heure, laissant Woolwich, la perle des garçons, pour garder les deux petites; et nous voilà, comme vous voyez. Lignum est tellement retenu à la maison depuis quelque temps et prend si peu d'exercice qu'une petite promenade lui fera du bien.... Mais, qu'est-ce que vous avez, Georges ? Vous n'êtes pas comme d'habitude.

— Pas tout à fait, mistress Bagnet; je suis un peu tourmenté. »

L'œil vif et brillant de l'excellente femme saisit immédiatement la vérité.

« Georges, reprend-elle en relevant son index, ne me dites pas que c'est à propos de ce billet; Georges, ne le dites pas, à cause des trois enfants. »

L'embarras du maître d'armes augmente de plus en plus.

« Georges, poursuit mistress Bagnet en se servant de ses deux bras pour donner plus de force à ses paroles, si vous avez compromis la signature de Lignum, si vous le mettez dans l'obligation de payer pour vous, s'il va falloir tout vendre.... et je le vois sur votre figure aussi clairement que si la chose y était écrite, c'est une vilaine action que vous avez faite ; et vous nous avez cruellement trompés, Georges, c'est moi qui vous le dis. »

M. Bagnet, toujours immobile et droit comme un pieu, couvre sa tête chauve de sa main droite comme pour la défendre contre une douche et regarde sa femme avec une vive inquiétude.

« Je n'en reviens pas, continue mistress Bagnet; j'en suis honteuse pour vous; je n'aurais pas cru, Georges, que vous fussiez capable d'un pareil trait; j'ai toujours su que vous étiez une de ces pierres qui roulent et qui n'amassent rien ; mais je n'aurais jamais pensé que vous auriez pris le peu de mousse qui devait servir pour coucher Bagnet et les enfants; vous savez combien Lignum est travailleur et comme il est rangé ; vous connaissez Québec, Malte et Woolwich, vous savez tout ce qu'ils valent; et je ne pensais pas que vous auriez le cœur de les mettre sur la paille. Oh! Georges, dit la brave femme en prenant le coin du manteau gris pour s'essuyer les yeux, comment est-il possible que vous ayez fait cela? »

Mistress Bagnet ayant cessé de parler, son mari ôte la main qu'il s'était mise sur la tête, comme si la douche était finie, et tourne des yeux désolés vers M. Georges pâle comme un linge, qui regarde avec désespoir le manteau gris et le chapeau de paille de mistress Bagnet.

« Mat, dit-il d'une voix sourde en s'adressant au mari, mais en regardant toujours la femme, je suis fâché de te voir prendre ça tellement à cœur; je pense que l'affaire est moins mauvaise que tu ne le supposes; il est vrai que j'ai reçu ce matin la lettre que voici; mais j'espère que tout peut s'arranger. Quant à être une pierre qui roule, je ne dis pas non, et je n'ai jamais fait de bien aux gens qui m'ont trouvé sur leur chemin; c'est un fait que j'avoue; mais il est impossible à un vieux vagabond d'aimer ta femme et tes enfants plus que je ne le fais moi-même, et je suis sûr que tu ne m'en voudras pas; crois bien que je ne vous ai rien caché; cette lettre m'est arrivée il n'y a pas plus d'un quart d'heure.

— La vieille, murmure M. Bagnet après un instant de silence, dis-lui mon opinion.

— Pourquoi, répond mistress Bagnet, qui rit et qui pleure en même temps, pourquoi ne s'est-il pas marié dans l'Amérique du Nord avec la veuve de Joe Pouch! il n'aurait jamais été dans pareil embarras.

— La vieille, reprend M. Bagnet, dit les choses comme elles sont. Pourquoi n'as-tu pas fait ce mariage?

— Bon, bon, répond le troupier, j'espère qu'elle a aujourd'hui un meilleur mari que moi; toujours est-il que je ne l'ai pas épousée, et que me voilà ici, vous demandant ce que je dois faire. Tout ce que j'ai vous appartient; dites un mot et je vendrai jusqu'à la dernière cartouche; il y a longtemps que je l'aurais fait, si j'avais cru pouvoir en tirer la somme dont j'ai besoin; ne va pas croire que je te laisserai mettre dans la peine, mon vieux Mat! je me vendrais plutôt d'abord. Si je pouvais seulement connaître quelqu'un qui voulût acheter un vieux mousquet de hasard tel que moi! dit le maître d'armes en se donnant dans la poitrine un coup de poing méprisant.

— La vieille, murmure Lignum, dis-lui mon opinion.

— Georges, reprend l'excellente femme, il n'y a pas de quoi vous blâmer absolument, si ce n'est que vous avez eu tort d'entreprendre cette affaire sans en avoir les moyens.

— Je n'en ai jamais fait d'autres, répond le troupier en secouant la tête d'un air contrit; jamais, vous le savez bien; et....

— Silence! interrompt M. Bagnet, la manière dont la vieille te dit mon opinion est exacte; écoute et tais-toi.

— Vous n'auriez pas dû non plus demander la garantie, Georges; et à tout prendre on aurait dû vous la refuser; mais ce qui est fait est fait, il n'en faut plus parler; vous serez toujours un brave garçon, plein d'honneur et de probité, quoiqu'un peu trop léger; d'un autre côté, vous pouvez bien admettre qu'il est tout naturel que nous soyons inquiets avec trois enfants sur les bras. Oubliez donc tout ce qui a été dit, Georges, et pardon général pour tout ce qui s'est passé. »

La vieille donne une main à son mari, l'autre au sergent qui prend aussi celle de Lignum, et qui la conserve tout en parlant.

« Je vous assure, dit-il, que je ne reculerais devant aucun sacrifice pour acquitter ce billet. Mais tout ce que je gagne suffit bien juste à entretenir le courant; nous vivons, Phil et moi, sans faire de grosses dépenses; mais la galerie ne donne pas tout ce que j'en attendais; ce n'est pas le Pérou! j'ai eu bien tort de la prendre; c'est un fait; mais j'y ai été poussé en quelque sorte et j'ai cru que ça me rangerait; qu'une fois établi, je serais plus respectable. Je sais bien que vous avez essayé de m'ôter ces idées-là.... bref, je vous suis très-obligé, mais bien honteux de moi-même. » En disant ces paroles, M. Georges secoue la main de ses amis, fait un pas en arrière et se redresse, comme si, après cette confession, il s'attendait à être fusillé avec tous les honneurs militaires.

« Écoute-moi, Georges, dit M. Bagnet en lançant un coup d'œil à sa femme, et toi, la vieille, continue. »

L'opinion de Lignum, toujours exprimée de la même façon, est qu'il faut immédiatement s'occuper de cette lettre; que M. Georges et M. Bagnet aillent trouver à l'instant même M. Smallweed; et que la première chose à faire est de mettre à l'abri de toute poursuite Lignum-Vitæ qui est loin d'avoir la somme dont il a répondu. M. Georges partage entièrement cet avis, prend son chapeau et se prépare à marcher vers l'ennemi, accompagné de M. Bagnet.

« Je vous ai parlé un peu vivement, Georges, n'y pensez plus, dit mistress Bagnet en frappant le maître d'armes sur l'épaule; je vous confie mon vieux Lignum, et je suis sûre que vous le sortirez de ce mauvais pas. »

Le sergent répond qu'il est touché de cette confiance et qu'il fera tout au monde pour ne pas la trahir; sur quoi mistress Bagnet, l'œil brillant et la figure joyeuse, retourne chez elle avec son panier, son parapluie et son manteau, pendant que les deux camarades se dirigent vers le Mont-Charmant avec la mission d'aller attendrir le vieil avare.

Il est douteux qu'on puisse trouver dans toute l'Angleterre deux personnes moins faites que M. Georges et M. Bagnet pour amener à bonne fin une négociation avec M. Smallweed; car, en dépit de leur air martial, de leurs épaules carrées, de leur pas ferme et pesant, ce sont deux vrais enfants, simples et inexpérimentés dans toutes les affaires smallweediennes de ce bas monde ; ils marchent gravement côte à côte, et M. Bagnet, remarquant l'air pensif de son ami, considère comme un devoir affectueux de faire allusion aux dernières paroles de mistress Bagnet.

« Georges, dit-il, tu connais la vieille ; douce comme de la crème ; mais si l'on touche à son mari ou à ses enfants, elle s'emporte comme une soupe au lait.

— Ça lui fait honneur, Mat !

— Je ne le dis pas devant elle, parce qu'il faut maintenir la discipline, Georges ; mais la vieille ne peut rien faire qui ne soit à son honneur.

— Mat, elle vaut son pesant d'or !

— Sais-tu quel est son poids, Georges ? Eh bien ! je m'en vas te le dire : la vieille pèse cent soixante-quatorze livres ; prendrais-je à sa place le même poids de n'importe quel métal ? non ; car le métal de la vieille est autrement précieux que tous les métaux ensemble.

— Tu as raison, Mat.

— Quand elle m'a pris en mariage, elle s'est enrôlée, tête et cœur, pour le reste de ses jours ; et, fidèle à son drapeau, elle court aux armes si l'on touche du bout du doigt à son mari ou à ses enfants ; aussi, Georges, ne fais pas attention quand elle fait feu de toutes pièces ; vois-tu, c'est le devoir qui l'exige : affaire de loyauté.

— Que Dieu la récompense, Mat ; quant à moi, je n'en ai que plus haute opinion d'elle.

— C'est juste, dit M. Bagnet avec un profond enthousiasme, qui néanmoins ne lui fait rien perdre de sa rigidité ; place la vieille aussi haut que le rocher de Gibraltar, et ce sera encore trop bas pour servir de piédestal à son mérite. Seulement, je ne le dis pas devant elle, parce qu'il faut maintenir la discipline. »

Ces éloges les conduisent jusqu'à la maison de M. Smallweed ; la porte leur en est ouverte par l'éternelle Judy, qui, après les avoir examinés de la tête aux pieds avec un mépris venimeux, les quitte un instant pour aller consulter l'oracle sur leur admission, et revient ensuite leur dire qu'ils « peuvent entrer s'ils le veulent. » Les deux amis pénètrent dans le parloir : ils y trouvent M. Smallweed, les pieds dans le tiroir de son fauteuil, où il prend un bain de papiers, et mistress Smallweed cachée par un coussin, comme un oiseau qu'on met à l'ombre pour l'empêcher de chanter.

II. — 4

« Mon cher monsieur, dit l'avare en tendant les deux bras au sergent, comment vous portez-vous ? Quelle est, cher ami, cette personne qui vous accompagne ?

— C'est Mathieu Bagnet, le camarade qui m'a obligé dans notre affaire, répond sèchement M. Georges, peu disposé à se montrer conciliant.

— Bagnet ? oui, oui, certainement. » Le vieillard se fait un abat-jour de sa main droite et regarde l'ami du sergent. « Monsieur Bagnet, j'espère que vous vous portez bien ; un bel homme, monsieur Georges ; un fort beau militaire ! »

Comme on ne leur offre pas de s'asseoir, M. Georges donne une chaise à Bagnet et en prend une pour lui.

« Judy ! apporte la pipe ! crie M. Smallweed à sa petite-fille.

— Ce n'est pas la peine, dit M. Georges, car je ne suis pas en train de fumer.

— Vraiment ! répond le vieillard ; c'est égal ; Judy, apporte la pipe.

— Le fait est, monsieur Smallweed, que je me trouve ce matin peu favorablement disposé ; il paraît, monsieur, que votre ami de la Cité fait des siennes.

— Miséricorde ! mon cher monsieur, dit le grand-père ; il en est incapable.

— Je suis bien aise de le savoir ; je pensais, au contraire, que c'était un de ses tours ; vous comprenez que je parle de la lettre que voici. »

Le vieux ladre fait un affreux sourire en reconnaissance du papier qu'on lui montre.

« Qu'est-ce que veut dire cette lettre ? demande le maître d'armes.

— Judy, as-tu trouvé la pipe ? Donne-la-moi, crie le vieillard. Ne demandez-vous pas ce que ça veut dire, mon bon ami ?

— Certainement, répond le troupier qui s'efforce de mettre dans sa voix le plus de douceur possible, et qui tient la lettre de la main droite, tandis que son poing gauche est appuyé sur sa cuisse ; vous savez, monsieur Smallweed, que vous avez déjà bénéficié d'une jolie somme ; et vous vous rappelez parfaitement quelles sont nos conventions. Je suis prêt à faire aujourd'hui ce que nous avons toujours fait, et à procéder comme d'habitude. Jusqu'à présent vous ne m'avez jamais écrit de lettre pareille ; et depuis ce matin je suis à l'envers, parce que mon ami Bagnet, que voici, n'a pas, comme vous savez, touché un sou de l'argent que....

— Je ne sais pas ça du tout, dit tranquillement l'usurier.

— Mais que diable.... je.... je suis sûr de vous l'avoir dit, reprend M. Georges.

— Certainement, répond M. Smallweed ; vous me l'avez dit, mais je n'en sais rien.

— N'importe, dit le troupier en avalant sa colère, moi je le sais, si vous ne le savez pas.

— Ceci, c'est autre chose, réplique M. Smallweed avec douceur ; mais peu importe, comme vous dites ; ça ne change rien à la situation de M. Bagnet.

— C'est justement là ce que je voulais dire, monsieur Smallweed, répond M. Georges en faisant un immense effort pour attendrir l'usurier ; ça ne change rien à la situation de Bagnet ; je le sais bien ; il n'en serait pas moins saisi, qu'il ait reçu l'argent ou non. Mais voyez-vous, c'est un si grand tourment pour son excellente femme et pour moi ! car s'il est bien vrai que j'ai toujours été un hurluberlu, un propre à rien, un panier percé, lui, au contraire, c'est un homme rangé, un bon père de famille, voyez-vous. Et, bien que vous soyez mon ami jusqu'à un certain point, monsieur Smallweed, poursuit le troupier, qui, assez content de la façon dont il conduit cette affaire, reprend confiance en lui-même, je sais que je ne peux pas vous demander que mon ami Bagnet soit quitte de toute obligation.

— Vous êtes trop modeste, cher monsieur ; vous pouvez, au contraire, me demander tout ce que vous voudrez. » (Le vieux ladre est aujourd'hui d'une jovialité d'ogre tout à fait effrayante.)

« Parce que vous pouvez tout me refuser, ou du moins votre ami de la Cité ; ah ! ah ! ah ! »

Le grand-père Smallweed fait écho à M. Georges d'une voix si rude et le regarde avec des yeux si singulièrement verts, que la gravité naturelle de M. Bagnet en est considérablement augmentée.

« Allons, dit le confiant maître d'armes, je suis bien aise de vous voir rire, monsieur Smallweed ; c'est de bon augure pour notre affaire ; terminons-la gaiement, nous pouvons tout arranger ; nous voilà prêts, Bagnet et moi ; renouvelons le billet comme d'habitude, et vous délivrerez Bagnet et sa famille d'un grand tourment, sans parler de votre serviteur.

— Ah ! la bonne farce ! » s'écrie d'une voix perçante et railleuse quelque spectre sans doute ; à moins que ce ne soit la folâtre Judy, qui est redevenue aussi silencieuse qu'auparavant quand le regard des visiteurs se tourne de son côté, mais dont le menton branle encore sous l'impulsion d'un certain mépris moqueur. La gravité de Lignum en devient de plus en plus profonde.

« Ne me demandiez-vous pas ce que la lettre veut dire? reprend le vieux Smallweed qui tient toujours à la main la pipe de M. Georges.

— Mais, répond celui-ci avec sa franchise ordinaire, je ne m'en soucie plus guère, si tout s'arrange comme la chose est convenue. »

L'usurier vise le sergent à la tête et manque son coup; la pipe tombe sur le plancher où elle se brise en mille pièces.

« Voilà ce que ça veut dire, mon cher monsieur, ajoute l'avare; ça veut dire que je vous écraserai, que je vous pilerai, que je vous broierai comme cette pipe, et allez à tous les diables! »

Les deux amis quittent leur chaise et se regardent; la gravité de M. Bagnet ne saurait devenir plus profonde.

« Allez au diable! répète l'affreux vieillard; je ne veux plus de vos pipes et de vos rodomontades. Ah! vous faites le fier, l'indépendant! allez voir mon avoué (vous savez bien où il demeure), allez-y, mon cher, allez; c'est peut-être une chance qui vous reste. Ouvre la porte, Judy, fais sortir ces bandits; appelle du secours, s'ils ne veulent pas s'en aller; mets-les dehors, mets-les dehors. »

Il vocifère ces paroles avec une telle violence que M. Bagnet, prenant son camarade par les deux épaules, le pousse dans la rue avant que ce dernier soit revenu de sa stupeur; et la porte est immédiatement fermée sur eux par la triomphante Judy.

« Allons, Mat, dit M. Georges quand il revient à lui; essayons du procureur; mais que penses-tu d'un pareil coquin? »

M. Bagnet lance un dernier regard dans le parloir des Smallweed, secoue la tête et répond:

« Si la vieille avait été là, vous auriez vu comme je lui aurais dit son fait à ce gredin-là. » Puis ayant ainsi déchargé sa conscience, il se met au pas et marche en mesure avec son camarade.... une, deux.

Lorsqu'ils arrivent chez le procureur, celui-ci est occupé, et il est impossible de le voir. Après une heure d'attente, le clerc revient du cabinet de l'avoué où la sonnette l'avait appelé et ne rapporte aux deux amis que des paroles peu encourageantes; M. Tulkinghorn n'a rien à leur dire, il est inutile que ces messieurs perdent leur temps, ils feraient mieux de s'en aller. Ces messieurs n'en restent pas moins dans la salle avec une patience toute militaire. La sonnette se fait entendre de nouveau, et le client dont l'audience est enfin terminée, sort du cabinet de M. Tulkinghorn.

Ce client, ou plutôt cette cliente, c'est mistress Rouncewell, la femme de charge de Chesney-Wold ; la bonne dame sort du sanctuaire en faisant une antique révérence et ferme la porte sans bruit ; il est probable que l'avoué a pour elle une certaine considération, car le clerc quitte son banc pour la reconduire jusqu'à la porte de la salle. Mistress Rouncewell se retourne alors pour le remercier de cette attention et aperçoit les deux amis.

« Pardon, monsieur, dit-elle ; mais ces gentlemen ne sont-ils pas dans l'armée ? »

Le clerc interroge du regard ces deux messieurs, et le maître d'armes étant fort occupé à consulter l'almanach qui est au-dessus de la cheminée, M. Bagnet prend sur lui de répondre :

« Oui, madame, autrefois.

— Je le pensais, j'en étais sûre ; mon cœur a bondi en vous voyant ; ça ne manque jamais lorsque je rencontre des militaires ; soyez bénis, gentlemen ; vous voudrez bien m'excuser : j'avais un fils qui est parti comme soldat, un beau jeune homme, un si bon garçon ! quoi qu'en aient dit certaines gens qui cherchaient à lui nuire dans l'esprit de sa pauvre mère. Pardonnez-moi, monsieur, de vous avoir dérangé. Dieu vous bénisse, gentlemen !

— Dieu vous le rende, madame ! » répond M. Bagnet avec sincérité.

Il y a dans l'émotion de la vieille dame, dans sa voix, dans le tremblement dont tout son corps est agité, quelque chose de bien touchant ; mais M. Georges est tellement absorbé par l'almanach, qu'il n'en détourne les yeux qu'après le départ de mistress Rouncewell.

« Georges, lui dit tout bas Lignum d'un ton de reproche, n'aie donc pas l'air si triste ; nous autres, vieux soldats, nous ne sommes pas des pleurnicheurs ; du courage, mon brave, du courage ! »

Le clerc étant allé dire à l'avoué que ces messieurs l'attendent toujours, et M. Tulkinghorn ayant répondu avec impatience : « Eh bien ! qu'ils entrent ! » les deux camarades sont introduits dans le cabinet où le procureur les attend, debout devant la cheminée.

« Que me voulez-vous ? demande-t-il ; je vous ai dit, sergent, la dernière fois que je vous ai vu, de ne pas remettre les pieds chez moi. »

Le sergent, qui, depuis quelques minutes, se sent profondément troublé, répond qu'il a reçu la lettre que voici ; qu'il a été voir à ce propos M. Smallweed, et que M. Smallweed l'a envoyé chez M. Tulkinghorn

« Je n'ai rien à vous dire, reprend l'avoué ; quand on fait des dettes, il faut les payer ou en subir les conséquences ; je suppose que vous n'aviez pas besoin de venir ici pour l'apprendre. »

Le sergent est désolé, mais il n'a pas la somme nécessaire.

« Très-bien, dit le procureur ; l'autre payera pour vous, cet homme-là, si c'est lui. »

Le sergent est de plus en plus désolé ; mais l'autre individu n'a pas d'argent non plus.

« Très-bien, reprend encore l'avoué ; vous payerez à vous deux, sinon vous serez poursuivis et condamnés ensemble. Vous avez eu la somme, vous devez la restituer. On ne peut pas empocher l'argent des autres et sortir de là sans payer son écot. »

M. Tulkinghorn s'assied dans son fauteuil et attise le feu. M. Georges espère qu'il aura la bonté de....

« Je vous répète, sergent, que je n'ai rien à vous dire, poursuit l'avoué ; je n'aime pas les gens dont vous faites votre société, et je n'ai pas besoin que vous veniez ici. La chose dont vous me parlez n'est pas du tout de mon ressort. M. Smallweed est bien bon de m'envoyer cette affaire ; mais je ne m'occupe pas de ça ; allez dans Clifford's-Inn trouver Melchisédech.

— Pardonnez-moi, monsieur, reprend l'ancien sergent, d'insister encore, après ce que vous venez de dire, sur un sujet qui m'est aussi pénible qu'il vous est désagréable ; mais voudriez-vous m'accorder une minute d'entretien particulier ? »

M. Tulkinghorn quitte son fauteuil, et, les deux mains dans les poches, se dirige vers l'embrasure d'une fenêtre.

« Dépêchez-vous, dit-il, car je n'ai pas de temps à perdre. »

Au milieu de la parfaite indifférence qu'il simule, le procureur jette un regard pénétrant sur le troupier, qu'il a eu soin de placer en face du jour auquel il tourne le dos.

« Je me dépêche, monsieur, répond le sergent ; cet homme qui m'accompagne est celui qui est avec moi dans cette malheureuse affaire ; nominalement, toutefois, et rien de plus ; mon seul désir est d'empêcher qu'on ne l'inquiète à cause de moi ; c'est un homme respectable, ayant femme et enfants, un ancien artilleur qui....

— Mon ami, je ne me soucie pas plus de l'artillerie tout entière que d'une prise de tabac, dit le procureur.

— C'est possible, monsieur ; mais il m'importe infiniment que Bagnet, sa femme et ses enfants, n'aient pas à souffrir à cause de moi ; et si je pouvais les tirer de ce mauvais pas en vous donnant ce que vous me demandiez l'autre jour, monsieur, je n'hésiterais pas à le faire.

— L'avez-vous apporté ?

— Oui, gentleman.

— Sergent, poursuivit l'avoué de ce ton calme et froid bien plus démontant pour l'adversaire que la violence et l'injure, faites attention à ce que je vais dire, car c'est la dernière fois que je vous en parle, souvenez-vous-en bien : vous pouvez, à votre choix, laisser ici pendant quelques jours ce que vous dites avoir dans votre poche, ou le remporter sans me le faire voir, ce sera comme vous voudrez ; seulement, si vous consentez à me le laisser, je rétablirai votre affaire sur l'ancien pied ; je ferai plus, je m'engagerai par écrit à ce que ledit Bagnet, ici présent, ne soit inquiété en aucune façon tant que vous n'aurez pas été d'abord poursuivi à outrance, ce qui, en fait, équivaut à une libération absolue. Êtes-vous maintenant décidé ? »

Le sergent tire un papier de sa poitrine et dit avec un profond soupir : « Il le faut bien, monsieur. »

L'avoué met ses lunettes, s'assied à sa table, rédige l'engagement qu'il vient de souscrire, en fait la lecture, et l'explique à M. Bagnet qui regarde le plafond, met la main sur sa tête chauve pour la protéger contre cette douche verbale et semble extrêmement au dépourvu de n'avoir pas la vieille auprès de lui pour exprimer son opinion. Le sergent pose alors sur le bureau de l'avoué un papier qu'il n'abandonne qu'avec une répugnance évidente.

« Ce n'est, dit-il, qu'une lettre de service, monsieur ; la dernière qu'il m'ait écrite. »

Regardez une borne, monsieur Georges, et vous ne verrez pas plus d'immobilité dans sa physionomie que sur le visage du vieil avoué lorsqu'il ouvre la lettre que vous lui avez remise ; il la parcourt, la replie et la met dans son pupitre avec l'impassibilité de la mort.

Il ne lui reste plus qu'à saluer d'un signe peu courtois ses visiteurs en leur disant d'un ton bref : « Vous pouvez partir, » et à son clerc : « Conduisez-les jusqu'à la porte. »

Une fois sortis, les deux camarades se dirigent vers la maison de M. Bagnet, où ils se rendent pour dîner.

Du bœuf bouilli et des choux verts, voilà le menu : ce n'est plus, comme on voit, du porc bouilli et des choux verts : il faut bien varier un peu. Mistress Bagnet sert la viande et les choux de la même façon que l'autre fois et les assaisonne de la même bonne humeur, étant de cette rare espèce de gens qui reçoivent le bien à bras ouverts sans jamais insinuer qu'il pourrait être mieux, et découvrent toujours un rayon dans les ténèbres qui les environnent. L'ombre est aujourd'hui sur le front de M. Georges; il est d'un abattement qu'on ne lui a jamais vu; la vieille compte d'abord sur les caresses de Québec et de Malte pour le réconforter; mais s'apercevant que les chères petites ont beau faire et que leur bon ami n'est pas pour le quart d'heure dans ses moments d'humeur folichonne, elle licencie d'un coup d'œil cette infanterie légère et donne au vieux camarade le moyen de déployer sa colonne sur le terrain découvert du foyer domestique.

Mais Georges n'en fait rien; il se renferme en lui-même et conserve sa tristesse; au coin du feu, où Lignum et lui sont installés pendant que mistress Bagnet et ses filles, montées sur leurs patins, lavent et fourbissent dans la petite cour, il est aussi triste qu'il l'était pendant le dîner, et laisse éteindre sa pipe qu'il a complétement oubliée, portant ainsi le trouble et la désolation dans l'âme de Lignum, en prouvant que le tabac lui-même n'a pour lui nul attrait.

C'est pourquoi lorsque mistress Bagnet revient fraîche et rose s'asseoir à côté d'eux avec son ouvrage, Lignum Vitæ lui fait signe de découvrir le motif de cette préoccupation inquiétante.

« Comme vous avez l'air abattu, Georges! dit la vieille en enfilant son aiguille.

— Une pauvre société que la mienne, dit-il.

— C'est pas du tout notre bon ami, maman, crie la petite Malte.

— Parce qu'il est malade, n'est-ce pas, maman? ajoute Québec.

— Il est certain que c'est un bien mauvais signe de ne plus ressembler à votre joyeux ami, dit M. Georges en embrassant les petites filles; mais.... ajoute-t-il en soupirant, l'enfant dit vrai.

— Georges, reprend mistress Bagnet en poussant l'aiguille avec vivacité, si je vous croyais d'un assez mauvais caractère pour penser encore à ce qu'a pu vous dire ce matin la femme d'un vieux grognard, une vieille criarde qui aurait dû se couper la langue avec les dents pour se punir d'avoir parlé, il n'y a pas de choses que je ne fusse disposée à vous dire pour m'excuser maintenant.

— Chère bonne âme! répond le troupier; je vous assure qu'il n'est pas question de ça.

— Parce que, bien vrai, tout ce que j'ai voulu dire, c'est que je vous confiais Lignum, que j'étais sûre que vous le sortiriez de là; et vous l'avez fait noblement, Georges.

— Merci, chère et digne femme ; je suis bien heureux de l'opinion que vous avez de moi. »

Le sergent prend la main de mistress Bagnet, qui la lui donne sans quitter son ouvrage, car elle s'est assise auprès de lui, et la regarde un instant ; puis il tourne les yeux du côté de Woolwich et lui fait signe d'approcher.

« Mon enfant, lui dit-il en passant la main sur les cheveux de mistress Bagnet, tu vois ce large front qui rayonne d'amour pour toi ; le soleil et le vent l'ont un peu bruni pendant qu'elle suivait ton père en prenant soin de ton enfance ; mais il est aussi frais et aussi ferme qu'une pomme avant qu'on l'ait cueillie. »

Le visage de M. Bagnet exprime, autant que le permet sa constitution ligneuse, le plus entier acquiescement aux paroles de son ami.

« Un jour viendra, continue M. Georges, où les cheveux de ta mère blanchiront et où son front sera creusé par les rides ; aie bien soin, pendant que tu es jeune, Woolwich, de pouvoir te dire alors : « Je n'ai pas fait blanchir un seul cheveu de sa tête, je n'ai pas imprimé sur sa figure une seule des rides qui s'y trouvent et que le chagrin aurait rendues si profondes ; » car, de toutes les pensées de ton âge mûr, enfant, ce sera la plus douce que tu pourras avoir. »

M. Georges se lève, fait asseoir le jeune homme sur la chaise qu'il occupait auprès de mistress Bagnet et sort de la chambre avec une certaine précipitation, en disant qu'il va dans la rue fumer sa pipe un instant.

CHAPITRE V.

Narration d'Esther.

Je restai malade pendant plusieurs semaines, et ma vie ordinaire de Bleak-House ne fut plus pour moi qu'un souvenir ; ce n'était certainement pas l'effet du temps, mais celui du changement apporté dans mes habitudes par la faiblesse et l'inaction. A peine étais-je alitée depuis quelques jours, qu'il me sembla que tout ce qui m'entourait naguère avait fui dans un horizon lointain, où les différentes époques de ma vie se confondaient toutes entre elles. On aurait dit que j'avais traversé un lac funèbre et que tout ce que j'avais éprouvé, tout ce que j'avais connu, était resté sur la rive où j'avais laissé la santé. Mes occupations de ménage, dont l'abandon me causa d'abord une très-vive inquiétude, allèrent bientôt rejoindre les devoirs que j'avais à faire en pension et les après-dînées où je revenais de l'école, mon portefeuille sous le bras, et où je regardais mon ombre avec tristesse en rentrant chez ma marraine. Avant cette époque, je ne savais pas combien la vie est courte et le peu d'espace qui suffit à l'esprit pour la contenir tout entière.

Je souffrais beaucoup de la confusion que les différentes périodes de mon existence apportaient dans mon cerveau malade. Je me trouvais à la fois enfant, pensionnaire et maîtresse de maison, et je n'étais pas alors seulement accablée par les soucis et les difficultés qu'on rencontre dans ces divers états, mais surtout par l'effort que je faisais sans cesse pour concilier des obligations si contradictoires et pour remédier à l'incohérence qui résultait de cette situation multiple. Je crois qu'il faut l'avoir ressenti pour bien comprendre ce que je veux dire et pour se faire une idée juste de la douloureuse agitation que produit un pareil état.

C'est pour cela que j'ose à peine raconter les tortures que j'éprouvais durant cette longue nuit que me faisait ma cécité, lorsque je m'efforçais de gravir les marches colossales d'un escalier gigantesque, voulant toujours arriver au sommet, et qu'au moment de l'atteindre, j'étais renversée tout à coup par quelque obstacle imprévu et condamnée à recommencer de nouveau cette pénible escalade. Il y avait des instants où je savais à merveille que j'étais dans mon lit, j'en avais même presque toujours le sentiment confus; mais alors que j'en étais le plus certaine, que je reconnaissais Charley, que je lui parlais et que je sentais sa main, je me surprenais à lui dire : « Toujours cet interminable escalier, Charley; toujours ces marches de plus en plus nombreuses, qui s'élèvent jusqu'au ciel, » et je continuais à monter.

Mais de toutes ces tortures, la plus cruelle était de me sentir au milieu des ténèbres, enfilée avec d'autres personnes qui formaient un collier de feu, dont j'étais l'une des perles flamboyantes; et de m'épuiser en supplications inutiles pour échapper à cette effroyable agonie.

Il se peut que j'aie eu tort de parler de ces douleurs indicibles dont le récit n'a rien d'agréable pour celle qui le fait ni pour celui qui l'écoute; mais si nous connaissions davantage ces hallucinations fiévreuses, nous pourrions probablement en diminuer la force et apaiser les souffrances des malheureux qui les subissent; pourquoi dès lors ne pas les étudier?

Peut-être serai-je mieux comprise en parlant du repos qui succéda enfin à cette agitation; des longues heures d'un sommeil bienfaisant; de ce calme délicieux qui m'envahissait tout entière, alors que, trop faible pour me soucier de moi-même, j'aurais appris que j'allais mourir sans autre émotion qu'une tendre pitié pour ceux que je laissais sur la terre. J'étais plongée dans cette quiétude infinie, quand je fermai tout à coup les yeux pour éviter la lumière qui tremblait dans les rideaux, et que je reconnus avec une joie infinie que j'y verrais encore.

J'avais entendu mon Eva pleurer jour et nuit à ma porte, me dire que j'étais une cruelle, et que, si je l'aimais, je lui permettrais de me soigner et de ne pas quitter le bord de mon lit; mais j'avais toujours dit non, quand j'avais pu parler, recommandant bien à Charley d'empêcher Eva de pénétrer dans ma chambre, que je fusse morte ou vivante. Charley avait gardé fidèlement sa promesse, et, de sa petite main et de son grand cœur, avait tenu la porte constamment fermée.

A présent que ma vue s'affermissait et que mes yeux s'accoutumaient chaque jour à une lumière plus vive, je pouvais lire les lettres que ma chérie m'écrivait soir et matin, et les porter à mes lèvres sans crainte de lui faire aucun mal; voir ma petite garde si attentive et si soigneuse aller d'une chambre à l'autre pour mettre tout en ordre et ouvrir la fenêtre pour causer avec Eva; comprendre le calme absolu qui régnait dans la maison, preuve touchante de la sollicitude dont j'étais entourée; et je pleurais de joie au milieu de cette exquise félicité, aussi heureuse dans ma faiblesse que je l'avais été dans ma force et ma santé.

Peu à peu, sortant de mon immobilité, je pris une part plus active à ce qu'on faisait autour de moi; je pus me rendre quelques services et je me rattachai à l'existence.

Comme je me souviens encore de cette après-dînée, où, entourée d'oreillers, je me mis sur mon séant pour prendre le thé avec Charley! Quelle fête et quel bonheur! la chère petite, envoyée sur la terre pour soigner ceux qui souffrent, était si heureuse; elle s'arrêtait si souvent au milieu de tous ses préparatifs pour venir poser sa tête sur ma poitrine, pour me combler de caresses et m'exprimer au milieu de ses larmes combien elle était contente, que je fus obligée de lui dire : « Charley, si tu continues, il faudra me recoucher, mon enfant, car je suis plus faible que je ne l'avais pensé. » Elle devint alors aussi paisible qu'une souris, portant, sans mot dire, son visage radieux d'un endroit à un autre, pendant que je la regardais tranquillement glisser de l'ombre de la chambre pour passer dans le rayon de soleil de la fenêtre, et du rayon dans l'ombre. Quand la table, avec sa nappe blanche, ses friandises et ses fleurs préparées d'avance par Éva, fut approchée de mon lit, je me sentis assez forte pour entretenir Charley de quelque chose dont j'étais préoccupée.

Je lui fis d'abord compliment de la manière dont la chambre était tenue; et vraiment on n'aurait jamais dit que j'y fusse restée si longtemps malade. Charley fut ravie de ces éloges, et ses yeux n'en brillèrent qu'un peu mieux.

« Cependant, lui dis-je en regardant autour de nous, il y manque je ne sais quoi, quelque chose dont j'avais l'habitude.... »

La pauvre petite, à son tour, promena son regard dans la pièce et fit un signe négatif.

« Est-ce que tous les tableaux sont à leur place? lui demandai-je.

— Oui, miss.

— Et tous les meubles, Charley?

— Certainement; excepté une ou deux chaises que j'ai ôtees, parce qu'elles embarrassaient.

— Il me manque pourtant quelque chose; ah! j'y suis, Charley, c'est le miroir. »

Elle se leva de table, comme si elle avait eu besoin dans la chambre voisine, et je l'entendis qui sanglotait.

J'y avais souvent pensé; mais je n'en étais pas sûre. Je remerciai Dieu de ne pas en ressentir une impression plus vive; je rappelai Charley, qui revint en essayant de sourire, mais qui avait l'air bien triste.

« Ça ne fait rien, lui dis-je en la pressant dans mes bras; j'espère remplir aussi bien mes devoirs avec ma nouvelle figure qu'avec celle d'autrefois. »

Bientôt je fus assez forte pour me lever, m'asseoir dans un fauteuil et même pour aller, avec le bras de Charley, mais non sans vertige, jusque dans l'autre pièce, dont la glace avait également disparu.

M. Jarndyce avait le plus grand désir de me voir; je ne trouvais plus de motif pour me refuser ce bonheur; il vint donc un matin, et, me prenant dans ses bras, ne put dire que ces paroles : « Chère, bien chère enfant! » Je connaissais depuis trop longtemps sa généreuse tendresse et la bonté de son cœur, pour craindre sérieusement que l'altération de mes traits eût changé ses dispositions à mon égard ; cependant, j'étais bien heureuse d'en avoir la certitude ; il m'avait vue et il m'aimait plus qu'auparavant ; dès lors je n'avais rien à regretter.

« Quels tristes jours nous avons passés, dit-il ; et une petite femme si inflexible !

— N'était-ce pas nécessaire, tuteur ?

— Nécessaire ! répéta-t-il avec tendresse. Enfin, n'en parlons plus ; Eva et moi nous avons été bien malheureux ; la bonne Caroline ne faisait qu'aller et venir pour avoir de vos nouvelles ; tous vos amis étaient au désespoir ; jusqu'à Richard qui a fini par m'écrire, tant son inquiétude était vive.

— Je ne vous comprends pas bien, tuteur ; qu'y a-t-il d'extraordinaire à ce que Richard vous écrive, à vous qui êtes son meilleur ami ?

— Il est bien loin de le penser, petite mère ; il m'a fort bien dit qu'il ne s'adressait à moi qu'en désespoir de cause, parce que c'était l'unique moyen d'avoir de vos nouvelles ; sa lettre, d'ailleurs, est froide, hautaine, presque haineuse ; mais il faut lui pardonner, petite femme ; Jarndyce contre Jarndyce a changé sa nature, et m'a fait perdre la place que j'occupais dans son estime ; j'ai vu souvent de ces choses-là, pis encore. Si deux anges, par malheur, étaient engagés dans cette maudite affaire, je ne doute pas qu'ils n'en vinssent à se haïr un jour.

— Mais ce procès ne vous a pas changé, tuteur ?

— Oh ! que si, dit en riant M. Jarndyce ; combien de fois n'a-t-il pas fait tourner le vent du sud au vent d'est ! Rick éprouve de la défiance, consulte des avoués qui lui apprennent à se défier davantage et à me suspecter de plus en plus. On lui dit que nos intérêts sont opposés, que mes prétentions combattent les siennes, et mille sornettes du même genre. Pourtant Dieu m'est témoin que, si je pouvais sortir de ce procès monstrueux auquel mon nom est fatalement associé ; et, en renonçant à mes droits, anéantir cette montagne de procédure, je le ferais à l'instant même. J'aimerais mieux rendre à ce pauvre Richard l'heureux naturel qu'il avait autrefois, que de palper tout l'argent que les infortunés plaideurs, rompus vifs sur la roue de la chancellerie, ont laissé au grand comptable ; ce qui, pourtant, formerait une somme assez forte pour élever une pyramide en mémoire de la malignité transcendante de la cour.

— Est-il possible, tuteur, demandai-je toute surprise, que Richard ait pu concevoir des soupçons contre vous ?

— Hélas ! ma chère enfant, le poison subtil que renferment de tels abus engendre fatalement cette funeste maladie ; Richard a pris la contagion et ne voit plus les choses sous leur véritable aspect; il ne faut pas lui en vouloir.

— Mais c'est un affreux malheur !

— Vous avez bien raison; je n'en connais pas de plus grand. Richard a été entraîné peu à peu à s'appuyer sur ce roseau dont la pourriture entraîne la chute de tout ce qui l'environne; mais je vous le répète encore, ce n'est pas à lui qu'en est la faute, et ce n'est pas lui qui est à blâmer. »

J'exprimai néanmoins tous mes regrets de ce que sa bonté et son désintéressement avaient eu un si triste résultat.

« Ne nous plaignons pas, dame Durden, répondit-il avec enjouement. Eva est plus heureuse qu'autrefois, et c'est beaucoup. J'avais espéré, il est vrai, devenir l'ami de ces deux jeunes gens, et conserver leur affection en dépit de cette influence maudite; mais c'était trop demander; l'ombre de la chancellerie a pesé de trop bonne heure sur le berceau de Richard.

— L'expérience ne lui apprendra-t-elle pas à reconnaître son erreur ?

— Désirons-le, chère fille, et surtout espérons qu'il ne sera pas trop tard; dans tous les cas, ne soyons point trop sévères. Et comment s'étonnerait-on de ce qui arrive? Un jeune homme, un enfant, ne peut pas supposer de pareils torts à la justice; personne ne voudrait le croire, poursuivit mon tuteur à demi-voix et comme se parlant à lui-même; il cherche avec ardeur à s'occuper de ses intérêts, à terminer ses affaires; la cour le traîne de session en session, le désappointe, l'irrite, le torture, finit par user fil à fil son espoir et sa patience; il n'en désire que plus passionnément d'arriver à son but; et, ne rencontrant que l'abîme, l'infortuné se croit trahi de tous ceux qu'il a connus. Mais assez sur ce chapitre, et parlons d'autre chose. »

M. Jarndyce avait passé son bras autour de moi pour me soutenir; sa tendresse m'était si précieuse que je posai ma tête sur son épaule comme s'il avait été mon père; et, pendant les quelques instants de silence qui succédèrent à ses paroles, je pris la résolution d'aller trouver Richard dès que j'en aurais la force, afin d'essayer de le rappeler à lui-même.

« Nous avons bien d'autres sujets à traiter, reprit mon tuteur, et surtout plus en harmonie avec l'heureux jour où ma chère fille nous est rendue. J'ai d'abord à m'acquitter d'une commission fort pressée : quand Eva pourra-t-elle vous voir ? »

Je m'étais déjà fait cette question en pensant à la disparition des glaces; pourtant je connaissais trop bien l'amitié de ma chérie pour craindre qu'elle fût diminuée par l'altération de mon visage.

« Tuteur, répliquai-je, il y a si longtemps qu'elle ne m'a vue.... et pourtant je sens bien qu'elle m'est aussi précieuse que la lumière.

— Je le sais, dame Durden, je le sais. »

La pression de sa main exprima tant d'affectueuse bonté, sa voix avait quelque chose de si consolant et de si doux, que je fus quelques minutes sans retrouver la parole.

« Vous êtes fatiguée, me dit-il; reposez-vous un peu.

— Je l'ai tenue si longtemps éloignée de moi, repris-je enfin, que je préférerais qu'elle ne me vît pas encore. Il vaudrait mieux qu'auparavant je fusse allée quelque part avec Charley, seulement pendant huit jours; le changement d'air et la pensée de nous revoir ensuite, de nous retrouver tous ensemble, m'auraient bientôt rendu mes forces; qu'en pensez-vous, tuteur ? »

C'était peut-être une faiblesse de ma part que de vouloir me familiariser un peu plus avec ma nouvelle figure avant de rencontrer les yeux de cette chère Eva; mais c'est la vérité; mon tuteur m'avait comprise, j'en étais sûre, et cela ne m'effrayait pas; si c'était une faiblesse, je savais bien qu'il me la pardonnerait.

« Enfant gâtée, répondit-il, on fera ce que vous voudrez, en dépit des larmes que votre inflexibilité va faire répandre. Et voyez, petite femme, comme on prévient vos moindres désirs ! je reçois une lettre de Boythorn qui, en vrai chevalier, quitte sa maison aujourd'hui même pour la mettre à votre disposition, et jure, par le ciel et par la terre, de la démolir jusqu'à la dernière brique, si vous ne consentez pas à vous y installer. »

Mon tuteur me remit en effet une lettre de son ami, qui débutait par ces mots :

« Je jure, au cas où miss Summerson ne viendrait pas s'établir dans ma maison d'où je pars aujourd'hui à une heure de l'après-midi, etc., etc.... » Suivaient les termes les plus féroces que serment ait jamais employés, et dont la violence nous fit bien rire, sans diminuer à nos yeux l'estime que méritait celui qui s'exprimait avec tant de chaleur d'âme. Il fut décidé que je lui écrirais le lendemain pour le remercier d'abord, et pour lui dire que j'acceptais son offre, d'autant plus agréable pour moi, que de tous les lieux auxquels j'avais pensé, Chesney-Wold était celui que je préférais.

« Maintenant, chère petite ménagère, dit mon tuteur en regardant à sa montre, il va falloir que je vous quitte; je me suis fixé, avant de venir, le temps que je devais passer avec vous, pour ne pas vous fatiguer en m'oubliant, et je n'ai plus qu'une minute; il me reste cependant à vous dire que miss Flite, ayant appris que vous étiez malade, a fait la route à pied; pauvre fille! vingt milles avec des souliers de danse, pour savoir de vos nouvelles. Grâce à Dieu, nous n'étions pas sortis, car elle serait retournée immédiatement à Londres, et par le même moyen. »

Toujours l'ancienne conspiration à qui me rendrait la plus heureuse, et chacun y prenant part.

« Si cela ne vous ennuie pas, continua mon tuteur, de recevoir l'innocente créature un de ces jours, avant d'épargner à Boythorn la peine de démolir sa maison, vous la rendrez plus fière de cet honneur, et lui ferez plus de plaisir que je ne le pourrais moi-même, quoique je m'appelle Jarndyce. »

Il comprenait que la vue de cette pauvre affligée aurait sur mon esprit une influence salutaire. J'avais toujours eu pitié des malheurs de miss Flite, mais jamais autant qu'aujourd'hui; j'avais toujours été heureuse d'alléger ses souffrances, mais jamais cette joie sincère n'avait été si vive qu'à présent. Je dis à mon tuteur combien je serais enchantée de la voir; et nous convînmes du jour où la pauvre plaideuse prendrait la diligence pour venir dîner avec moi.

Quand je me retrouvai seule, je demandai pardon au Seigneur de m'être exagéré la petite épreuve que j'avais à subir, et d'y avoir attaché trop d'importance, au milieu des bienfaits dont j'étais entourée. La prière que, tout enfant, j'avais faite le jour de ma fête, où j'avais aspiré à devenir bonne, laborieuse et loyale, afin de m'attirer un peu d'amour, me revint à l'esprit, et j'éprouvai un sentiment vague de remords en pensant au bonheur que j'avais toujours eu depuis cette époque, et à la tendresse qui m'était prodiguée. Si j'étais assez faible pour regretter quelque chose, à quoi donc m'avaient servi toutes ces grâces dont je me trouvais comblée? Je répétai ma prière d'autrefois avec ses paroles enfantines, et je sentis que la paix des anciens jours ne m'avait pas abandonnée.

Miss Flite arriva quelques jours après, comme il était convenu; elle accourut dans ma chambre et se jeta dans mes bras en criant de tout son cœur: « Chère Fitz-Jarndyce! » et en m'embrassant vingt fois, oublieuse de toute cérémonie.

« Mon Dieu! dit-elle en fouillant dans son sac, je n'ai apporté que mes documents; Fitz-Jarndyce, prêtez-moi un mouchoir. »

Et certes l'excellente créature en avait grand besoin pour essuyer ses larmes; elle se couvrit la figure de celui que

Charley lui donna; et, s'étant assise, elle pleura près de dix minutes.

« C'est de plaisir, dit-elle pour expliquer ses pleurs; non de chagrin, Fitz-Jarndyce; de plaisir de vous retrouver, d'avoir l'honneur d'être admise en votre présence. J'ai pour vous tant d'affection, mon doux trésor! bien plus que pour le grand chancelier, quoique je suive régulièrement les audiences de la Cour Mais à propos de mouchoir, poursuivit-elle en se tournant vers Charley qui avait été la chercher à la voiture, et qui, après m'avoir regardée, ne sembla pas du tout désireuse de répondre à cette insinuation;... trr-ès-bien, très-juste! reprit miss Flite; assurément! C'était fort indiscret de ma part de rappeler cet incident; mais j'ai peur, chère Fitz-Jarndyce, d'être quelquefois (entre nous, vous ne le croiriez jamais), d'être.... vous savez, un peu timbrée, dit-elle en se touchant le front; mais rien de plus.

— Que vouliez-vous dire? lui demandai-je en souriant, car elle brûlait d'envie de parler; vous avez piqué ma curiosité, il faut la satisfaire. »

Elle consulta Charley du regard, et la petite femme de chambre ayant répondu « qu'alors elle ferait peut-être mieux de le dire, » miss Flite, enchantée, reprit la parole en ces termes et de l'air mystérieux qui lui était habituel :

« Notre jeune amie a infiniment de sagacité, me dit-elle de son air de mystère habituel. Pour être si petite, elle n'en a pas moins de sagacité!... ma chère, c'est une charmante anecdote, rien de plus; mais charmante. Figurez-vous qu'en descendant de diligence, nous avons été suivies tout le long du chemin par une pauvre femme coiffée d'un très-vilain chapeau....

— C'était Jenny, mademoiselle, interrompit Charley.

— Précisément, répondit miss Flite avec une extrême gravité, c'était Jenny. Et vous ne savez pas ce qu'elle a dit à cette chère petite? elle lui a raconté qu'une dame voilée était venue à son cottage pour demander des nouvelles de ma Fitz-Jarndyce, et qu'elle avait emporté, comme souvenir, un mouchoir de poche, simplement parce qu'il appartenait à cette chère et tendre amie! N'est-ce pas charmant de la part de cette dame voilée?

— S'il vous plaît, miss, répondit Charley que j'interrogeais du regard, Jenny a dit comme ça, que le jour où son enfant est mort, vous l'aviez couvert d'un mouchoir qu'elle avait ramassé et mis de côté avec les petites affaires du bébé; je crois bien, miss, parce qu'il était à vous, et puis aussi parce qu'il avait été sur l'enfant.

— Elle est toute petite, me dit à l'oreille miss Flite en faisan par ses gestes allusion à l'intelligence de Charley, mais excessivement sagace; et tant de clarté dans l'exposé des faits! mon amour, elle est plus claire que pas un des avocats que j'ai entendus jusqu'ici.

— Je me rappelle bien cela, dis-je à la petite bonne; après?

— Eh bien! miss, la dame a emporté le mouchoir; et Jenny m'a dit de vous dire qu'elle ne l'aurait pas donné pour tout l'or du monde; mais que la dame l'avait pris sans le demander et avait laissé de l'argent à la place; Jenny ne la connaît pas du tout, mademoiselle.

— Qui ça peut-il être? demandai-je toute pensive.

— Mon amour, me dit tout bas miss Flite en me regardant avec mystère, suivant moi (n'en parlez pas à notre petite amie), c'est la femme du grand chancelier; vous savez qu'il est marié; il paraît même qu'elle lui rend la vie très-dure. Elle jette les papiers de Sa Seigneurie au feu, quand milord refuse de payer le bijoutier. »

Je ne m'inquiétai pas davantage de cette dame, car l'idée m'était venue que ça devait être Caroline; d'ailleurs mon attention fut absorbée par miss Flite qui avait froid et qui paraissait avoir faim; il fallut en outre, au moment du dîner, l'aider à se parer d'une vieille écharpe dont elle se revêtit glorieusement ainsi que d'une paire de mitaines plus vieilles encore et mille fois raccommodées, que la pauvre miss avait apportées avec soin dans un morceau de papier; enfin j'avais à présider le repas composé d'un poisson, d'un poulet rôti, d'un ris de veau, d'un plat de légumes, d'un pouding au madère; et j'eus tant de plaisir à voir la jouissance qu'éprouvait miss Flite à savourer notre petit festin, et la dignité avec laquelle cette excellente créature savait y faire honneur, que je ne pensai plus à autre chose.

Quand arriva le dessert, qu'Eva nous avait préparé avec toute la recherche qu'elle avait pu y mettre, miss Flite me parut si heureuse et si en train de causer, que je pensai lui faire plaisir en l'amenant à raconter son histoire, l'excellente fille aimant en général à parler un peu d'elle. Je commençai donc par lui demander s'il y avait longtemps qu'elle suivait les audiences de la Cour.

« Oh! bien des années, ma chère, bien des années. Mais j'attends un jugement qui ne saurait plus tarder. »

L'inquiétude qu'elle témoignait en exprimant cet espoir me fit craindre d'avoir eu tort de la mettre sur ce chapitre; j'aurais voulu maintenant changer de conversation; mais ce n'était plus possible.

« Mon père attendait le même jugement, poursuivit-elle, mon frère, ma sœur, tous l'ont attendu et je l'espère à mon tour.

— Et ils sont....

— Ou-i, ma chère; tous morts.

— Ne serait-il pas plus sage, lui dis-je, d'abandonner l'affaire?

— Oh! bien plus sage, répondit-elle avec vivacité.

— Et de ne plus assister à l'audience?

— Assurément, dit-elle encore. Il est si pénible de toujours attendre ce qui n'arrive jamais, si pénible! Chère Fitz-Jarndyce, voyez comme cela vous use. »

En disant ces mots, elle me montra son bras qui était vraiment d'une maigreur effrayante.

« Mais, reprit-elle avec mystère, que voulez-vous, c'est plus fort que moi. Chut! n'en parlons point à notre petite amie, quand elle rentrera dans la chambre; ça lui ferait peur, et avec raison. C'est un pouvoir irrésistible. Vous ne pouvez point vous y soustraire : il faut que vous reveniez, il faut que vous attendiez toujours, toujours! »

J'essayai de lui dire que ce n'était pas aussi irrésistible qu'elle le pensait; elle m'écouta en souriant avec patience.

« Je sais bien, je sais bien; vous pensez ainsi, répondit-elle, parce que je divague quelquefois. C'est absurde de divaguer, n'est-ce pas? d'avoir la tête sens dessus dessous. Mais il y a bien des années que je vais là-bas, et j'ai pu m'en convaincre : c'est l'effet du sceau et de la masse qui sont là sur la table.

— Que pensez-vous qu'ils puissent faire? lui demandai-je.

— Ils vous attirent répondit-elle, ils vous attirent malgré vous. Adieu la tranquillité de l'âme, la raison de l'esprit, la chair des membres, la bonté du cœur, jusqu'à la possession de vous-même; j'ai senti disparaître peu à peu avec le reste le sommeil de mes nuits. Ce sont des démons qui vous éblouissent et vous glacent! »

Elle me frappa légèrement sur le bras en me faisant un signe de tête affectueux, comme pour me faire comprendre que je n'avais rien à craindre d'elle, malgré les terribles paroles qu'elle venait d'énoncer.

« Avant de les avoir vus, reprit-elle, je brodais au tambour; ma sœur aussi; mon père et mon frère étaient architectes. Nous vivions tous ensemble d'une manière tr-rès-respectable. Mon père fut d'abord attiré.... lentement.... lentement. Il n'eut plus d'intérieur. Quelques années après, c'était un homme aigri, méchant, furieux, sans un mot ou un regard de bonté pour personne, lui qui avait été si bon, Fitz-Jarndyce! Il fit banqueroute, alla en prison pour dettes et y mourut. Alors mon frère fut attiré à son tour.... vite.... vite.... vers l'ivrognerie, les haillons, puis la mort. Après cela, ma sœur, chut! ne demandez pas vers quoi. J'étais dans la misère et bien malade. On me répéta ce que j'avais souvent entendu dire, que tous ces maux étaient l'œuvre de la chancellerie. Quand je fus mieux, j'allai pour voir le monstre.... Et je fus attirée, à mon tour, vers les audiences de la Cour. »

Elle avait dit ces paroles à voix basse, d'un ton bref et contraint, comme si elle était encore sous l'impression des malheurs qui avaient frappé sa jeunesse. Mais lorsqu'elle eut achevé son récit, elle reprit graduellement l'air d'aimable importance qui lui était ordinaire.

« Vous ne me croyez pas, Fitz-Jarndyce, me dit-elle en souriant. Bien, bien! un jour viendra où vous n'en douterez plus. Je divague un peu, mais je vous le répète, je m'en suis convaincue. J'ai vu bien des figures nouvelles, qui ne s'en défiaient nullement, subir cette influence de la masse et du grand sceau. Elles venaient comme mon père était venu, mon frère, ma sœur, moi-même. J'entendais Kenge et les autres leur dire : « Vous n'êtes jamais venus à la Cour; il faut qu'on vous présente à miss Flite. » Très-bien! très-fière assurément d'un tel honneur. Et l'on se mettait à rire; mais je savais qu'on ne rirait pas toujours, Fitz-Jarndyce. Je voyais avant eux le moment où le charme commençait à agir. Je connais les signes, ma chère. Je les ai vus poindre chez Gridley, et je les ai vus finir. Je les ai découverts, mon amour, poursuivit-elle en baissant la voix, chez notre ami, le pupille de la Cour dans Jarndyce. Qu'on le retienne, ou il sera attiré comme les autres. »

Elle me regarda sans rien dire pendant quelques instants; puis, comme si elle avait craint de m'avoir effrayée, ou peut-être avait-elle perdu le fil de ses idées, elle reprit d'un air gracieux, en humant son vin :

« Oui, ma chère, comme je vous le disais tout à l'heure, j'attends un jugement qui sera bientôt rendu. Alors, je donnerai la liberté à mes oiseaux, et de beaux domaines à ceux que j'aime. Oui, Fitz-Jarndyce. »

J'étais vivement émue de l'allusion qu'elle avait faite à Richard et du sens qu'elle donnait à ses paroles, dont elle offrait par elle-même une preuve si effrayante. Heureusement pour elle, la pauvre créature avait retrouvé sa gaieté et ne s'étendit pas plus longtemps sur ce triste sujet.

« Mais vous ne m'avez pas fait compliment de mon médecin, me dit-elle en hochant la tête et en posant une main sur la mienne. Pas le moindre mot encore! »

Je lui répondis que j'ignorais de qui elle voulait parler.

« De mon docteur, de M. Woodcourt, ma chère; de cet excellent jeune homme qui m'a soignée d'une manière si touchante, bien que ses visites fussent gratuites,... jusqu'au jour du jugement toutefois; du jugement qui rompra le charme sous lequel me retiennent la masse et le grand sceau.

— M. Woodcourt est si loin, que je ne pensais plus avoir de compliment à vous en faire, répondis-je.

— Est-il possible, reprit-elle, que vous ne sachiez pas ce qui est arrivé?

— Non.

— Mais tout le monde en parle, Fitz-Jarndyce!

— Vous oubliez que depuis longtemps je n'ai pas quitté ma chambre.

— C'est vrai! excusez-moi; mais ma mémoire a été altérée comme le reste. Prodigieuse influence! Eh bien, ma chère, il y a eu dans la mer des Indes une tempête épouvantable.

— M. Woodcourt a fait naufrage?

— Calmez-vous, chère amie, calmez-vous. Il en est sorti sain et sauf. Une scène affreuse; le trépas sous toutes les formes; des centaines de morts et de mourants; le feu, la tempête et les ténèbres. Au milieu de toute cette désolation, mon docteur s'est conduit en héros; calme et brave, en dépit du péril; a sauvé beaucoup de monde; a supporté sans se plaindre la faim et la soif; a donné ses vêtements; s'est mis à la tête de tous les naufragés; leur a montré ce qu'il fallait faire; a soigné les malades; enterré les morts; déposé les vivants en lieu sûr; il est adoré, ma chère, de ces malheureuses créatures. Dès qu'elles ont été sur le rivage, elles sont tombées à ses pieds et l'ont béni. On ne parle que de ça dans tout le pays. Mais attendez! Où est mon sac de documents? j'ai apporté la relation qui en a été faite. Il faut que vous la lisiez. Il le faut absolument. »

Je pris le fragment de journal qu'elle me tendait, et je lus cette noble histoire avec lenteur, car mes yeux étaient tellement obscurcis par les larmes, que je ne distinguais rien. Enfin, je pleurai si fort, que je fus obligée de suspendre ma lecture. J'étais glorieuse d'avoir connu l'homme qui avait montré tant de courage et de dévouement. Je me sentais fière de sa renommée, de ses triomphes. J'enviais le sort des infortunés qui s'étaient agenouillés pour le bénir. Je me serais volontiers mise à genoux moi-même pour le remercier d'être si bon et si brave; et je sentais que ni mère, ni sœur,... ni épouse, ne pouvaient l'honorer plus que moi. Miss Flite me laissa le compte rendu que j'avais essayé de lire, et quand, vers la chute du jour, elle se leva pour retourner à Londres, elle était plus que jamais sous l'impression de ce naufrage, et moi je n'étais pas encore rassasiée d'en avoir entendu répéter tous les détails.

« Ma chère, me dit-elle en pliant sa vieille écharpe et en enveloppant ses mitaines avec soin, mon brave docteur doit être fait comte ou baron, et certainement il le sera; n'êtes-vous pas de cet avis?

— Qu'il l'a bien mérité, oui; mais qu'il le sera, non.

— Et pourquoi pas, Fitz-Jarndyce? me demanda-t-elle avec une certaine vivacité.

— Parce que, lui répondis-je, ce n'est pas l'usage en Angleterre de conférer des titres aux hommes qui se distinguent par des services civils, quels que soient le mérite et le dévouement qu'ils aient montrés d'ailleurs, excepté pourtant dans le cas où ils ont eu le mérite de faire une fortune considérable.

— Miséricorde! reprit-elle, comment pouvez-vous dire ça, Fitz-Jarndyce; quand vous savez au contraire que tous ceux qui font la gloire et l'ornement de la Grande-Bretagne en s'illustrant dans les sciences, la littérature, la poésie et les arts, ou en se faisant un nom par leur humanité, sont immédiatement incorporés à la noblesse; regardez autour de vous, ma chère, et voyez! il faut que votre raison soit dérangée, si vous ne comprenez pas que c'est pour honorer ce genre de gloire que les titres se sont conservés en Angleterre. »

Elle était convaincue de ce qu'elle disait, car, par instants, elle était vraiment folle.

Et maintenant, il faut que j'avoue le secret que j'ai si longtemps essayé de garder. J'avais cru voir quelquefois que M. Woodcourt m'aimait, que, s'il avait été riche, il m'aurait confié ses sentiments avant de partir, et je pensais alors que s'il me l'avait dit, j'en aurais été bien heureuse; mais combien je me réjouissais aujourd'hui de ce qu'il n'en était rien; combien j'aurais souffert d'avoir à lui écrire le changement survenu dans ce visage qui avait eu pour lui quelque charme, et de lui rendre la parole qu'il avait donnée à celle qui n'était plus!

Certes, il valait bien mieux qu'il n'eût jamais parlé. Je pouvais, au fond de mon cœur, redire ma prière enfantine et aspirer à m'élancer jusqu'à lui sans avoir à briser des liens si précieux, ou sans qu'il eût à traîner une chaîne que l'honneur lui aurait peut-être imposée. Je pouvais, grâce à Dieu, poursuivre obscurément la carrière du devoir dans mon étroit sentier, pendant qu'il accomplirait la sienne d'une façon toute glorieuse; et, bien que séparés durant le voyage, espérer, d'un cœur innocent et désintéressé, le bonheur de le rejoindre plus tard, et de reparaître à ses yeux meilleure qu'il ne m'avait laissée.

CHAPITRE VI.

Chesney-Wold.

Mon tuteur ne voulut pas me laisser partir seule avec Charley pour notre petit voyage dans le Lincolnshire, et ne me quitta qu'après m'avoir déposée saine et sauve dans la maison de M. Boythorn. Nous restâmes deux jours en route; chaque bouffée d'air, chaque fleur et chaque feuille, chaque brin d'herbe, m'apportait une jouissance nouvelle. Jamais l'horizon et les nuages n'avaient eu pour moi cette magique beauté; jamais la nature ne m'avait paru si splendide. C'était le premier bénéfice que je retirais de ma maladie; comment penser à ce que j'avais perdu, quand le monde entier m'offrait de pareilles jouissances ?

M. Jarndyce avait l'intention de partir immédiatement; nous convînmes du jour où ma fille chérie viendrait me retrouver; je lui écrivis une lettre dont se chargea mon tuteur, et il nous quitta quelques instants après par un beau soir de juin.

Si d'un coup de baguette une bonne fée avait bâti pour moi la maison où je me trouvais alors, on ne m'y aurait pas entourée de soins plus touchants, quand même j'aurais été la filleule favorite de cette marraine puissante. Partout, les témoignages d'une bonté pleine de délicatesse et la preuve qu'on s'était rappelé mes goûts, mes habitudes. J'étais si touchée de cette prévenance affectueuse, que je fus obligée de m'asseoir plusieurs fois avant d'avoir tout visité; je fis mieux, je montrai moi-même la maison à Charley; et quand elle eut épuisé tout son vocabulaire d'expressions admiratives, je me sentis aussi calme dans mon bonheur que j'aurais toujours dû l'être. « Esther, me dis-je après

avoir pris le thé, je crois que vous êtes maintenant assez raisonnable pour écrire une lettre de remerciments à votre hôte. »
Il avait laissé pour moi quelques lignes chaleureuses où il me souhaitait la bienvenue et me confiait son canari, ce qui était la plus grande preuve d'estime qu'il eût jamais donnée. Je lui écrivis donc pour lui exprimer tout le plaisir que j'avais à me retrouver à Chesney-Wold; lui disant, en outre, après quelques mots sur l'état du jardin et des arbres, que le plus merveilleux des serins m'avait gazouillé les honneurs de la maison avec une verve toute hospitalière, et qu'après avoir chanté sur mon épaule, au ravissement indicible de ma petite femme de chambre, il était maintenant perché dans un coin de sa cage, mais sans que je pusse dire s'il dormait oui ou non. Ma lettre terminée, je me hâtai de défaire mes paquets et d'envoyer Charley se coucher, en lui disant que je n'aurais pas besoin d'elle avant le lendemain matin.

Car je n'avais pas demandé qu'on me rendît mon miroir, et je ne m'étais pas encore vue dans la glace. Je savais bien que c'était une faiblesse qu'enfin il faudrait vaincre, et je m'étais promis de le faire quand je serais à Chesney-Wold. C'est pour cela que j'avais renvoyé Charley, et qu'une fois seule je me dis à moi-même : « Si le vœu que tu as fait autrefois d'être vaillante et loyale était sincère, tu dois tenir ta parole. » J'y étais bien résolue; mais d'abord j'allai m'asseoir un instant pour réfléchir à tous les bienfaits dont j'avais été comblée; je fis ensuite ma prière; et je méditai encore pendant quelques minutes.

Mes cheveux n'avaient pas été coupés; je les avais très-longs, très-épais; je défis mon peigne, et secouant la tête pour qu'ils pussent se déployer, j'approchai du miroir qui était sur la toilette; un petit rideau de mousseline couvrait ce miroir; je l'écartai, mais je ne vis rien à travers le voile que formait ma chevelure; alors je repoussai mes cheveux et je regardai l'image que reflétait la glace, encouragée par la sérénité du regard qui répondait au mien. J'étais horriblement changée; si changée que tout d'abord je ne me reconnaissais pas et que j'aurais fui en me cachant la figure, sans l'expression encourageante dont je parlais tout à l'heure. Peu à peu je me familiarisai avec les traits du miroir, et j'envisageai dans toute son étendue l'altération que la petite vérole y avait apportée. Ce n'était pas ce que j'aurais cru; mais, à vrai dire, je n'avais pas d'idée bien arrêtée à cet égard, et ma surprise ne fut pas excessive.

Je n'avais jamais été ce qu'on appelle une beauté; mais quelle différence d'autrefois à aujourd'hui! Grâce à Dieu, les quelques

.armes que je versai furent exemptes d'amertume; et je pus arranger mes cheveux pour la nuit en élevant vers le ciel un cœur reconnaissant.

Quelque chose me troublait néanmoins, et j'y pensai longtemps avant de pouvoir dormir; j'avais gardé les fleurs qui me venaient de M. Woodcourt. Je les avais fait sécher et je les avais mises dans un livre que j'aimais. Personne ne l'avait su, pas même Eva. Je me demandais si j'avais le droit de conserver ces fleurs qu'il avait envoyées à une autre. Je désirais sincèrement n'avoir rien à me reprocher envers lui, même dans le secret de mon cœur, parce que je sentais que j'aurais pu l'aimer avec un dévouement sans bornes. Je conclus enfin que je pouvais garder ces roses desséchées, si je les considérais seulement comme souvenir d'un passé qui ne reviendrait jamais. J'espère que tout cela ne paraîtra pas frivole; j'étais si sérieuse et si émue en y pensant.

J'eus soin le lendemain matin de me lever de bonne heure et d'être assise devant la glace quand Charley entra dans ma chambre sur la pointe du pied.

« Mon Dieu! s'écria-t-elle en tressaillant, vous êtes levée, miss?

— Oui, Charley, répondis-je avec calme en finissant de me coiffer; je me porte à merveille et je me sens fort heureuse. »

Je vis aussitôt que j'avais délivré son esprit d'un grand poids; celui que j'avais enlevé du mien était plus grand encore. Maintenant que je connaissais le mal dans toute son étendue, j'y étais résignée; je ne cacherai pas, en continuant ce récit, les faiblesses que j'ai eu quelquefois de la peine à surmonter; mais je suis toujours parvenue à les vaincre, et je n'ai jamais perdu la sérénité de mon esprit.

Ayant le plus vif désir d'être complétement rétablie avant l'arrivée d'Eva, je formai le projet de rester dehors le plus longtemps possible, et nous arrangeâmes nos journées en conséquence. Nous sortions avant le déjeuner, Charley et moi; nous dînions à midi pour ressortir ensuite; nous nous promenions dans le jardin quand nous avions pris le thé, et nous nous couchions de bonne heure après nous être promis, pour les jours suivants, de gravir toutes les collines et d'explorer tous les bois du voisinage. Quant aux fortifiants de toute nature, l'excellente femme qui servait de gouvernante à M. Boythorn arrivait continuellement, apportant quelque chose à boire et à manger; à peine étais-je assise dans le parc ou ailleurs, qu'on l'apercevait, toujours un panier à la main, et qu'on lisait sur sa figure l'importance qu'il y a pour un convalescent de manger beaucoup et souvent. On avait mis à ma disposition un poney à l'encolure un peu courte, à la tête un peu forte, à la crinière épaisse et touffue (elle lui retombait jusque sur les yeux), et qui avait, lorsqu'il le voulait bien, un galop si tranquille et si doux, que c'était un vrai trésor. Au bout de quelques jours il accourait à ma voix, mangeait dans ma main et me suivait comme un chien. Nous en vînmes à si bien nous comprendre, que, quand il trottinait d'un pas paresseux dans quelque allée ombreuse, il me suffisait de lui dire, en lui frappant doucement sur le cou : « Têtu, mon ami, tu t'endors, galope donc un peu ; tu sais combien j'aime cela, » pour qu'il secouât la tête de la façon la plus originale et se mît à galoper, tandis que Charley, restée en arrière, éclatait d'un rire frais et harmonieux comme le chant d'un oiseau. Je ne sais pas qui l'avait appelé Têtu, mais ce nom lui revenait de droit et lui appartenait tout aussi bien que sa crinière ébouriffée. Un jour, nous l'avions mis à une petite voiture et nous le conduisions triomphalement dans les vertes allées, depuis une heure environ, lorsqu'au moment où nous le portions aux nues, il s'étonna de ne pas sortir du cercle de cousins qui tourbillonnaient autour de ses oreilles, et s'arrêta tout à coup pour y songer ; probablement il en conclut qu'il était inutile de courir, voire de marcher, puisqu'il n'en était pas moins poursuivi par la maudite engeance, car il refusa obstinément d'avancer, malgré toutes mes prières. Impatiente, je remis les rênes à Charley et descendis de voiture pour continuer ma promenade ; alors il me suivit avec une espèce de bonhomie qui lui était particulière, mettant sa tête sous mon bras, se frottant l'oreille contre ma manche, et s'arrêtant tout court sans vouloir faire un pas dès qu'il ne me voyait plus ; il fallut donc me résigner à marcher la première et à le ramener ainsi à la maison, au grand amusement de tout le village.

C'était bien la meilleure population qu'on ait jamais pu voir, que celle de Chesney-Wold ; au bout de huit jours nous connaissions tout le monde, et chacun nous saluait et nous parlait d'un air joyeux. Déjà, lors de notre première visite à M. Boythorn, j'avais fait connaissance avec beaucoup de ces braves gens et avec la plupart de leurs enfants ; mais aujourd'hui le clocher même commençait à se familiariser avec moi, et à me considérer d'un air affectueux. Dans le nombre de mes nouveaux amis, se trouvait une vieille femme qui habitait une blanche maisonnette couverte en chaume et tellement petite que, lorsque le contrevent était ouvert, il cachait toute la façade de la maison. Cette vieille femme avait un petit-fils qui était marin; j'avais écrit pour elle à ce petit-fils, et j'avais dessiné en tête de la lettre le coin de la cheminée où elle l'avait élevé et où le tabouret du marmot occupait toujours son ancienne place. Tout le village regarda mon dessin comme le plus merveilleux des chefs-d'œuvre; mais lorsque, dans la réponse qu'il envoya de Plymouth, le petit-fils annonça qu'il emporterait son tableau jusqu'en Amérique, d'où il écrirait de nouveau, j'eus tout le bénéfice des éloges que l'on aurait dû réserver pour l'exactitude du service des dépêches, et tous les mérites de la poste s'effacèrent devant le mien.

C'est ainsi que presque toujours dehors, jouant avec les enfants, bavardant avec les uns et les autres, donnant des leçons à Charley, écrivant chaque matin à Eva, j'avais à peine le temps de songer à ce que j'avais perdu; un jour, cependant, je m'y trouvai plus sensible que je ne l'aurais pensé. Un enfant demandait à sa mère : « Pourquoi miss Summerson n'était plus une jolie dame comme elle l'était autrefois? » et cette question m'attrista; mais quand le pauvre petit, passant d'un air de tendre pitié sa main sur mon visage, m'eut témoigné plus d'affection que jamais, je me sentis consolée. Et que de fois j'eus l'occasion de voir combien il y a de délicatesse et de générosité dans les bons cœurs pour les disgrâces ou les infériorités des autres; jamais peut-être je n'en fus plus frappée qu'un matin où je me trouvais à l'église au moment d'un mariage; la cérémonie terminée, on présenta le registre aux jeunes gens pour qu'ils eussent à signer; le marié prit la plume et fit une croix, la mariée vint après et signa de la même façon; pourtant je l'avais connue l'année précédente, et je savais que non-seulement elle était la plus jolie fille du village, mais encore la plus instruite de l'école, et je ne pus m'empêcher de la regarder avec surprise; mais elle s'approcha de moi, et les yeux humides : « C'est un si bon garçon! murmura-t-elle à mon oreille; je lui apprends à écrire; il ne sait pas encore.... et pour rien au monde je ne voudrais le faire rougir. » Qu'avais-je à redouter pour moi, quand je rencontrais tant de noblesse de sentiments chez la fille d'un ouvrier.

L'air pur qui soufflait autour de nous m'avait rendu des forces, et mon teint reprenait les couleurs qu'il avait eues jadis. Quant à Charley, c'était merveille de la voir si radieuse et si fraîche; nous nous promenions du matin jusqu'au soir, et nous dormions profondément la nuit. Il y avait dans le parc de Chesney-Wold un banc d'où la vue était magnifique; j'aimais à m'y reposer, et j'y allais tous les jours; de ce point élevé on apercevait la terrasse du château, surnommée le promenoir du Revenant et la légende, que m'avait racontée M. Boythorn, jetait pour moi sur le paysage un intérêt mystérieux qui en augmentait la beauté; des violettes sans nombre croissaient alentour, et, comme l'un des plus grands plaisirs de Charley était de cueillir des fleurs sauvages, elle partagea bientôt la prédilection que j'avais pour cet endroit.

Je m'y étais arrêtée, comme d'habitude, après une longue course, pendant que Charley cueillait des violettes à une certaine distance. J'avais regardé longtemps la terrasse en pensant au spectre qui revenait, disait-on, avertir les propriétaires du château quand un malheur menaçait la famille, lorsqu'à travers les arbres je crus apercevoir une ombre qui se dirigeait vers moi ; la ramée était si touffue, la feuillée si épaisse, que je fus quelques instants avant de reconnaître lady Dedlock. Elle était seule et marchait avec une précipitation qui ne lui était pas habituelle. Je voulus me lever et continuer ma promenade, elle étendit les bras et je ne pus pas bouger ; quelque chose me retenait à ma place : non pas son geste suppliant, mais un je ne sais quoi dans ses traits, dont j'avais rêvé quand j'étais toute petite, que j'avais désiré de toute mon âme et que je n'avais jamais vu sur une autre figure; je me sentis défaillir et j'appelai Charley ; milady s'arrêta, et reprenant aussitôt sa physionomie ordinaire :

« Je crains de vous avoir effrayée, me dit-elle en continuant d'avancer, mais lentement; vous n'êtes pas encore bien forte ; j'ai su que vous aviez été malade, et j'ai pris une part bien vive à vos souffrances. »

Elle me tendit sa main, dont le froid mortel qui contrastait d'une manière effrayante avec le calme de ses traits, augmenta la fascination qu'elle exerçait sur moi.

« Commencez-vous à vous remettre? me demanda-t-elle avec bonté.

— Il n'y a qu'un moment je me portais à merveille, lui répondis-je.

— Cette jeune fille n'est-elle pas à votre service ?

— Oui, milady.

— Voudriez-vous l'envoyer en avant et me permettre de vous accompagner pendant quelques instants?

— Charley, prends tes violettes, dis-je aussitôt, et retourne à la maison ; je t'y rejoindrai tout à l'heure. »

Quand Charley fut partie, lady Dedlock vint s'asseoir à côté de moi, et rien ne saurait dire ce que j'éprouvai en reconnaissant entre ses mains le mouchoir dont j'avais recouvert le petit enfant de Jenny. Ma vue se troubla, je n'entendais et je ne respirais plus; mon cœur battait à se rompre, il me semblait que j'allais mourir; mais quand elle me pressa sur sa poitrine en me couvrant de ses baisers et de ses larmes; quand elle se mit à mes genoux en criant : « Oh ! mon enfant, mon enfant ! je suis bien coupable, mais aussi bien malheureuse; oh ! mon enfant, pardonnez-moi ! » quand je la vis se rouler à mes pieds dans toute l'agonie du désespoir, je sentis au milieu de mon égarement une explosion de gratitude que mon cœur adressait à Dieu pour avoir permis que je ne fusse pas un sujet de honte pour ma mère, en détruisant la ressemblance que j'avais avec elle.

Je la pris dans mes bras en la suppliant de se relever et de ne pas s'humilier devant sa fille; je lui dis, ou j'essayai de lui dire, que, si jamais j'avais eu à lui pardonner quelque chose, il y avait bien des années que je l'avais fait de tout mon cœur; que je l'aimais de toutes mes forces et d'un amour que rien ne pourrait changer; que ce n'était pas à moi de lui demander compte de la vie qu'elle m'avait donnée; que mon devoir était de la bénir, alors même qu'elle serait repoussée de tout le monde, et que je la suppliais d'accepter mon dévouement.

« Il est trop tard, me répondit-elle en gémissant; il faut que je continue à suivre seule ma route pleine de ténèbres; tout est noir autour de moi; je ne vois pas d'une heure à l'autre et ne distingue pas même ce qui est à mes pieds. C'est le châtiment qu'ici-bas j'ai attiré sur ma tête; je le supporte et je le cache. »

En disant ces mots, elle retrouva l'air d'orgueilleuse indifférence dont elle se voilait aux yeux de tous; mais elle le rejeta bien vite et reprit avec douleur :

« Il faut que mon secret soit gardé, si toutefois il peut l'être. J'ai un mari dont il ferait le déshonneur, misérable que je suis ! »

Elle prononça ces paroles d'une voix étouffée, où l'on sentait plus de désespoir que dans un cri, si déchirant qu'il pût être. Et se couvrant la figure de ses mains, elle s'échappa de mes bras pour retomber à genoux, comme si elle avait voulu m'épargner son contact; ni mes caresses, ni mes prières ne purent la décider à se relever. « Non, disait-elle, non; altière et dédaigneuse partout ailleurs, laissez-moi m'humilier pendant le seul instant où je puis être moi-même. »

Elle ajouta qu'elle avait manqué de devenir folle pendant que j'étais malade; il y avait peu de temps alors qu'elle savait que j'étais sa fille, et avait résolu de venir me trouver pour me parler une fois dans sa vie, rien qu'une fois ; nous ne devions plus nous rencontrer, disait-elle ; nous ne devions plus avoir de rapports ensemble, même indirectement ; elle me remit une lettre qu'elle avait écrite pour moi seule et qu'elle me priait de détruire aussitôt que j'en aurais pris connaissance, moins pour l'amour d'elle, que je devais désormais considérer comme morte, que par respect pour son mari et pour moi-même ; elle avait écrit ces lignes afin que je pusse avoir pitié d'elle, sachant tout ce qu'elle avait souffert, et c'était la seule chose qu'elle désirât avant de mourir. Elle n'avait plus d'espoir sur terre ; seule et dans l'ombre, elle combattrait jusqu'au bout défendre son secret ; mais nulle affection ne devait approcher d'elle, car, personne ici-bas ne pouvait lui prêter assistance.

« Le secret vous est-il au moins assuré? lui demandai-je.

— Non, répondit-elle ; on a été dernièrement sur le point de le découvrir, un accident m'a sauvée ; je puis être perdue par un autre, demain, ce soir peut-être.

— Auriez-vous un ennemi?

— Pas précisément ; c'est un homme trop froid pour aimer ou haïr : le procureur de sir Leicester ; fidèle sans attachement et jaloux du bénéfice et des priviléges que lui donne la possession des secrets de toute l'aristocratie.

— A-t-il quelque soupçon?

— Beaucoup.

— Mais pas à votre égard? repris-je tout alarmée.

— Si ! vigilant et rusé, il m'observe sans cesse ; je puis bien le tenir à distance, mais non pas me délivrer de sa personne.

— Est-il donc sans pitié ou sans honte?

— Comme il est sans colère ; d'une indifférence que rien ne saurait troubler, il marche vers le but qui l'attire sans rencontrer d'obstacle.

— Ne pourriez-vous pas provoquer sa confiance?

— Je ne l'essayerai jamais ; la voie sombre où je marche depuis tant d'années me conduira je ne sais où ; mais j'irai seule jusqu'à la fin.

— Chère mère, est-ce là votre dernière résolution?

— Oui, ma résolution bien arrêtée. J'ai longtemps entassé folie sur folie, orgueil sur orgueil, mépris sur mépris, insolence sur insolence ; je dominerai le péril, et, si je le peux, j'emporterai mon secret dans la tombe ; le danger me presse de toutes parts ; mais je n'en suivrai pas moins la route que j'ai toujours suivie ; je n'en ai qu'une et je ne puis en vouloir d'autre.

— M. Jarndyce.... commençai-je.

— Soupçonnerait-il ?... interrompit ma mère.

— Non, répondis-je; soyez-en bien convaincue » et je lui racontai ce que mon tuteur connaissait de mon histoire. « Mais il est si bon, si plein de délicatesse, ajoutai-je, qu'il pourrait peut-être.... »

Ma mère mit sa main sur mes lèvres :

« Confiez-lui tout si vous voulez, dit-elle après un instant de silence, je vous en donne la permission; triste faveur que je vous accorde, mon enfant; mais ne me dites jamais que vous en avez parlé, car je ne veux pas rougir. »

En vain essayai-je de lui faire entendre que M. Jarndyce, qui avait été pour moi le meilleur des pères, saurait être pour elle un ami qui l'aiderait de ses conseils; elle persista dans la réponse qu'elle m'avait déjà faite et me répéta qu'elle continuerait seule de traverser le désert où elle devait marcher; puis, s'abandonnant à sa douleur :

« Mon enfant, mon enfant! s'écria-t-elle, un dernier embrassement et un dernier baiser! Pour parvenir à mon but, il faut que je redevienne ce que j'ai toujours été: nous ne devons plus nous revoir; mais quand vous entendrez dire que lady Dedlock est entourée d'hommages, qu'elle est heureuse autant que brillante, pensez à votre misérable mère forcée d'étouffer dans son cœur le seul amour qui s'y trouve; pensez à ses remords et à son désespoir; et pardonnez-lui en demandant à Dieu qu'il lui pardonne également, si toutefois c'est possible à sa justice. »

Nous restâmes encore étroitement enlacées pendant quelques minutes, et ma mère, après avoir détaché nos mains qu'elle ramena sur ma poitrine, m'embrassa une dernière fois et disparut bientôt à mes yeux. J'étais seule, en face du vieux manoir qui déployait au soleil ses terrasses et ses tours, et dont le calme et le silence, que j'avais pris autrefois pour une douce quiétude, me rappelaient à présent cet impitoyable guetteur de l'agonie de ma mère.

Encore étourdie par ce que je venais d'entendre, la nécessité d'éloigner tout soupçon vint à mon aide et me rendit un peu de force; j'eus d'abord beaucoup de peine à réprimer mes larmes, et ce ne fut qu'au bout d'une heure que je pus songer à reprendre le chemin de la maison; je revins lentement et je répondis à Charley qui, fort inquiète, m'attendait sur la porte, qu'après le départ de milady, je m'étais laissé entraîner à faire une longue promenade; que j'étais extrêmement lasse et que j'allais me coucher tout de suite. Enfermée dans ma chambre, mon premier soin fut de lire la lettre qui m'avait été remise; il y était clairement démontré que ma mère ne m'avait pas abandonnée; sa sœur aînée, ma marraine, ayant découvert en moi quelques signes de vie au moment où l'on venait de déclarer que j'étais morte, m'avait élevée en secret, bien que sans nul désir de me voir vivre et seulement poussée par l'austère sentiment du devoir. Elle n'avait jamais revu sa sœur depuis lors; et ma mère avait toujours cru que j'avais expiré en naissant, et qu'on m'avait enterrée avant même d'avoir pu me baptiser. La première fois qu'elle m'avait vue dans l'église, elle avait tressailli en songeant à sa fille qui aurait eu mon âge et qui m'aurait ressemblé si elle avait vécu; mais ce fut la seule pensée qui lui vint à l'esprit.

Lorsque j'eus fini de lire cette lettre, je la brûlai soigneusement ainsi que ma mère me l'avait recommandé. Une invincible tristesse s'était emparée de moi; j'espère qu'on ne m'accusera pas d'ingratitude; mais il me semblait qu'il aurait été bien plus heureux si je n'avais pas vécu. J'éprouvais comme une terreur de moi-même en pensant que j'étais pour ma mère un danger, dont la honte pouvait rejaillir sur une noble famille; et je me sentais confuse de vivre, comme si j'avais échappé par la fraude à la sentence qui m'avait condamnée à mourir en naissant.

Je m'endormis épuisée, au milieu de ces tristes réflexions; le lendemain, en m'éveillant, je pleurai de nouveau à l'idée que je rentrais dans un monde où mon existence était pour les autres un motif d'inquiétude; j'avais plus que jamais peur de moi-même en pensant à celle que ma vie accusait, à son honneur, au propriétaire de Chesney-Wold; et je restais frappée du terrible sens de ces paroles qui revenaient sans cesse à mon oreille, comme le gémissement de la tempête aux échos du rivage : « Votre mère fait votre honte ainsi que vous faites la sienne, Esther! un jour viendra où vous comprendrez ces mots comme une femme seule peut les sentir et les comprendre. » J'entendais encore la voix de ma marraine ajouter à ces paroles : « Priez, et demandez chaque jour que les péchés des autres ne retombent pas sur votre tête! » Et dans mon trouble je me croyais à l'heure du châtiment, et je me sentais accablée de cette honte et de cette malédiction qui pesaient sur ma mère.

Une soirée brumeuse remplaça le jour qui fuyait; je sortis seule, bourrelée de cette douleur contre laquelle je me débattais vainement; après avoir marché quelque temps dans le parc de Chesney-Wold, regardant les arbres se voiler d'ombre, et suivant des yeux le vol des chauves-souris qui m'effleuraient presque de leur aile, je fus pour la première fois attirée vers le château et je suivis machinalement le sentier qui conduisait de ce côté.

Je n'osai pas m'arrêter et lever la tête pour regarder la façade; mais je passai devant le parterre aux plates-bandes remplies de fleurs, au gazon de velours, aux larges allées soigneusement entretenues; je vis combien la pluie, le soleil et les siècles avaient marqué leur empreinte sur les vieilles balustrades et les vastes perrons que le lierre et la mousse recouvraient de leur manteau, et j'entendis le murmure de la fontaine. Puis, l'allée que je suivais tourna tout à coup pour côtoyer de longues rangées de sombres fenêtres entremêlées de tourelles et de portails de forme étrange, hérissées de monstres de pierre montrant les dents au-dessus des écussons qu'ils tenaient dans leurs griffes; l'allée s'enfonçait sous l'un de ces porches, traversait une cour de service, où je crus entendre des voix sourdes et râlantes, peut-être le bruit du vent dans les masses de lierre qui couvraient la muraille, peut-être la plainte étouffée de la girouette, ou l'aboiement des chiens; l'allée tournait encore; je sentis le parfum des tilleuls dont j'entendais bruire le feuillage; au-dessus de ma tête se trouvait le promenoir du revenant; l'une des chambres qui donnaient sur la terrasse était éclairée, probablement celle de ma mère. Le chemin que je suivais était pavé en cet endroit, et mes pas, qui ne faisaient aucun bruit sur la pierre où je marchais, éveillaient un écho sur les dalles du promenoir. Je passai rapidement; la fenêtre éclairée était déjà derrière moi quand cet écho de mes pas me fit songer à l'effrayante vérité de la légende; n'étais-je pas celle qui devait répandre le deuil dans cette noble maison, et ne venais-je pas avertir la famille du malheur dont elle était menacée? Presque folle de terreur et cherchant à me fuir moi-même, je repris, en courant, le chemin que j'avais suivi et ne m'arrêtai qu'après avoir franchi la grille extérieure, laissant derrière moi la masse funèbre que formait le parc dans l'ombre.

Ce n'est qu'après m'être retrouvée dans ma chambre et y avoir souffert de nouveau mille tortures, que je commençai à comprendre combien il y avait d'injustice et d'ingratitude dans ma douleur. J'avais trouvé, en rentrant, une lettre d'Evà, qui arrivait le lendemain; et chaque ligne de cette lettre exprimait tant de joie de me revoir, qu'il aurait fallu que je fusse de marbre pour ne pas en être touchée. Une lettre de mon tuteur était jointe à celle d'Eva : une bonne lettre où il me priait de dire à dame Durden, si je la rencontrais par hasard, que tout manquait à Bleak-House, quand elle n'y était pas ; que le désordre était partout et la gaieté nulle part ; qu'enfin la maison n'était plus la même ; que tout le monde s'en plaignait et qu'on parlait de se révolter si dame Durden ne revenait pas bien vite. N'étais-je pas plus aimée, plus heureuse que je ne le méritais? Je repassai dans mon esprit tout ce qui m'était arrivé depuis mon enfance, et je retrouvai toute ma sérénité. Je voyais bien que, si Dieu avait voulu ma mort, je ne serais pas vivante aujourd'hui, je ne jouirais pas du bonheur auquel il semblait au contraire m'avoir destinée? Que de choses s'étaient réunies pour concourir à mon bien-être! et, si les fautes des pères retombent quelquefois sur les enfants, ce n'était pas dans le cas où je me trouvais placée. Je me sentais innocente de mon origine, autant qu'une reine de la sienne; et je comprenais que Dieu ne me punirait pas plus du malheur de ma naissance qu'il ne récompenserait une princesse d'être la fille des rois. Je renouvelai mes bonnes résolutions, je demandai à mon Père céleste de m'y affermir; et, versant tout mon cœur dans ma prière, je sentis peu à peu ma tristesse se dissiper ; rien ne troubla mon sommeil; et le lendemain, quand je m'éveillai, pas un nuage n'assombrissait ma pensée.

Ma chère fille devait arriver le soir à cinq heures ; nous ne pouvions pas mieux employer notre temps, d'ici là, qu'à faire une longue promenade sur la route qu'elle devait prendre. Nous fîmes donc seller Têtu, car nous ne l'avions plus remis à la voiture depuis le fameux jour où il m'avait fallu revenir à pied en tête de notre petit convoi, et nous partîmes pour notre expédition. Au retour, nous passâmes une grande revue de la maison et du jardin, où tout nous sembla dans un ordre parfait, et nous sortîmes l'oiseau de sa cage, pour qu'il pût faire à l'arrivante les honneurs du logis. Nous n'avions plus que deux heures à passer; j'avoue que, pendant ces deux heures, qui me parurent mortellement longues, je fus prise d'une inquiétude nerveuse en pensant à l'altération de mon visage. Quel effet produirait-il sur Eva? l'y avait-on préparée? s'attendait-elle à un changement aussi grand? n'aurait-il pas mieux valu l'y habituer peu à peu? et cent autres questions qui se pressaient dans ma tête. J'étais bien sûre de voir immédiatement dans son regard si limpide et si franc l'impression qu'elle ressentirait en me voyant ; pouvais-je répondre de celle que j'en éprouverais à mon tour? Dans tous les cas, l'attente et l'inaction n'étaient pas faites pour diminuer l'état nerveux où me plongeait cette inquiétude, et je résolus d'aller au-devant de la voiture ; mais je n'avais pas fait deux milles, qu'à chaque tourbillon de poussière qui s'élevait sur la route, je me sentais prise de telles palpitations, que je revins sur mes pas, et que, croyant tout à coup avoir la diligence sur les talons, chose que je savais pourtant impossible, je me mis à courir de toutes mes forces dans la crainte qu'elle ne vînt à me rattraper ; si bien que j'arrivai à la maison hors d'haleine. La belle affaire ! je m'étais tellement échauffée, que j'avais le visage tout en feu. Ce n'était pas le moyen de le faire paraître à son avantage. Enfin je croyais qu'il me restait encore plus d'un quart d'heure avant l'arrivée de ma voyageuse, lorsque j'entendis Charley s'écrier :

« Miss, la voilà ; par ici, par ici ! »

Mais, au lieu de venir du côté où elle m'appelait, je courus bien vite dans ma chambre, et je me cachai derrière la porte, où je restai toute tremblante, pendant qu'Eva montait l'escalier en disant :

« Chère amie, où êtes-vous ? Dame Durden, où êtes-vous donc ? »

Elle entra au moment où j'allais fuir.... Oh ! quel bonheur ! Son regard chéri d'autrefois, plein de tendresse et d'émotion joyeuse ! Quel bonheur de la retrouver comme toujours et de lui voir approcher son visage de mes pauvres joues couturées, qu'elle couvrait de larmes et de baisers en m'appelant des noms les plus doux et en me pressant dans ses bras !

CHAPITRE VII.

Jarndyce contre Jarndyce.

Si le secret qui pesait sur mon cœur n'avait concerné que moi, je l'aurais confié immédiatement à Eva ; mais je n'avais pas le droit d'en parler, même à mon tuteur, à moins d'une circonstance exceptionnelle. Cette réserve que je devais m'imposer, quand j'éprouvais au contraire un si vif besoin d'épanchement, exigeait de ma part un effort d'autant plus grand qu'il fallait même dissimuler toute préoccupation. J'y parvins assez bien tout d'abord ; mais lorsqu'Eva me demanda, le soir en travaillant, s'il y avait quelqu'un au château, j'eus beaucoup de peine à lui cacher mon trouble, surtout quand, après lui avoir répondu que, la veille, j'avais rencontré dans le parc lady Dedlock, elle insista, tout en rendant justice à l'élégance et à la beauté de milady, sur la fierté de ses manières et sur sa physionomie impérieuse et glaciale. Heureusement que Charley vint à mon secours sans le savoir, en disant que milady n'avait passé que quarante-huit heures à Chesney-Wold, et qu'elle était partie le matin même pour faire une visite dans un château du voisinage, où elle resterait quelque temps. Charley justifiait le proverbe : « Aux petits pots les grandes oreilles, » car elle en entendait plus en une journée sur les faits et gestes de tout le monde qu'il ne m'en revenait dans un mois.

Il y avait à peu près huit jours qu'Eva était arrivée, lorsqu'au moment où nous finissions d'arroser les fleurs du parterre, avec l'aide du jardinier, Charley vint à moi d'un air mystérieux et me fit signe qu'elle avait à me parler.

« S'il vous plaît, miss ; on vous demande aux *Armes de Dedlock*, me dit-elle à voix basse en ouvrant des yeux démesurés.

— Qui ça, Charley?

— Je ne sais pas, répondit-elle en avançant la tête et en croisant ses mains sur la bavette de son tablier, comme elle faisait toujours quand elle avait à me confier quelque mystère. C'est un gentleman qui vous envoie ses compliments et qui vous prie d'aller le voir, mais qui n'a pas dit autre chose.

— Où l'as-tu vu, Charley?

— Je ne l'ai pas vu, miss ; c'est M. Grubble qui a fait la commission.

— Et qu'est-ce que c'est que M. Grubble?

— Vous ne le connnaissez pas, miss! « *Aux Armes de Dedlock*, chez Grubble, » reprit-elle en appuyant sur chaque mot.

— L'aubergiste !

— Lui-même. Vous savez bien, le mari de cette petite femme si jolie, excepté qu'elle a eu la cheville cassée et qu'on n'a pas pu la lui remettre. Son frère est le scieur de long qu'on a fourré en prison pour avoir dit je ne sais quoi pendant qu'il était ivre ; mais on espère qu'à force de boire il se tuera bientôt. »

Ne devinant pas qui cela pouvait être, et les moindres choses devenant pour moi un sujet d'inquiétude, je pensai qu'il valait mieux aller tout de suite où j'étais attendue ; je dis à Charley de m'apporter ce qu'il me fallait pour sortir, et je descendis la petite rue de Chesney-Wold, où je me trouvais aussi à mon aise que dans la cour de notre maison.

M. Grubble, en manches de chemise, m'attendait sur sa porte; il souleva son chapeau à deux mains et me conduisit, par un corridor sablé, dans le plus élégant de ses deux salons : une chambre proprette avec un tapis, ornée de plantes diverses, d'une gravure coloriée représentant la reine Caroline, de plusieurs coquillages, de plateaux sans nombre, de poissons empaillés mis sous verre, et d'un œuf ou d'une courge quelconque (je ne sais pas lequel des deux) suspendue au plafond. Je connaissais beaucoup M. Grubble de vue : un homme entre deux âges, robuste et de bonne mine, qui ne se serait pas trouvé commodément vêtu au coin de son feu sans son chapeau et ses bottes à revers; mais qui n'avait jamais rien sur le dos et ne mettait de veste ou d'habit que pour aller à l'église.

Il moucha la chandelle, fit un pas en arrière pour juger de l'opération, et sortit de la chambre au moment où j'allais lui demander quelle était la personne qui désirait me parler. Un instant après, j'entendis plusieurs voix qui m'étaient familières, la porte se rouvrit et Richard se précipita dans la pièce.

« Chère Esther, me dit-il, ma meilleure amie! que je suis heureux de vous voir! Toujours la même! » ajouta-t-il en répondant à ma pensée.

J'écartai un peu mon voile.

« Toujours la même, » reprit-il en me faisant asseoir et en s'asseyant auprès de moi.

Je lui dis alors combien j'étais contente de nous retrouver ensemble, d'autant plus que j'avais à l'entretenir de choses assez sérieuses.

« A merveille, répondit-il; j'ai, de mon côté, beaucoup de choses à vous dire, et que j'ai besoin de vous expliquer pour être bien compris.

— Et c'est précisément, lui dis-je, pour vous parler de quelqu'un que vous ne semblez pas comprendre que je désirais vous voir.

— Probablement de M. Jarndyce?

— Mon Dieu, oui.

— Tant mieux, car c'est à propos de lui que je voulais m'expliquer; mais seulement auprès de vous, chère amie, de vous seule, entendez bien, car je n'ai de compte à rendre à personne, pas plus au sieur Jarndyce qu'à M. tel ou tel. »

Je fus peinée de la manière dont il parlait de mon tuteur, et je lui en fis l'observation.

« Très-bien, me dit-il; remettons la chose à demain. Quant à ce soir, donnez-moi votre bras, chère Esther, et allons faire une surprise à ma charmante cousine, du moins si votre fidélité aux ordres de M. Jarndyce vous permet de m'introduire dans la maison que vous habitez.

— Vous savez bien, Richard, que vous seriez parfaitement accueilli dans la sienne, qui redeviendrait la vôtre si vous le vouliez encore ; nous vous recevrons partout avec le même plaisir.

— Voilà qui est parler comme la meilleure des femmes, s'écria gaiement Richard.

— Et l'état militaire, en êtes-vous satisfait? lui demandai-je quelques instants après.

— Oui, assez, répondit-il ; autant faire ça qu'autre chose, surtout en attendant. Je ne dis pas que j'y resterai quand mes affaires seront réglées ; je vendrai alors mon brevet.... Mais ne parlons pas de cela aujourd'hui. »

Si jeune et si beau ! en toute chose l'opposé de miss Flite ; et pourtant je retrouvais dans ses yeux le regard inquiet et sombre qu'avait la pauvre folle en parlant de son procès.

— Je suis à Londres en congé, reprit Richard.

— Vraiment?

— Il fallait bien voir un peu où en sont mes affaires ; les vacances vont s'ouvrir, et tout cela va si lentement. »

Je secouai la tête d'un air triste.

« Vous avez raison, dit Richard ; c'est un sujet de conversation peu amusant. Au diable pour ce soir les procès et les juges, et parlons d'autre chose. Devinez la personne qui est ici avec moi.

— Je crois avoir entendu la voix de M. Skimpole.

— Justement. De tous les hommes que je connais, c'est lui qui me fait le plus de bien. Quel adorable enfant ! »

Je lui demandai si quelqu'un avait connaissance de leur voyage. Il me répondit que non ; qu'il avait appris, par M. Skimpole, l'endroit où nous étions ; que, sur le désir qu'il avait exprimé de venir nous voir, le vieil enfant avait manifesté l'intention de l'accompagner, ce qui avait eu lieu immédiatement.

« Il vaut cent fois son pesant d'or, me dit Richard, et ses menues dépenses à payer ne sont pas chères en comparaison du plaisir qu'il vous donne à l'avoir avec soi. Tant de verve et d'entrain, tant de jeunesse et de fraîcheur dans l'âme, et d'une nature si désintéressée ! »

Je ne voyais pas trop la preuve du désintéressement de M. Skimpole dans l'habitude qu'il avait de faire payer ses dépenses par les autres, mais au moment où j'allais en faire la remarque, il entra dans la chambre, et la conversation changea naturellement de sujet. Il était enchanté de me voir, disait-il, et n'avait jamais eu de joie plus vive qu'en apprenant ma guérison. Il comprenait maintenant l'heureux mélange de bien et de mal qui existe dans le monde ; et, sans prétendre qu'il entrât dans l'ordre des choses que D eût une jambe de bois précisément pour que D eût plus de bonheur à fourrer son mollet dans un bas de soie, il appréciait mieux la santé quand il voyait quelqu'un de malade.

« Tout n'est qu'opposition dans la nature, poursuivit-il ; par exemple, notre ami Richard se plaît à évoquer les plus brillantes visions des ténèbres de la chancellerie ; n'est-ce pas d'une poésie délicieuse ? Autrefois, les poètes avaient peuplé les forêts et les vallées de nymphes ravissantes dont les danses imaginaires, au son d'une flûte idéale, charmaient les ennuis des bergers attachés à la glèbe ; notre pastoral ami fait traverser les sombres *Inns* de la Cour par l'éblouissant cortège de la fortune, aux accords mélodieux d'un arrêt définitif ; ce contraste m'enchante. A quoi bon les abus ? me dira quelque fâcheux, et pourquoi les défendre ? Je ne les défends nullement, répondrai-je au grognon ; mais laissez-moi profiter du plaisir qu'ils me donnent ; c'est parce qu'ils sont détestables que la transmutation opérée par ce jeune magicien a tant de charme pour moi. D'ailleurs je ne suis qu'un enfant et ne me crois pas responsable des sensations que j'éprouve. »

Richard ne pouvait tomber sur un ami plus dangereux, surtout dans sa position ; et je souffrais beaucoup de voir auprès de lui cet homme séduisant et léger, dépourvu des moindres principes, au moment où l'on devait, au contraire, le raffermir dans la voie qu'il avait à suivre, et le détourner des illusions qui n'avaient sur lui que trop d'empire. Je comprenais à merveille que mon tuteur, forcé de vivre au milieu des tristes affaires qui avaient attiré sur sa famille tant d'infortunes, prît plaisir à écouter les divagations de M. Skimpole et trouvât, dans l'insouciance et dans l'ingénuité de ce vieil enfant, un soulagement aux préoccupations de la vie ; mais je ne pouvais me persuader qu'il y eût, dans la candeur apparente de M. Skimpole, autant d'innocence et d'oubli des choses de ce monde que Richard voulait bien le dire. Je pensais malgré moi que c'était un moyen d'existence comme un autre, et qui permettait à ce soi-disant enfant de satisfaire à la fois ses goûts et sa paresse.

Ils vinrent tous les deux avec moi. M. Skimpole nous quitta près de la porte, et j'entrai dans le salon en disant à Eva que je lui amenais un gentleman qui était venu pour nous voir. Elle se troubla, rougit ; tout son amour parut sur son visage, et rien n'était plus transparent que le nom de cousin, jeté comme un voile sur l'accueil qu'elle fit à Richard. Quant à lui, je n'osais plus m'en rapporter à moi, car je devenais mauvaise avec tous mes soupçons; mais je n'étais pas sûre qu'il eût pour elle autant d'amour qu'elle en avait pour lui. Certes il l'admirait passionnément et lui aurait renouvelé avec ardeur les serments qu'ils avaient échangés autrefois, s'il n'avait pas été sûr de la trouver fidèle à la promesse qu'elle avait faite à mon tuteur; et pourtant quelque chose me disait que l'influence de ce procès maudit s'étendait jusqu'à son amour, dont il remettait l'expression à l'époque incertaine où Jarndyce contre Jarndyce serait une question jugée. Pauvre ami! qui peut dire ce qu'il aurait été sans le germe fatal qui empoisonna sa vie?

« Je ne viens pas, dit-il à sa cousine, vous faire manquer aux conditions que vous avez acceptées de M. Jarndyce, bien qu'à vrai dire vous ayez mis peut-être une confiance trop aveugle à suivre ses conseils. »

Il ajouta qu'il était venu seulement pour nous voir et pour se justifier de la position qu'il avait prise à l'égard de mon tuteur; et, comme le vieil enfant allait venir, il me pria de lui indiquer le moment où je pourrais l'écouter; je lui proposai une promenade dans le parc pour le lendemain matin : ce fut une affaire arrangée.

M. Skimpole arriva bientôt et nous égaya pendant une heure; il voulut absolument voir Charley, qu'il appelait toujours Coavinse, et lui dit d'un air paternel qu'il avait concouru de tout son pouvoir au bien-être de son père; que, si l'un de ses frères se dépêchait de grandir et d'entrer dans la même carrière, il espérait également lui fournir de l'emploi; « car, dit-il en sirotant son grog, je ne sors pas de leurs filets; poursuivi par les uns, poursuivi par les autres qui voudraient me faire donner une somme que je ne possède jamais, on m'emprisonne, quelqu'un paye; on me relâche pour me reprendre, et quelqu'un paye encore; ne me demandez pas qui, je ne saurais vous le dire; mais je bois à la santé de ce mortel bienfaisant, et je prie le Seigneur de le bénir. »

Le lendemain, j'arrivai la première au rendez-vous, mais Richard ne se fit pas longtemps attendre; l'air était pur et pas un nuage au ciel; la fougère, l'herbe et le feuillage étincelaient sous la rosée; on eût dit que la nature avait été ce jour-là plus soigneuse encore de sa gloire, que célébraient autour de nous des chants d'oiseaux sans nombre.

« Quel délicieux endroit! me dit Richard; comme tout est

calme! ou n'y entend pas les grincements de la procédure. Quand mes affaires seront réglées, c'est ici que je viendrai me reposer.

— Ne vaudrait-il pas mieux commencer par là, Richard?

— Oh! c'est impossible; d'ailleurs, je ne peux rien décider quant à présent.

— Pourquoi cela?

— Parce que, si vous habitiez une maison qui ne fût pas terminée, et que demain, dans un mois, dans un an, on pût l'abattre de fond en comble, vous ne pourriez pas vous y établir; c'est ainsi que je me trouve; aujourd'hui n'existe pas, pour nous autres plaideurs. »

Je pensai aux paroles de miss Flite, et, chose terrible à dire, l'ombre de Gridley passa sur le visage de Richard.

« C'est mal entamer la conversation, répliquai-je tristement.

— Je savais bien que vous diriez cela, dame Durden.

— Et je ne suis pas la seule qui partage cette opinion, Richard; ce n'est pas moi qui vous ai dit autrefois de ne pas mettre votre espoir dans ce qui fut toujours la ruine de la famille.

— Nous y voilà! dit-il avec impatience; toujours le sieur Jarndyce! enfin, tôt ou tard, il fallait bien en parler, puisque c'est pour cela que nous sommes venus ici. Mais, chère Esther, il faut que vous soyez terriblement aveugle pour ne pas voir qu'étant ma partie adverse, il est de son intérêt que je ne sache rien de ce procès, et que je ne m'en occupe pas; si je pouvais même oublier que j'ai des droits....

— Oh! Richard! est-il possible qu'après avoir vécu chez lui, c'est-à-dire après l'avoir connu, vous puissiez élever de pareils soupçons contre M. Jarndyce? »

Il rougit extrêmement et reprit à voix basse, au bout de quelques instants :

« Je suis bien sûr, Esther, que vous ne me soupçonnez d'aucun sentiment bas, et la défiance serait à mes yeux un triste défaut chez un homme de mon âge.

— Je n'ai jamais douté de vous, Richard.

— Merci, dame Durden; cette parole me fait du bien; j'ai besoin de trouver quelque part un peu de consolation, car c'est une chose douloureuse que les affaires, et celle-là entre toutes.

— Je ne le sais que trop, mon pauvre ami; toutes ces interprétations, plus ou moins fausses, ne vont pas à votre nature si franche, et vous devez bien en souffrir.

— Allons, chère sœur, quoi qu'il arrive, vous serez juste

envers moi. Vous savez que je n'attaque pas la loyauté de M. Jarndyce, en dehors de cette vilaine affaire; mais ce procès pèse sur lui comme sur les autres; c'est une influence corruptrice à laquelle rien n'échappe; vous le lui avez entendu dire cent fois; pourquoi la contagion l'aurait-elle épargné?

— Parce qu'il est d'un caractère exceptionnel; et surtout parce qu'il s'est éloigné de cette fatale influence.

— Parce que, parce que.... reprit Richard avec vivacité, la chose est bonne à dire; mais je ne crois pas du tout qu'il soit sage en pareil cas de négliger ses intérêts; les gens viennent à mourir, les faits s'oublient, et il en résulte mille inconvénients qu'on aurait évités avec moins d'insouciance. En résumé, chère Esther, vous pensez bien que je ne suis pas venu pour accuser M. Jarndyce auprès de vous, mais pour me justifier; et je vous dis en somme qu'il a été parfait pour moi, tant que je ne me suis pas occupé de ce procès; mais qu'à dater de l'instant où j'ai cru devoir songer à mes affaires, ses procédés ont complétement changé; c'est alors qu'il a découvert la nécessité de me faire rompre avec Eva, et n'a pas craint de m'imposer pour condition à la main de ma cousine l'oubli de mes propres intérêts; je n'accepte pas un pareil compromis; je soutiendrai mes droits et ceux d'Eva, que cela convienne oui ou non à votre M. Jarndyce; je l'en ai prévenu franchement dans une lettre que je lui ai écrite à cette intention, et où le remerciant de la bonne volonté qu'il voulait bien me témoigner, je le priais de ne plus s'occuper de moi; la route que nous avons à suivre est loin d'être la même; l'un des testaments contestés m'accorde une part beaucoup plus forte que la sienne; je ne dis pas que la chancellerie le confirmera, mais enfin c'est possible.

— Je savais que vous aviez écrit à M. Jarndyce, répondis-je; il m'a parlé de votre lettre et sans irritation contre vous, sans un seul mot de reproche.

— Vraiment? répliqua Richard en se calmant un peu; je suis bien aise de vous avoir dit que c'était un galant homme en dehors de cette misérable affaire; je n'en ai jamais douté; je sais que vous n'approuvez pas ma conduite à son égard; mais si vous aviez examiné ce procès comme je l'ai fait chez Kenge; si vous saviez toutes les accusations que se renvoient mutuellement les parties, vous trouveriez que je suis fort modéré.

— Peut-être, répondis-je; mais croyez-vous qu'il y ait beaucoup de justice dans ces accusations, mon pauvre ami?

— Le bon droit est pourtant quelque part, s'écria-t-il vivement; et faire d'Eva le prix de mon silence et de mon inaction, n'est pas le moyen de savoir de quel côté il se trouve. L'influence de ce procès m'a changé, dites-vous; raison de plus pour en finir, Esther, et pour que je fasse tout ce qui dépendra de moi, afin de hâter l'arrêt définitif.

— Croyez-vous que les autres n'aient pas fait tous leurs efforts pour en arriver là? Pensez-vous que l'inutilité de leurs poursuites vous ait rendu la chose plus facile, Richard?

— Il faut pourtant bien que cela finisse, répliqua-t-il en s'animant de plus en plus; je suis jeune et plein d'ardeur; une volonté ferme a, dans tous les temps, opéré des miracles, et nous verrons ce qu'elle produira cette fois; les autres ne se sont donnés qu'à demi à cette affaire; moi, je m'y dévouerai corps et âme; j'en ferai l'unique objet de ma vie.

— Oh! non, Richard, ou vous seriez perdu.

— N'ayez pas peur, reprit-il d'un ton affectueux; vous êtes bonne et prudente, chère Esther; mais vous avez vos préventions; et, pour en revenir à M. Jarndyce, sachez bien que lorsqu'il y avait entre nous de bons rapports, c'est que la situation était fausse.

— Croyez-vous que l'animosité et la discorde soient votre situation naturelle?

— Ce n'est pas là ce que je veux dire; seulement l'affaire en question nous divise et rend impossible toute relation amicale; plus tard, quand tout sera terminé, si je vois alors que je me suis trompé sur son compte, je le reconnaîtrai avec plaisir, et je lui en ferai mes excuses; quant à présent, je ne souhaite qu'une chose, c'est que vous, qui êtes la meilleure des confidentes, vous fassiez comprendre à Eva que j'ai mes raisons pour agir comme je le fais envers M. Jarndyce; j'ai voulu que ce fût vous qui le lui expliquiez; vous aurez pour cela des paroles plus conciliantes; et puis.... je n'aimerais pas, ajouta-t-il en hésitant, à me montrer d'un caractère soupçonneux auprès d'elle qui est la confiance même. »

— Vous avez raison, lui dis-je; c'est ce que vous avez dit de mieux.

— Assurément, dame Durden; mais je saurai prendre ma revanche quand les affaires me rendront à moi-même; soyez tranquille, tout ira bien alors.

— C'est là tout ce que vous voulez que je rapporte à Eva?

— Pas tout à fait, dit Richard; je n'ai pas de motif pour lui cacher que M. Jarndyce a répondu à ma lettre comme à l'ordinaire, m'appelant comme toujours son cher Rick, et s'efforçant de me faire changer d'opinion, sans que, dit-il, ma persistance dans la voie que j'avais prise doive en rien altérer l'affection qu'il me porte, etc., etc. Dites en outre à ma cousine que si mes visites deviennent plus rares, c'est que je m'occupe de ses intérêts et des miens, qui sont les mêmes; que j'espère bien qu'elle n'ajoutera pas foi aux bruits que certaines gens se plaisent à répandre sur ma légèreté; que je suis au contraire fort sérieux et tout à nos affaires; qu'étant majeur et n'ayant de compte à rendre à personne, je me regarde comme entièrement libre; mais que je ne lui demande pas de renouveler l'engagement qu'elle avait pris avec moi, tant qu'elle sera en tutelle; qu'à sa majorité notre position pécuniaire sera probablement toute différente, et qu'alors nous pourrons aviser. Dites-lui tout cela, chère Esther, avec la persuasion que vous saurez y mettre, vous me rendrez un service qui doublera mon courage; vous verrez alors avec quelle vigueur je suivrai notre procès, qu'en fin de compte il faudra bien qu'on juge. Vous pouvez, si cela vous convient, en parler à Bleak-House.

— Richard, lui dis-je, vous vous confiez à moi; mais je crains bien que vous ne suiviez pas mes conseils.

— Comment le pourrais-je, Esther? du moins quant au sujet dont nous parlons, car sur toute autre chose vous savez que je suis prêt à suivre vos avis. »

Comme s'il existait pour lui d'autre sujet au monde!

« Alors je puis vous faire une question? lui dis-je.

— Et qui le pourrait, si ce n'était vous? répondit-il en riant.

— Avez-vous fait de nouvelles dettes, Richard?

— Certainement, dit-il, fort surpris de ma simplicité. Comment voulez-vous agir sans frais? vous oubliez qu'Eva et moi nous héritons d'après les deux testaments: le procès n'est pour nous qu'une question de quantité; j'escompte l'avenir, il est vrai; mais pour une faible part, sans atteindre le chiffre qui nous est assuré; bonne Esther! ajouta-t-il en riant de ma figure attristée, ne vous inquiétez de rien; j'en sortirai, soyez-en sûre. »

J'étais au contraire si effrayée de le voir entrer dans cette voie, que j'employai tous les moyens pour tâcher de l'en détourner; mais, hélas! il m'écouta patiemment sans tenir compte de mes paroles, et, voyant que la prudence et la raison n'avaient pas sur lui le moindre empire, je résolus de ne rien cacher à Eva, pour essayer de son influence; je racontai donc à ma chérie l'entretien que j'avais eu avec Richard, et lui montrai l'abîme où il courait aveuglément; elle ne partagea pas complètement mon effroi, car elle était persuadée qu'il reviendrait de son erreur; mais elle n'en fut pas moins très-malheureuse, et lui écrivit la lettre suivante :

« Cher cousin,

« J'ai su par Esther la conversation que vous avez eue avec elle ; et je vous écris pour vous supplier de croire à tout ce qu'elle vous a dit. Un jour viendra où vous reconnaîtrez que mon cousin John est la franchise et la générosité même ; vous serez bien triste alors de l'avoir méconnu ; pensez-y bien, Richard, vous qui êtes si franc et si bon.

« Je ne sais pas comment exprimer ce qui me reste à vous dire, mais vous comprendrez ma pensée. J'ai peur que le désir d'avancer nos affaires ne contribue à la détermination que vous avez prise de vous dévouer corps et âme à ce que vous appelez nos intérêts, à votre malheur plutôt.... et, par conséquent, au mien ; je vous conjure de ne plus songer à ce malheureux procès qui a tant pesé sur notre enfance ; ne soyez pas fâché contre moi si mes paroles vous déplaisent, mais rappelez-vous que ces tristes débats ont causé tous nos maux ; que ce sont eux qui nous ont rendus orphelins après avoir abreuvé nos parents de chagrin et d'amertume. Oh ! je vous en supplie, Richard, renoncez-y pour toujours, vous n'y trouveriez que déception et désespoir.

« Il est probable que vous rencontrerez un jour quelqu'un que vous préférerez à votre premier caprice ; vous êtes libre, Richard, je n'ai pas le besoin de vous le rappeler ; mais laissez-moi vous dire que celle que vous aurez choisie aimera mieux partager votre humble fortune en vous voyant heureux et tranquille, suivre une carrière honorable, que d'acquérir la richesse aux dépens de votre bonheur et des devoirs que votre profession vous impose ; vous me trouverez peut-être bien présomptueuse de parler avec cette assurance, moi qui ne sais rien de la vie ; mais je puise dans mon cœur la certitude de ne pas me tromper.

« Croyez-moi pour toujours votre bien affectionnée cousine,
« Eva. »

Cette lettre nous procura immédiatement la visite de Richard, mais n'apporta pas la moindre modification dans sa manière de voir ; il voulait aller jusqu'au bout, disait-il, et nous montrer qu'il avait eu raison. Bref, les tendres paroles d'Eva lui avaient fait plaisir, mais ne l'avaient nullement convaincu. Je voulais en parler à M. Skimpole ; la promenade me fournit une occasion toute naturelle de le faire, et je m'étendis sur la responsabilité qu'on assumait en encourageant ce pauvre Richard à suivre la voie déplorable où il était engagé.

« La responsabilité, miss Summerson, me répondit ce vieil enfant, c'est un mot qui n'est pas fait pour moi ; je n'ai jamais été responsable de rien, et ne pourrai l'être de ma vie.

— Chacun n'est-il pas obligé de répondre de ses actes ? répliquai-je avec un certain embarras.

— Mais tout le monde est obligé d'être solvable, et moi je ne le suis pas, » répondit-il en riant. Puis il ajouta en tirant de sa poche une poignée de petite monnaie : « Vous voyez cet argent, miss Summerson, combien ça fait-il, je n'en sais rien ; je n'ai jamais su compter ; on me dit que cela ne suffit pas pour payer tout ce que je dois ; je le suppose ; je devrai toujours autant qu'on voudra bien me prêter. Voilà, en peu de mots, quel est mon caractère ; si c'est là ce que vous appelez répondre de ses actes, je suis très-responsable de tout ce que vous voudrez. »

L'aisance avec laquelle il me disait ces paroles me fit penser qu'effectivement il ne comprenait pas le mot que j'avais employé. Je n'en persistai pas moins à lui dire que j'espérais lui voir user de son influence sur Richard pour le détourner de la route qu'il voulait suivre, et je lui demandai surtout de ne pas le confirmer dans ses tristes illusions.

« Très-volontiers, répondit-il ; mais, chère miss, la chose est difficile ; j'ignore complétement l'art de feindre, et s'il m'emmène à la Cour en faisant défiler à mes yeux tous ses rêves, et qu'il me dise : « Joignez-vous au cortége, mon excellent ami, » je ferai ce qu'il me dira ; les gens de bon sens agiraient autrement ; mais vous savez que je n'ai pas le sens commun.

— C'est un grand malheur pour Richard, monsieur Skimpole.

— Au contraire, miss Summerson ; supposez-le en compagnie du bon sens, un brave homme, excessivement ridé, horriblement pratique, ayant dans chaque poche la monnaie de dix livres et un memorandum à la main ; bref, quelque chose comme un collecteur d'impôts ; notre jeune ami, qui est expansif, chez qui la poésie déborde comme le parfum d'un lis, dit à son respectable compagnon : « J'aperçois une perspective enchanteresse, un horizon magique ; voyez-vous au loin ces nuages d'or que nous pouvons saisir et vers lesquels je bondis à travers la vallée ? — Du tout, répond le brave homme en frappant notre enthousiaste de son livre de compte, il n'y a là-bas qu'honoraires, fraude, perruques et robes noires. » Quelle chute douloureuse pour notre pauvre Richard ! C'est de la raison, j'en conviens ; mais ce n'en est pas moins désagréable, et je ne m'en charge pas; d'ailleurs, il n'entre pas dans tous les éléments qui composent mon être un seul atome du collecteur d'impôts ; je ne suis point du tout ce qu'on appelle un homme respectable et n'ai pas besoin de l'être; c'est bizarre, mais c'est comme ça. »

Il était inutile d'insister plus longtemps, et nous rejoignîmes Eva et Richard qui étaient à quelque distance ; la conversation devint générale; M. Skimpole, qui venait de visiter le château, nous fit la description de tous les portraits de famille : ladies impérieuses en costume de bergères, à la houlette menaçante, avec poudre et paniers, des mouches sur le visage pour terrifier les vilains, comme un chef de peaux-rouges en grande peinture de guerre; ici, un baronnet sur le devant d'une bataille, avec une mine qui éclate, un fort qu'on assiége, une ville en feu, des canons qui tonnent, des flammes qui dévorent, le tout placé entre les jambes de derrière du cheval monté par ledit baronnet, probablement, pensait notre chroniqueur, pour prouver combien les Dedlock s'inquiétaient peu de ces bagatelles; enfin, la collection complète de ces illustres personnages, évidemment empaillés de leur vivant, nous dit encore M. Skimpole, et convenablement montés sur leur perchoir respectif; d'une roideur parfaite sous leurs perruques variées, et d'une absence de vie...,

« Tiens! s'écria tout à coup notre vieil enfant, je ne me trompe pas, c'est Vholes! »

Je lui demandai si c'était une connaissance de Richard.

« Son ami et son conseil, répondit-il; et vous, miss Summerson, qui désirez du bon sens et une tenue respectable, c'est justement votre homme.

— Nous ne savions pas que Richard eût pris un autre avoué, lui dis-je.

— Quand il fut émancipé, reprit M. Skimpole, il se sépara de Kenge, et s'adressa, ou plutôt je le mis en relation avec mon ami Vholes.

— Vous le connaissiez depuis longtemps? demanda Eva.

— Comme beaucoup d'autres à qui j'ai eu affaire; il a toujours été fort poli avec moi; c'est un excellent homme, qui a une délicatesse de procédés que j'ai souvent appréciée; il m'a fait arrêter pour je ne sais plus quelle dette que quelqu'un a payée, quelque chose et quatre pence, j'ai oublié les livres et les schellings...; c'est après cela que j'ai fait faire à notre ami la connaissance de Vholes, qui m'en avait prié; il m'a même, ajouta M. Skimpole en souriant, donné ce qu'il appelle une commission, un billet de cinq livres et quelque chose...; oui, cinq livres. »

Il fut interrompu dans ses aveux par Richard, qui revenait tout rayonnant et qui se hâta de nous présenter M. Vholes : un grand maigre d'environ cinquante ans, aux épaules hautes et voûtées, au visage pâle couvert de boutons rouges, aux lèvres froides et pincées, vêtu de noir des pieds à la tête, et boutonné jusqu'au menton ; ayant moins de vie qu'un automate et une certaine manière de fixer lentement ses yeux morts sur Richard comme s'il avait voulu le fasciner.

« J'espère, mesdames, que je ne vous dérange pas, dit-il d'une voix creuse et glacée. J'ai promis à M. Carstone de lui faire savoir toutes les fois que la chancellerie s'occuperait de son procès ; et n'ayant été informé qu'après le départ du courrier que l'affaire Jarndyce serait appelée demain à l'audience, j'ai pris la voiture ce matin pour en conférer avec lui.

— Ah! dit Richard qui triomphait, c'est que nous ne traitons pas les affaires avec la lenteur qu'on y mettait jadis ; il faut que ça marche avec nous. Monsieur Vholes, je vais me procurer n'importe quel véhicule afin d'aller rejoindre la malle, que nous prendrons ce soir même.

— Comme vous voudrez, monsieur, lui répondit l'avoué ; je suis complétement à vos ordres.

— Voyons, dit Richard en regardant à sa montre ; nous avons une heure devant nous ; je puis donc aller à l'auberge, demander une chaise de poste ou un cabriolet, fermer mon portemanteau et revenir prendre le thé. Voulez-vous, chère cousine, et vous, Esther, vous charger de M. Vholes pendant quelques instants? »

Il partit comme un trait, et disparut dans l'ombre qui commençait à se répandre.

« La présence de M. Carstone est-elle bien nécessaire à la Cour? demandai-je à l'avoué.

— Elle est complétement inutile, » répondit M. Vholes.

Eva et moi nous exprimâmes tous nos regrets de le voir courir avec tant d'ardeur au-devant d'une déception.

M. Carstone a établi en principe qu'il veillerait lui-même à ses propres intérêts, nous dit l'avoué ; or, toutes les fois qu'une règle nous est imposée par un client, et que cette règle n'a rien d'immoral en soi, je me fais un devoir de la suivre avec une exactitude scrupuleuse ; mon désir est, avant tout, de mettre de la franchise et de la régularité dans les affaires. Je suis veuf, j'ai trois filles, Emma, Jeanne et Caroline ; et je travaille à leur laisser un nom sans tache.... Cet endroit paraît charmant, » poursuivit-il en s'adressant à moi. Je répondis par l'énumération des beautés du pays.

« J'ai le bonheur, reprit M. Vholes, d'être le soutien de mon vieux père, qui habite la vallée de Taunton, et j'ai pour la nature une admiration toute spéciale; mais j'étais loin de m'attendre à ce que l'on trouve ici.

— Aimeriez-vous habiter la campagne? lui demandai-je pour entretenir la conversation.

— Ah! miss, vous touchez là une corde qui m'est bien sensible. Ma santé n'est pas bonne (j'ai la digestion pénible), et c'est aux champs que j'irais me reposer si je ne pensais qu'à moi, d'autant plus qu'absorbé par les affaires, j'ai toujours vécu loin du monde, surtout en dehors de la société des femmes, que j'aurais eu tant de plaisir à voir; mais avec mes trois filles et mon vieux père, l'égoïsme ne m'est pas permis; il est vrai que je n'ai plus à soutenir ma grand'mère, qui est morte l'année passée à l'âge de cent deux ans; mais il me reste assez de charges pour avoir encore besoin d'amener de l'eau au moulin. »

Sa voix morne et sa parole tout intérieure, pour ainsi dire, exigeaient une certaine attention de la part de l'auditeur.

« Excusez-moi, poursuivit-il, de vous parler ainsi de mes filles; c'est mon côté faible; et mon vœu le plus cher est de laisser à mes enfants, avec un nom respectable, une petite fortune qui leur assure une honnête indépendance. »

Nous arrivâmes à la maison, où le thé nous attendait; Richard entra quelques instants après et dit quelques mots à l'oreille de M. Vholes, qui lui répondit : « Vous m'emmenez, alors? comme vous voudrez, monsieur; je suis complétement à vos ordres. »

Nous comprîmes que M. Skimpole occuperait le lendemain, à lui tout seul, les deux places qui avaient été retenues la veille et payées par Richard. Celui-ci, dont l'imagination était montée, voyait tout lui sourire et croyait palper d'avance la fortune que lui montraient ses rêves; nous l'accompagnâmes jusqu'au bout du village où il avait dit qu'on vînt l'attendre. Un homme tenant une lanterne d'une main et de l'autre la bride d'un cheval horriblement maigre, se trouvait au sommet de la colline; je vois encore les deux voyageurs, assis côte à côte au fond du cabriolet; Richard, l'œil en feu, le rire aux lèvres, prenant les rênes et agitant son fouet en nous saluant avec ivresse; M. Vholes, impassible, ganté de noir et boutonné jusqu'au menton, regardant Richard comme le serpent regarde sa proie. J'ai toujours sous les yeux cette nuit sombre et sillonnée d'éclairs, cette route poudreuse, enfermée entre deux rangées d'arbres immobiles et noirs, et ce cheval décharné, qui, les oreilles couchées en arrière, l'emportait vers l'abîme.

Nous rentrâmes; Eva, pauvre ange, me dit alors, que ruiné, seul et maudit, Richard aurait plus que jamais besoin d'amour, et qu'il trouverait un cœur fidèle, qui l'aimerait d'autant plus qu'il souffrirait davantage; que dût-il ne plus songer à elle au milieu de ses erreurs, elle se souviendrait de lui sans cesse, et qu'elle ne demandait rien en ce monde que de lui consacrer toute sa vie et de se dévouer à son bonheur.

CHAPITRE VIII

Lutte intérieure

Nous arrivâmes à Bleak-House le jour que nous avions fixé; nous y fûmes accueillis de la manière la plus touchante. J'avais recouvré mes forces; et quand je repris mes clefs qui tintèrent joyeusement comme le carillon de Noël, je m'écriai en moi-même: « A ton devoir, Esther, à ton devoir! si tu ne le remplis pas gaiement et avec bonheur jusqu'au bout, je ne t'en dis pas davantage; mais penses-y bien, Esther! »

J'eus d'abord tant de choses à faire pendant les premiers jours; tant de comptes à régler, d'armoires à ouvrir et à fermer, qu'il ne me resta pas un seul moment de loisir; mais lorsque j'eus remis tout en ordre, je résolus d'aller passer une après-midi à Londres pour exécuter un projet qui m'avait été inspiré par la lettre de ma mère. Le désir de faire une visite à Caroline Jellyby me servit de prétexte; et je partis un jour de si bonne heure que j'arrivai dans la matinée à l'académie de Newman-Street. Caroline, que je n'avais pas revue depuis son mariage, fut si contente de me voir et me témoigna tant d'affection, que j'eus peur un instant que son mari n'en fût jaloux; mais il partageait son indulgence à mon égard, et c'était toujours à qui, par sa bonté, m'enlèverait tout le mérite de ce que j'aurais pu faire de bien.

M. Turveydrop était encore couché à l'heure où j'arrivai; Caroline lui préparait son chocolat, qu'un pauvre petit garçon, l'apprenti de son mari, attendait pour le monter au gentleman. Elle me dit que son beau-père était charmant pour elle, et qu'ils vivaient fort bien ensemble: c'est-à-dire que M. Turveydrop faisait d'excellents repas et logeait dans une bonne et belle chambre, tandis qu'elle et son mari mangeaient comme ils pouvaient et perchaient dans un coin au-dessus des écuries.

Je lui demandai comment allait sa mère.

« Je la vois très-peu, me répondit-elle; mais j'en ai des nouvelles par mon père; nous sommes maintenant les meilleures amies du monde; seulement elle trouve absurde que j'aie épousé un maître de danse; et peut-être craint-elle, en venant chez moi, de partager mon déshonneur.

— Et votre père, Caroline?

— Oh! lui, c'est différent; il passe toutes ses soirées chez nous, et se trouve si heureux dans son petit coin, qu'il fait plaisir à voir.

— Quant à vous, Caroline, vous êtes toujours fort occupée?

— Je crois bien, chère Esther; figurez-vous que j'étudie pour parvenir à enseigner; c'est un secret que je vous confie. Prince n'est pas d'une forte santé; il a besoin d'être aidé; les pensions, les cours, les leçons particulières et les apprentis, c'est vraiment trop de fatigue. »

Je trouvais si étrange ce mot d'apprentis à propos de danse, que je demandai à Caddy s'ils en avaient plusieurs.

« Quatre, me répondit-elle; un interne et trois externes; de bons enfants, qui, lorsqu'ils sont ensemble, pensent à jouer plutôt qu'à travailler; mais c'est de leur âge. On les distribue comme on peut dans tous les coins de la maison; et pendant que je vous parle, le petit garçon que vous avez vu tout à l'heure valse tout seul dans la cuisine.

— Comment, tout seul?

— Mais oui, pour s'exercer; on leur montre les pas, et puis ils vont les étudier en particulier; puis ils viennent à l'académie prendre une leçon générale, qui, à cette époque de l'année, se donne à cinq heures du matin.

— Quelle vie laborieuse! m'écriai-je.

— Je vous en réponds, dit-elle en souriant; quand les pauvres petits nous réveillent le matin (la sonnette est dans notre chambre pour que mon beau-père ne l'entende pas) et qu'ouvrant la fenêtre je les vois à la porte, leurs escarpins sous le bras, je pense toujours aux ramoneurs. »

Caroline s'amusait beaucoup de la surprise que je témoignais en écoutant ces détails, et ajouta gaiement : « Vous comprenez quel avantage ce serait pour nous si je savais jouer du piano et de la pochette; par conséquent, j'étudie ces deux instruments, indépendamment de la danse; si ma mère avait été comme tout le monde, j'aurais appris la musique; mais je n'en savais pas la première note, et j'avoue que dans le commencement c'était décourageant. Par bonheur j'ai un peu d'oreille, et grâce à ma mère je suis habituée à piocher; d'ailleurs, comme dit le proverbe : « Vouloir c'est pouvoir. » Elle ouvrit en disant cela un petit piano criard, et me joua un quadrille avec infiniment d'entrain. Quand elle eut fini, elle se leva toute joyeuse, et me dit en rougissant : « Ne riez pas de moi, chère Esther, il y a si peu de temps que j'ai commencé. »

J'avais moins envie de rire que de pleurer; mais je retins mes larmes et je l'encourageai de tout mon cœur en la louant sincèrement; car je sentais en conscience que l'aimable industrie qu'elle avait prise valait bien une mission, et qu'il y avait autant de mérite dans le courage et la persévérance qu'elle apportait à ses études, que dans tous les discours des philanthropes.

« Si vous saviez comme vos paroles me font plaisir, me dit-elle; c'est à vous que je dois tout cela; quel changement dans ma petite personne! Vous rappelez-vous la première fois que vous m'avez vue, quand j'étais si maussade et les doigts tout pleins d'encre? Auriez-vous jamais cru que je deviendrais maîtresse de danse? »

Prince, qui pendant ce temps-là était allé donner une leçon, venait de rentrer pour s'occuper des apprentis. Je suis à vous si vous voulez sortir, me dit sa femme à qui j'avais parlé d'une course à faire ensemble; mais il était encore de bonne heure et je me joignis à elle pour figurer dans le quadrille que l'on allait former.

C'étaient bien les plus singulières créatures que l'on pût voir que ces quatre apprentis : une frêle petite fille en robe de gaze, avec un affreux chapeau de tulle, apportant ses souliers de prunelle dans un vieux sac de velours, râpé jusqu'à la corde; et trois gamins, que la danse rendait mélancoliques, les poches pleines de ficelles, de billes et d'osselets; quelles jambières éraillées, quels bas et surtout quels talons! Je demandai à Caroline quel pouvait être le motif qui avait engagé leurs parents à leur donner cette profession; elle me dit qu'elle n'en savait rien, que probablement on les destinait au théâtre, à moins que ce ne fût à l'enseignement. Ils appartenaient tous à de très-pauvres familles; la mère de l'interne vendait du pain d'épice.

Nous dansâmes pendant une heure avec beaucoup de gravité. Le plus mélancolique des gamins, celui qui, pendant que nous causions, valsait dans la cuisine, faisait des merveilles avec ses pieds et ses jambes, où se révélait une satisfaction intime qui ne dépassait pas la ceinture. Caddy joignait à ce qu'elle avait appris une grâce charmante qui lui était personnelle, et qui formait avec son joli visage un ensemble des plus séduisants. Prince jouait du violon, et la petite fille en robe de gaze, faisant des mines à ces malheureux petits qui ne la regardaient même pas, était vraiment à peindre.

Au bout d'une heure, Prince courut bien vite à une pension où on l'attendait. Caroline alla mettre son chapeau et son châle pour venir avec moi. Quant aux apprentis, deux des externes, après avoir été sur le carré changer de chaussures et tirer les cheveux de leur camarade, du moins à en juger par les récriminations de la victime, revinrent dans la salle où j'étais, leurs souliers boutonnés dans leur habit, exhibèrent un morceau de pain et une tranche de viande froide, et s'installèrent sous une des lyres qui décoraient la muraille; la petite fille, habillée de gaze, fourra ses chaussons de prunelle dans son sac et mit une paire de gros souliers éculés. « Aimez-vous la danse? lui demandai-je

— Pas avec les garçons, » répondit-elle en sortant de la salle avec un air de dégoût et de mépris.

« M. Turveydrop est désolé, me dit Caroline, mais il n'a pas fini sa toilette et ne pourra pas vous présenter ses hommages; il le regrette bien vivement, car il a pour vous une telle admiration! »

Je répondis que j'étais très-reconnaissante de la bonne opinion qu'il avait de moi, et je crus inutile d'ajouter que je me dispenserais fort bien de le voir.

« Sa toilette exige de grands soins et lui demande beaucoup de temps, poursuivit Caroline; vous savez combien il est remarqué; il a une réputation à soutenir. Vous n'imaginez pas comme il est bon pour mon père! il lui parle du prince régent pendant des heures entières, et je n'avais jamais vu papa aussi vivement intéressé. »

L'idée de M. Turveydrop déployant toutes les grâces de sa tournure pour M. Jellyby m'amusait énormément.

« Est-ce qu'il parvient à faire causer votre père? demandai-je à Caroline.

— Oh! non, dit-elle; c'est lui qui parle et papa l'écoute avec un plaisir dont vous n'avez pas d'idée. Ils s'entendent à merveille; c'est au point que mon père, qui n'avait jamais pu souffrir le tabac, prend régulièrement une prise dans la tabatière de M. Turveydrop et la respire pendant toute la soirée. »

N'était-ce pas la chose la plus bizarre du monde, que le dernier des gentlemen eût traversé toutes les vicissitudes de la vie pour en venir à délivrer M. Jellyby des amertumes de Borrioboula-Gha?

« C'était Pépy, surtout, que je redoutais pour M. Turveydrop, poursuivit Caroline; eh bien! au contraire; la bonté du gentleman pour cet enfant est au delà de tout ce qu'on peut dire; il lui permet de lui apporter son journal, lui donne la croûte de sa rôtie, lui fait faire ses commissions, l'envoie me demander six pence; bref, je suis la plus heureuse des femmes, et je serais bien ingrate si je n'appréciais pas tout mon bonheur. Où allons-nous, Esther?

— Dans Old-Street, où j'ai quelques mots à dire à un clerc d'avoué; la première personne à qui j'aie parlé en arrivant à Londres, et précisément le gentleman qui m'a conduite chez vous.

— Il est alors tout naturel que ce soit moi qui vous accompagne chez lui. » répondit Caroline.

Nous étions encore au bas de l'escalier, que mistress Guppy se précipita hors du parloir où elle nous attendait, et nous pria de monter; c'était une vieille dame au nez rouge, avec un grand bonnet, des yeux sans cesse en mouvement, et qui souriait toujours. Elle nous introduisit dans un petit salon qui sentait le renfermé, et qui était orné du portrait de son fils, beaucoup plus ressemblant que le fils lui-même, tant l'artiste avait insisté sur les traits de son modèle. Non-seulement le portrait, mais encore l'original était là, habillé de toutes les couleurs et lisant le journal, le front appuyé sur l'index et le coude sur une table.

« Ce salon, miss Summerson, dit-il en se levant, est désormais une oasis. Ma mère, ayez la bonté de donner une chaise et de ne pas vous mettre dans le passage. »

Mistress Guppy alla s'asseoir dans un coin, et, toujours souriante, appliqua son mouchoir de poche sur sa poitrine, en l'y maintenant à deux mains comme une compresse.

Je présentai Caroline; et m'adressant ensuite à M. Guppy:

« Vous avez reçu, lui dis-je, le billet que je vous ai envoyé? »

Pour toute réponse, il tira ma lettre de sa poche de côté, la porta à ses lèvres et me salua profondément. Quant à sa mère, elle sourit de plus belle, hocha la tête et donna un coup de coude à sa voisine; mais ce fut bien autre chose lorsque j'eus demandé au jeune homme s'il pouvait m'accorder quelques instants d'entretien particulier. Je n'ai rien vu de comparable à la gaieté de mistress Guppy, dont la tête roulait sur les épaules au milieu d'un rire muet des plus étranges, et qui, poussant Caroline du coude, éprouva quelque peine, dans l'ivresse de sa joie, à conduire ma pauvre amie dans la pièce d'à côté.

« Miss Summerson, me dit son fils, pardonnez à une mère l'expression un peu vive des sentiments que lui inspire le bonheur de son enfant. »

Je n'aurais pas cru qu'il fût possible d'être aussi rouge que le devint M. Guppy lorsque je levai mon voile.

« Si je vous ai prié de me recevoir chez vous, lui dis-je sans avoir l'air de remarquer son trouble, c'est parce que j'ai pensé qu'il valait mieux venir ici que d'aller chez M. Kenge, me rappelant ce que vous m'aviez dit à Bleak-House.

— Miss Summerson, balbutia le pauvre jeune homme dont l'embarras était au comble, je.... veuillez m'excuser.... mais dans notre profession la franchise est nécessaire; vous venez de rappeler une circonstance où j'eus l'honneur de.... de vous faire une déclaration que.... »

Il porta la main à son gosier comme si quelque chose l'étranglait, fit une grimace, toussa deux ou trois fois, essaya vainement d'avaler ce qui le gênait, toussa de nouveau et finit par me dire qu'une « sensation inexprimable, une espèce de vertige venait de le prendre; je suis un peu sujet à ces sortes de spasmes..., poursuivit-il; hum...; je voulais vous faire observer, miss.... (quelque chose dans les bronches) hum.... vous faire observer que vous aviez repoussé, dans ladite circonstance, la déclaration que je viens d'avoir l'honneur de vous rappeler. Bien que nous n'ayons pas de témoins, ce pourrait être une satisfaction pour vous de....

— Je me souviens parfaitement d'avoir décliné toutes vos propositions, monsieur Guppy, et sans aucune réserve.

— Je vous remercie, dit-il en arpentant la table d'une main tremblante. Cet aveu complet.... vous fait honneur. Hum... quelque bronchite, assurément; hum! vous ne vous offenserez point si je vous rappelle que.... non pas qu'il soit nécessaire de le démontrer à un esprit comme le vôtre, si je vous rappelle ici que la déclaration que je vous fis alors ayant été rejetée, l'affaire ne devait avoir aucune suite, et que....

— C'est ainsi que je l'ai toujours entendu, croyez-le bien, monsieur.

— Et vous ne refuseriez pas de le reconnaître si....

— Je le reconnais au contraire pleinement et librement.

— Merci mille fois; c'est fort honorable de votre part; je regrette que l'état de mes affaires, joint à des circonstances que je ne puis maîtriser, ne me permette pas de vous renouveler cette proposition; mais j'en garderai le souvenir, qui pour moi, s'enlacera toujours.... aux berceaux de l'amitié!... »

La bronchite de M. Guppy vint heureusement à son secours.

Je profitai de l'occasion pour lui demander si je pouvais enfin lui dire quel était l'objet de ma visite.

« Assurément, répondit-il; vous tenez pour certain, j'espère, que je ne puis éprouver que du plaisir à recevoir les observations qu'il vous plaira de me communiquer.

— Vous avez eu, repris-je, lorsque vous êtes venu à Bleak-House, la bonté de...

— Pardon, miss; je ne peux pas admettre que nous revenions sur une affaire complétement terminée.

— Vous m'avez dit alors, continuai-je, qu'il vous était possible de servir ma fortune en faisant certaines découvertes auxquelles, disiez-vous, j'avais le plus grand intérêt; je suis orpheline, et je présume que vous fondiez cet espoir sur l'isolement où s'est passée mon enfance. Je viens donc vous demander, monsieur, de ne faire aucune démarche pour moi et d'oublier tout ce qui me concerne; j'y ai beaucoup pensé depuis quelque temps, surtout depuis la maladie que j'ai faite; et j'ai cru devoir, non-seulement vous prier d'abandonner votre projet de m'être utile, mais encore vous dire que vous vous abusiez; vous ne pouvez faire aucune découverte qui me soit profitable; je connais parfaitement tout ce qui m'est personnel, et je puis vous assurer, qu'en vous occupant de moi, vous perdriez votre temps; il est possible que vous ayez renoncé de vous-même à l'idée que vous aviez eue dans l'origine; pardonnez-moi, s'il en est ainsi, de vous avoir dérangé; mais, si vous y pensiez encore, je vous supplierais, au nom de mon repos, de n'y donner aucune suite.

— Je dois le reconnaître, miss, répondit M. Guppy évidemment soulagé d'un grand poids, vous vous exprimez avec ce tact et cette droiture que j'ai toujours admirés chez vous; rien n'est plus honorable que de pareils sentiments, et, si j'ai pu me méprendre une seconde sur la nature de vos intentions, je suis prêt à vous en faire mes excuses.

— Permettez-moi, monsieur, de terminer ce que j'avais à vous dire : je suis venue aujourd'hui sans en parler à personne, désirant vous garder le secret relativement à la confidence que vous m'avez faite à Bleak-House; je sais à merveille que les motifs qui auraient pu m'empêcher autrefois de vous demander une entrevue n'existent plus aujourd'hui; c'est une raison, n'est-ce pas, pour qu'à ma prière, vous abandonniez ce projet dont vous m'aviez parlé. »

Je dois rendre cette justice à M. Guppy, qu'il avait l'air de plus en plus confus.

« Sur ma vie et sur mon âme, répondit-il chaleureusement : croyez, miss Summerson, que j'agirai selon vos vœux; je vous en fais le serment solennel; jamais un de mes pas ne sera en opposition avec vos moindres désirs; en foi de quoi je déclare, touchant l'affaire en question, dire la vérité, toute la vérité, rien que la vérité.

— Je vous remercie, monsieur, » répondis-je en me levant, et j'appelai Caroline.

Mistress Guppy revint avec elle; et c'est à moi qu'elle adressa cette fois ses sourires et ses coups de coude; son fils nous reconduisit jusqu'en bas et nous le laissâmes sur la porte où il avait l'air d'un homme qui rêve tout éveillé; mais il nous rejoignit l'instant d'après, ses longs cheveux flottant au vent et me dit avec ferveur :

« Sur mon âme, vous pouvez compter moi, miss Summerson.

— J'en suis persuadée, répondis-je.

— Pardon, miss, continua-t-il en ne sachant sur quelle jambe se poser; mais en présence de cette dame, votre propre témoin, ce pourrait être une tranquillité pour vous dont le repos m'est si précieux, de répéter ce que vous avez reconnu si noblement tout à l'heure?

— Caroline, dis-je en me tournant vers ma compagne, vous ne serez pas étonnée d'apprendre qu'il n'y a jamais eu d'engagement....

— Ni de promesse de mariage quelconque, me souffla M. Guppy.

— Ni de promesse de mariage quelconque, répétai-je, entre ce gentleman...

— William Guppy de Penton-Place, Penton-Ville, Middlessex, murmura-t-il.

— Et moi, ajoutai-je.

— Merci, miss, très-bien; les nom et prénom de cette dame, s'il vous plaît?

— Caroline Turveydrop.

— Femme mariée?

— Oui, monsieur; autrefois Caroline Jellyby, demeurant alors Thavies-Inn, cité de Londres, *extra muros*; et maintenant Newman-Street, Oxford-Street.

— Bien obligé. »

Il s'en alla et revint à nous.

« Touchant l'affaire en question, reprit-il, je regrette sincèrement que l'état de mes affaires, joint à des circonstances sur lesquelles je n'ai aucun pouvoir, ne me permette pas de renouveler cette proposition ; mais, est-ce possible, je vous le demande et je m'en rapporte à vous ?

— Assurément non, répondis-je ; cela ne fait pas le moindre doute ; » il me remercia, s'en alla et revint encore.

« C'est on ne peut plus honorable de votre part, dit-il ; et si, dans le temple de l'amitié, on pouvait élever un autel.... Mais, sur mon honneur, comptez sur moi à tous égards, miss Summerson, je n'excepte de mon dévouement que la plus tendre des passions humaines. »

Le combat que se livrait intérieurement M. Guppy, surtout ses allées et venues et ses cheveux d'une longueur démesurée commençaient à produire assez d'effet, dans cette rue fort exposée au vent, pour nous faire désirer de partir en toute hâte ; mais au moment de quitter Old-Street nous jetâmes un coup d'œil en arrière et nous vîmes le malheureux jeune homme, toujours en proie à la même agitation, qui oscillait encore entre sa porte et nous.

CHAPITRE IX.

Procureur et client.

Le nom de M. Vholes est inscrit sur le jambage d'une porte de Symond's Inn dans Chancery-Lane ; un pauvre Inn, pâle et maladif, à l'œil vairon et qui rappelle ces coffres à deux compartiments où l'on met les ordures.

On dirait, en le voyant, qu'il a été construit de vieux matériaux naturellement enclins à la vermoulure et à la crasse, afin de perpétuer par sa gueuserie la mémoire de l'avare qui l'a fondé.

Cet écusson crasseux et commémoratif du vieux Symond, est écartelé des panonceaux de M. Vholes, dont l'étude, retirée dans un coin entre deux maisons qui l'écrasent, tire un jour douteux d'une fenêtre qui ne regarde qu'un vieux mur ; un corridor étroit et sombre, au carrelage raboteux, conduit les clients à la porte du procureur; cette porte peinte en noir est située dans un angle profondément ténébreux, même par la plus belle matinée de juin, formé par la cloison de l'escalier, contre laquelle se heurtent les clients surpris par cette obscurité. L'étude est si petite que l'un des clercs peut ouvrir la porte sans quitter son tabouret, pendant que son camarade, qu'il touche du coude, attise le feu avec la même facilité; l'odeur de mouton malade qu'on y respire en même temps qu'une senteur de vieille poussière et de moisissure, est due à l'énorme quantité de chandelles qui s'y brûlent, ainsi qu'au froissement du parchemin qu'on remue sans cesse dans les tiroirs graisseux. L'air y est épais, la chaleur étouffante; on ne connaît plus l'époque où la muraille fut passée à la chaux; les deux cheminées, qui fument de temps immémorial, ont couvert le plafond et les murs d'une épaisse couche de suie; et la fenêtre, abominablement sale, ne veut rester ouverte que lorsqu'elle y est contrainte, ce qui explique l'habitude où l'on est de lui mettre de grosses bûches entre les mâchoires pendant les grandes chaleurs.

M. Vholes passe pour un homme très-respectable; il n'a pas beaucoup d'affaires; mais il est très-respectable, de l'aveu même de ses heureux collègues dont la fortune est faite. Il ne manque jamais un bénéfice quelconque et ne se donne aucun plaisir. Il est sérieux, réservé, ce qui est une preuve de plus de son caractère respectable; ses digestions sont pénibles, chose éminemment respectable; de plus il écorche les gens pour établir ses filles et soutenir son vieux père dans la vallée de Taunton.

Le principe fondamental de la jurisprudence anglaise est d'entretenir la chicane et d'occuper les gens de loi. C'est la seule chose qui ressorte nettement de ses mille et un détours. Envisagée à ce point de vue, elle forme un ensemble dont les parties s'enchaînent avec logique, et n'est plus ce monstrueux dédale que les profanes supposent. Montrez clairement à tout le monde que la loi n'a pour but que de faire de la procédure aux dépens du public, et chacun cessera de s'étonner et de se plaindre; mais la masse qui ne fait qu'entrevoir confusément cette vérité et qui souffre dans son repos et dans sa bourse, y met de la mauvaise grâce et murmure énormément; c'est alors que la réputation respectable de M. Vholes devient contre elle un argument sans réplique. « Abroger ce statut, mon cher monsieur! dit Kenge à un client irrité, non, jamais; du moins si l'on me consulte; savez-vous, monsieur, quel serait l'effet d'une pareille témérité sur toute une classe de praticiens que représente si dignement, permettez-moi de le dire, l'avoué de notre adversaire, le respectable M. Vholes? Cette témérité, monsieur, aurait pour résultat de faire disparaître complétement cette classe de praticiens honorables ; et nous ne pouvons pas, que dis-je, la société ne peut pas consentir à perdre des hommes comme M. Vholes : actifs, zélés, persévérants, d'une extrême habileté dans les affaires ; je comprends, mon cher monsieur, votre animosité contre un ordre de choses dont vous avez à souffrir, je le confesse ; mais je ne demanderai jamais rien qui puisse porter préjudice à une classe d'individus qui s'honore de compter M. Vholes parmi ses membres. »

La respectabilité de M. Vholes a toujours été produite avec un succès écrasant devant les commissions de la chambre, ainsi qu'il résulte de la déposition d'un juriste éminent consignée dans les rapports officiels :

« Question 570 869. *Demande* : Si je vous ai bien compris, ces formalités occasionnent des retards incontestables dans l'expédition des affaires. — *Réponse* : Quelque délai assurément. — D. Et beaucoup de frais. — R. Assurément il est impossible qu'elles se fassent gratis. — D. De plus, elles sont très-vexatoires. — R. Je ne puis répondre à cette question à laquelle je ne suis point préparé : tout ce que je puis dire, c'est que *moi* je n'en ai jamais éprouvé de vexation. — D. Toutefois ne pensez-vous pas qu'en les abrogeant on porterait préjudice à une certaine classe de praticiens ? — R. Assurément. — D. Pourriez-vous me citer quelque représentant de cette classe honorable? — R. Je n'hésite pas à nommer M. Vholes, qui serait ruiné par cette mesure. — D. M. Vholes n'est-il pas considéré parmi les membres de sa profession comme étant fort respectable? — R. (Et cette réponse a enterré l'enquête pour plus de dix ans.) Nous le considérons tous comme un homme très-respectable. »

« Où allons-nous ? s'écrient, dans la conversation, des autorités non moins désintéressées que le précédent juriste. Nous courons vers l'abîme ; tous les jours de nouveaux changements qui sont la ruine des hommes les plus estimables, tels que Vholes par exemple, qui a trois filles et un vieux père à sa charge. Encore un pas dans cette voie et que devient le père de Vholes ? un pauvre vieillard sans asile et sans pain. Et ses trois filles? des ouvrières ou des institutrices. »

Supposez, maintenant, que M. Vholes soit un chef de cannibales et que l'abolition du cannibalisme étant à l'ordre du jour, un champion de l'état de choses s'écrie avec force : « Abolir l'anthropophagie, mais c'est faire mourir de faim M. Vholes et sa famille ! »

Bref, M. Vholes, avec ses trois filles et son vieux père, remplit les mêmes fonctions qu'une pièce de bois qui sert d'étai à quelque masure dont les fondations en ruine sont transformées en fondrière dangereuse sur la voie publique; et la question n'est jamais de savoir si le changement à faire est juste ou non, relativement au bien général, qui n'est jamais en cause, mais s'il est avantageux ou nuisible à cette respectable confrérie de Vholes et consorts.

Dans quelques minutes, le chancelier quittera son siége, et les vacances seront ouvertes. M. Vholes et son jeune client sont rentrés à l'étude accompagnés de plusieurs sacs bleus bourrés à la hâte et déformés par les dossiers, qui en bossuent la toile comme des boas gorgés dont la proie a tuméfié la peau. M. Vholes, toujours impassible comme doit l'être un homme aussi éminemment respectable, se dépouille de ses gants noirs, ôte son chapeau et s'assied devant son pupitre. Le client jette sur le parquet son chapeau et ses gants, les pousse du pied sans regarder où ils vont, s'étend dans un fauteuil en laissant tomber un soupir qui équivaut à un gémissement, porte la main à sa tête brûlante et paraît désespéré.

« Rien de fait encore, dit-il, rien, jamais rien !

— Ne dites pas cela, monsieur, répond l'avoué; ce n'est pas juste, monsieur Carstone.

— Et qu'a-t-on fait ? demande brusquement Richard.

— La question n'est pas là ; elle se divise en deux parties : ce qu'on a fait et ce qu'on est en train de faire.

— Et qu'est-ce qu'on est en train de faire ? » reprend Richard impatienté.

M. Vholes met ses bras sur son pupitre, rapproche les cinq doigts de sa main gauche, en fait autant de la main droite, frappe doucement les deux faisceaux par leur extrémité, regarde son client et répond :

« Beaucoup de choses, monsieur. Nous avons poussé à la roue et la roue s'est mise à tourner.

— Oui, en emportant Ixion. Comment vais-je faire pour attendre la fin de ces quatre mois de vacances? dit le jeune homme en quittant son fauteuil et en marchant à grands pas.

— Monsieur Carstone, continue l'avoué en suivant Richard des yeux, vous êtes vif, et j'en suis fâché pour vous ; pardonnez-moi si je vous recommande d'être moins impétueux, moins ardent; si je vous dis qu'il faut avoir de la patience, du calme....

— Faire comme vous, en un mot, n'est-ce pas ? réplique Richard en s'asseyant avec un rire amer et en battant du pied la marche du diable.

— Monsieur, poursuit le procureur de sa voix caverneuse, je n'ai pas la prétention de me proposer pour modèle. Mon seul désir est de laisser à mes trois filles un nom irréprochable. Quant à moi personnellement, je me suis toujours oublié ; mais puisque vous m'attaquez directement, j'avoue que je souhaiterais pouvoir vous communiquer un peu de.... ce que probablement vous appelez de l'insensibilité, monsieur Carstone ; eh bien, oui ! de mon insensibilité.

— Je n'ai jamais dit que vous fussiez insensible, monsieur Vholes, répond Richard un peu confus.

— Pardon, je croyais que c'était là ce que vous vouliez dire, continue le procureur avec la même égalité d'âme. Mon devoir m'impose de veiller à vos intérêts avec tout le sang-froid qu'exigent les affaires, et je comprends que ce calme indispensable vous paraisse de l'insensibilité ; mes filles et mon vieux père savent me rendre plus de justice ; mais ils me connaissent davantage, et l'affection est confiante. Non pas que je me plaigne de la défiance naturelle au client, je m'en félicite, au contraire. Je désire que vous examiniez tous mes actes, que vous les contrôliez comme bon vous semble ; c'est un droit que je me plais à vous reconnaître, et j'irai toujours au-devant des questions que vous voudrez bien m'adresser ; mais vos intérêts exigent, monsieur Carstone, que j'aie la tête froide et l'esprit méthodique, et je ne changerai pas, même pour vous être agréable. »

M. Vholes, après avoir jeté un coup d'œil au chat de l'étude, qui guette une souris, fixe de nouveau son regard sur le jeune homme, et continue à parler de cette voix presque inintelligible qui s'échappe à regret de son habit boutonné, comme si l'esprit impur dont il paraît être possédé craignait de se faire entendre.

« Vous me demandez comment vous passerez les vacances, poursuit-il ; je croyais qu'un jeune et bel officier comme vous trouvait toujours le moyen de s'amuser lorsqu'il le désirait. Ah ! si vous m'interrogiez sur l'emploi que je ferai de ces quatre mois de repos, il me serait plus facile de vous répondre, monsieur Carstone. Je m'occuperai de vos affaires ; c'est mon devoir, et je ne connais rien qui puisse m'en détourner. Si, pendant ce temps-là, vous désirez me consulter, c'est ici que vous me trouverez, surveillant vos intérêts comme toujours. Mes collègues s'en vont tous : moi, je reste ; non pas que je les blâme de partir ; je dis simplement que je ne quitte pas mon cabinet. Ce pupitre, monsieur, est votre planche de salut. »

En disant ces mots, l'avoué frappe sur cette prétendue planche de salut, qui sonne creux comme un cercueil, mais dont le son mystérieux, moins funèbre pour le client, relève plutôt son courage.

« Je sais parfaitement, dit Richard, dont la mauvaise humeur a disparu, que vous êtes un homme sur lequel on peut compter monsieur Vholes, et qu'avec vous il n'y a pas de danger qu'on fasse fausse route ; mais pensez à la position où je me trouve, mettez-vous à ma place, traînant une existence brisée et m'enfonçant chaque jour de plus en plus dans le bourbier où je me débats ; n'ayant un moment d'espoir que pour le perdre l'instant d'après, n'attendant rien du lendemain, qu'un mal plus grand que celui de la veille, et vous verrez la chose en noir, comme cela m'arrive quelquefois.

— Vous savez que je n'aime pas à donner des espérances, répond M. Vholes, je vous l'ai dit tout d'abord ; surtout dans un procès comme celui-ci, dont la plupart des frais sont couverts par le revenu des biens en litige. Ce serait compromettre ma bonne réputation : on pourrait croire que c'est pour faire traîner les frais à mon profit. Mais enfin vous vous trompez, lorsque vous dites que les choses ne se sont point améliorées ; c'est un fait que je ne puis laisser passer sans contradiction, dans l'intérêt seul de la vérité.

— Comment cela ? demande Richard, dont le visage s'éclaircit.

— Vous avez maintenant, monsieur Carstone, un point d'appui....

— Cette planche de salut, monsieur ? interrompt le jeune homme, qui se rassure de plus en plus.

— D'abord : répond l'avoué en frappant de nouveau sur son pupitre, et c'est déjà quelque chose ; mais je voulais dire que vous avez pour point d'appui la position nettement dessinée que vous avez su prendre, en séparant vos intérêts de ceux de vos cohéritiers et en les confiant à un homme qui vous représente personnellement, ce qui est encore quelque chose. Nous ne laissons pas languir ce procès ; nous le tenons en haleine, et cette puissante impulsion est un nouveau progrès. Ce n'est plus seulement l'affaire Jarndyce dont elle porte le nom ; personne aujourd'hui ne peut plus, comme autrefois, s'approprier la cause, lui imprimer telle ou telle direction, suivant son bon plaisir, et c'est un bien grand pas

— Monsieur Vholes, répond Richard, dont le front se couvre d'une vive rougeur, si quelqu'un m'avait dit, lorsque je vins habiter sa maison, que M. Jarndyce n'était pas l'ami désintéressé qu'il paraissait être alors, et qu'un jour viendrait où j'en aurais la preuve, je n'aurais pas eu de paroles assez fortes pour répondre au calomniateur et je l'aurais défendu contre tous, tant j'avais peu d'expérience ; mais aujourd'hui, je le déclare, il n'est plus pour moi que la personnification du procès ; et plus je souffre, plus je m'indigne contre lui, car il est la cause de ces lenteurs, de ces délais interminables qui font mon désespoir.

— Non, monsieur, non ; vous avez tort de dire cela. Nous devons être indulgents les uns pour les autres ; d'ailleurs je ne dénigre jamais personne, jamais.

— Vous savez pourtant bien, monsieur Vholes, qu'il aurait étouffé l'affaire s'il avait pu.

— Il a manqué d'activité, je le reconnais ; mais peut-être avait-il l'intention de terminer à l'amiable. Qui peut sonder le cœur des hommes, monsieur Carstone?

— Vous, monsieur Vholes.

— Moi?

— Assez du moins pour pénétrer ses intentions. Nos intérêts ne sont-ils pas opposés ? dit Richard en frappant sur le pupitre qui sert de base à sa fortune ; répondez, monsieur Vholes.

— Je trahirais votre confiance, répond l'avoué sans changer d'attitude, sans même remuer les paupières, et je manquerais à tous mes devoirs si je disais que vos intérêts sont identiques à ceux de M. Jarndyce ; mais je n'interprète jamais les motifs de personne. Je suis père, monsieur, et je ne scrute pas les intentions des autres ; cependant je ne reculerai jamais devant un aveu lorsque mon devoir l'exige, alors même que cet aveu mettrait la désunion dans les familles. Ce n'est plus à moi que vous parlez, c'est à votre conseiller légal que vous posez la question ; dès lors je n'hésite plus à déclarer que vos intérêts ne sont pas les mêmes que ceux de M. Jarndyce.

— Je le crois bien! s'écrie Richard ; il y a longtemps que vous me l'avez démontré.

— Monsieur Carstone, j'ai pour principe de ne jamais parler des absents lorsque c'est inutile. Mon désir est de laisser à mes trois filles, avec un nom sans tache, le peu que je dois à un travail persévérant, et je fais tous mes efforts pour conserver l'estime et l'amitié de mes collègues. Je vous ai dit, lorsque M. Skimpole me fit l'honneur de vous amener chez moi, que je ne pouvais pas vous donner de conseils relativement à vos affaires tant qu'elles reposeraient entre les mains d'un autre, et je vous parlai de Kenge et Carboy dans les termes que m'inspirait la haute estime que je professe pour ces hommes éminents. Vous avez néanmoins jugé convenable de leur retirer votre confiance, et vous m'avez remis vos intérêts, que j'ai reçus avec des intentions aussi droites qu'étaient les vôtres. Aujourd'hui ces intérêts me sont sacrés; mes fonctions digestives se font mal, comme vous avez pu me l'entendre dire, et le repos me serait nécessaire; mais je ne me reposerai pas, monsieur, tant que je vous représenterai. Venez quand il vous plaira, vous me trouverez à mon poste; appelez-moi où vous voudrez, et je m'empresserai de m'y rendre. Je vais employer les loisirs que me laisseront les vacances à étudier votre affaire, à la creuser de plus en plus, à disposer toutes mes batteries pour remuer ciel et terre, y compris le chancelier, quand la Cour remontera sur son siége; et lorsque enfin, monsieur, je vous féliciterai d'être entré en possession de votre fortune, et j'ai de bonnes raisons pour croire que ce sera prochainement (je pourrais en dire davantage, mais la prudence m'ordonne de m'abstenir), vous ne me devrez rien, monsieur, en dehors du débet qui se règle officieusement de procureur à client, et en sus des honoraires accessoires que la taxe nous accorde. Quant au reste, monsieur, je ne vous demande que la permission d'agir avec zèle; de ne pas suivre l'ornière où vos intérêts ont langui jusqu'à présent; et, mon œuvre conduite à bonne fin, tout sera fini entre nous. »

M. Vholes ajoute incidemment à cette déclaration et par manière de clause additionnelle, que M. Carstone, étant sur le point de rejoindre son régiment, il serait nécessaire qu'il voulût bien lui remettre un bon de vingt livres sur son banquier ou toute autre personne qu'il lui plaira désigner, à compte sur ce qui lui est dû, « car il y a eu, depuis peu, un certain nombre de consultations et de soins relatifs au procès qui m'ont constitué en dépenses, continue l'avoué en feuilletant son mémorial, et je ne puis pas me vanter d'être un capitaliste. Quand vous êtes venu me trouver (j'ai pour principe qu'en affaire, on ne saurait avoir trop de franchise), je vous ai dit que, chez moi, les capitaux étaient rares, et que, si vous teniez à un avoué qui fût riche, il fallait garder Kenge et Carboy. Non, monsieur, vous ne trouverez auprès de moi ni les avantages ni les inconvénients du capital. C'est ici qu'est tout votre espoir, dit Vholes en frappant sur le pupitre, mais rien de plus, monsieur Carstone. »

Richard, dont tout ce verbiage a peu à peu ranimé les illusions, prend une plume et de l'encre et fait le billet demandé;

non sans calculer avec inquiétude la date de l'échéance, pendant que Vholes, boutonné d'esprit et de corps, l'épie comme le chat de l'étude guette la souris qui va sortir de son trou.

Enfin Richard donne une poignée de main à l'avoué, en le conjurant de faire tout au monde pour en finir avec la chancellerie. Le procureur, qui ne désespère jamais, frappe sur l'épaule du jeune homme, et lui répond en souriant :

« Vous me trouverez toujours à mon poste, monsieur, et poussant à la roue. »

Dès qu'il est seul, M. Vholes transporte de son mémorial sur son livre de caisse divers articles pour les besoins les plus pressants de ses filles ; tel un renard ou un ours industrieux fait son compte de poulets ou de voyageurs égarés en songeant à ses petits ; soit dit sans injure pour les trois demoiselles maigres et pincées qui habitent, avec le grand-père Vholes, un cottage bâti en pisé, au milieu d'un jardin très-humide, dans la vallée de Taunton.

Richard, en quittant l'ombre épaisse de Symond's Inn, traverse Chancery-Lane, où, par hasard, le soleil brille, et passe en rêvant sous les arbres de Lincoln's Inn. Combien de rêveurs pareils ont, comme lui, passé lentement sous ces arbres, le front incliné, le regard sombre, la démarche incertaine, et rongeant leurs ongles en sentant fermenter et s'aigrir leur nature généreuse. Celui-ci n'est pas encore déguenillé, mais attendons ; la chancellerie, qui ne reconnaît de sagesse que dans la tradition, est riche en pareils précédents ; et pourquoi celui-ci différerait-il des milliers d'individus qu'elle a couverts de haillons ?

Mais il y a si peu de temps que l'influence maudite s'est appesantie sur Richard, qu'il se croit dans une situation exceptionnelle. Au milieu des soucis qui le dévorent, il se rappelle sa première visite à Chancery-Lane, et la nature des sentiments qui l'animaient alors. C'est que l'injustice engendre l'injustice ; on se lasse de combattre des ombres, de se sentir continuellement vaincu par elles ; on finit par chercher un adversaire qu'on puisse étreindre ; c'est un soulagement, une justification à ses propres yeux de la colère qu'on éprouve, que de se trouver un ennemi ; et Richard avait dit vrai en déclarant à M. Vholes que son inimitié pour M. Jarndyce augmentait en raison de ses tortures.

Était-ce sa faute, ou celle de la chancellerie, dont les nombreux précédents en pareille matière seront cités un jour par l'ange accusateur ?

Au moment où il traverse le square et disparaît dans l'ombre sous le portail du sud, il est aperçu par M. Guppy et M. Weevle, qui causent ensemble, le dos appuyé contre le parapet. Il a passé près d'eux sans les voir, car il a toujours la tête baissée et ne regarde que la terre.

« William, dit M. Weevle en désignant Richard, voici un commencement non pas de combustion spontanée, mais de combustion lente.

— Il s'est jeté à corps perdu dans son procès, répond M. Guppy, et je suppose qu'il a des dettes par-dessus les oreilles. Je ne suis pas très au courant de ses affaires ; il était d'une hauteur inabordable quand il venait à l'étude ; et ç'a été pour nous un fameux débarras lorsqu'il en est parti. Je vous disais donc, poursuit William en reprenant une conversation intéressante, je vous disais qu'ils y passent toutes leurs journées, examinant chaque papier, retournant toutes les guenilles, tous les tessons, et fouillant tous les meubles. A ce train-là, ils en ont au moins pour sept ans.

— Et Small est avec eux?

— Il nous a quittés en disant à Kenge que les affaires de son grand-père étaient trop fatigantes pour un vieillard et nécessitaient son concours. Il y a eu un peu de froideur entre nous, à cause de la réserve que je lui reprochais relativement à son oncle ; mais il soutenait que c'était vous et moi qui avions commencé ; et comme c'était un peu vrai, j'ai rétabli nos relations sur le même pied qu'autrefois : c'est par lui que j'ai su comment ils passent leur temps.

— Vous n'avez pas été les voir?

— A vous parler franchement, Tony, je ne me sens pas très-disposé à rentrer dans cette maison, et je n'y suis pas retourné ; mais avec vous c'est différent, et voilà pourquoi je vous ai offert de vous aider à transporter vos effets ; je crois que voilà l'heure. Il est nécessaire, continue William, qui devient d'une éloquence à la fois mystérieuse et tendre, que je vous dise une fois de plus, Tony, combien des circonstances imprévues ont altéré cette image qui était gravée dans mon cœur, et modifié mes projets les plus chers. Cette image est déchirée, Tony ! et l'idole est renversée ; je n'ai plus d'autre désir aujourd'hui, relativement aux papiers qui s'y rattachent, que de les anéantir si je les trouve, et d'en ensevelir la mémoire dans un profond oubli. Pensez-vous, Tony, avec la connaissance que vous aviez du caractère bizarre de celui qui fut la proie de l'élément igné, pensez-vous qu'il ait pu mettre ces papiers de côté, après vous les avoir montrés sur lui, et que ces papiers aient ainsi échappé à la flamme? »

M. Weevle réfléchit quelques instants; il secoue la tête, et ne croit pas que ces lettres aient été sauvées.

« Comprenez-moi bien, Tony, reprend William en se dirigeant vers Cook's-Court; je puis, sans rien dire de plus, vous répéter que l'idole est détruite, et que mon seul but est d'ensevelir tout ce qui s'y rattache dans un profond oubli; c'est un devoir que je me suis imposé par respect pour moi-même et pour l'image avariée qui fut autrefois dans mon cœur; si donc, par un geste, un clignement d'œil, vous m'annoncez que vous avez découvert, dans votre ancienne demeure, les papiers en question, je vous le déclare, Tony, je les brûlerais immédiatement sous ma propre responsabilité. »

M. Weevle fait un signe d'approbation; et M. Guppy, satisfait de lui-même, et grandi à ses propres yeux par la manière éloquente dont il a dit ces paroles, marche d'un air digne à côté de son ami.

Jamais, depuis qu'elle existe, la petite cour n'a possédé une source de commérages aussi féconde que les faits mystérieux qui s'accomplissent dans l'ancienne boutique du vieux Krook. Tous les jours, à huit heures du matin, le grand-père Smallweed accompagné de sa femme, de sa petite-fille et de son petit-fils, est apporté dans le susdit magasin, où toute la famille s'installe jusqu'à neuf heures du soir, fouillant, remuant, creusant, défonçant tout ce qu'elle trouve, plongeant au milieu des trésors du défunt, et ne s'interrompant dans ses recherches que pour faire un dîner aussi peu savoureux qu'abondant, acheté chez le gargotier. Quels peuvent être ces trésors dont le secret est si profondément gardé? La petite cour en devient folle. Dans son délire, elle ne rêve que de guinées s'échappant de vieilles théières, d'écus entassés dans de vieux pots, et de fauteuils et de matelas rembourrés de billets de banque. Elle se procure un exemplaire de douze sous (avec frontispice colorié) de l'histoire de Daniel Dancer et de sa sœur, un autre de la vie de M. Elwes[1] de Suffolk, et attribue à M. Krook tous les faits rapportés dans ces récits authentiques. Deux fois, lorsque le chiffonnier est venu prendre une charretée de vieux papiers, de cendres et de bouteilles cassées, toute la cour s'est réunie pour fureter dans les paniers qu'il emportait. Les deux gentlemen dont la petite plume avide écrit les faits divers sur du papier végétal rôdent continuellement dans le voisinage, en évitant toutefois de se

---

[1] Célèbre usurier parvenu à une fortune fabuleuse.
(*Note du traducteur.*)

rencontrer, car leur société est dissoute. Le directeur des *Armes d'Apollon* exploite avec adresse l'intérêt dominant, pour attirer la foule à ses soirées musicales; le petit Swills, dont les allusions remplies d'actualité sont faites dans un argot devenu célèbre, est accueilli par de nombreux applaudissements, et improvise, sur le sujet en question, comme un inspiré. Miss Melevilleson elle-même a, dans la mélodie écossaise « Nous dormons tous, » une manière de tourner la tête avec malice vers la maison voisine, en appuyant sur cette phrase : « Les chiens aiment le bouillon, » qui est bissée toutes les fois; car elle signifie évidemment que M. Smallweed a la passion des écus.

Avec tout cela, personne n'a rien pu découvrir; et, comme le dit mistress Perkins à l'ancien locataire de M. Krook, dont l'arrivée provoque un rassemblement général, c'est un motif de plus pour qu'on veuille tout savoir.

M. Weevle et M. Guppy, suivis des regards et des vœux de toute la cour, frappent à la porte de la maison du défunt, où leur admission imprévue leur fait perdre immédiatement la popularité qu'ils avaient acquise, et fait suspecter leurs intentions.

Tous les volets sont fermés dans la maison où ils entrent : le rez-de-chaussée est si noir qu'on n'y peut voir sans chandelle. Introduits tout à coup au milieu de cette obscurité, et venant du dehors où le soleil brille, nos deux amis vont quelque temps à l'aveuglette; peu à peu ils distinguent les objets qui les environnent, et reconnaissent le grand-père Smallweed assis dans un fauteuil près d'un tas de vieilles paperasses où la vertueuse Judy, plongée à mi-corps, tâtonne avec ardeur; non loin d'elle, mistress Smallweed, assise par terre, disparaît sous un monceau de papiers, qui, probablement, lui ont été lancés à la tête par son gracieux mari; tous les membres de la famille, sans en excepter Bart, sont couverts d'une poussière noire qui leur donne un certain aspect infernal assez en rapport avec l'endroit où ils se trouvent, plus sale, plus encombré que jamais, et qui porte encore les traces funèbres que le défunt y a laissées.

« Ah! ah! croasse le grand-père Smallweed en voyant entrer les visiteurs, dont l'arrivée suspend les recherches de Judy. Comment vous portez-vous, gentlemen, comment vous portez-vous? Ah! ah! vous venez chercher vos effets, monsieur Weevle? Nous aurions été forcé de les vendre pour payer votre loyer, si vous aviez tardé plus longtemps; je suis enchanté de vous voir, enchanté, gentlemen! »

M. Weevle remercie M. Smallweed et regarde autour de lui; l'œil de M. Guppy suit le regard de M. Weevle, qui revient à son point de départ sans avoir rien découvert; l'œil de M. Guppy en fait autant et rencontre celui de M. Smallweed.

« Comment vous portez-vous? répète toujours l'affreux vieillard. Comment vous.... »

Il s'arrête brusquement, ainsi qu'une boîte à musique dont le ressort a besoin d'être remonté. Un silence profond succède aux paroles automatiques du vieux ladre, et M. Guppy fait un soubresaut en apercevant en face de lui M. Tulkinghorn, impassible dans l'ombre, et les mains derrière le dos.

« Ce gentleman a la bonté d'agir auprès de moi en qualité de conseiller légal, dit M. Smallweed pour répondre à la surprise que témoigne M. Guppy; certes, ajoute-t-il, je ne suis pas fait pour être le client d'un juriste de cette importance; mais ce monsieur est si bon! »

M. Guppy donne un coup de coude à M. Weevle, pour l'avertir de regarder une seconde fois autour de la chambre, et salue M. Tulkinghorn, qui lui fait un léger signe de tête. L'éminent juriste a l'air d'être complétement étranger à ce qui se passe autour de lui, et de n'y apporter aucun intérêt.

« Vous avez dû trouver beaucoup de choses dans cette maison, monsieur Smallweed? fait observer M. Guppy.

— Un tas de vieilleries et de guenilles, mon cher ami; des débris sans valeur. Nous cherchons, Bart, Judy et moi, à faire l'inventaire de ce qui peut être vendu, et nous n'avons pas encore trouvé grand'chose, trou....vé.... »

Le ressort est à bout, et M. Smallweed s'arrête.

« Nous ne voulons pas vous déranger plus longtemps, dit M. Weevle, et nous vous demanderons la permission de monter dans la chambre que j'habitais autrefois.

— Allez, mon cher monsieur, allez où vous voudrez; faites ici comme chez vous; cette maison est la vôtre. »

En montant l'escalier, M. Guppy interroge du regard M Weevle, qui fait un signe négatif. Ils arrivent dans l'ancienne chambre de Tony qui leur paraît affreuse; les cendres du feu qu'ils firent pendant cette soirée mémorable sont encore dans la grille; tout ce qu'ils touchent leur inspire une répugnance indicible; ils se dépêchent d'empaqueter les quelques objets qu'ils sont venus prendre, et ne parlent qu'à voix basse.

« Voyez donc là-bas.... cet horrible chat qui vient d'entrer, dit M. Weevle en se reculant avec effroi.

— Horrible bête, en effet, répond William qui se retire derrière une chaise. Small m'a raconté qu'après avoir été toute la nuit dans une fureur inexprimable, elle s'était sauvée sur le toit de la maison, et qu'elle y était restée jusqu'au moment où, maigre comme un os, elle est tombée par la cheminée. Avez-vous jamais rien vu de pareil? On dirait qu'elle comprend tout ce qui se passe. Elle ressemble au vieux Krook.... à chat! à chat!... hors d'ici, vieux démon! »

Lady Jane dresse la queue, montre les dents, et n'indique pas la moindre intention d'obéir; mais M. Tulkinghorn venant à trébucher contre son dos, elle se retourne, crache sur les bas noirs du procureur, et monte l'escalier en jurant avec colère.

« Monsieur Guppy, dit M. Tulkinghorn, pourrais-je vous dire un mot? »

William est en train de rassembler la collection des beautés de la Grande-Bretagne, qu'il dépose dans une ignoble boîte à rabats.

« Monsieur, répond-il en rougissant, j'ai toujours souhaité d'agir avec courtoisie envers tous les membres du barreau, surtout envers un membre aussi distingué que vous; néanmoins, je vous demanderai, monsieur Tulkinghorn, de me communiquer ce que vous avez à me dire en présence de mon ami.

— Vraiment! répond l'avoué.

— J'ai pour cela, monsieur, des raisons qui, sans m'être personnelles, me suffisent amplement pour motiver cette demande.

— Je n'en doute pas, reprend M. Tulkinghorn aussi imperturbable que la pierre du foyer vers laquelle il s'avance; d'ailleurs la chose dont il s'agit n'a pas la moindre importance, et ne mérite pas que vous posiez des conditions. » Il s'arrête en souriant, et son sourire est aussi terne que l'étoffe de son pantalon. « C'est tout simplement pour vous féliciter que je voulais vous parler; vous êtes bien heureux, monsieur Guppy.

— Je ne me plains pas, monsieur Tulkinghorn.

— Je le crois sans peine, jeune homme; des amis haut placés, l'entrée des grandes maisons; des femmes élégantes qui vous reçoivent! Mais savez-vous, monsieur Guppy, qu'il y a bien des gens à Londres qui, pour être à votre place, sacrifieraient leurs oreilles.

— Monsieur, répond William qui donnerait peut-être les siennes, rouges comme du feu maintenant, pour être à la place de ces gens-là, si je remplis tous les devoirs qu'exige ma profession, et si Kenge et Carboy n'ont rien à me reprocher, il importe peu à qui que ce soit, même à monsieur Tulkinghorn, que j'aie telle ou telle connaissance; pardonnez-moi, monsieur, mais je ne suis pas tenu de m'expliquer davantage; soit dit avec tout le respect que j'ai pour vous, et sans vouloir en rien vous blesser.

— Je n'en doute pas, répond M. Tulkinghorn avec calme ; je vois par ces portraits, ajoute-t-il en s'adressant à M. Weevle, que vous portez un vif intérêt aux personnages du grand monde ; c'est une vertu commune à presque tous les Anglais ; quel est celui-ci ? ah ! lady Dedlock ; très-ressemblant, mais pas assez de fermeté dans la physionomie ; bonjour, messieurs, bonjour ! »

Dès qu'il est sorti de la chambre, M. Guppy se hâte d'enfermer le portrait de milady avec les autres, et d'une voix haletante :

« Dépêchons-nous d'en finir, dit-il à son compagnon tout surpris ; hâtons-nous de quitter ces lieux. C'est en vain, Tony, que j'essayerais de vous cacher plus longtemps qu'il existe entre moi et l'une de ces nobles beautés dont je viens de tenir le portrait, des relations qui n'avaient pas encore été divulguées ; il aurait pu se faire qu'à une autre époque, je vous eusse confié la nature de ces relations, Tony ; mais désormais je n'en parlerai à personne ; j'ai fait serment d'ensevelir dans un profond oubli tout ce qui a rapport à l'idole brisée dont l'image fut autrefois dans mon cœur ; et je vous somme, au nom de l'amitié qui nous unit, et du profond intérêt que vous portez à l'aristocratie, de ne pas me faire de questions, et d'oublier vous-même cette confidence avec tous les faits qui s'y rattachent. »

M. Guppy est dans un état d'exaltation oratoire qui touche à la démence, et qui produit sur M. Weevle, complétement ébloui, une impression dont se ressentent ses longs cheveux, et même ses favoris d'une culture si soignée.

CHAPITRE X.

Affaires publiques et privées.

L'Angleterre a été dans une situation affreuse pendant plusieurs semaines ; lord Coodle voulait sortir du ministère ; sir Thomas Doodle refusait d'y entrer ; et comme il n'existe dans toute la Grande-Bretagne que ces deux hommes d'État, l'Angleterre n'a pas eu de gouvernement pendant plusieurs semaines. Heureusement que la rencontre, qui devait avoir lieu entre ces deux grands hommes, a pu être évitée ; car si, les deux pistolets ayant porté, Coodle et Doodle s'étaient tués réciproquement, il aurait fallu que l'Angleterre attendît, pour être gouvernée, que le jeune Coodle et le jeune Doodle, actuellement en jaquette, eussent terminé leur croissance.

Par bonheur, avons-nous dit, lord Coodle a préservé son pays de cette effroyable calamité, en découvrant fort à propos que, si, dans la chaleur du débat, il lui était arrivé de dire qu'il méprisait l'ignoble carrière de sir Thomas Doodle, il avait simplement voulu exprimer par là que jamais l'esprit de parti ne l'empêcherait de payer à son adversaire le tribut de son admiration; tandis que, de son côté, sir Thomas Doodle reconnaissait avoir toujours été convaincu, *in petto*, que lord Coodle passerait aux yeux de la postérité pour un modèle d'honneur et de vertu.

Toujours est-il que la Grande-Bretagne est restée un mois entier sans pilote pour affronter l'orage, comme l'a judicieusement fait observer sir Leicester Dedlock; et ce qu'il y a de plus merveilleux dans cette affaire, c'est que la nation n'a pas paru s'inquiéter de ce désastreux état de choses, continuant de boire, de manger et de se marier comme elle faisait auparavant; mais Coodle, Doodle et toute leur suite ont clairement vu le péril et en ont été si frappés, qu'à la fin sir Thomas Doodle non-seulement a bien voulu consentir à faire partie du ministère, mais encore a mis le comble à son dévouement en y faisant entrer avec lui tous ses neveux, ses cousins et ses beaux-frères; il y a donc lieu d'espérer que le vaisseau dominera la tempête. Ce n'est pas tout : pour compléter son œuvre, Doodle, ayant pensé qu'il devait obtenir les suffrages de ses compatriotes, se présente, sous la forme d'une pluie d'or et de bière, aux électeurs de maints comtés; et, pendant que la Grande-Bretagne empoche et avale Doodle sous les deux espèces, en jurant avec rage au nom de son honneur et de sa moralité qu'elle ne fait ni l'un ni l'autre, la saison de Londres se termine brusquement, afin de permettre aux Doodlistes d'aller assister la nation dans ces pieux exercices.

Il en résulte que mistress Rouncewell, la femme de charge de Chesney-Wold, prévoit que sir Leicester ne tardera pas à venir au château accompagné d'une foule de parents et d'amis, de tous ceux qui, d'une façon ou de l'autre, peuvent concourir au grand œuvre constitutionnel; et que cette vénérable dame, prenant l'occasion par son toupet mythologique, lui fait monter et descendre tous les escaliers, traverser les galeries, passer dans toutes les chambres, pour le prendre à témoin que les parquets sont brillants, les tapis et les rideaux posés, les lits préparés, la cuisine et l'office nettoyés; qu'enfin tout est prêt pour recevoir les Dedlock.

C'est par un beau jour d'été que mistress Rouncewell a terminé tous ses préparatifs; le soleil va bientôt se coucher et fait flamboyer toutes les fenêtres; il dore la pierre grise qui les enchâsse, et l'ombre des feuilles en jouant sur les portraits des vieux Dedlock prête à leurs visages de singuliers mouvements; elle fait cligner les paupières d'un épais magistrat, met une fossette au menton d'un général, et s'écarte pour laisser tomber sur la poitrine d'une bergère une vive étincelle qui aurait bien fait d'en réchauffer le marbre il y a quelque cent ans.

Mais le soleil éteint ses rayons; le jour s'en va; l'ombre, qui couvre les fleurs du tapis, gagne peu à peu la muraille, et, comme le temps et la mort, fait retomber les aïeux dans l'oubli; elle s'arrête un instant devant le portrait de milady, qui paraît trembler et pâlir sous le voile dont elle le couvre; elle s'épaissit, monte encore; un dernier point rouge se voit au plafond, il passe, et tout s'efface.

Cet horizon si beau et si rapproché, à le voir de la terrasse, s'est éloigné lentement, et n'est plus qu'un souvenir, ainsi que tant de belles choses qu'ici-bas on croit pouvoir atteindre. Un léger brouillard s'élève et retombe en gouttes de rosée; les fleurs versent tous leurs parfums, dont s'imprègne l'air humide; et les bois ne forment plus qu'une masse noire et profonde, que traversent bientôt quelques raies lumineuses, glissant derrière le tronc des arbres comme entre les piliers d'une cathédrale immense.

La lune a dépassé les grands chênes; et le manoir inhabité, plus imposant et plus triste sous les pâles rayons qui l'éclairent, fait songer à tous ceux qui ont dormi dans ces chambres désertes et qu'il a vus mourir. C'est l'heure où tous les angles se transforment en cavernes, où l'ombre d'une marche semble un gouffre béant, où l'on croit voir les vieilles armures tressaillir, et des yeux briller sous la visière des casques; mais de toutes les ombres que la nuit a répandues sur Chesney-Wold, celle que projettent sur le portrait de milady les branches inflexibles d'un vieux chêne, pareilles à des mains menaçantes levées contre ce beau visage, est la dernière que le jour fera disparaître.

« Non, madame, elle ne va pas très-bien, répond un domestique à mistress Rouncewell.

— Milady est malade?

— Elle a toujours été souffrante depuis la dernière fois qu'elle est venue au château comme un oiseau de passage, et n'est presque pas sortie de sa chambre depuis son retour à Londres.

— Chesney-Wold la rétablira, Thomas, répond la femme de charge avec une satisfaction mêlée d'orgueil ; c'est l'endroit le plus sain, l'air le plus pur qui existe. »

Le groom a probablement une opinion différente, mais il se garde bien de l'exprimer, et descend à la cuisine, où il se bourre de pâté froid et d'ale.

Thomas est l'humble précurseur qui devance son maître comme le poisson pilote qui précède le requin. En effet, sir Leicester et milady arrivent le lendemain soir, accompagnés de leurs nombreux domestiques, et bientôt suivis d'une myriade de parents accourus de tous les points de l'horizon ; d'où il résulte que, pendant plusieurs semaines, on voit errer dans tout le pays, surtout dans les endroits où Doodle se répand en pluie d'or et en flots de bière, de mystérieux gentlemen, qui sont tout bonnement des êtres d'une nature remuante, allant partout et ne faisant jamais rien.

C'est en pareille occasion que sir Leicester reconnaît l'avantage d'avoir une famille aussi étendue ; personne ne figure mieux dans un dîner de chasse que l'honorable Bob Stables, et l'on trouverait difficilement des citoyens de la vieille Angleterre plus disposés à courir de comité en comité que les autres cousins du baronnet. Volumnia manque bien un peu d'intelligence ; mais c'est une véritable Dedlock, et certaines gens apprécient encore sa conversation enjouée, ses charades françaises, redevenues nouvelles à force d'avoir vieilli, et considèrent comme un honneur de lui donner la main pour la conduire à table ou pour danser avec elle ; danser est quelquefois une œuvre de patriotisme ; et dans ces occasions solennelles, Volumnia saute constamment pour l'ingrate patrie qui lui refuse une pension.

Milady, toujours souffrante, ne s'occupe pas beaucoup de ses hôtes ; elle ne paraît au salon qu'à une heure avancée ; mais elle anime de sa présence les dîners et les bals soporifiques que l'on donne en ces grandes occasions. Quant à sir Leicester, il lui paraît complétement impossible que quiconque a le bonheur d'être reçu à Chesney-Wold puisse manquer de quoi que ce soit ; et, se renfermant dans une satisfaction pleine de grandeur, il va et vient au milieu de cette nombreuse société où il produit l'effet d'un puissant réfrigérant. Chaque soir, les cousins, qui ont trotté toute la journée, avec gants de peau de daim et fouet de chasse pour les comtés, gants de chevreau et badine pour les bourgs, lui rapportent ce qu'ils ont appris dans les assemblées électorales ; sur quoi il leur fait une harangue après boire et cause ensuite avec Volumnia de la situation politique, d'où il conclut que cette dernière est une femme plus sérieuse qu'il ne l'avait pensé.

« Comment vont nos affaires ? demande-t-elle au baronnet qui sort de table et rentre dans le salon entouré de ses cousins.

— Passablement, répond-il en allant s'asseoir près de la cheminée, où il y a du feu pour lui, bien qu'on soit en été.

— Rien que passablement ! s'écrie Volumnia d'un air de doute.

— J'ai dit passablement, répète sir Leicester d'un ton ferme, et avec un certain déplaisir qui sous-entend : Je ne suis pas un homme ordinaire, et quand je me sers d'un mot, on doit savoir que c'est le mot qui convient.

— Ils ne font pas, du moins, d'opposition à votre candidature ?

— Non, Volumnia ; ce malheureux pays a perdu la raison sur bien des points ; je regrette d'avoir à le dire, mais....

— Il n'est pas encore assez fou pour en arriver là. »

Cette interruption fait rentrer miss Dedlock en faveur ; quant à sa remarque, elle était complétement superflue ; sir Leicester ne pose jamais sa candidature aux électeurs, que comme une commande avantageuse qu'ils doivent exécuter promptement, et se contente, pour les deux siéges moins importants qui lui appartiennent, de désigner les individus qui doivent les occuper, en signifiant à ses fournisseurs « de vouloir bien transformer ces matériaux en deux membres du parlement, et de les lui envoyer dès qu'ils seront terminés. »

« Je regrette cependant, Volumnia, continue le baronnet, d'avoir à vous dire que, dans beaucoup d'endroits, le peuple a montré un fort mauvais esprit, et que le gouvernement a rencontré, dans les lieux auxquels je fais allusion, une opposition du plus mauvais caractère.

— Les mmi-sé-rables ! répond miss Dedlock.

— Et même, poursuit le baronnet en promenant son regard sur les cousins dispersés autour du salon, dans la plupart des cas où le gouvernement l'a emporté sur les factieux (notons en passant que les Coodlistes sont toujours des factieux pour les Doodlistes, et réciproquement), la bonne cause, je souffre pour l'honneur de l'Angleterre d'être forcé de l'avouer, la bonne cause n'a triomphé qu'au moyen d'énormes sacrifices ; des centaines de mille livres ! » ajoute le baronnet d'un air profondément indigné.

Si miss Dedlock a un défaut, c'est d'être un peu naïve, qualité charmante à quinze ans, mais tant soit peu hors de mise avec le fard dont elle couvre ses joues.

« Et pourquoi faire ? demande-t-elle avec cette naïveté fâcheuse.

— Volumnia ! répond sir Leicester d'un ton de reproche, Volumnia !

— Non, non, je suis stupide ; ce n'est pas là ce que je voulais dire ; c'était : quelle pitié ! s'écrie miss Dedlock avec chaleur.

— Je suis heureux, Volumnia, répond sir Leicester, de vous entendre dire quelle pitié ; c'est en effet une honte pour le corps électoral ; mais puisque, sans le vouloir, vous m'avez demandé dans quel but on avait fait ces sacrifices, je vous répondrai que c'étaient des sacrifices nécessaires ; et je m'en rapporte à votre jugement, Volumnia, pour compter que vous ne reparlerez plus jamais de cela, ni ici ni ailleurs. »

Sir Leicester croit devoir imposer à Volumnia un silence d'autant plus rigoureux à cet égard, qu'on dit tout bas que dans plus de deux cents pétitions, le mot « corruption » aurait été désagréablement appliqué aux sacrifices dont il s'agit ; et qu'il a été demandé par de mauvais plaisants qu'on remplaçât le service officiel de l'Église en l'honneur des membres du parlement, par des prières demandées aux fidèles pour six cent cinquante-huit gentlemen agonisants.

« M. Tulkinghorn a dû avoir terriblement à faire ! reprend miss Dedlock après quelques instants de silence.

— Mais je ne vois pas pourquoi, répond sir Leicester, il n'est pas candidat. »

Volumnia pensait qu'il avait été fort employé : sir Dedlock voudrait savoir par qui ; Volumnia, un peu confuse, insinue qu'il serait possible qu'on lui eût demandé des conseils ; mais le baronnet ne pense pas qu'aucun des clients de M. Tulkinghorn ait eu besoin de son assistance.

Milady, qui est assise près d'une fenêtre, et qui, le bras appuyé sur le rebord coussiné, regarde l'ombre du soir se répandre sur le parc, semble écouter la conversation depuis que le nom du procureur a été prononcé ; un cousin languissant, à moustaches et de l'extérieur le plus débile, raconte, du sofa où il est étendu : « Qu'on lui a dit hier que Tulkinghorn avait été appelé pour affaire dans les districts des Forges ; et le procès pour lequel on l'avait fait demander ayant dû se terminer aujourd'hui, ce serait châ-mant s'il apportait la nouvelle que Coodle a été enfoncé. »

Au même instant, Mercure apporte le café et annonce au baronnet que M. Tulkinghorn vient d'arriver, et que, pour le moment, il est en train de dîner. Milady jette un coup d'œil dans le salon, et se retourne immédiatement vers le parc. Volumnia est enchantée de la venue du procureur ; il fait vraiment ses délices ; tant d'originalité, de discrétion et de mystère ! il doit être franc-maçon, chef de loge avec un tablier et une truelle, et siéger comme une idole entourée de flambeaux sans nombre. Miss Dedlock fait ces remarques piquantes du ton léger qu'elle avait dans sa jeunesse, en travaillant à une bourse au crochet.

« Il n'est pas encore venu depuis que je suis arrivée, poursuit-elle ; j'en étais au désespoir ; l'inconstant ! Je croyais parfois qu'il était mort. »

Est-ce la nuit qui s'avance, ou bien une sombre pensée qui couvre d'un nuage la figure de milady ?

« M. Tulkinghorn, dit sir Leicester, est toujours le bienvenu à Chesney-Wold ; c'est un homme de grande valeur, et qui mérite bien l'estime que chacun lui accorde.

— Il doit être énormément riche, insinue le cousin débilité.

— Je le croirais volontiers, répond sir Leicester ; il est fort bien rémunéré de tout ce qu'il fait, et il fréquente la plus haute société, où il est reçu presque sur un pied d'égalité. »

Chacun tressaille, car un coup de feu vient d'éclater à peu de distance.

« Bonté divine ! Qu'est-ce que cela peut être ? s'écrie Volumnia.

— Un rat qu'on vient de tuer, répond milady au moment où M. Tulkinghorn apparaît suivi de plusieurs domestiques apportant des lampes et des bougies.

— Non, non, dit le baronnet ; à moins cependant, milady, que vous ne redoutiez l'obscurité ? »

Milady, au contraire, veut jouir du crépuscule.

« Et Volumnia ?

— Oh ! rien n'est délicieux comme une causerie dans l'ombre !

— Emportez les lampes, dit le baronnet ; je vous demande pardon, Tulkinghorn, comment vous portez-vous ? »

M. Tulkinghorn traverse le salon avec le calme et l'aisance qui lui sont habituels, s'incline en passant devant milady, reçoit une poignée de main de sir Dedlock, et va s'asseoir dans le fauteuil qui est de l'autre côté de la table où sont les journaux de sir Leicester, et où il s'assied toutes les fois qu'il a quelque chose à communiquer au baronnet. Milady étant souffrante, sir Leicester exprime la crainte qu'elle ne s'enrhume en restant auprès de la fenêtre ; milady lui sait gré de son attention, mais elle a besoin d'air ; sir Dedlock va remonter l'écharpe qui couvre les épaules de milady, et vient se remettre auprès du feu ;

pendant ce temps-là, M. Tulkinghorn savoure une prise de tabac.

« Et comment l'affaire s'est-elle passée? demande le baronnet au procureur.

— Vous avez été complétement battus dès le commencement; pas même de ballottage; trois voix contre une au premier tour de scrutin. »

Il entre dans la manière de voir de M. Tulkinghorn, et c'est l'une de ses supériorités, de ne posséder aucune opinion politique, aussi ne dit-il pas nous avons été, mais « vous avez été battus. »

Sir Leicester est saisi d'un noble courroux; jamais Volumnia n'a rien entendu de pareil, et le cousin débilité affirme qu'il en sera toujours ainsi, tant qu'il sera permis à la canaille de voter.

« C'est dans cet endroit-là, vous savez, reprend M. Tulkinghorn, que la candidature avait été offerte au fils de mistress Rouncewell.

— Proposition qu'il a eu le bon goût et le bon sens de repousser, à ce que vous m'avez dit alors, répond sir Leicester; je ne puis pas dire que j'approuve les sentiments qu'il exprima pendant la demi-heure qu'il a passée dans ce salon; mais il y avait dans ses manières, dans sa fermeté même, une certaine convenance que je me plais à reconnaître.

— Ce qui ne l'a pas empêché, dit M. Tulkinghorn, de déployer une extrême activité dans les dernières élections. »

Sir Leicester respire bruyamment une ou deux fois avant de pouvoir parler.

« Vous ai-je bien compris, dit-il enfin, et dois-je entendre par vos paroles que le fils de mistress Rouncewell a fait preuve d'activité dans cette dernière circonstance?

— D'une activité peu commune, sir Leicester.

— Contre qui, monsieur Tulkinghorn?

— Mais, contre vous, sir Dedlock; c'est un bon orateur, à la fois éloquent et clair, de plus très-influent dans ses parages, et qui a fait voter, comme il a voulu, tous les industriels de son comté. »

Il est évident pour tout le monde, bien qu'on n'en puisse rien voir, que sir Leicester est plongé dans un étonnement aussi profond que majestueux.

« Du reste, continue le procureur, son fils l'a puissamment aidé.

— Son fils, monsieur Tulkinghorn?

— Oui, sir Dedlock.

— Celui qui désirait épouser une jeune personne qui est au service de milady ?

— Précisément ; il n'en a qu'un.

— Sur mon honneur et sur mon âme, reprend sir Leicester après un silence effrayant pendant lequel on entend bruire sa respiration oppressée, les digues qui protégeaient la société sont rompues ; le flot déborde et bouleverse toutes les démarcations sociales, brise tout ce qui reliait entre eux les divers éléments dont se compose le pays ! »

Explosion générale des sentiments indignés de tous les parents ; Volumnia trouve qu'il est temps de faire entrer au pouvoir une main puissante qui sache employer des moyens énergiques, et le cousin débilité pense que le pays court au diable.... à fond de train.

« Je demande qu'on n'en parle pas davantage, dit le baronnet suffoqué ; tout commentaire est superflu ; quant à cette jeune fille, permettez, milady....

— Mon intention est de la garder auprès de moi, répond celle-ci d'un ton ferme.

— C'est précisément ce que je voulais vous proposer, reprend sir Leicester ; puisque vous l'avez jugée digne de votre patronage, milady, je crois que vous devez employer votre influence pour l'empêcher de tomber entre ces mains dangereuses ; montrez-lui quelle violence serait faite à ses principes, à ses devoirs, si elle entrait dans une pareille famille ; faites briller à ses yeux l'avenir que vous lui réservez ; dites-lui qu'elle ne manquera pas de trouver à Chesney-Wold un mari qui, du moins, ne l'arrachera pas à la religion de ses pères. »

Sir Dedlock a soumis ces observations à sa femme avec toute la déférence et la politesse qu'il a toujours à son égard ; pour toute réponse, elle fait un léger signe de tête ; la lune se lève, et le pâle filet de lumière qui entre dans le salon vient tomber sur le visage de milady.

« Une chose digne de remarque, reprend M. Tulkinghorn, c'est combien ces gens-là ont de fierté.

— De fierté ! répète le baronnet qui ne veut pas en croire ses oreilles.

— Je ne serais pas surpris, continue l'avoué, qu'ils renonçassent volontairement à cette jeune fille, même l'amoureux, plutôt que de la voir rester à Chesney-Wold dans les circonstances où elle se trouve placée.

— Vous croyez, monsieur Tulkinghorn ?

— Je réponds du fait, sir Leicester ; et je puis, à ce propos, vous raconter une histoire.... avec la permission de lady Dedlock. »

Milady concède la permission demandée, et Volumnia est ravie.

« Une histoire ! Il va enfin raconter quelque chose ; une légende, avec un revenant.

— C'est au contraire une histoire où il ne s'agit que de personnages très-réels, miss Dedlock, très-réels, répète le procureur avec une certaine emphase greffée sur sa monotonie accoutumée. Il y a peu de temps, sir Leicester, que ces détails me sont connus ; le récit en est court et appuiera les paroles que je disais tout à l'heure. Je supprime les noms, quant à présent, et j'espère que milady ne m'en saura pas mauvais gré. »

A la lueur du foyer, on peut le voir se tourner vers la fenêtre, où l'on distingue, à la clarté de la lune, les traits parfaitement calmes de lady Dedlock.

« Un compatriote de ce M. Rouncewell, continue l'avoué, un homme exactement placé dans la même position, eut le bonheur d'avoir une fille qui attira sur elle l'attention d'une grande dame ; non pas d'une grande dame par rapport à lui, mais dans toute la force du terme, car c'était l'épouse d'un gentleman qui occupait dans le monde un rang égal au vôtre, sir Leicester. Cette dame, belle et riche, avait pris la jeune fille en affection et la gardait presque toujours auprès d'elle ; mais la grande dame cachait sous sa noble fierté un secret qui s'y était conservé pendant bien des années. Elle avait été promise autrefois à un mauvais sujet, capitaine dans je ne sais plus quelle arme, franc vaurien, dont personne n'a conservé le souvenir. Elle ne l'épousa pas ; mais elle devint mère d'un enfant dont ce capitaine était le père. »

On peut voir, à la flamme mourante du foyer, M. Tulkinghorn se tourner vers la fenêtre, où la lune éclaire le profil pur et calme de lady Dedlock.

« A la mort du capitaine, continue le procureur, la grande dame se crut sauvée ; mais un concours de circonstances imprévues, dont il est inutile de vous entretenir, amena la découverte du secret, dont l'éveil fut donné par une imprudence de cette lady, qui, m'a-t-on raconté, se laissa prendre un jour par surprise, tant il est difficile au plus vigilant d'être toujours sur ses gardes. Je vous laisse à penser quelle fut la colère du mari et quels troubles s'ensuivirent ; mais ce n'est pas là ce qui nous occupe. Lorsque cette découverte parvint aux oreilles du compatriote de M. Rouncewell, il ne permit plus à sa fille de rester sous un patronage qui, à ses yeux, devenait une souillure, et il l'arracha brutalement du château de la grande dame, sans comprendre l'honneur qu'on avait daigné lui faire, absolument comme si cette lady avait été la dernière des bourgeoises. Telle est l'histoire qui m'a été racontée, et j'espère que lady Dedlock voudra bien me pardonner ce qu'il y a de pénible dans ce triste récit. »

Diverses opinions s'élèvent contre celle de Volumnia, qui n'admet pas qu'une grande dame ait pu mener une pareille conduite, et récuse le fait comme impossible. La majorité pense que cela ne regardait pas le maître de forges, et envoie au diable le compatriote de M. Rouncewell. Quant au baronnet, il se rappelle Wat Tyler, et prévoit une série de cataclysmes qui sont dans le programme de sa politique.

Du reste, la conversation est languissante. Depuis longtemps on se couche fort tard à Chesney-Wold; c'est la première fois que l'on y passe la soirée en famille, et chacun éprouve le besoin de se reposer. Sir Dedlock prie M. Tulkinghorn de sonner pour qu'on apporte les bougies. Un flot de lumière pénètre dans la pièce. Milady quitte la fenêtre et s'approche de la table, pour y prendre un verre d'eau; une nuée de cousins, clignant des yeux comme les chauves-souris aveuglées par le jour, se précipitent vers le plateau, pour servir milady, qui, l'instant d'après, gracieuse et calme, traverse lentement le grand salon et se retire après avoir passé auprès de Volumnia, qui est loin de gagner à la comparaison.

CHAPITRE XI.

Dans la chambre de M. Tulkinghorn.

M. Tulkinghorn remonte dans sa chambre un peu fatigué de la route qu'il a faite, bien qu'il ait voyagé commodément et sans précipitation; il y a sur son visage une certaine expression de joie intérieure, comme s'il venait d'accomplir quelque tâche difficile. On ne peut pas dire qu'il triomphe; ce serait lui faire injure, autant que de le supposer ému d'amour ou coupable d'une tendresse quelconque; mais enfin il est satisfait. Peut-être même se sent-il grandi en force et en puissance, à voir avec quelle vigueur, les bras derrière le dos, il saisit d'une main son poignet nerveux et se promène sur le tapis qui étouffe le bruit de ses pas.

La lampe est allumée, ses lunettes sont à côté de son pupitre, un fauteuil est placé devant la grande table couverte de papiers, tout annonce qu'il avait l'intention de travailler avant de se mettre au lit; mais il n'a pas l'esprit aux affaires. Il jette un regard distrait sur les dossiers qui l'attendent, et va continuer sa promenade sur la plate-forme qui règne devant sa fenêtre.

Bien d'autres, avant lui, montèrent sur le haut des vieilles tours, afin de sonder l'avenir en consultant les astres; mais s'il cherche, parmi tous ces mondes, celui qui préside à sa destinée, ce doit être une étoile bien peu brillante, pour avoir ici-bas un représentant si lugubre.

Tout à coup, au milieu des pensées qui l'absorbent, il est arrêté, en passant devant la fenêtre de sa chambre, par deux yeux qui rencontrent les siens; en face de lui est une porte dont la partie supérieure est vitrée, et derrière cette porte, qui donne dans le corridor, se tient une femme qui le regarde. Il y a bien des années que le vieux procureur n'a rougi; mais le sang lui monte au visage quand il reconnaît le regard de lady Dedlock.

Milady ouvre la porte, qu'elle referme derrière elle, et se trouve dans la chambre où l'homme de loi vient de rentrer. Est-ce la crainte ou la colère qui fait briller ses yeux? se demande le procureur. Du reste, son visage est calme, et sa démarche est aussi noble, aussi ferme qu'elle l'a toujours été.

« Lady Dedlock? » dit M. Tulkinghorn.

Elle s'assied dans le fauteuil qui est auprès de la table, et regarde fixement le vieil avoué.

« Pourquoi, lui dit-elle, leur avez-vous raconté mon histoire?

— Parce qu'il était nécessaire de vous informer que j'en avais connaissance, milady.

— Depuis quand la savez-vous?

— Il y a longtemps que je la soupçonne, mais peu de jours que les détails m'en sont connus. »

Il est debout derrière elle, une main appuyée sur le dos du fauteuil, l'autre dans son vieux gilet noir, et lui parle avec une extrême politesse; c'est toujours le même homme, froid et sombre, gardant toujours la même distance respectueuse.

« Avez-vous dit la vérité relativement à cette jeune fille? »

M. Tulkinghorn penche la tête en avant et a l'air de ne pas comprendre la question qui lui est faite.

« Vous vous rappelez vos paroles? poursuit milady. Est-ce

vrai? Sa famille sait-elle aussi mon histoire? chacun en parle-t-il? est-ce charbonné sur les murs et crié dans les rues? »

Ainsi la honte, la colère et la crainte, toutes les trois à la fois en lutte dans son cœur! mais quel pouvoir a donc cette femme, pense M. Tulkinghorn, pour dominer la rage de ces passions déchaînées?

« Non, milady, répond-il en contractant les sourcils d'une manière imperceptible sous le regard qu'il rencontre; ce n'est qu'une hypothèse, mais qui deviendrait une réalité, si les parents de cette jeune fille savaient.... ce que nous savons.

— Ainsi donc, ils ne savent rien encore?

— Non, milady.

— Puis-je, avant qu'ils en soient instruits, mettre la pauvre enfant en sûreté?

— Je n'en sais rien, milady, et ne pourrais vous répondre. »

La force de cette femme est vraiment surprenante, pense le vieux procureur, qui suit tous les mouvements de sa victime avec curiosité.

« Je vais essayer, dit-elle, de m'exprimer plus clairement : je ne discute pas votre hypothèse, je l'admets; j'ai compris, lorsque j'ai vu M. Rouncewell, que, s'il avait pu savoir la vérité sur mon compte, il aurait considéré la pauvre enfant comme souillée par mon honorable patronage, si distingué qu'il puisse être; mais je m'intéresse.... ou plutôt, car je n'appartiens plus à cette maison, je m'intéressais à elle; et si vous respectez encore assez la femme que vous tenez sous vos pieds, pour vous rappeler l'intérêt qu'elle portait à cette jeune fille, elle vous en sera reconnaissante. »

M. Tulkinghorn, profondément attentif, repousse d'un geste les paroles de milady, comme n'étant pas fondées.

« Vous m'avez préparée au déshonneur qui m'attend, poursuit-elle; je vous en remercie. Avez-vous quelque chose à me demander? quelque renonciation à obtenir? Puis-je épargner à mon mari quelque tourment, et l'affranchir de quelque difficulté judiciaire en garantissant par mes propres aveux l'exactitude de votre découverte? Dictez-moi, je suis prête à écrire ce que vous voudrez. »

Elle le ferait pourtant! pense-t-il en voyant avec quelle fermeté milady prend la plume.

« Lady Dedlock, je vous en prie, ayez pitié de vous-même.

— Je n'ai besoin ni de la pitié des autres ni de la mienne, monsieur Tulkinghorn; vous ne me ferez jamais plus de mal que vous ne m'en avez fait; continuez, monsieur; faites ce qui vous reste à faire. »

Le ciel est parsemé d'étoiles dont le regard paisible descend jusqu'à eux; la nuit est calme, tout repose, les bois sont endormis sous la clarté de la lune, et le vieux manoir est tranquille comme la tombe; la tombe! Où est le fossoyeur destiné à ensevelir ce secret avec tous ceux que renferme la poitrine de M. Tulkinghorn? il n'existe peut-être pas encore, et sa bêche n'est peut-être pas encore forgée? Questions étranges sans doute, peut-être moins étranges sous le regard des étoiles, par une belle nuit d'été!

« Je ne parle point de regrets et de remords, d'aucun de mes sentiments, continue lady Dedlock; si je n'étais muette à cet égard, vous, vous seriez sourd; ne parlons pas de ça : ce n'est pas fait pour vos oreilles. »

Il feint de vouloir protester; mais elle l'arrête d'un geste dédaigneux.

« J'ai à vous dire que mes bijoux sont à leur place ordinaire, ainsi que mes dentelles, mes vêtements, toutes les valeurs qui m'ont appartenu; je n'ai sur moi qu'un peu d'argent comptant. J'ai pris d'autres habits que les miens, pour éviter d'être reconnue, et je quitte cette maison où je ne reviendrai pas; faites-le savoir, c'est là tout ce que je vous demande.

— Pardon, milady, mais je ne suis pas sûr de vous avoir comprise.

— Je pars à l'instant, et personne ne me reverra jamais. »

Elle se lève; mais lui, toujours impassible et sans changer d'attitude, fait un signe négatif.

« Que je ne parte pas? dit-elle.

— Non, milady, répond-il avec calme.

— Avez-vous oublié que ma présence est une souillure pour cette maison?

— Nullement, lady Dedlock. »

Elle se dirige vers la porte sans daigner lui répondre, et va sortir, quand M. Tulkinghorn lui dit sans faire le moindre mouvement, sans même élever la voix :

« Ayez la bonté de m'écouter, lady Dedlock; avant que vous ayez gagné l'escalier, j'aurai sonné la cloche d'alarme, réveillé toute la maison, et je parlerai devant tout le monde, hommes et femmes, maîtres et serviteurs. »

Il l'a domptée, elle se sent défaillir, elle frissonne et porte la main à son front; cela serait pour tout autre un signe bien incertain : mais l'œil exercé de Tulkinghorn ne s'y est pas trompé, il a vu son indécision, il triomphe!

« Veuillez m'entendre, lady Dedlock, » poursuit l'avoué en lui désignant le fauteuil qu'elle occupait tout à l'heure.

Elle hésite ; il montre le fauteuil une seconde fois, et milady s'assied.

« Lady Dedlock, nos relations sont d'une nature pénible ; mais comme ce n'est pas de mon fait, je ne chercherai point à vous en faire mes excuses. Ma position auprès de sir Leicester vous est si bien connue, que je ne puis pas supposer que vous n'ayez pas depuis longtemps deviné que c'était moi qui devais naturellement faire cette découverte.

— J'aurais mieux fait de partir, monsieur, répond-elle en regardant à ses pieds, et vous auriez mieux fait de ne pas m'avoir retenue.

— Excusez-moi, lady Dedlock, si je vous demande encore une minute d'attention.

— Approchons-nous de la fenêtre, monsieur, car on étouffe dans cette chambre. »

Le regard inquiet dont il suit ses mouvements trahit un instant la crainte de la voir se précipiter de la plate-forme et se briser la tête sur la terrasse ; mais il se rassure en la voyant rester debout près de la croisée où elle ne s'appuie même pas, et regarder tristement les étoiles qui sont à l'horizon.

« Je n'ai pas encore pu prendre une résolution qui me satisfasse, lui dit-il ; je ne vois pas clairement ce que j'ai à faire, et je vous demanderai, quant à présent, lady Dedlock, de garder votre secret, comme vous l'avez fait jusqu'ici, et de ne pas vous étonner si je n'en dis rien à personne. »

Il s'arrête, mais elle ne répond pas.

« La chose est importante, milady ; vous voulez bien, j'espère, m'honorer de votre attention ?

— J'écoute.

— Merci ; j'aurais dû n'en pas douter d'après ce que je sais de votre force de caractère, et ne pas vous adresser une question complétement inutile ; mais j'ai l'habitude de sonder à chaque pas le terrain sur lequel je m'avance. La seule chose qu'il y ait à considérer dans cette affaire, c'est la position de sir Dedlock.

— Pourquoi alors m'empêchez-vous de partir ?

— Précisément à cause de lui, lady Dedlock ; je n'ai pas besoin de vous rappeler son orgueil et la foi profonde qu'il a en votre honneur ; la chute d'une étoile, milady, le surprendrait moins que la vôtre. »

Elle respire une ou deux fois avec précipitation ; mais elle reste immobile, et sa tête ne fléchit pas un instant.

« Je vous déclare, milady, qu'autrefois j'aurais plutôt essayé de déraciner le plus ancien de tous vos chênes, que de chercher à ébranler la confiance que vous inspirez à sir Dedlock; j'hésite encore aujourd'hui, non pas qu'il puisse douter, la chose est impossible, mais parce que rien ne peut le préparer à recevoir ce coup terrible.

— Pas même ma fuite?

— Ce serait perdre l'honneur de la famille, lady Dedlock; il n'y faut pas songer. »

La fermeté qu'il met dans cette réponse n'admet pas d'objection.

« Quand je parle de votre mari, poursuit-il, je pense aussi à la famille; la baronnie et Chesney-Wold, les ancêtres et le patrimoine, sont inséparables de sir Leicester, je n'ai pas besoin de vous le dire, milady.

— Continuez, monsieur.

— Il faut donc que le secret ne s'ébruite pas; comment faire si, en l'apprenant, sir Dedlock est frappé de mort ou devient fou? Comment expliquer le changement qui surviendrait dans sa conduite, si, par exemple, je lui disais demain matin quelle était la femme dont je lui parlais hier? c'est alors que l'histoire s'afficherait sur les murs et se crierait dans les rues, milady; et ce n'est pas vous seule qui en seriez atteinte, vous que je ne considère nullement dans tout cela, mais votre mari, lady Dedlock, votre mari!

« Autre chose encore, poursuit M. Tulkinghorn sans que rien dans sa voix ou ses gestes trahisse la moindre animation : sir Leicester vous est dévoué jusqu'à l'extravagance; il peut, même en sachant tout, ne pas être capable de vaincre l'engouement qu'il a pour vous; je pousse les choses à l'extrême; mais enfin c'est possible; dans ce cas-là, mieux vaut son ignorance, et pour moi, et pour le sens commun. Tout ceci demande à être pris en considération, et voilà ce qui rend très-difficile de former un plan quelconque. »

Milady regarde toujours les étoiles qui commencent à pâlir, et dont la froide lumière semble l'avoir pétrifiée.

« L'expérience m'a toujours démontré, continue M. Tulkinghorn en mettant ses gants dans sa poche, que la plupart des gens auraient beaucoup mieux fait de rester célibataires; le mariage est au fond des trois quarts de leurs tourments. Je le pensais déjà quand sir Dedlock s'est marié, et je le pense encore aujourd'hui; mais revenons à notre affaire : les circonstances décideront de ma conduite; quant à vous, milady, je vous prierai d'agir comme vous l'avez toujours fait, et je m'en rapporte à vos propres inspirations.

— Ma vie doit-elle donc se traîner jour par jour d'après votre bon plaisir? demande-t-elle sans détourner la tête.

— J'en ai peur, lady Dedlock.

— Pensez-vous que mon martyre soit nécessaire?

— Je suis toujours sûr de la nécessité des choses que je recommande.

— Ainsi je dois rester sur ce brillant théâtre où j'ai joué pendant si longtemps mon misérable rôle, et cela pour voir tout crouler à votre premier signal?

— Non pas sans être prévenue, lady Dedlock; je ne ferai rien sans vous en avertir.

— Nous nous verrons comme autrefois?

— Absolument, milady.

— Et il me faudra garder mon secret, comme je le fais depuis tant d'années?

— Je ne serais pas revenu sur cet article; mais permettez-moi de vous dire, milady, que votre secret n'est pas plus lourd qu'il ne l'était jadis, et que les choses restent dans le même état. Je sais, il est vrai, ce que j'ai longtemps ignoré; mais je ne crois pas que nous ayons jamais eu grande confiance l'un dans l'autre. »

Milady, qui a fait toutes ces questions comme en rêve, demeure quelques instants silencieuse, et demande ensuite à M. Tulkinghorn s'il a encore quelque chose à lui dire.

« Je serai bien aise, répond l'avoué en se frottant les mains, de recevoir l'assurance que vous acceptez mes arrangements.

— Recevez-la donc, monsieur.

— Très-bien; je conclus en vous répétant que la seule chose que j'envisage, au cas où je serais forcé d'en venir à informer sir Leicester, est l'honneur du baronnet et celui de la famille; j'aurais été bien heureux de pouvoir prendre également les intérêts de Votre Seigneurie en considération; malheureusement, c'est tout à fait impossible.

— Je pourrai, monsieur, rendre témoignage de votre dévouement et de votre fidélité. »

Milady reste immobile quelques moments encore; puis elle se retourne et traverse la chambre avec la grâce majestueuse qui ne l'abandonne jamais; M. Tulkinghorn lui ouvre la porte exactement de la même façon qu'il l'eût fait il y a dix ans, et s'incline jusqu'à terre lorsqu'elle passe devant lui. Un regard étrange répond dans l'ombre au salut du procureur; la porte se referme, et le vieil avoué se dit à lui-même qu'il a fallu à cette femme une force peu commune, pour s'imposer une telle contrainte.

Il le penserait bien davantage, s'il la voyait parcourir toutes les pièces de son appartement, les cheveux épars, les mains jointes et crispées derrière la tête, et la figure bouleversée par la douleur; surtout, s'il pouvait savoir qu'elle marchera ainsi jusqu'au matin sans interruption et sans fatigue, suivie du pas fidèle qui retentit sur le promenoir du Revenant; mais il ferme sa fenêtre, tire les rideaux et s'endort; et à la lueur blafarde qui remplace les étoiles et pénètre dans sa chambre, il paraît assez vieux pour que le fossoyeur averti, prenne sa bêche et vienne creuser sa tombe.

Cette lueur blafarde qui l'éclaire, s'insinue dans le manoir où chacun rêve encore; où sir Dedlock, dans un accès de majestueuse condescendance, est en train de pardonner au pays repentant, et les cousins, d'entrer dans les emplois publics, principalement dans ceux où l'on palpe de gros émoluments; où la chaste Volumnia apporte un domaine de cinquante et quelques mille livres à un affreux général dont les fausses dents ressemblent à des touches de piano, et qui fait depuis longtemps l'admiration de Bath et la terreur des autres rendez-vous de plaisir; où, dans les mansardes, dans les écuries et la basse-cour, l'ambition, plus modeste, rêve de bonheur dans une loge de garde-chasse, ou dans les liens du mariage avec John ou Betty; le soleil brille et tout s'éveille : les John, les Betty, les vapeurs matinales, les feuilles et les fleurs, les oiseaux et les insectes, les jardiniers, l'herbe des bois, le velours des pelouses et la flamme du foyer de la cuisine, dont la fumée s'élève et tourbillonne dans l'air; enfin le pavillon se déploie sur la tourelle où repose M. Tulkinghorn, et proclame gaiement au loin que sir Leicester et lady Dedlock sont au château, et qu'on trouvera l'hospitalité dans cette heureuse demeure.

CHAPITRE XII.

Chez M. Tulkinghorn.

L'avoué se dérobe aux verdoyantes ondulations des grands chênes pour aller retrouver la chaleur nauséabonde et la poussière de Lincoln's Inn; le moyen qu'il emploie pour aller et venir de chez lui au manoir du baronnet, et réciproquement, est l'un des mystères qui l'environnent; il arrive à Chesney-Wold comme s'il demeurait à la porte voisine, et rentre à son étude comme s'il revenait de l'audience; il ne change pas même d'habit avant de partir, et ne parle jamais de son voyage. Ce matin, il s'est glissé hors de la chambre qu'il occupait dans la tourelle, comme le soir il se glisse dans Lincoln's Inn; et pareil à un moineau de Londres, au plumage enfumé, cet homme flétri et desséché, vieux sans avoir été jeune, tellement habitué à faire son nid dans les replis et les trous de l'humaine nature, qu'il en ignore la grandeur et la bonté, se dirige vers la maison qu'il habite, en pensant à son vieux vin de Porto.

L'allumeur de gaz court de lanterne en lanterne dans le square de M. Tulkinghorn au moment où ce grand prêtre du silence et des nobles mystères entre dans le vieil hôtel qu'il habite, et rencontre, sur la dernière marche de l'escalier, un petit homme souple d'échine et conciliant par nature.

« Est-ce vous, Snagsby?

— Oui, monsieur Tulkinghorn; j'espère que vous vous portez bien? Ne vous trouvant pas, j'allais retourner chez moi.

— Et quel est le motif qui vous amène, Snagsby?

— C'est quelque chose, monsieur, dont je voudrais vous parler.

— Pouvez-vous me le dire ici?

— Oui, monsieur.

— Je vous écoute, dit l'avoué en appuyant son bras sur la rampe, tandis qu'il regarde l'éclaireur allumer le gaz de la cour.

— C'est relativement à l'étrangère, reprend M. Snagsby à voix basse et d'un air mystérieux.

— Quelle étrangère? demande le procureur étonné.

— Cette Française, si je ne me trompe; je ne connais pas sa langue, mais, à en juger par son extérieur et ses manières, elle m'a paru Française; d'ailleurs, c'est la femme qui était chez vous lorsque M. Bucket et moi nous eûmes l'honneur de nous trouver un soir dans votre cabinet avec le balayeur.

— Oui, oui, c'est Mlle Hortense.

— Précisément (M. Snagsby tousse derrière son chapeau); je n'ai pas beaucoup l'habitude de ces noms étrangers, mais je suis bien sûr que c'est.... »

M. Snagsby essaye vainement de répéter le nom qui lui échappe et tousse de nouveau pour s'excuser.

« Et qu'avez-vous à me dire au sujet de cette étrangère? demande M. Tulkinghorn.

— Ah! monsieur, répond le papetier en approchant son chapeau de sa joue pour protéger sa confidence, c'est bien pénible pour moi ; je suis heureux en ménage, très-heureux, du moins autant qu'on peut espérer de l'être ; mais ma petite femme est tant soit peu jalouse, elle est même, pour tout dire, excessivement jalouse ; et vous comprenez qu'une étrangère, d'une tournure aussi distinguée, venant souvent à la boutique et papillonnant sans cesse.... je voudrais pouvoir éviter une expression trop forte, mais véritablement, monsieur, elle papillonne sans cesse autour de la maison, et vous savez.... si.... n'est-ce pas ? d'ailleurs.... je vous en fais juge, monsieur. »

Le papetier dit ces paroles d'un ton plaintif et tousse vaguement pour compléter ses réticences.

« Qu'est-ce que tout cela signifie ? demande M. Tulkinghorn.

— Vous allez voir, monsieur, répond l'infortuné Snagsby, et vous comprendrez ce que j'éprouve en songeant à quel point ma petite femme est irritable. Cette étrangère, dont vous avez prononcé le nom tout à l'heure avec un accent tout français, a probablement saisi le mien pendant l'instant où elle me vit chez vous, car elle a une promptitude d'esprit extraordinaire, et s'est présentée à la maison au moment du dîner. Guster, notre servante, qui est timide et surtout épileptique, a eu peur de cette femme qui a l'air dur et une certaine façon de parler bien faite pour effrayer un esprit faible. Au lieu donc de refuser la porte à l'étrangère, Guster s'est sauvée, en dégringolant toutes les marches de l'escalier de sa cuisine, où elle est tombée dans un accès comme on n'en voit qu'à elle. Ce fut heureux d'une manière, en ce sens que ma petite femme, très-occupée en bas, me laissa tout seul au magasin, où l'étrangère put me parler sans témoin ; elle me dit alors que ne pouvant parvenir jusqu'à M. Tulkinghorn, dont l'employé (je suppose qu'elle désignait ainsi votre clerc) lui disait toujours qu'il n'était pas visible, elle viendrait chez moi jusqu'à ce qu'elle vous eût vu ; et depuis ce temps-là, comme je le disais tout à l'heure, elle papillonne sans cesse, mais sans cesse, dans Cook's-Court. Jugez, monsieur, des résultats de cette conduite ; il n'est pas étonnant qu'elle ait donné lieu aux méprises les plus pénibles de la part des voisins, sans parler des soupçons qu'elle éveille dans l'esprit de ma petite femme. Et pourtant, Dieu sait, ajoute le papetier en secouant la tête, que je n'avais jamais songé à la moindre étrangère, si ce n'est pour me rappeler qu'on en voyait autrefois avec un enfant et des balais dans les bras ; ou, comme aujourd'hui, avec des boucles d'oreilles et un tambour de basque ; mais pas autrement que ça, monsieur, je vous assure.

— Est-ce là tout ce que vous vouliez me dire, Snagsby? demande M. Tulkinghorn, qui a écouté gravement cette complainte.

— Oui, monsieur, répond le papetier, dont la toux complémentaire signifie évidemment : et c'est bien trop pourquoi.

— Je ne sais pas ce que peut me vouloir cette demoiselle, à moins qu'elle ne soit folle, dit le procureur.

— Et quand même elle le serait, répond Snagsby, il n'y aurait pas de quoi se consoler d'avoir une étrangère plantée comme un poignard au cœur d'une famille.

— Certainement non, dit l'avoué; mais rassurez-vous, on arrêtera tout cela; je suis désolé de ces ennuis dont j'ai été la cause indirecte; si elle revient encore, envoyez-la ici. »

Le papetier salue à plusieurs reprises, tousse une dernière excuse et s'éloigne, délivré d'un grand poids. M. Tulkinghorn monte chez lui en se disant à lui-même :

« Les femmes sont créées pour donner de l'embarras et mettre tout à l'envers; ce n'était pas assez de la maîtresse, voilà maintenant le tour de la servante; mais du moins avec celle-ci, je n'en aurai pas pour longtemps. »

Il entre dans son cabinet, allume une bougie, tire une petite clef de sa poche et ouvre un tiroir où il prend une autre clef qui ouvre un coffre où se trouve une troisième clef, avec laquelle il se prépare à descendre à la cave, où son vieux vin est enfermé, quand il entend frapper à la porte.

« Qui est là? dit-il; ah! c'est vous, mademoiselle; précisément on me parlait de vous tout à l'heure. Qu'est-ce que vous désirez? »

Il pose la bougie sur la cheminée de la salle et donne de petites tapes sur sa joue desséchée avec la clef qu'il tient à la main, tandis qu'il adresse ces paroles à Mlle Hortense :

« J'ai eu bien de la peine à vous trouver, monsieur, répond cette féline créature en fermant la porte et en jetant de côté un regard venimeux sur M. Tulkinghorn.

— Vraiment! dit l'avoué.

— Je me suis présentée bien des fois, monsieur, et l'on m'a toujours répondu que vous étiez sorti ou occupé; enfin une chose ou l'autre, bref, vous n'y étiez jamais.

— C'était très-vrai.

— Pas le moins du monde; de purs mensonges!

— Et maintenant que vous m'avez rencontré, mademoiselle, reprend l'avoué en frappant avec sa clef le marbre de la cheminée, si vous avez quelque chose à me communiquer, dites-le vite, s'il vous plaît.

— Vous vous êtes conduit envers moi comme un cancre, monsieur.

— Hein? fait l'avoué en se frottant le nez avec sa clef.

— Oui, monsieur, comme un cancre, et c'est moi qui vous le dis; vous m'avez tiré les vers du nez; vous m'avez demandé de vous montrer la robe que milady m'avait empruntée un certain soir; vous m'avez fait venir ici avec ce balayeur; enfin vous m'avez entortillée, attrapée de toutes les manières Est-ce vrai tout ce que je dis là? demande Mlle Hortense avec un mouvement saccadé, comme un ressort qui se détend tout à coup.

— Vipère, » dit en lui-même le procureur, qui la regarde avec défiance et qui lui répond :

« Eh bien! quoi! je vous ai payée, coquine.

— Vraiment! dit l'étrangère d'une voix dédaigneuse, vous m'avez payée! Les voilà vos deux souverains; je ne les ai pas changés; non, monsieur; et je n'en veux pas encore. Je les refuse, entendez-vous? et je les jette. »

Elle lance effectivement sur le parquet les deux souverains, qui rebondissent et vont rouler dans les coins où ils s'arrêtent après avoir tournoyé sur eux-mêmes.

Ah! vous m'avez payée! » reprend Mlle Hortense, dont les grands yeux s'assombrissent de plus en plus. « Mon Dieu, oui! je le reconnais; vous m'avez donné de l'or! »

M. Tulkinghorn se gratte la tête avec sa clef, pendant que Mlle Hortense remplit la salle de son rire sarcastique.

« Il faut que vous soyez bien riche pour jeter ainsi votre argent, ma belle amie, répond l'avoué d'un ton calme.

— Oui, je suis riche; oui, monsieur, riche de haine; j'exècre milady; vous le savez bien, n'est-ce pas?

— Et comment le saurais-je?

— Faites donc votre étonné; vous savez parfaitement que j'étais enragée contre elle quand vous m'avez questionnée.

— Je le savais? dit M. Tulkinghorn en examinant la clef qu'il tient toujours.

— Sans doute que vous le saviez; j'y vois clair, peut-être! Vous ne vous êtes adressé à moi que parce que vous en étiez sûr; et vous aviez raison. Je la dé-teste, dit Mlle Hortense en croisant les bras et en jetant par-dessus l'épaule ce dernier mot au procureur.

— Est-ce là tout ce que vous avez à me dire, mademoiselle?

— Je suis toujours sans place; trouvez-m'en une; et, si vous ne pouvez pas, employez-moi à la poursuivre, à la traquer, à la déshonorer. Je vous aiderai de tout mon cœur. La déshonorer! c'est tout ce que vous voulez; est-ce que je ne le sais pas?

— Il paraît, mademoiselle, que vous savez beaucoup de choses.

— Pensez-vous que je sois assez bête pour croire que vous m'avez fait venir ici, en présence de ce balayeur, simplement à propos d'une gageure? répond-elle d'un air à la fois ironique et doucereux, qui se transforme tout à coup en fureur méprisante.

— Fort bien, dit l'avoué toujours impassible, résumons-nous: Vous êtes venue pour me faire une demande que je trouve excessivement modeste; mais pourtant s'il m'était impossible de vous contenter, que feriez-vous? Probablement, vous reviendriez à la charge.

— Et encore, et toujours, répond Mlle Hortense en hochant la tête avec colère.

— Et non-seulement vous reviendriez ici, mais vous retourneriez sans doute chez M. Snagsby?

— Certes, que j'y retournerais; et encore et toujours, dit-elle convulsivement.

— Très-bien, mademoiselle; mais, croyez-moi, prenez la bougie et ramassez vos deux pièces d'or qui sont dans le coin, là-bas, derrière le banc du clerc. »

Elle regarde l'avoué par-dessus l'épaule, et croise les bras en riant avec mépris.

« Vous ne voulez pas?

— Non, je ne veux pas.

— Vous en serez un peu plus pauvre, et moi un peu plus riche; voilà tout. Regardez bien cette clef, mademoiselle; c'est la clef de ma cave. Elle est grosse, n'est-ce pas? mais la clef d'une prison est bien plus grosse encore. Il y a dans cette ville des maisons de correction, dont les portes sont épaisses et dont probablement les clefs sont énormes. J'ai peur qu'il ne soit désagréable pour une femme de votre humeur et de votre activité d'entendre tourner sur elle pour quelques années une clef comme celles-là. Qu'en pensez-vous, mademoiselle?

— Je pense que vous êtes un misérable!

— Sans doute, répond M. Tulkinghorn en se mouchant; mais je ne vous demande pas l'opinion que vous avez de moi, je vous demande ce que vous pensez d'une prison.

— Est-ce que ça me regarde?

— Plus que vous ne croyez, mademoiselle, poursuit l'avoué en mettant son mouchoir dans sa poche et en secouant son jabot : la loi, très-despotique en Angleterre, ne permet pas que les citoyens de ce pays soient troublés chez eux, même par la visite d'une femme dont ils repoussent les importunités; et, sur la plainte qu'ils déposent à ce sujet, la femme en question est enfermée dans une de ces prisons, et soumise à la discipline la plus sévère. Rien qu'un tour de clef; tenez, madame, et il en faisait le geste avec celle de sa cave.

— En vérité! dit Mlle Hortense sur le même ton. C'est bien drôle; mais enfin qu'est-ce que cela me fait?

— Revenez encore chez moi, ou retournez chez M. Snagsby, et vous l'apprendrez, ma toute belle, répond M. Tulkinghorn.

— Vous me feriez mettre en prison, vous?

— Peut-être. »

Un peu plus et l'écume monterait aux lèvres de Mlle Hortense, dont la figure de tigresse contraste singulièrement avec le ton enjoué qu'elle affecte.

« Bref, mademoiselle, continue M. Tulkinghorn, je serais désolé d'être impoli à votre égard; et pourtant, si jamais vous vous présentiez ici, ou là-bas, sans y être invitée, j'en avertirais la police, dont la galanterie est connue, mais qui a une manière infâme, et tout à elle, d'emmener les gens importuns qu'elle traîne par les rues, attachés sur une planche; oui, ma belle demoiselle, sur une planche.

— Eh bien! j'essayerai, dit entre ses dents Mlle Hortense en étendant la main; et nous verrons si vous oserez me faire prendre.

— Et une fois que vous serez sous les verrous, poursuit l'avoué sans faire attention aux dernières paroles de l'étrangère, vous y resterez longtemps.

— Nous verrons si vous l'oserez, dit-elle encore.

— Ce que vous avez de mieux à faire à présent, c'est de partir, continue l'avoué sans avoir l'air de l'entendre; et regardez-y à deux fois avant de remettre les pieds ici.

— Et vous à deux cents fois, mon bon monsieur, avant de faire ce que vous dites.

— Votre maîtresse vous a chassée comme étant d'un caractère intraitable, ajoute M. Tulkinghorn en reconduisant Mlle Hortense; faites-y bien attention, et tenez-vous pour avertie; pensez à mes paroles et rappelez-vous que je tiens toujours mes promesses. »

Elle le quitte sans répondre, sans même tourner la tête.

M. Tulkinghorn attend qu'elle soit sortie pour descendre à son tour, et remonte l'instant d'après avec une bouteille couverte de toiles d'araignées, dont il savoure le contenu à loisir.

CHAPITRE XIII.

Narration d'Esther.

Je n'osais ni me rapprocher de ma mère, ni lui écrire, dans la crainte de compromettre son repos. L'idée que j'étais pour elle un danger vivant, ranimait parfois la terreur qui m'avait saisie à Chesney-Wold. J'évitais non-seulement de proférer son nom, mais encore d'entendre parler d'elle, tant je craignais de la trahir; et, plus d'une fois, il m'est arrivé de sortir brusquement pour dissimuler mon trouble. Mais quand j'étais seule, je me rappelais sa voix, et je m'étonnais de l'avoir connue si tard; je me demandais si je l'entendrais encore, et je parcourais tous les journaux pour y trouver son nom. Combien j'aimais tout ce qui me rapprochait d'elle! Une fois, je la vis au théâtre; elle m'aperçut aussi; mais nous avions beau nous toucher presque, nous n'en étions pas moins séparées l'une de l'autre par un abîme, en face de tout ce monde réuni. Je crus rêver en pensant que j'étais sa fille. Tout est fini maintenant, et je continue mon histoire, qui est celle de la bonté d'autrui. Mon sort a été si heureux ici-bas, que parler de moi c'est dire combien les autres ont été généreux.

Nous étions installées à Bleak-House, et Richard faisait le sujet de toutes nos conversations. Eva souffrait beaucoup de l'injustice de son ami envers le cousin John; mais elle l'aimait trop pour avoir le courage de le blâmer même de cela. Mon tuteur, du reste, l'excusait tout le premier. « Rick se trompe, disait-il; mais vous l'éclairerez, mon enfant, et il reviendra de son erreur. »

J'appris plus tard qu'il n'avait pas seulement compté sur Eva, mais qu'il avait essayé lui-même d'ouvrir les yeux à Richard; qu'il lui avait écrit, qu'il était allé le voir et lui avait dit tout ce que l'affection et la bonté peuvent inspirer. Notre pauvre ami était resté sourd à toutes ces preuves de désintéressement et d'amitié. S'il avait tort, disait-il, si vraiment il se trompait, il ne demanderait pas mieux que de le reconnaître un jour; ses soupçons étaient la conséquence du procès. Raison de plus, ajoutait-il, pour s'en occuper sans cesse, afin d'en presser la conclusion. Cette malheureuse affaire dominait tellement son esprit, que chaque observation qui lui était faite ne servait qu'à lui fournir de nouveaux arguments à l'appui de sa conduite. « Aussi vaut-il mieux, disait mon tuteur, ne pas s'occuper de lui que d'essayer de lui faire des remontrances plus nuisibles qu'utiles. »

Comme nous en parlions un soir, je profitai de l'occasion pour dire à M. Jarndyce toutes les craintes que m'inspirait M. Skimpole, et combien je doutais qu'il fût d'un bon conseil. Mon tuteur se mit à rire en me demandant qui jamais aurait l'idée de consulter un pareil individu.

« Peut-être bien Richard, lui répondis-je.

— Oh! que non, reprit mon tuteur; il s'amuse de ses divagations pleines d'originalité; mais quant à lui demander un avis, c'est autre chose; rassurez-vous, ce vieil enfant ne sera jamais pris au sérieux par personne.

— Et d'où vient qu'il est ainsi? demanda Eva, qui venait d'entrer au salon et qui avait entendu les dernières paroles de mon tuteur.

— Il n'a jamais été que sensation et fantaisie, répondit M. Jarndyce. On attacha trop d'importance autrefois à ces qualités qui plurent dans sa jeunesse; et, au lieu d'en régulariser l'essor, on en a favorisé le développement au préjudice de la réflexion et du bon sens.

— Il est fâcheux, dit Eva, qu'il se soit lié avec Richard. En supposant qu'il ne lui donne pas de mauvais conseils, il n'en est pas moins pour lui un grand sujet de dépense.

— Vraiment? reprit mon tuteur avec vivacité. Il faut y mettre ordre; je ne peux pas souffrir ces choses-là.

— Ce qu'il y a de plus regrettable, dis-je à mon tour, c'est qu'il ait placé Richard entre les griffes de M. Vholes, et cela pour un billet de cinq livres que lui a donné ce dernier.

— Comment, cinq livres! s'écria M. Jarndyce, dont le visage exprima une vive contrariété. Eh bien! ceci vous peint l'homme. Pour lui, c'est une chose toute simple et qui n'a rien de répréhensible; le sens moral lui manque, aussi bien que le sentiment des valeurs. Il conduit Richard à M. Vholes, qui lui prête quelque argent; il n'en voit pas plus long, et la preuve, c'est qu'il est capable de le raconter à la première occasion.

— C'est par lui-même que nous l'avons su répondis-je.

— Vous voyez bien ! reprit mon tuteur d'un air de triomphe ; j'en étais sûr. Il ne se doute pas de la gravité du fait, et rend compte de cette action avec autant de simplicité qu'il en a mis à la faire ; mais nous irons le voir un de ces jours, et vous comprendrez mieux sa nature. D'ailleurs, il faut que je lui parle, et surtout que je lui recommande de ne rien coûter à ce pauvre Richard. »

Quelque temps après, nous partîmes de grand matin pour Londres, et nous allâmes frapper à la porte de M. Skimpole. Il demeurait dans Somers-Town, où il occupait la même maison depuis plusieurs années, grâce probablement à son ami un tel, qui en payait le loyer, à moins que son inaptitude à comprendre les affaires n'eût rendu très-difficile de l'en mettre dehors. Cette maison était aussi délabrée que nous nous y attendions ; plusieurs barreaux manquaient à la grille extérieure, la gouttière était brisée, le marteau dérangé, la sonnette décrochée ; bref, l'empreinte de pas crottés sur les marches de la porte était la seule chose à laquelle on pût reconnaître que cette demeure fût habitée.

Une grosse fille dégoûtante, dont l'embonpoint semblait vouloir sortir par ses vêtements craqués, entrebâilla la porte, et, reconnaissant mon tuteur, nous fit entrer en nous répondant que M. Skimpole était en haut.

Nous montâmes donc, ne trouvant sur les marches que la boue déposée par les allants et les venants. M. Jarndyce entra sans plus de cérémonie, et nous entrâmes avec lui dans une chambre passablement obscure et malpropre, qui ne manquait pas d'un certain luxe bizarre et misérable dans tout l'ameublement. On y voyait un piano, un canapé, une quantité de fauteuils, de coussins, de tabourets, de livres de musique, de journaux, de crayons, de tableaux et de dessins. L'un des carreaux des fenêtres avait été raccommodé à l'aide d'un morceau de papier collé avec des pains à cacheter ; mais, sur la table, se trouvaient une assiettée de raisins, une autre de brugnons de serre, des biscuits et un flacon de vin fin.

M. Skimpole, à demi couché sur le sofa, prenait son café dans une tasse de vieux Sèvres en regardant les fleurs qui garnissaient le balcon. Il vint à nous avec sa grâce ordinaire, et, nous faisant asseoir, chose assez difficile, car la plupart des sièges étaient brisés :

« Vous voyez, dit-il, je suis en train de déjeuner ; on ne saurait être plus frugal. Il y a des gens a qui il faut un aloyau de bœuf ou un gigot de mouton dès le matin ; moi, pas du tout.

Que j'aie une pêche, une bonne tasse de café, une bouteille de vieux bordeaux, je n'en demande pas davantage ; encore est-ce moins pour les consommer que pour les voir. Ils me font penser au soleil du midi. Allez donc trouver le moindre souvenir solaire dans un rosbif ou un gigot? Pure satisfaction animale !

— Cette pièce est le cabinet de consultation de notre ami, ou du moins l'aurait été s'il eût exercé la médecine, dit mon tuteur.

— Oui, c'est la cage où l'oiseau chante, répliqua M. Skimpole. De temps en temps des fâcheux lui arrachent quelques plumes et lui rognent les ailes; mais la gaieté lui reste, et il n'en chante pas moins, ajouta-t-il en nous offrant du raisin.

— Il est magnifique! dit mon tuteur. C'est un cadeau?

— Non pas; c'est un aimable jardinier qui l'a fait venir et qui le vend à tout le monde. La dernière fois qu'il en apporta, poursuivit le vieil enfant, son garçon me fit demander s'il devait attendre l'argent. C'est tout à fait inutile, lui répondis-je, à moins que vous n'ayez du temps à perdre. Mais je n'oublierai jamais la journée délicieuse que vous me procurez aujourd'hui, je veux l'appeler désormais la Sainte-Clare et la Sainte-Summerson. Il faut que vous voyiez mes filles ; elles seront enchantées de vous connaître. L'une a des yeux bleus ; c'est ma beauté; la seconde est une brune sentimentale, et la troisième est l'esprit en personne. »

Il se leva pour les faire avertir ; mais mon tuteur lui demanda auparavant quelques minutes d'entretien.

« Autant que vous voudrez, mon cher ami, répondit-il. Vous savez qu'ici l'on ne s'inquiète jamais des heures. Ce n'est pas le moyen, direz-vous, de réussir dans la vie. Assurément, vous répondrai-je ; mais nous n'avons jamais eu la prétention d'y parvenir.

— C'est à propos de Richard que j'ai à vous parler, reprit M. Jarndyce.

— Le meilleur de mes amis, répliqua M. Skimpole. Je ne devrais pas dire cela devant vous, je sais que vous êtes mal ensemble ; mais ce n'est pas ma faute. Il a tant de jeunesse et de poésie, qu'il m'est impossible de ne pas l'aimer, quand même cela devrait vous déplaire.

— Vous avez raison, dit mon tuteur, et je vous remercie de l'affection que vous lui portez. Aimez-le autant que vous voudrez, Harold, mais épargnez sa bourse.

— Je ne demanderais pas mieux ; mais je ne vous comprends pas, répondit M. Skimpole en trempant un biscuit dans son verre.

— J'entends par là, reprit M. Jarndyce, que lorsque vous allez avec lui quelque part, il ne faut pas permettre qu'il paye pour vous deux.

— Que voulez-vous que je fasse ? Il m'ommène, il faut bien que j'aille avec lui ; et comment payerais-je, puisque je n'ai pas d'argent ? Supposez que je demande à un homme : « Combien cela ? » et qu'il me réponde : « Sept schellings et six pence ; » je ne sais pas ce que cela veut dire, pas plus que si on me parlait arabe. Comment voulez-vous que je m'adresse à quelqu'un dans une langue que je n'ai jamais comprise ?

— Dans ce cas-là, dit mon tuteur, à qui cette réponse ne parut pas déplaire, quand vous voyagerez avec Richard, empruntez-moi l'argent dont vous aurez besoin (sans qu'il le sache, bien entendu), et laissez-lui régler vos comptes.

— Mon cher ami, je ne demande pas mieux que de vous être agréable ; mais tout cela me paraît une formalité superflue, un préjugé. D'ailleurs, je croyais que M. Carstone était immensément riche, et qu'il lui suffisait de transférer quelque chose ou de signer une traite ou un billet quelconque pour faire pleuvoir les guinées et les pence.

— Hélas ! non, dit Eva ; bien loin d'être riche, il est pauvre.

— Vraiment ? répondit M. Skimpole en souriant ; vous m'étonnez beaucoup.

— Et d'autant plus pauvre qu'il nourrit une illusion perfide, ajouta M. Jarndyce en posant la main sur le bras de M. Skimpole. Ayez bien soin de ne pas l'entretenir dans cette idée, qui le mènerait à sa perte.

— Vous savez, mon cher ami, que je ne connais rien aux affaires. Ce n'est pas moi qui l'entretiens dans ses idées ; c'est lui qui m'entraîne à les suivre. Il me parle de son procès et déroule à mes yeux la plus brillante perspective, en me demandant ce que j'en pense. Moi, je ne puis qu'admirer, comme j'admire tout ce qui est séduisant ; mais je n'en sais pas plus long, et je ne le lui cache pas. »

La franchise et la simplicité qu'il mettait dans ses paroles produisirent sur moi leur effet accoutumé. Je ne pouvais croire, en l'écoutant, qu'il fût capable de dissimuler quelque chose ou d'influencer quelqu'un ; et cependant, lorsque je me trouvais seule, toutes mes craintes me revenaient malgré moi, et je souffrais de lui savoir des relations avec une personne que j'aimais.

Aussitôt que M. Jarndyce eut terminé ce que M. Skimpol appelait son interrogatoire, celui-ci nous quitta pour aller chercher ses filles, laissant mon tuteur enchanté de nous avoir prouvé son innocence, et revint bientôt, ramenant les trois jeunes ladies et leur mère, qui avait été fort belle et qui n'était plus maintenant qu'une femme délicate à l'air souffrant et dédaigneux.

« Voici Aréthuse, ma beauté, nous dit M. Skimpole; elle joue du piano et chante, comme son père, des fragments de toute espèce de musique; Laura, ma sentimentale, qui touche un peu de piano, mais qui ne chante pas; et Kitty, ma spirituelle, qui chante et ne joue d'aucun instrument; nous composons, nous dessinons tous un peu et nous n'avons ni les uns ni les autres aucune notion des chiffres. »

Mistress Skimpole soupira en entendant cette dernière phrase, et je crus voir qu'elle regardait mon tuteur en soupirant ainsi.

« Il est curieux, continua M. Skimpole, d'observer les bizarreries particulières à chaque famille : dans celle-ci, par exemple, nous sommes tous de grands enfants, et c'est moi qui suis le plus jeune; il faut qu'il en soit ainsi, puisque c'est dans notre nature; je suis persuadé que miss Summerson, dont la capacité administrative est surprenante, trouve singulier que nous ne sachions pas comment s'apprête une côtelette; nous ne savons rien dans cette maison en fait de cuisine, et l'usage du fil et des aiguilles nous est complétement inconnu; mais nous admirons ceux qui possèdent les qualités qui nous manquent, et nous ne voyons pas pourquoi ils nous chercheraient querelle en échange de notre admiration; leur lot est la sagesse et le nôtre la sympathie; n'est-ce pas, mes roses?

— Oh! oui, papa, dirent les trois sœurs.

— Aimer et sentir, voilà notre rôle au milieu du tohu-bohu de l'existence; nous avons la faculté de voir le beau et d'y prendre un puissant intérêt, nous regardons et nous sommes vivement impressionnés, que pouvons-nous faire de plus? Voilà ma beauté, qui épousa il y a trois ans un enfant comme elle et qui depuis lors a donné le jour à deux anges; tout cela est mal au point de vue de l'économie politique; mais c'est fort agréable; c'est une occasion de se réjouir en famille et d'échanger quelques idées sociales; un jour, ma beauté vint avec son mari s'abriter sous mon toit; elle y a fait son nid, et ses hirondeaux y sont nés; le temps arrivera où les deux autres feront comme elle, et nous vivrons sans trop savoir comment; mais nous vivrons heureux. »

Les trois sœurs étaient le portrait de leur père; même esprit et mêmes idées, ainsi que nous pûmes nous en convaincre, Eva et moi, en causant avec elle pendant que M. Skimpole, qui avait formé le projet de revenir à Bleak-House avec nous, était allé faire ses préparatifs de départ.

« Vous prendrez bien soin de votre maman, dit-il à ses filles lorsqu'il rentra quelques instants après; elle est très-souffrante aujourd'hui; quant à moi, je vais passer deux ou trois jours avec Jarndyce, pour entendre chanter les alouettes et conserver ma belle humeur; vous savez à quelle épreuve elle serait soumise si je ne m'en allais pas.

— Je crois bien, dit l'une des filles.

— Un si vilain homme! ajouta Laura, venir faire de pareilles scènes, tandis que le ciel est si pur.

— Et l'air si parfumé, poursuivit Aréthuse.

— Un malotru, nous dit M. Skimpole, une espèce de hérisson qui est boulanger dans le voisinage, et à qui j'ai emprunté une couple de fauteuils dont je me trouvais avoir besoin; il nous les prête; c'est à merveille; un beau jour, il les redemande, on les lui rend; vous croyez qu'il est content? pas du tout, il répond qu'ils sont usés; est-il possible, lui dis-je, qu'à votre âge vous ne sachiez pas que les fauteuils sont faits pour servir, et qu'on ne les emprunte que pour s'asseoir dessus? Mais c'est un être déraisonnable qui, au lieu de me répondre, s'est livré à des excès de langage tout à fait inconvenants. J'essayai alors, non plus de le persuader, mais au moins de le faire partir; il fait un temps délicieux, repris-je quand il fut un peu plus calme, l'air est embaumé, le ciel est sans nuage; quelles que soient nos aptitudes, nous sommes tous les enfants de la nature, et je vous supplie, au nom de cette fraternité qui nous unit, de ne pas interposer plus longtemps entre les fleurs et moi le tableau ridicule d'un boulanger furieux; il n'en persista pas moins à se placer devant mon soleil, en me menaçant de revenir, et c'est pourquoi je suis enchanté d'esquiver sa visite en allant jouir de la campagne avec ce cher Jarndyce. »

Quant aux ennuis que sa femme et ses enfants pourraient éprouver de la part du boulanger, il n'y pensa pas une seconde; et disant au revoir à sa famille avec une tendresse pleine de charme, il nous suivit, complétement libre de toute inquiétude; et fit preuve de tant de verve et d'esprit pendant tout le voyage, qu'Éva et moi nous en fûmes émerveillées, et que le vent d'est, qui tourmentait mon tuteur quand nous quittâmes Somers-Town, avait tourné franchement au sud avant que nous eussions fait deux milles.

A peine arrivé à Bleak-House M. Skimpole, qui aimait à

changer de place comme un enfant, courut au salon bien avant nous, et je l'entendis jouer du piano, chanter des refrains de barcarolles, des fragments d'airs italiens et de mélodies allemandes, jusqu'au moment où nous allâmes le rejoindre ; il se mit alors à causer, mêlant de temps en temps à la conversation quelques phrases musicales, et nous disant qu'il terminerait le lendemain un dessin qu'il avait commencé deux ans auparavant, lorsqu'on remit une carte à M. Jarndyce, qui lut avec surprise le nom de sir Leicester Dedlock.

J'aurais voulu fuir ; mais j'étais paralysée ; je n'eus pas même la présence d'esprit de me retirer avec Eva dans l'embrasure d'une fenêtre ; mon nom fut prononcé par mon tuteur, qui me présenta au personnage, et c'est comme en rêve que j'entendis la conversation suivante :

« J'ai l'honneur de venir vous voir, monsieur Jarndyce....
— Tout l'honneur est pour moi, sir Leicester.
— Pour vous dire, continua le baronnet en s'inclinant, combien j'ai regretté qu'un sujet de plainte, quelque vif qu'il puisse être, que j'ai contre un gentleman dont vous avez été l'hôte, vous ait empêché, surtout les jeunes ladies qui vous accompagnaient, de visiter mon château de Chesney-Wold et tout ce qu'il peut offrir d'intéressant à des esprits cultivés.
— Je vous remercie mille fois de votre bonté, sir Leicester, pour mon propre compte et pour celui de mes pupilles.
— Serait-il possible, monsieur, que le gentleman dont j'ai parlé plus haut, et que j'évite de qualifier, m'eût fait l'injure de méconnaître mon caractère au point de vous avoir donné lieu de croire que vous ne seriez pas reçu chez moi avec cette courtoisie que les membres de ma famille ont toujours eue dans tous les temps pour les messieurs et les dames qui se présentaient à leur château ? Dans ce cas-là, monsieur, je vous prierais d'être persuadé du contraire de ce qu'on a pu vous dire. »

Mon tuteur se contenta pour toute réponse de faire un signe négatif.

« J'ai été peiné, monsieur Jarndyce, continua d'un air grave sir Leicester, peiné, je vous assure, d'apprendre, par la femme de charge de Chesney-Wold, qu'un gentleman de votre société, qui semble avoir du goût pour les beaux-arts, ait pu être également, pour le même motif, privé d'examiner les portraits de famille avec tout le soin et l'attention qu'il aurait peut-être désiré leur accorder, et dont quelques-uns d'entre eux l'auraient dédommagé. »

Le baronnet tira une carte de son portefeuille, et, prenant son lorgnon, lut avec un grand sérieux et un léger embarras :

« Monsieur.... Hirrold.... Hérald.... Harold Skampling.... Skumpl.... Je vous demande bien pardon! Skimpole.

— Le voici, dit mon tuteur en présentant le gentleman.

— Je suis heureux de vous rencontrer, monsieur Skimpole, afin d'avoir l'occasion de vous exprimer personnellement tous mes regrets, répliqua sir Leicester; j'espère, monsieur, que lorsque vous vous retrouverez dans le voisinage, vous voudrez bien examiner à loisir tout ce qui pourra vous intéresser à Chesney-Wold.

— Vous êtes trop bon, sir Leicester, dit à son tour M. Skimpole; après une invitation aussi gracieuse, je ne manquerai certainement pas de visiter une seconde fois votre superbe manoir; les propriétaires de semblables résidences sont des bienfaiteurs publics. Quand ils sont assez généreux pour offrir à l'admiration de pauvres gens comme nous de véritables trésors, il y aurait de l'ingratitude à ne pas profiter de leurs bienfaits.

— Vous êtes artiste, monsieur? demanda sir Leicester, qui parut approuver hautement l'opinion de M. Skimpole.

— Non, monsieur, répondit celui-ci; un amateur, un oisif dans toute la force du terme. »

Sir Leicester, plus enchanté que jamais des sentiments de M. Skimpole, exprima l'espoir qu'il avait de se trouver à Chesney-Wold la première fois que celui-ci viendrait dans le Lincolnshire; et ajouta qu'il avait été d'autant plus contrarié de ne pas avoir reçu notre visite, que M. Jarndyce était une ancienne connaissance de lady Dedlock, même un parent éloigné, qui avait toujours inspiré à milady une profonde vénération. Mon tuteur répondit quelques paroles qui m'arrivèrent confusément; sir Leicester parla, je crois, de notre rencontre avec milady à la loge du garde, ce fameux jour d'orage, toussa pour ne pas entendre une observation de M. Skimpole à propos de M. Boythorn, et prit congé de nous avec beaucoup de cérémonie.

Je courus m'enfermer dans ma chambre, où je restai quelques instants fort inquiète de mon trouble, et je m'estimai fort heureuse, quand je revins au salon, d'en être quitte pour quelques plaisanteries sur l'impression que m'avait faite l'illustre baronnet. Mais la possibilité de me retrouver en face de ma mère, peut-être l'obligation de lui faire une visite, jusqu'aux politesses de son mari pour M. Skimpole, tout cela m'effrayait au point que je résolus de confier mon secret à mon tuteur, ne me trouvant plus assez de force pour me priver de ses conseils; je quit-

tai donc ma chambre après avoir dit bonsoir à Eva, et j'allai
rejoindre M. Jarndyce dans la bibliothèque où il passait une
heure ou deux à lire avant de se mettre au lit.

« Puis-je entrer? lui dis-je.

— Certainement, petite femme. Qu'y a-t-il pour votre service?

— Je voudrais bien vous parler de quelque chose qui me
concerne.

— Vous savez alors, chère enfant, avec quel intérêt vous allez être écoutée.

— Je n'en doute pas, et j'ai tant besoin de vos conseils, cher
tuteur, surtout depuis la visite que vous avez reçue aujourd'hui.

— Celle de sir Leicester?

— Oui, tuteur. »

Il croisa les bras, et me regardant avec surprise :

« Je n'aurais jamais cru, dit-il en souriant, que vous eussiez
le moindre rapport avec le baronnet.

— Moi aussi, je vous assure; j'étais loin de m'en douter il y
a peu de temps encore. »

M. Jarndyce se leva pour aller voir si j'avais fermé la porte,
et vint se rasseoir en face de moi.

« Vous souvenez-vous, tuteur, du jour où nous fûmes surprises par l'orage dans le parc de Chesney-Wold, et où lady
Dedlock vous a parlé de sa sœur?

— Parfaitement.

— Elle vous rappela combien elles avaient toujours différé de
caractère, et vous dit, n'est-ce pas, qu'elles avaient même fini
par se séparer complétement?

— C'est vrai.

— Pourquoi se sont-elles quittées, cher tuteur?

— Je n'en sais rien, mon enfant; elles seules peut-être pourraient vous l'apprendre; qui jamais a pénétré les secrets de ces
deux femmes? Vous connaissez lady Dedlock; si vous aviez pu
voir sa sœur....

— Oh! je l'ai vue bien des fois.

— Vous, Esther?... »

Il se mordit les lèvres et s'arrêta un instant.

« Lorsque vous m'avez demandé si Boythorn avait été marié,
poursuivit-il, et que je vous répondis qu'il avait perdu sa fiancée, morte pour lui comme pour le monde, saviez-vous quelle
était la femme dont je parlais?

— Non, répondis-je tout effrayée de ce qu'il me faisait entrevoir.

— C'était la sœur de milady, répliqua M. Jarndyce.

— Et pourquoi ne l'a-t-elle pas épousé? dites-le-moi, je vous en prie.

— Elle ne le confia jamais à personne. Mon pauvre ami, désespéré, en fut réduit aux conjectures, et supposa que, blessée dans sa fierté par l'événement qui l'avait séparée de sa sœur, elle avait pris le parti de ne plus reparaître dans le monde ; car, en lui annonçant qu'il ne la reverrait jamais, elle ajoutait que cette résolution lui était imposée par le sentiment du devoir envers un galant homme, dont elle connaissait la susceptibilité en fait d'honneur, susceptibilité qu'elle partageait, et qu'elle conserverait jusqu'à sa mort. Je ne sais pas si elle vit toujours, mais elle a tenu parole ; et depuis cette époque, non-seulement il ne l'a pas revue, mais personne n'a même entendu parler d'elle.

— Oh ! mon Dieu, m'écriai-je, que de chagrins n'ai-je pas causés !

— Vous, ma pauvre Esther !

— Bien innocemment, tuteur ; et cependant cette recluse dont j'ai gardé le souvenir....

— Non, non, s'écria M. Jarndyce en tressaillant.

— Celle qui m'a élevée enfin, c'était elle, et sa sœur est ma mère. »

J'aurais voulu lui dire tout ce que contenait la lettre que j'avais brûlée à Chesney-Wold ; mais il refusa de l'entendre au moins quant à présent, et me parla avec tant de sagesse et de bonté, qu'il me sembla que jamais je n'avais encore ressenti pour lui autant d'affection que j'en éprouvais alors. Il me reconduisit jusqu'à la porte, où il m'embrassa ; et je pensai avant de m'endormir que je ne serais jamais assez dévouée, assez utile aux autres, assez oublieuse de moi-même pour lui prouver ma gratitude et ma tendresse.

CHAPITRE XIV.

La lettre et la réponse

Le lendemain matin, mon tuteur m'appela dans sa chambre, et je lui racontai ce qui me restait à lui confier. Nous n'avions pas autre chose à faire, me dit-il, que de garder le secret et d'éviter, autant que possible, de rencontrer sir Leicester; il comprenait mes sentiments à cet égard, il les partageait même et se chargea d'empêcher M. Skimpole de retourner au château. Quant à ma mère, il était impossible de la conseiller ou de la secourir. Si les soupçons qu'elle avait conçus, relativement à ce procureur, étaient fondés, et M. Jarndyce n'en doutait pas, il était presque certain qu'elle serait dénoncée; il connaissait de vue et de réputation l'avoué de sir Leicester, et il était persuadé que c'était un homme dangereux. « Quoi qu'il arrive, me répéta-t-il avec une bonté pleine de sollicitude, n'oubliez pas que vous en êtes innocente et que vous ne pouviez pas l'empêcher. Soyez même bien convaincue que ce n'est pas votre existence qui aura mis sur la voie de cette découverte.

— J'en suis sûre, relativement au procureur, puisqu'il ne m'a jamais vue, répondis-je; mais il y a deux autres personnes qui m'inquiètent; et je dis à mon tuteur ce que m'avaient fait supposer les intentions de M. Guppy, dont toutefois le silence me semblait assuré depuis notre dernière entrevue. J'étais moins tranquille en pensant à l'ancienne femme de chambre de ma mère et aux offres pressantes qu'elle m'avait faites d'entrer à mon service.

— Elle est plus à redouter que le jeune homme, me répondit mon tuteur d'un air pensif; et pourtant il était naturel qu'elle cherchât à se placer.

— Mais elle avait des manières si étranges !

— Assurément il y eut quelque chose de bizarre dans la façon dont elle ôta ses souliers après cette pluie d'orage; surtout dans le sang-froid qu'elle mit à faire cette bravade qui pouvait la tuer; mais il y aurait folie à se préoccuper d'une foule de circonstances qui, pour être inexplicables, n'en sont pas moins insignifiantes. Rassurez-vous; petite femme, et dans l'intérêt même de celle pour qui vous vous alarmez, faites taire votre inquiétude et agissez comme à l'ordinaire. Maintenant que je partage votre secret, je veillerai sur elle autant que les circonstances me le permettront; et, s'il arrive que je puisse lui tendre la main, ou lui rendre le moindre service, je le ferai, soyez-en sûre, par amour pour sa fille. »

Je le remerciai de tout mon cœur, et j'allais partir quand il me pria de rester encore un moment. Je ne sais quelle expression avait sa figure; mais il me sembla que je pressentais vaguement ce dont il voulait me parler.

« Je songe depuis longtemps au projet que je désire vous soumettre me dit-il.

— Quel projet, tuteur?

— J'aurais quelque difficulté à vous le dire de vive voix; et, comme il a besoin d'être exposé nettement, besoin surtout d'être bien compris, je vous l'écrirai, si vous voulez le permettre.

— Comme vous voudrez, tuteur; j'accepterai toujours avec joie tout ce que vous me proposerez.

— Voyons, me dit-il avec son joyeux sourire, suis-je en ce moment comme vous m'avez toujours vu? Aussi ouvert, aussi brave homme que j'ai l'habitude de l'être?

— Absolument, répondis-je; car le premier moment d'hésitation passé, il avait retrouvé toute sa franchise et sa cordialité.

— Je n'ai pas l'air de dissimuler quelque chose, de ne pas dire tout ce que je pense, de....

— Pas le moins du monde, cher tuteur.

— Et vous auriez dans mes paroles une confiance pleine et entière?

— Absolue, m'écriai-je.

— Donnez-moi la main, chère enfant, dit-il en me regardant avec cette bonté qui avait fait ma maison de la sienne dès l'instant où j'y étais entrée.

— Vous m'avez énormément changé depuis ce jour d'hiver où je vous ai trouvée dans la diligence, reprit-il; et quel bien, depuis lors, ne m'avez-vous pas fait?

— C'est moi qui vous dois tout, cher tuteur.

— Ne parlons pas de cela, mon enfant.

— Je ne l'oublierai jamais, tuteur.

— Il le faut cependant, reprit-il avec une douce gravité. Oubliez ce que j'ai pu faire et ne vous rappelez qu'une chose, c'est que rien ne pourra me changer à votre égard. En êtes-vous bien convaincue, Esther?

— Oh! oui, tuteur.

— C'est beaucoup. C'est même tout ce que je désire; mais je ne veux pas vous prendre au mot. Pensez à ce que je vous demande; et si, après y avoir réfléchi, vous êtes bien sûre que rien ne saurait altérer mes sentiments à votre égard, envoyez Charley, d'aujourd'hui en huit, prendre la lettre dont je vous ai parlé; mais surtout ne l'envoyez pas si vous avez le moindre doute. »

Il me serra la main; nous nous séparâmes; et la semaine s'écoula sans qu'il y eût entre nous la moindre allusion à ces paroles. Le soir du huitième jour, aussitôt que je fus seule, je dis à Charley d'aller frapper à la porte de M. Jarndyce et de lui demander de ma part la lettre qu'il avait écrite. Elle monta quelques marches, en descendit quelques autres, traversa plusieurs corridors, et jamais les zigzags de la vieille demeure n'avaient paru plus longs à mon oreille attentive. Elle revint enfin avec la lettre, qu'elle posa sur la table, et se retira immédiatement. J'allai m'asseoir, et je rêvai longtemps avant de prendre la lettre. Je me rappelai mon enfance, les tristes jours que j'avais passés chez ma marraine, et l'instant où, plus abandonnée que jamais, je m'étais trouvée seule, avec mistress Rachaël, auprès du corps glacé de ma tante. Je me revis un peu plus tard au milieu des amies que j'avais à Greenleaf; et j'arrivai à l'époque où je rencontrai ma chère Eva, dont la tendresse et la beauté faisaient le charme de ma vie. Je me rappelai ce regard bienveillant qui nous avait accueillis à Bleak-House. L'heureuse existence que j'avais menée depuis lors se déroula devant moi; et je devais tout ce bonheur à un être excellent dont la figure radieuse m'était représentée par cette lettre.

Je déchirai l'enveloppe et je lus avidement les pages qu'elle contenait. Elles exprimaient tant d'affection et de désintéressement que mes yeux s'emplirent de larmes. C'était bien ce que j'avais supposé; il me demandait si je voulais être la maîtresse de Bleak-House.

Il ne me parlait pas d'amour, bien qu'on sentît sous chaque phrase l'émotion qui l'avait inspirée. Il s'adressait à moi comme si les rôles avaient été changés, comme si la reconnaissance eût été de son côté et les bienfaits du mien. Il me disait que j'étais jeune et qu'il ne l'était plus. Il insistait sur ses cheveux gris et m'engageait à réfléchir sérieusement avant de me prononcer. Je n'avais rien à gagner à ce mariage, disait-il; et surtout rien à perdre en refusant d'y consentir. De nouveaux liens n'augmenteraient pas l'affection qu'il avait pour moi; et, quelle que fût ma réponse, il était sûr qu'elle serait conforme à la raison; mais il avait cru devoir m'offrir cette nouvelle position après la confidence que je lui avais faite dernièrement, ne serait-ce que pour donner un démenti à l'anathème qu'on avait jeté sur ma naissance. Puis il songeait à l'avenir; il prévoyait qu'Eva ne resterait pas longtemps avec nous, et que notre vie serait désorganisée. Mais, ajoutait-il, quand même vous penseriez, aujourd'hui, pouvoir devenir la compagne de mes dernières années, je veux que vous preniez tout le temps nécessaire pour délibérer avec vous-même sur ma proposition, et que vous vous rappeliez, en cas de refus, que je resterai pour vous ce que j'ai toujours été; de même que vous voudrez bien, je l'espère, conserver ici la place que vous y occupez.

Telle était la substance de cette lettre, écrite avec une dignité affectueuse et l'impartialité d'un tuteur exposant à sa pupille l'offre d'un étranger que sa conscience lui faisait un devoir de discuter avec elle.

Mais ce qu'il ne disait pas, c'est qu'à l'époque où mon visage avait toute sa fraîcheur, il s'était abstenu de me faire cette proposition dont il avait déjà la pensée; que l'altération de mes traits et la découverte de ma naissance n'avaient pas diminué sa tendresse, et qu'il ne m'avait offert son nom et sa fortune que le jour où, sans beauté, je n'avais d'autre héritage que la honte. Je le savais, moi; et, dans ma gratitude, il me semblait que de lui dévouer toute ma vie serait encore trop peu de chose pour le remercier de tant de générosité. J'étais heureuse de lui prouver enfin ma reconnaissance, et pourtant je pleurais de tout mon cœur; non pas seulement par excès d'émotion, non pas de la joie qu'une perspective aussi brillante devait causer à une pauvre fille comme moi; non, j'étais triste et je pleurais comme si tout ce bonheur me faisait renoncer à quelque chose de vague que je n'aurais pas su définir, mais dont la perte m'occasionnait une vive souffrance.

Lorsque j'eus bien pleuré, je me regardai dans la glace, et mes yeux rouges et gonflés m'adressèrent de tels reproches, qu'il me fallut faire un violent effort pour ne pas verser de nouvelles larmes. « Une fois maîtresse de Bleak-House, me dis-je, il faudra que vous soyez toujours gaie, mon Esther. Vous aurez bien des motifs de l'être; commencez donc tout de suite. »

Je sanglotai encore un peu, seulement parce que j'avais pleuré; et je me mis à réfléchir, tout en me coiffant pour la nuit. Me voilà donc heureuse pour toujours, pensais-je; avec de bons amis, une maison, un chez moi; le pouvoir de faire beaucoup de bien et l'affection du meilleur de tous les hommes; je me demandai ce qui serait arrivé si M. Jarndyce eût épousé une autre femme; et cette pensée me faisait entrevoir mon bonheur sous un nouvel aspect; j'allai prendre mon trousseau de clefs dans ma corbeille, je le fis sonner joyeusement, et le remis à sa place après l'avoir embrassé.

Quelle ingratitude et quelle folie! m'écriai-je. C'est bien le cas de pleurer au moment où l'avenir, qui pourrait être si triste, devient si beau pour moi; et, d'ailleurs, qu'y a-t-il de si étrange à ce que je devienne la maîtresse de Bleak-House, en supposant que ce soit l'étonnement qui me fasse pleurer? Ne me l'avait-on pas prédit en quelque sorte? Mistress Woodcourt elle-même... Peut-être est-ce le nom que je venais de prononcer qui les rappela à ma mémoire; mais je pensai tout à coup à mes fleurs desséchées. Elles n'étaient plus que le souvenir flétri d'un passé qui ne reviendrait jamais; et cependant il était mieux de ne pas les conserver. J'allai prendre dans le petit salon qui séparait nos deux chambres le livre où je les avais placées. Comme je revenais chez moi, j'aperçus Eva par la porte entr'ouverte ; elle dormait, et j'allai l'embrasser. Une de mes larmes tomba sur son front, et, dans ma faiblesse, je pris les fleurs que je posai sur ses lèvres; je pensais à l'amour qu'elle avait pour Richard. Qu'y avait-il de commun entre cet amour et mes fleurs? Je rentrai dans ma chambre; j'approchai de la bougie mon pauvre bouquet de roses; et, l'instant d'après, ce n'était plus qu'un peu de cendres.

Le lendemain matin, lorsque j'entrai dans la salle à manger à l'heure du déjeuner, j'y trouvai mon tuteur, qui m'accueillit avec son visage habituel, et dont les manières, libres de toute contrainte, me mirent complétement à l'aise. Plusieurs fois, dans la matinée, je me trouvai seule avec lui, et je pensai naturellement qu'il en profiterait pour me parler de sa lettre. Cependant il n'en dit pas un mot; le lendemain, il garda le même silence, et plusieurs jours s'écoulèrent sans qu'il parût se souvenir de ce qu'il m'avait écrit; je me demandai avec inquiétude s'il attendait une lettre de moi en réponse à la sienne, et j'essayai de lui écrire, sans pouvoir m'exprimer comme j'aurais voulu le faire. J'attendis encore, la semaine passa, puis une autre, et nous étions toujours dans la même position. Enfin, un jour où nous devions sortir à cheval, je m'habillai bien vite et je descendis avant Eva; M. Jarndyce était dans le salon, et regardait au dehors; il se retourna quand j'entrai, et me sourit en disant : « Ah! c'est vous, petite femme! » Puis il regarda de nouveau ce qui avait attiré son attention. J'étais cette fois bien résolue à parler.

« Tuteur, lui dis-je en tremblant, quand voulez-vous avoir la réponse à la lettre que vous avez remise à Charley ?

— Quand elle sera prête, chère enfant.

— Elle l'est depuis longtemps, répondis-je.

— Est-ce Charley qui doit me la remettre? demanda-t-il d'un air enjoué.

— Non, tuteur, c'est moi qui vous l'apporte. » Et je lui passai mes deux bras autour du cou.

« Est-ce la maîtresse de Bleak-House qui m'embrasse? demanda-t-il encore.

— Oui, » répondis-je.

Et rien ne parut changer dans nos manières.

Eva descendit; nous sortîmes tous les trois, et je n'en parlai même pas à cette bien chère amie.

CHAPITRE XV.

Dépôt sacré.

Un matin, après avoir terminé toutes les allées et venues qu'exigeaient les soins du ménage, je me promenais dans le jardin avec Eva, lorsqu'en tournant les yeux du côté de la maison, j'aperçus une ombre qui s'y introduisait et qui me parut être celle de M. Vholes. Comme précisément nous parlions de Richard et qu'Eva me disait son espérance de le voir bientôt renoncer à ce procès, à cause de l'ardeur même qu'il y avait apportée, je me gardai bien de parler à ma pauvre amie de l'ombre que je venais de reconnaître; mais il y avait à peine quelques minutes que le procureur était arrivé, lorsque Charley, sautant par-dessus les plates-bandes et glissant au milieu des fleurs, me cria, du plus loin qu'elle m'aperçut :

« Miss, voulez-vous venir au salon pour parler à monsieur? »

Je dis à Eva que j'allais bientôt revenir, et je demandai à Charley s'il n'y avait pas un gentleman avec M. Jarndyce. La chère enfant, dont la syntaxe faisait peu d'honneur à ma manière d'enseigner, me répondit :

« Oui, miss; celui qu'a venu à Chesney-Wold avec M. Richard. »

Il était impossible de voir deux êtres plus dissemblables que M. Vholes et mon tuteur. L'un, franc et ouvert, ayant la poitrine large, la voix pleine et sonore, se tenant droit et vous regardant en face; l'autre, froid et dissimulé, rétréci des épaules et légèrement voûté, ayant la voix creuse et une certaine manière d'articuler ses mots comme un poisson qui bâille.

« Vous connaissez M. Vholes, Esther? » me dit mon tuteur sans y mettre infiniment d'urbanité.

L'avoué se leva, ganté et boutonné comme à son ordinaire, et se remit sur sa chaise en regardant le parquet à quelques pas devant lui.

« M. Vholes, continua mon tuteur en jetant un coup d'œil de défiance à l'homme noir, ainsi qu'à un oiseau de mauvais augure, nous apporte de tristes nouvelles relativement à notre infortuné Richard. »

Il appuya sur le mot infortuné, comme s'il avait voulu faire entendre que Richard devait une grande partie de son malheur à ses relations avec M. Vholes, qui, sans bouger le moins du monde, porta son gant noir à sa figure jaune, dont il écorcha discrètement les boutons rouges.

« Et comme vous êtes l'amie de Richard, poursuivit M. Jarndyce, je serais bien aise d'avoir votre avis sur cette malheureuse affaire. Voulez-vous être assez bon, monsieur, pour redire une seconde fois ce que vous m'appreniez tout à l'heure ?

— Je disais, miss Summerson, reprit donc M. Vholes, qu'en ma qualité de conseiller judiciaire de M. Carstone, j'avais lieu de connaître que la position pécuniaire de ce jeune homme était fort embarrassée ; moins par rapport au montant de la somme exigible que parce que la dette est pressante et que les moyens de M. Carstone pour en acquitter le total se trouvent assez restreints. J'ai détourné pendant quelque temps les poursuites dont il était menacé ; mais chaque chose a des bornes, et je suis arrivé aux dernières limites du possible. J'ai acquitté de ma poche plusieurs petites créances dont il faut nécessairement que je sois remboursé, car je ne suis pas riche, et, de plus, j'ai un vieux père à ma charge dans la vallée de Taunton, sans parler des devoirs que m'impose l'avenir de mes trois filles. Je ne vois pas que M. Carstone puisse sortir de l'impasse où il est engagé, à moins qu'il n'obtienne la permission de vendre son brevet, ce que, dans tous les cas, j'ai cru nécessaire d'apprendre à sa famille.

— Figurez-vous le malheureux n'ayant même plus sa paye d'officier, me dit mon tuteur ; que deviendra-t-il ? Pauvre enfant ! vous le connaissez, Esther ; jamais il n'acceptera rien de moi ; lui offrir quelque chose serait l'irriter davantage. Voyez-vous un moyen ?

— La remarque de M. Jarndyce est malheureusement d'une exactitude rigoureuse, dit M. Vholes en s'adressant à moi. Je ne vois pas qu'on puisse rien faire pour changer la situation actuelle, et je n'ai pas dit qu'il y eût quelque chose à tenter, loin de là ; je suis venu simplement pour vous informer confidentiellement de la position où se trouve M. Carstone, afin qu'on sache bien où il en est et où il va, ayant pour habitude d'agir ouvertement en affaires, et pour unique désir celui de laisser un nom sans tache à mes filles. Si je n'avais consulté que mes propres intérêts, je me serais abstenu de cette démarche, qui n'a rien d'officiel et qui ne rentre nullement dans mes attributions ; j'ose même dire que je suis personnellement étranger à toute cette affaire, qui ne m'intéresse que comme membre de la société, comme fils et comme père de famille. »

Je ne doutais pas, malheureusement, de la vérité des paroles de l'avoué sur la triste position de Richard ; et, tandis que l'homme de loi, s'approchant du feu, chauffait ses gants funèbres, je proposai tout bas à mon tuteur d'aller trouver notre pauvre ami, afin de voir par moi-même ce qu'il y avait à faire. M. Jarndyce m'objecta d'abord la fatigue du voyage ; mais, comme il ne trouva pas autre chose à m'opposer et que je l'assurai, au contraire, du plaisir véritable que j'aurais à remplir cette petite mission, il répondit à M. Vholes que je verrais M. Carstone, dont nous espérions encore sauver la position.

« Vous devez avoir besoin de prendre quelque chose ? ajouta mon tuteur. Veuillez me permettre, monsieur, de vous faire servir une légère collation.

— Merci mille fois, dit l'avoué en arrêtant le bras que M. Jarndyce étendait vers la sonnette ; je ne prendrai rien, pas même un verre d'eau ; j'ai l'estomac fort délabré, et je suis en général un bien triste convive. S'il me fallait manger actuellement, je ne sais pas quelle en serait la conséquence ; et maintenant que je vous ai dit avec franchise ce que j'avais à vous communiquer, je vous demanderai, monsieur, la permission de me retirer.

— Plût au ciel, répondit M. Jarndyce avec amertume, qu'il nous fût permis à tous de nous retirer aussi facilement du malheureux procès où nous sommes engagés ! »

M. Vholes, dont les vêtements noirs fumaient devant le feu en répandant une odeur peu agréable, inclina légèrement la tête.

« Nous autres, monsieur, dit-il, qui n'avons pour toute ambition que de laisser une réputation intacte, nous faisons des efforts incessants pour le triomphe des intérêts que l'on nous confie ; du moins, c'est ainsi que j'ai toujours fait pour ma part, et je veux croire que tous mes collègues n'agissent pas autrement. Vous comprenez, miss Summerson, qu'il ne faudrait pas parler de moi dans l'entretien que vous aurez avec M. Carstone.

— Je vous promets de l'éviter, monsieur, lui répondis-je.

— Je vous en serai fort obligé. Adieu, miss ; adieu, monsieur. »

L'avoué toucha la main de mon tuteur et la mienne de son gant noir, qui ne semblait contenir que les maigres doigts d'un squelette, et emporta son ombre au dehors. Je me la figurai traversant, sur l'impériale de la diligence, le paysage inondé de soleil qui nous séparait de Londres, et glaçant les graines au sein de la terre à l'endroit où elle passait.

Il était impossible de ne pas dire à Eva le motif de mon voyage. Ma pauvre amie fut bien triste quand elle sut la position de Richard; mais elle ne trouva pour lui que des paroles de tendresse et d'excuse; et, plus aimante que jamais, elle lui écrivit une longue lettre dont elle me pria de me charger.

Mon tuteur avait désiré que Charley m'accompagnât, bien que ce fût inutile; et le soir même, trouvant deux places dans la malle-poste du comté de Kent, nous roulions vers la mer à l'heure où d'habitude nous étions dans notre lit. C'était à cette époque, où l'on allait encore en diligence, un voyage qui durait toute la nuit; mais nous étions seules dans la voiture, et j'étais assez préoccupée de la démarche que j'allais faire pour que la route ne me parût pas trop longue. Richard était-il dans une situation aussi désespérée que le prétendait M. Vholes? Que lui dirais-je, et comment prendrait-il mes paroles? Tantôt je comptais bien lui être utile; tantôt, en y réfléchissant, je ne voyais aucun moyen de le tirer d'embarras. Je passais de l'espoir au découragement; quelquefois je m'applaudissais de ma détermination, et, l'instant d'après, elle me semblait une folie. Bref, la nuit s'était écoulée sans que je m'en fusse aperçue, lorsque nous entrâmes dans les rues étroites de Deal par une matinée tellement brumeuse, qu'on y voyait à peine à quelques pas devant soi. La place, entourée de petites maisons irrégulièrement construites, et encombrée, en certains endroits, de cabestans, d'ateliers, de bateaux, de palans, de cordages, au milieu desquels se trouvaient de larges espaces où l'herbe couvrait la grève, offrait le plus triste aspect qu'on pût imaginer. La mer se soulevait péniblement sous l'épais brouillard qui la voilait à nos yeux; et rien ne bougeait sur le rivage, si ce n'est quelques cordiers matineux, qui, entourés d'une ceinture de chanvre, semblaient résolus, par ennui de leur vie présente, à se filer eux-mêmes en forme de câble et de cordage, pour changer d'existence; mais quand nous fûmes installées près d'un bon feu, dans une bonne chambre bien close, et confortablement assises devant un déjeuner appétissant, car il était trop tard pour se coucher, Deal nous parut beaucoup moins triste. Le brouillard se dissipa peu à peu, et, comme un rideau qui se lève, nous laissa voir une quantité de vaisseaux dont jusque-là nous n'avions pas le moindre soupçon. Je ne sais plus à quel chiffre se montait leur nombre suivant ce qui nous fut dit alors, mais quelques-uns me semblèrent d'une grandeur imposante ; surtout un beau trois-mâts qui arrivait des Indes, et qui était dans le port depuis la veille au soir. Enfin, quand le soleil brilla entre les nuages, créant de petits lacs argentés au milieu des flots sombres, quand sa lumière vint éclairer tous ces navires et que les bateaux se détachèrent du rivage pour le service du port, le spectacle animé que nous avions sous les yeux fut vraiment admirable. Une foule de petites barques entourait ce beau navire des Indes, et nous pensions à la joie que devaient éprouver les passagers de se voir enfin au terme de leur voyage. C'était pour Charley une source inépuisable de questions qu'elle m'adressait avec curiosité sur la distance qu'il y avait de Londres à Calcutta, sur la chaleur qu'il y faisait, sur les tigres, les serpents ; et comme elle retenait beaucoup mieux la géographie et l'histoire naturelle que la grammaire, je lui appris tout ce que je savais à cet égard. Je lui dis, en outre, qu'il arrivait souvent que le vaisseau fût brisé par la tempête sur des rochers où l'intrépidité d'un seul homme parvenait quelquefois à sauver tous les autres ; l'enfant m'ayant demandé comment cela pouvait se faire, je lui racontai le naufrage qui avait eu lieu précisément dans l'océan Pacifique, traversé par ce beau trois-mâts, et dont je devais les détails à la pauvre miss Flite.

J'avais d'abord pensé à faire prévenir Richard, mais je crus qu'il valait mieux le surprendre ; comme il demeurait à la caserne, je craignais que la chose ne fût difficile et nous allâmes reconnaître les lieux ; mais tout était fort tranquille dans la cour, et un sergent auquel je m'adressai me fit conduire par un soldat, qui, m'ayant fait monter quelques marches, frappa discrètement à une porte.

« Qu'est-ce que c'est ? » dit une voix qui m'était bien connue.

Je laissai Charley dans le corridor, et, entr'ouvrant la porte :

« C'est dame Durden, répondis-je ; peut-elle entrer ? »

Richard, au milieu d'un pêle-mêle incroyable d'habits, de livres, de bottes, de brosses, de portemanteaux gisant par terre, écrivait quelques lettres ; il était à demi vêtu, ne portait pas d'uniforme, avait les cheveux en désordre et le visage bouleversé.

Néanmoins il se leva dès qu'il m'eut aperçue et me prit dans ses bras avec effusion. Pauvre Richard ! il fut toujours le même pour moi et me reçut jusqu'à la fin avec quelque chose de son ancienne gaieté.

« Comment c'est vous ? je ne m'attendais guère à vous voir, s'écria-t-il ; et par quel hasard êtes-vous ici, dame Durden ? il n'y a rien de nouveau ? Eva se porte bien ?

— Parfaitement, Richard ; elle est plus adorable que jamais.

— Ah ! reprit-il en se laissant tomber sur sa chaise ; ma pauvre cousine !.... je vous écrivais, Esther. »

Si jeune et si beau, et pourtant si défait et les yeux si hagards tandis qu'il froissait dans sa main le papier qu'il avait pris sur la table !

« Est-ce avec l'intention de déchirer votre lettre, que vous vous êtes donné la peine de m'écrire ? lui demandai-je.

— Oh ! répondit-il en faisant un geste de désespoir, l'état où vous voyez cette chambre vous en dit bien assez. »

Je l'engageai doucement à ne pas se laisser abattre, et je lui dis qu'ayant appris par hasard qu'il se trouvait dans l'embarras, j'étais venue pour en causer avec lui et pour voir ce qu'il y avait à faire.

« Toujours la même, dit-il, mais vous n'y pouvez rien ; je quitte l'armée aujourd'hui ; j'ai la permission de vendre mon brevet, et dans une heure je serai parti d'ici. Encore une chose tombée dans l'eau. Il ne me reste plus qu'à entrer dans l'Église pour avoir parcouru le cercle des professions libérales.

— Vous n'en êtes pas là, Richard, m'écriai-je.

— Si vraiment ; d'ailleurs mes chefs me voient partir sans regret ; et ils ont bien raison ; car je ne conviens nullement pour faire un militaire ; je n'ai d'intelligence, de cœur et d'activité que pour une seule chose ; et, en supposant que la bombe n'eût pas éclaté maintenant, il aurait fallu rompre tôt ou tard avec une carrière qui d'un moment à l'autre pouvait m'envoyer au loin ; comment partir, quand je sais par expérience qu'il est impossible de se fier même à Vholes, si l'on n'est pas toujours sur ses épaules ? »

Il devina ce que j'allais dire, et prenant ma main dont il me ferma la bouche :

« N'en parlons plus, continua-t-il ; entre nous, vous le savez, dame Durden, il y a deux sujets que nous ne devons pas aborder : l'un est M. Jarndyce ; quant à l'autre, c'est vous qui me l'avez défendu ; appelez ça de la folie, si vous voulez ; je vous répondrai que ce n'est pas ma faute et qu'il m'est impossible d'en guérir ; mais c'est au contraire de la sagesse, et la seule chose dont j'aie à m'occuper. Quel malheur que je me sois laissé détourner de la route que je devais suivre ! et comment pourrais-je y renoncer aujourd'hui après y avoir déjà consacré tant de temps, de soins et de peine ! Je sais bien quelqu'un à qui cela ferait plaisir, mais ce n'est pas un motif pour renoncer à mes droits. »

Je pensai qu'il valait mieux ne pas l'irriter davantage en essayant de le contredire, et je lui remis la lettre qu'Eva m'avait donnée pour lui.

« Dois-je la lire à présent? » demanda-t-il.

Sur ma réponse affirmative, il en brisa le cachet, la posa sur la table, et appuyant son front sur sa main, il en commença la lecture. Un instant après, il porta son autre main à sa tête pour me cacher son visage ; puis il se leva comme s'il n'y eût pas vu à la place qu'il occupait, et s'approcha de la fenêtre. Quand il eut terminé sa lecture, il revint auprès de moi, et je vis des larmes dans ses yeux.

« Vous savez ce qu'elle me dit? reprit-il d'une voix plus douce et en baisant la lettre, qu'il tenait toujours.

— Oui, répliquai-je.

— Elle m'offre la petite fortune dont elle jouira bientôt (précisément la somme que j'ai déjà dépensée), afin, dit-elle, que je puisse payer mes dettes et garder mon brevet.

— Je sais, lui dis-je, que votre repos est tout ce qu'elle a de plus cher ; c'est un si noble cœur!

— Oh! oui, noble et pur! Que je voudrais être mort! »

Il retourna près de la fenêtre pour me dissimuler son émotion.

« Et c'est un pareil cœur, reprit-il après quelques instants de silence, que cet homme voulait éloigner de moi ! La pauvre enfant! ajouta-t-il avec une indignation croissante ; elle me fait cette offre généreuse, de la maison même du sieur Jarndyce, et probablement par le conseil dudit individu, afin de me séduire et d'acheter ainsi la renonciation à laquelle on est intéressé.

— Richard, c'est indigne! » m'écriai-je à mon tour.

C'était la première fois que je me fâchais contre lui, et ma colère ne dura qu'une seconde.

« Je vous en prie, lui dis-je, ne me parlez pas ainsi, Richard. »

Il reconnut ses torts et me demanda pardon mille fois de la manière la plus franche et la plus chaleureuse; puis s'asseyant à côté de moi :

« Je n'ai pas besoin de vous dire, poursuivit-il, que je ne puis pas accepter l'offre de ma cousine. D'ailleurs, à quoi bon? J'ai là des papiers qui vous donneront la preuve qu'il faut absolument que je renonce à l'uniforme ; et c'est une consolation pour moi, au milieu de tous mes ennuis, de songer qu'en surveillant mes intérêts je servirai ceux d'Eva. Ils sont les mêmes que les miens, Dieu merci; Wholes ne peut agir en mon nom sans travailler pour elle. Et si je pouvais disposer de sa petite fortune, croyez bien que je n'en détournerais pas une obole pour conserver une carrière à laquelle je ne conviens pas, qui ne m'intéresse nullement et dont je suis dégoûté. Je ferais de son argent un bien meilleur emploi, et qui du moins promettrait un avenir plus brillant dont elle aurait sa part. Ne vous inquiétez pas ; je n'ai qu'une chose dans l'esprit, et je m'y dévouerai complétement. Je ne suis pas à bout de ressources ; une fois libre et possédant le prix de mon brevet, j'amènerai à composition les usuriers qui aujourd'hui ne veulent rien entendre et réclament à toute force le montant de leurs créances. Allons, un peu d'espoir. Vous porterez à Eva une bonne lettre qui la consolera, et soyez bien persuadée que tout ne va pas aussi mal que vous l'avez pensé. »

Je ne dirai pas quelle fut ma réponse ; elle n'offrirait aucun intérêt, car elle n'avait rien de bien remarquable ; mais elle venait du cœur. Il m'écouta patiemment, avec bonté, même avec émotion, et n'en persista pas moins dans les sentiments qu'il m'avait exprimés, et que tous mes raisonnements paraissaient au contraire fortifier de plus en plus. Mon voyage n'avait donc eu d'autre résultat que de me confirmer dans mes tristes prévisions ; et c'est avec la douleur d'avoir fait une démarche inutile que je suivais le bord de la mer avec Charley pour regagner notre hôtel. A quelques pas devant nous, la foule se pressait autour de quelques officiers de marine qui abordaient au rivage, sur une chaloupe du trois-mâts nouvellement arrivé. Ces officiers marchaient avec lenteur et causaient, le sourire aux lèvres, en regardant autour d'eux, comme s'ils avaient ressenti une joie profonde de se retrouver en Angleterre.

« Charley ! m'écriai-je tout à coup, viens vite. »

Je l'entraînai si rapidement qu'elle en fut toute surprise, car dans l'un de ces visages bronzés par le soleil, j'avais reconnu celui de M. Allan Woodcourt, et j'avais peur qu'il ne m'eût aperçue. Je ne voulais pas qu'il me vît ainsi défigurée. Toute ma force, toute ma raison m'avaient abandonnée ; et pourtant quel motif pouvais-je avoir d'éviter M. Woodcourt, et qu'importait ma laideur ou ma beauté aux relations qui existaient entre nous ?

« Esther, me dis-je, ce n'est pas là ce que vous aviez résolu. »

Et me calmant peu à peu, je finis par retrouver mon courage.

Les officiers vinrent à l'hôtel ; je les entendis parler sur l'escalier, je reconnus leurs voix, et parmi elles celle de M. Woodcourt. C'eût été un grand soulagement pour moi de revenir à

Bleak-House sans lui avoir parlé ; mais je voulais au contraire surmonter cette faiblesse ; et, relevant mon voile, c'est-à-dire le baissant à moitié, je fis porter au docteur une de mes cartes, sur laquelle j'avais écrit que je me trouvais à l'hôtel avec M. Carstone. Il monta immédiatement, et je lui dis combien j'étais heureuse d'être la première à lui souhaiter la bienvenue.

« Vous avez couru de bien grands dangers, monsieur, depuis votre départ, continuai-je ; mais on ne peut pas dire que ce naufrage ait été pour vous un malheur, puisqu'il vous a fourni l'occasion d'être aussi brave que généreux. Nous avons appris tous ces détails avec le plus vif intérêt, et c'est la pauvre miss Flite, une de vos anciennes clientes, qui m'en a donné connaissance, après une maladie fort grave que j'ai faite à cette époque. »

Je me sentais maintenant si à l'aise, que je relevai mon voile tout à fait.

« Pauvre miss Flite ! va-t-elle toujours à l'audience ? demanda M. Woodcourt.

— Toujours, répondis-je ; elle a conservé pour vous une gratitude bien vive. C'est une excellente créature, dont j'ai été à même d'apprécier l'affection.

— Vraiment, dit-il, vous l'avez trouvée bonne et affectueuse ? J'en suis bien heureux ! »

Il était si triste pour moi de l'altération de mes traits, qu'à peine s'il pouvait s'exprimer.

« J'ai été, je vous assure, profondément touchée de l'intérêt qu'elle m'a témoigné à l'époque dont je parlais tout à l'heure.

— J'ai appris avec beaucoup de peine que vous aviez été malade.

— Oh ! très-malade.

— Mais vous êtes tout à fait remise ?

— Complétement ; j'ai retrouvé mes forces et ma gaieté. Vous savez, d'ailleurs, combien notre vie est douce avec M. Jarndyce, et quand on n'a rien à désirer, il est facile de recouvrer la santé. »

Il me sembla qu'il avait plus de commisération pour moi que je n'en avais moi-même, et la nécessité où je me trouvais de le rassurer doublait mon courage et m'inspirait un calme nouveau. Je lui parlai de sa traversée, du séjour qu'il avait fait en Asie, et lui demandai s'il avait le projet d'y retourner.

Il me répondit que la chose était au moins douteuse ; qu'il n'avait pas trouvé que la fortune se montrât plus favorable pour lui aux Indes qu'en Angleterre, et qu'il en revenait simple chirurgien de marine comme il était parti.

L'arrivée de Richard interrompit cette conversation. Mon pauvre ami avait toujours eu beaucoup d'amitié pour M. Woodcourt, et le revit avec un plaisir évident. Malgré cette joie sincère, qui donnait à son visage une expression toute différente de celle qu'il avait eue en causant avec moi, je m'aperçus que M. Woodcourt le regardait fréquemment et l'examinait avec attention, comme s'il avait trouvé dans sa figure quelque chose dont il était inquiet. Richard, qui venait à Londres avec nous, proposa au docteur de nous accompagner; mais celui-ci ne pouvait partir que le lendemain, et regretta vivement d'être obligé de rester. Toutefois il accepta notre dîner. Il avait repris ses manières habituelles, et je me félicitais d'avoir triomphé de la répugnance que j'avais eue tout d'abord à paraître devant lui. Son inquiétude pour Richard semblait avoir augmenté. Je ne savais pas jusqu'à quel point j'avais le droit de lui raconter franchement la position de M. Carstone, et pourtant je crus nécessaire de lui en dire quelques mots. Profitant donc du moment où Richard faisait charger ses bagages, je lui parlai brièvement de la rupture de notre pauvre ami avec M. Jarndyce, et de la folle ardeur avec laquelle il se livrait à ce malheureux procès.

« Vous l'avez trouvé bien changé? lui dis-je.

— Extrêmement, » répondit-il en secouant la tête.

Je me sentis rougir tout à coup, mais ce fut l'affaire d'un moment.

« Ce n'est pas, continua M. Woodcourt, qu'il soit précisément changé au physique; mais ses traits ont une expression étrange qu'ils n'avaient pas autrefois; et je n'ai jamais rencontré, chez un homme de son âge, le regard que je lui trouve aujourd'hui. C'est un mélange d'anxiété fébrile et de découragement qui fait pressentir un désespoir dont le germe existe et peut se développer d'un moment à l'autre.

— Vous ne pensez pas qu'il soit malade?

— Non; il a l'air assez robuste de corps.

— Hélas! je connais trop les motifs qui ébranlent son moral. N'allez-vous pas à Londres, monsieur Woodcourt?

— Demain matin, miss.

— Richard vous a toujours aimé. Ce dont il a le plus besoin, c'est un ami. Voyez-le quelquefois, je vous en prie; soutenez-le de vos conseils; vous ne savez pas quel service vous nous rendrez. Eva, M. Jarndyce et moi-même nous vous en aurons une bien vive reconnaissance.

— Miss Summerson, reprit-il avec plus d'émotion qu'il n'en avait montré jusqu'alors, je vous promets devant Dieu d'être pour lui un ami sincère, et de veiller sur lui comme sur un dépôt sacré.

— Merci, lui dis-je les yeux mouillés de larmes ; elle a pour lui tant d'amour ! Nous l'aimons tous ; mais Eva bien plus encore. Je lui rapporterai vos paroles, et cette chère enfant vous bénira.

— Woodcourt, dit Richard qui accourait au même instant pour me chercher, lorsque vous serez à Londres, permettez que j'aille vous voir.

— Comment donc ! Je n'y ai plus maintenant d'autre ami que vous, Richard. Où vous trouverai-je ?

— Je n'en sais trop rien. Dans tous les cas, on vous le dira chez Vholes, Symond's-Inn.

— A merveille ; j'irai vous voir aussitôt après mon arrivée. »

Lorsque je fus dans la voiture, au moment où Richard allait y monter, M. Woodcourt posa la main, en tournant les yeux vers moi, sur l'épaule de son nouvel ami ; je compris qu'il me renouvelait sa promesse. Je le remerciai du regard, et, dans celui qu'il m'adressa lorsque les chevaux partirent, il y avait tant de regrets pour ma beauté perdue, que j'en fus heureuse comme un mort qui visiterait les lieux où il vivait jadis, et qui reconnaîtrait qu'on ne l'y a point oublié tout à fait.

CHAPITRE XVI.

Arrêtez-le.

Les ténèbres couvrent Tom-all-alone's ; grandissant toujours depuis que le soleil a baissé, elles ont fini par envahir tous les vides. Quelques lumières, qui maintenant sont éteintes, ont brûlé d'abord çà et là dans ces bouges, languissant comme la flamme de la vie au milieu de cet air infect et prêtant comme elle leur sinistre clarté à d'horribles créatures. La lune a jeté un regard morne et froid sur cet amas de ruines immondes ; mais elle a passé. Tout est noir, et Tom-all-alone's, profondément endormi, est immobile sous le poids du plus affreux cauchemar qui soit sorti de l'enfer.

Que de brillants discours n'a-t-on pas faits au Parlement et ailleurs relativement à lui ? Que de disputes violentes au sujet des moyens à employer pour le sortir de la fange! Est-ce de vive force qu'on le fera rentrer dans la voie commune, ou s'en tiendra-t-on à de simples mesures administratives ? faut-il s'en rapporter à l'Église ou l'abandonner à l'influence des laïques? sera-t-il exproprié? l'enfermera-t-on pour l'instruire, ou cassera-t-il des pierres sur les routes? Et pendant que les théories s'agitent, le vieux Tom croupit dans l'abîme où il s'enfonce de plus en plus.

Mais il a sa vengeance, que les vents eux-mêmes se chargent de répandre. Il n'est pas une goutte de son sang corrompu qui ne porte quelque part la contagion et la mort. Cette nuit, il souillera les veines de quelque illustre famille, et Sa Grâce ne pourra pas dire : « Non ! » ni repousser l'infâme alliance. Il n'est pas un atome de sa bave, pas une molécule de l'air pestilentiel qu'il respire, pas une de ses infamies et de ses douleurs, de ses misères, de ses impuretés qui ne rejaillisse sur tous et n'aille, à travers les différentes couches de l'ordre social, atteindre l'être le plus fier de son rang et de ses titres. Oh! je vous le dis, Tom-all-Alone's est vengé par la souillure qu'il impose, par son ignorance même, sa dégradation et ses crimes.

On se demande s'il est plus hideux la nuit que le jour ? Mais ce qu'il y a de certain, c'est que, plus on le voit, plus on le trouve repoussant ; et mieux vaudrait, pour l'honneur de la Grande-Bretagne, que le soleil, qui va bientôt paraître, se couchât quelquefois sur les possessions anglaises que de jamais se lever sur une semblable monstruosité.

Un gentleman, qui préfère sans doute errer à l'aventure, plutôt que de compter les heures dans un lit où il ne peut dormir, traverse Tom-all-alone's au point du jour ; il s'arrête souvent et regarde autour de lui avec surprise. Ce n'est pas la curiosité seule qui l'attire, car l'intérêt et la pitié brillent au fond de ses yeux noirs. Il paraît, d'ailleurs, comprendre cette misère, et l'avoir étudiée depuis longtemps.

De chaque côté du cloaque fétide qui forme la rue principale de cet endroit infâme, les maisons délabrées sont silencieuses. Personne ne bouge ; tout dort, excepté lui. Cependant une femme est assise sur les marches d'une porte ; il l'aperçoit et se dirige de ce côté. En s'approchant, il croit voir qu'elle a fait une longue route : ses pieds sont couverts de boue ; l'un d'eux est enveloppé de linges ; elle a près d'elle un paquet et sommeille peut-être, car elle ne paraît pas entendre les pas qui s'avancent. Lorsqu'il arrive auprès de cette femme, Allan Woodcourt la regarde et s'arrête.

« Que faites-vous là? dit-il.

— Rien, monsieur.

— Vous n'avez donc pas pu vous faire ouvrir?

— J'attends qu'on soit levé dans c't' autre maison là-bas, un garni, répond-elle avec douceur ; et je suis venue m'asseoir ici pour que le soleil me réchauffe quand il va paraître.

— Vous m'avez l'air bien fatiguée, et je souffre de vous voir dans la rue.

— Merci, mon bon monsieur ; ça ne fait pas grand'chose. »

L'habitude qu'il a de parler aux pauvres et de se montrer simple et bon à leur égard ; d'éviter cet air de protection, de condescendance ou même d'enfantillage que certaines gens croient devoir prendre avec eux, lui a fait gagner immédiatement la confiance de cette femme.

« Laissez-moi voir ce que vous avez au front, lui dit-il. N'ayez pas peur, je ne vous ferai pas de mal ; je suis médecin. Vous avez reçu un mauvais coup, pauvre femme ; la peau est profondément entamée. Vous devez beaucoup souffrir?

— Un peu, dit-elle en essuyant une larme.

— Permettez que je vous panse. Ne craignez rien ; mon mouchoir ne peut pas vous blesser.

— J'en suis bien sûre, mon bon monsieur.

— Votre mari est donc briquetier? dit-il après avoir pris sa trousse dans sa poche et en procédant au pansement de la blessure.

— Comment savez-vous ça? répond la femme avec surprise.

— La couleur de la terre qui couvre votre paquet et vos vêtements l'indique ; je sais en outre que les briquetiers vont d'un lieu à un autre pour y chercher de l'ouvrage, et qu'ils sont en général assez durs pour leurs femmes. »

La pauvre créature lève les yeux comme pour protester contre cette assertion et faire entendre que ce n'est pas son mari qui lui a donné ce mauvais coup.

« Où est-il à présent? demande M. Woodcourt.

— Il s'est fait arrêter la nuit dernière, seulement pour vingt-quatre heures, et doit venir me chercher au garni où je vais l'attendre.

— Il pourra bien se faire mettre en prison pour plus longtemps s'il continue à vous maltraiter de la sorte ; mais vous lui pardonnez, pauvre femme, et je ne dirai pas un mot de plus, si ce n'est que j'aurais voulu qu'il fût digne de votre bonté. Avez-vous de jeunes enfants?

— Non, monsieur ; mais Lize en a un, et je l'aime comme s'il était à moi.

— Demeurez-vous loin d'ici ? demande-t-il encore après avoir terminé son pansement.

— Nous demeurons à Saint-Alban, à vingt-deux ou vingt-trois milles de Londres. Connaîtriez-vous ce pays-là, monsieur ?

— J'en ai beaucoup entendu parler. Mais avez-vous de l'argent pour payer votre garni ?

— Oui, monsieur. »

Elle lui montre effectivement quelques pièces de monnaie, et le remercie de ses soins. Le docteur lui répond qu'il est heureux d'avoir pu lui être utile, et s'éloigne en lui souhaitant le bonjour. Tom-all-Alone's est toujours profondément endormi, et rien ne bouge.

Mais si, voici quelque chose qui remue ! en revenant sur ses pas vers l'endroit d'où il a d'abord aperçu Jenny, Allan voit venir de son côté un individu couvert de haillons qui se traîne le long du mur, les mains en avant, en regardant autour de lui, comme s'il avait peur que quelqu'un ne le reconnût. C'est un jeune homme, presque un enfant. Sa figure est d'une maigreur excessive, et ses yeux, creusés par la fièvre et la faim, ont un éclat singulier. Il est tellement occupé tout entier de se glisser en cachette le long de la muraille, que l'apparition d'un gentleman dans Tom-all-alone's ne l'arrête même pas ; il se cache le visage derrière sa manche en guenilles, et passe de l'autre côté de la voie fangeuse, où il continue de ramper avec inquiétude. Ses vêtements, dont il serait impossible de reconnaître la forme primitive, pendent en lambeaux autour de lui, comme un paquet de feuilles mortes, pourries au fond de quelque marécage.

M. Woodcourt le regarde et croit avoir déjà vu cette figure. Il ne pourrait pas dire en quel endroit ; mais assurément il a rencontré ce malheureux quelque part ; peut-être à l'hôpital ou dans un lieu de refuge. Et tandis qu'il cherche à rappeler ses souvenirs en s'étonnant lui-même de la persistance qu'il met à vouloir préciser un fait de si mince importance, il entend derrière lui des pas précipités, se retourne et voit le pauvre garçon fuyant à toutes jambes, poursuivi par la femme du briquetier, qui lui crie :

« Arrêtez-le, monsieur, arrêtez-le ! »

Croyant que le misérable a pris à la pauvre femme son argent ou son paquet, le docteur se place devant le fuyard pour lui barrer le passage ; mais celui-ci fait un crochet, se baisse et lui échappe. Allan se met à courir ; il va l'atteindre, lorsqu'un nouveau crochet et un nouveau plongeon sauvent encore le fugitif. La lutte recommence ; elle continue. Dix fois le docteur est sur le point de saisir le malheureux, qui parvient toujours à l'éviter, [quand, acculé dans une impasse, le pauvre garçon va rouler au pied d'une vieille palissade de planches pourries, et, tout essoufflé, regarde en tremblant celui qui vient de le rattraper.

« Vous voilà donc, enfin, malheureux Jo! s'écrie la femme du briquetier hors d'haleine.

— Jo! répète M. Woodcourt en le regardant avec attention, Jo! mais certainement c'est lui que j'ai vu à l'enquête du coroner.

— Ben sûr que j'vous ai vu à l'encriète, balbutie le pauvre garçon. Quoi qu'vous avez à faire d'un misérab' comme moi; j'suis t'y pas assez malheureux? Quô qu'vous voulez que j'fasse et que j'devienne? I' m'ont chassé de partout, les uns après les autres, que j'suis si las, qu'j'en ai pus qu'la peau et les os. L'encriète, mais c'était pas d'ma faute; j'avais rin fait. Il était bon pour moi, ben bon, seulement; j'n'avais qu'lui à qui parler sur terre. C'est i' moi qui l'y aurais souhaité du mal? que j'aurais voulu être péri à sa place; et j'sais pas pourquoi qu'j'ai pas encore piqué eun' tête dans l'iau, que je n'en sais rin du tout. »

Il prononce ces paroles d'un ton si lamentable, et il y a tant de sincérité dans les pleurs qu'il répand, que M. Woodcourt se sent ému.

« Est-ce qu'il vous a volée? demande-t-il à Jenny.

— Lui! oh! non, monsieur; il ne m'a jamais rendu que des services, et voilà pourquoi ça m'étonne. »

Allan regarde alternativement Jo et la femme du briquetier en attendant que l'un ou l'autre lui donne le mot de l'énigme.

« Il était chez nous, monsieur, dit Jenny, à Saint-Alban; et comme il était bien malade, une jeune lady, (Dieu bénisse la bonne dame pour tout le bien qu'elle m'a fait!) a pris pitié de lui, et l'a emmené chez elle. »

Allan s'éloigne de Jo avec horreur.

« Oui, monsieur, continue la pauvre femme; elle l'emmène chez elle, afin de le bien soigner; et lui, comme un ingrat, un vrai monstre, se sauve pendant la nuit, et depuis ce temps-là on ne savait pas même ce qu'il était devenu; et cette jeune lady qui était si jolie avant ça, mon bon monsieur, a pris sa maladie et perdu sa beauté, qu'on ne la reconnaîtrait pas, n'était sa bonté d'ange, sa jolie taille et sa douce voix; saviez-vous ça, maudit ingrat? » demande Jenny avec colère et en fondant en larmes.

Jo, tout étonné de ce qu'il entend, porte ses mains crasseuses à son front, ouvre de grands yeux et tremble de la tête aux pieds.

« Richard m'avait parlé de tout cela, » dit M. Woodcourt d'une voix émue. Il se détourne pour dissimuler son trouble, et s'adressant à Jo quand il a repris son sang-froid : « Vous avez entendu ce qu'elle vient de dire ; c'est la pure vérité ; relevez-vous et répondez, Jo ; êtes-vous revenu ici depuis cette époque ? »

Jo hésite un instant, puis il se lève avec embarras et lenteur, et se tient debout comme le font tous ses pareils, en appuyant son épaule contre la vieille palissade, en frottant sa main droite sur sa main gauche et son pied gauche sur son pied droit.

« Que j' sois pendu si j'ai r'venu à Tom-all-alone's avant c' matin, dit-il d'une voix enrouée.

— Pourquoi y revenez-vous ? lui demande M. Woodcourt.

Jo regarde autour de lui, sans lever les yeux plus haut que les genoux de son interlocuteur, et finit par répondre :

« J' n' sais rin faire, et j' peux pas trouver queuqu' chose à gagner ; j' suis si pauvre et si malade ! alors j'ai pensé comme ça que j' allais reveni' m' cacher ici jusqu'à c' soir, pendant qui gn'a personne ; et qu'à la nuit j'm'en irais demander queuque petite chose à m'sieur Sangsby ; i' m'a toujours donné, lui ; quoique ma'ame Sangsby, elle est tout comme les autres, et me chasse quand é' me voit.

— D'où venez-vous ? » demande encore M. Woodcourt.

Jo recommence à regarder autour de lui, et s'appuie de profil sur la palissade avec résignation.

« Je vous ai demandé d'où vous venez, répète M. Woodcourt, m'avez-vous entendu ?

— D' traîner sur les routes, dit Jo.

— Et comment avez-vous pu quitter cette maison, où cette jeune lady avait eu la bonté de vous emmener ? »

Jo sort tout à coup de son abattement, et déclare avec irritation qu'il n'a rien su de ce qui est arrivé à la jeune miss, qu'il aurait mieux aimé se faire couper par morceaux que de lui donner sa maladie, et entremêle ses paroles de sanglots.

« Voyons, reprend M. Woodcourt, dites-moi où vous êtes allé en quittant cette jeune lady.

— Mais c'est pas moi qui m'ai en allé ; on m'a emmené de force, et voilà. »

Jo, craignant d'être entendu, regarde partout avec inquiétude, comme si l'objet de sa terreur avait pu se cacher dans les décombres.

« Et qui vous a emmené ?
— J'ose pas l' dire.
— J'ai besoin de le savoir, et je vous le demande au nom de cette jeune lady ; ne craignez rien, je ne le répéterai pas et personne ne pourra nous entendre.
— Que si ! dit Jo en secouant la tête. l' l' saura ben tout de même, lui !
— Mais non ; puisqu'il n'est pas ici.
— Vous croyez ça ; mais il est partout à la fois. »

M. Woodcourt le regarde avec étonnement convaincu de la sincérité du pauvre garçon, il attend avec patience une réponse plus explicite ; et Jo, vaincu enfin par la douceur du gentleman, murmure tout bas un nom à son oreille.

« Qu'aviez-vous donc fait ? répond le docteur.
— Rin, m'sieur ; jamais rin pour me faire arrêter ; 'xcepté l'encriète, et pis qu' j'ai pas circulé ; mais j' circule à présent ; et c'est au cemetière que j' m'en vas.
— Non, mon pauvre Jo ; nous saurons bien l'empêcher. Mais dites-moi, où vous a-t-il emmené ?
— A l'hôpitau, où que j'ai resté longtemps ; pis alors i' m'a donné quatre écus, et m'a dit comme ça : « Filez ; on n'a qu' faire de vous ici ; filez vite, et n' vous arrêtez pas ; circulez, ou sinon vous verrez ; si j'vous trouve à moins d' quarante milles de Londres, c'est à moi qu' vous aurez affaire, et i' vous en cuira. » Et s'i' m' voyait là ! continue Jo toujours l'air effaré et l'œil inquiet.
— Il est moins ingrat que vous ne l'aviez supposé, dit M. Woodcourt à la femme du briquetier ; ce n'est vraiment pas sa faute ; il avait une raison pour partir.
— Merci, m'sieur, merci ! na, maintenant ! voyez-vous comme vous avez été mauvaise pour moi, dit Jo en s'adressant à Jenny ; mais j' vous en veux pas ; dites seulement à c'te jeune miss ce que le m'sieur a dit et j' serai pas fâché contre vous, car vous avez été bonne pour moi, vous ; et que j' l'ai pas oublié.
— Voyons, Jo, dit Allan, venez avec moi, et je vous placerai dans un endroit où vous serez mieux qu'ici ; n'ayez pas peur ; si je prends un côté de la rue et vous l'autre pour éviter d'être remarqués, me promettez-vous de ne pas vous sauver ? je m'en rapporterai à votre parole.
— Oui, m'sieur ; j' m'ensauv'rai pas, à moins qu' je l' voie.
— Très-bien ; dépêchons-nous ; la moitié de la ville est déjà levée, et dans une heure tout le monde sera réveillé ; bonjour, ma brave femme, bonjour.

— Bonjour, monsieur ; et merci bien de vos bontés.

— Dites bon à la jeune miss que j'voulais pas lui faire du mal, et n' manquez pas d' l'y rapporter aussi ce que le m'sieur a dit ; » répète le pauvre Jo en s'éloignant de la femme du briquetier, après lui avoir dit adieu moitié riant, moitié pleurant. M. Woodcourt traverse la rue, Jo rampe de son côté en longeant la muraille ; et tous les deux se retrouvent en plein soleil dès qu'ils sortent de Tom-all-Alone's.

CHAPITRE XVII.

Le testament de Jo.

Tout en parcourant les rues, où les flèches des églises se découpent nettement sur le ciel, M. Woodcourt réfléchit à ce qu'il va faire de Jo. « N'est-il pas étrange, se dit-il, qu'au centre du monde civilisé, on soit plus embarrassé d'une créature humaine que d'un chien égaré ? Mais le fait n'en existe pas moins, si étrange qu'il puisse être ; » et le docteur ne voit pas comment il pourra y remédier.

Jo, fidèle à sa promesse, rampe le long des maisons, de l'autre côté de la rue, tournant la tête de temps en temps vers le gentleman, qui se demande toujours où il pourra le conduire. Une laiterie, près de laquelle il passe, rappelle d'abord au docteur ce qu'il y a de plus pressé ; il fait un signe au pauvre Jo qui vient à lui clopin clopant, tournant les os de sa main droite dans le creux de sa main gauche où il pétrit la crasse avec le pilon de la nature, et qui l'instant d'après est en face d'un déjeuner qui doit lui paraître excellent.

Mais le pauvre garçon, après avoir porté la tasse de café à ses lèvres, la repose sur la table en regardant autour de lui, comme un animal effarouché ; il est si malade et si pauvre, que la faim elle-même l'abandonne.

« J' créyais, dit-il, qu' j'avais besoin d' manger ; y a si longtemps..., mais j'ai pas l' cœur d'avaler ; ça n' passe pas. »

Et, tout frissonnant, il regarde son pain avec des yeux surpris. Le docteur lui tâte le pouls et met la main sur sa poitrine :

« Respirez fortement, dit-il.

— Ah !... qu' c'est lourd, répond Jo ; aussi lourd qu'une charrette. » Il aurait pu dire que cela faisait le même bruit, mais il se contente d'ajouter :

« Faut que j'circule, m'sieur. »

Allan cherche un pharmacien autour de lui, et n'en trouve pas dans le voisinage ; une taverne qu'il aperçoit fait tout aussi bien son affaire, si ce n'est mieux. Il en rapporte un peu de vin dont il fait boire une ou deux gorgées au pauvre Jo.

« Nous en reprendrons tout à l'heure, dit-il ; en attendant reposez-vous un peu ; nous circulerons ensuite. »

Jo reste dans la laiterie pendant que M. Woodcourt se promène au soleil, et jette de temps en temps un coup d'œil sur lui pour voir ce qu'il fait et comment il se trouve. Il est mieux, sa figure est moins sombre ; il reprend son pain et commence à y mordre. Allan revient auprès de lui ; la conversation s'engage, et le docteur écoute avec étonnement l'histoire de la belle dame au voile, et de ce qui en résulta pour le malheureux Jo ; celui-ci, qui mange tout en parlant, finit son pain en même temps que son histoire. Le docteur ayant pensé à miss Flite pour lui demander conseil relativement à son pauvre compagnon, dit à Jo de le suivre, et se dirige vers la petite cour où demeurait sa cliente ; mais tout est bien changé dans la maison du vieux Krook ; les fenêtres sont fermées ; la vieille fille n'y est plus ; une femme aux traits durs, couverte de poussière, et dont l'âge est un problème, l'intéressante Judy, en un mot, lui répond aigrement que miss Flite et ses oiseaux demeurent chez mistress Blinder, qui reste dans Bell-Yard. M. Woodcourt se rend immédiatement à l'endroit indiqué, où miss Flite, toujours matinale afin d'arriver la première à l'audience, descend quatre à quatre, les bras ouverts et les yeux baignés de larmes, en s'écriant :

« Mon cher docteur ! le plus généreux, le plus distingué, le plus brave de tous les officiers ! »

Allan, toujours plein de douceur avec elle, écoute avec patience l'expression du ravissement de la vieille fille, et attend, pour lui dire le motif de sa visite, qu'elle ait épuisé tous les transports d'enthousiasme que lui dicte son cœur.

« Où pourrais-je le loger ? dit-il, en montrant Jo, qui frissonne sous la porte. J'ai pensé que vous qui savez tant de choses et qui avez un si grand sens, vous me donneriez un bon conseil. »

Miss Flite, enchantée de cet éloge, réfléchit longtemps avant de rien trouver ; tout est loué chez mistress Blinder ; c'est elle qui occupe la chambre du pauvre Gridley. « Gridley ! s'écrie-t-elle tout à coup ; Gridley !... mais certainement ! cher docteur ! le général Georges va nous tirer d'affaire. »

Et courant aussitôt chercher son pauvre petit châle, son vieux chapeau et son sac de documents, elle vient retrouver le docteur à qui elle raconte, chemin faisant, que le général Georges, qu'elle voit quelquefois, connaît sa chère Fitz-Jarndyce, et lui porte un grand intérêt ; d'où Allan conclut que le général est un excellent homme qui ne peut manquer de leur être utile.

En entrant dans la galerie de tir, qui heureusement n'est pas loin, M. Woodcourt augure à merveille de ce qu'il voit, et surtout de M. Georges qui fume sa pipe en se promenant de long en large, et dont les muscles vigoureux se devinent sous la simple toile qui les couvre.

« Votre serviteur, monsieur ! dit-il en saluant militairement après avoir écouté avec un sourire la présentation pompeuse que miss Flite vient de lui faire.

— Un officier de marine ? ajoute le maître d'armes.

— Je suis fier de la méprise, reprend Allan ; mais je n'appartiens à la marine qu'en qualité de chirurgien.

— Vraiment, monsieur, j'aurais pensé que vous portiez l'habit bleu. »

M. Woodcourt espère que c'est un motif pour que M. Georges lui pardonne sa visite importune, et veuille bien surtout ne pas éteindre sa pipe ainsi qu'il en avait d'abord manifesté l'intention.

« Vous êtes bien bon, monsieur, répond le sergent, et comme je sais que le tabac ne déplaît pas à miss Flite, je vais donc, monsieur, puisque vous le permettez.... »

M. Georges complète sa phrase en portant sa pipe à ses lèvres et en continuant de fumer tandis que M. Woodcourt lui raconte l'histoire du pauvre Jo.

« C'est lui ? demande le maître d'armes en regardant la porte d'entrée où Jo examine, bouche béante, les grandes lettres peintes sur le mur, qui ne signifient rien du tout pour lui.

— Oui, monsieur, répond Allan, et je suis fort embarrassé ; je ne veux pas le conduire à l'hôpital, car il n'y resterait pas deux heures, en supposant qu'on voulût bien l'y recevoir ; la même objection s'applique aux maisons de refuge, en admettant que, pour l'y faire entrer, j'eusse la patience de supporter les prétextes et les mensonges qu'on emploierait pour me renvoyer de Caïphe à Pilate, système qui ne me va pas du tout.

— A personne, monsieur, dit le maître d'armes.

— Je suis sûr qu'il ne resterait dans aucun endroit public, poursuit M. Woodcourt, en raison de la terreur que lui inspire un certain individu qui lui a ordonné de quitter Londres, et à qui, dans son ignorance, il suppose la faculté d'être partout et de savoir tout ce qui se passe.

— Le nom de cette personne est-il un secret? demande M. Georges.

— C'en est un pour ce malheureux qui en a peur, mais c'est tout simplement M. Bucket.

— De la police, monsieur?

— Précisément.

— Je le connais, répond le sergent après avoir jeté en l'air un nuage épais de fumée; et le pauvre gars est assez près de la vérité en disant que.... c'est un drôle de particulier. »

M. Georges reprend sa pipe d'une manière significative, et regarde miss Flite en silence.

« Je voudrais aussi, continue le docteur, faire savoir à miss Summerson et à M. Jarndyce que l'on a retrouvé ce malheureux, afin qu'ils pussent lui parler si toutefois ils le désirent; et c'est pour cela qu'il faudrait, au moins quant à présent, le placer dans une maison décente; mais ce pauvre Jo n'a jamais eu, comme vous voyez, beaucoup de rapport avec les honnêtes gens, et c'est là ce qui m'embarrasse; connaissez-vous quelqu'un, dans le voisinage, qui consentirait à le recevoir; je payerais d'avance son loyer. »

Tandis qu'il fait cette question au maître d'armes, le docteur remarque un petit homme au visage barbouillé de poudre, qui est venu se placer à côté du sergent; M. Georges tire plusieurs bouffées de sa pipe en jetant un regard de côté au petit homme qui lui répond par un clignement d'yeux affirmatif.

« Monsieur, dit le maître d'armes, je me ferais volontiers casser la tête si cela pouvait être agréable à miss Summerson; pour moi, c'est un privilége et un honneur que de lui rendre un service, quelque mince qu'il puisse être, et je m'estime fort heureux de pouvoir vous offrir l'asile que vous cherchez; nous sommes de vrais bohémiens, Phil et moi; vous voyez notre demeure; choisissez la place qui vous conviendra le mieux pour y installer votre protégé; vous n'aurez rien à payer, du moins pour le logement; quant aux rations, il nous serait impossible de les fournir; nos affaires ne sont pas florissantes; on peut, d'un moment à l'autre, nous exproprier et nous chasser d'ici; mais, en attendant, monsieur, telle qu'elle est, disposez de cette maison qui est entièrement à votre service; vous me garantissez toutefois, en votre qualité de docteur, qu'il n'y a rien de contagieux dans la maladie de ce pauvre garçon. »

Allan affirme qu'il n'y a rien à craindre à cet égard.

« C'est que, voyez-vous, reprend M. Georges, nous en avons eu déjà assez comme ça. »

M. Woodcourt partage les regrets du maître d'armes, et, tout en lui assurant de nouveau qu'il n'y a rien de contagieux dans l'affection dont il s'agit, il croit néanmoins devoir lui dire qu'elle est d'une extrême gravité.

« Pensez-vous qu'il puisse en mourir?
— J'en ai peur, répond M. Woodcourt.
— Raison de plus pour ne pas le laisser dehors; va le chercher, Phil, et amène-le ici. »

Le petit homme exécute immédiatement l'ordre du maître d'armes, et Jo entre dans la galerie; pauvre Jo! il ne vient pas de Tockahoupo ni de Barrioboula-Gha; ce n'est pas l'un des Indiens favoris de mistress Pardiggle, ou des agneaux de mistress Jollyby; ce n'est point un sauvage exotique dont les traits sont adoucis par la distance, et qui intéresse par son cachet étranger; c'est tout simplement un article de fabrique anglaise, affreux et sale, révoltant à la fois tous les sens, informe de corps, païen dans l'âme, tout chrétien qu'il est de naissance; un être vulgaire qu'on rencontre dans la rue voisine, couvert de la fange natale, dévoré par des poux indigènes; ses haillons, la crasse qui le défigure, les ulcères qui le rongent, sont des produits anglais; cette ignorance, qui l'a fait tomber au-dessous de la brute, a germé et grandi sur le sol britannique, et voilà ce qui fait, pauvre Jo, que tu n'intéresses personne!

Il entre lentement dans la salle, et, ramassé sur lui-même, il regarde autour de lui sans oser lever les yeux; il sent qu'il inspire un dégoût involontaire, et s'éloigne instinctivement des autres; qu'a-t-il de commun avec eux? il n'est ni homme, ni bête : où le classer? Il n'y a point de catégorie pour lui dans toute la création.

« Jo, lui dit M. Woodcourt, regardez M. Georges, un bon ami pour vous, qui veut bien vous loger. »

Il promène son regard sur le plancher, lève les yeux qu'il baisse immédiatement, et fait un geste de la main, qui est probablement sa manière de saluer; enfin, après avoir changé plusieurs fois le pied sur lequel il se pose : « Ben obligé, dit-il entre ses dents.

— Vous n'avez rien à craindre; il ne vous reste plus qu'une chose à faire; c'est d'être obéissant et de reprendre des forces; ne manquez pas surtout de bien dire la vérité quand on vous questionnera.

— Que j' sois pendu si j' la dis pas ; j'ai jamais rin fait d'abord que tout c' que j' vous ai dit ; et jamais auparavant j'avais été eu peine, excepté que j'ai jamais rin su faire, et qu' j'avais trop grand'faim.

— Je le crois, Jo ; mais écoutez M. Georges qui voudrait vous parler.

— Je voulais seulement lui montrer l'endroit où il couchera, dit celui-ci en conduisant Jo à l'autre bout de la salle, et en ouvrant la porte du petit cabinet. Il y a un matelas, comme vous voyez, continue le maître d'armes ; vous pourrez être tranquille et rester là tant que M. Woodcourt le jugera convenable ; n'ayez pas peur des coups de pistolet que vous entendrez ; c'est la cible qu'on vise et non pas vous, mon garçon. Mais il y a autre chose que je voudrais vous soumettre, dit M. Georges en s'adressant au docteur ; Phil, viens ici : voilà un homme qui, dans son enfance, a été trouvé dans un ruisseau. Il doit conséquemment s'intéresser à ce malheureux ; n'est-ce pas, Phil ?

— Assurément, gouv'neur.

— Voilà donc ce que je propose, dit M. Georges avec une sorte d'assurance martiale, comme s'il avait donné son opinion devant un conseil de guerre, je propose que Phil emmène ce jeune homme au bain et lui achète divers objets indispensables.

— J'allais précisément vous le demander, » répond le docteur en prenant sa bourse.

Phil Squod et Jo vont immédiatement accomplir cette œuvre nécessaire, et miss Flite, enchantée du résultat de sa démarche, demande la permission de se rendre à la Cour, dans la crainte que son ami le grand chancelier ne soit inquiet de ne pas la voir, ou qu'il ne vienne par hasard à prononcer en son absence le jugement qu'elle espère. « Vous comprenez, général, et vous, mon cher docteur, que ce serait ridiculement malheureux après tant d'années d'attente. »

M. Woodcourt sort avec elle pour aller chercher quelques cordiaux qu'il fait préparer devant lui, et revient bientôt à la galerie où il retrouve M. Georges se promenant de long en large.

« Il m'a semblé comprendre, lui dit le maître d'armes, que vous connaissiez beaucoup miss Summerson.

— Oui, monsieur.

— Vous êtes peut-être son parent ?

— Non.

— Pardonnez-moi, monsieur, mon indiscrétion apparente ; mais j'ai pensé que l'intérêt que vous portez à cet infortuné provenait peut-être de la pitié que miss Summerson lui avait témoignée ; c'est du reste le sentiment que j'éprouve.

— Le mien aussi, monsieur Georges. »

L'ancien militaire jette un regard de côté sur le visage bronzé du docteur, le toise rapidement, et paraît satisfait de son examen : « Pendant votre absence, dit-il, je pensais à l'histoire de ce malheureux enfant, et je suis persuadé que je connais la maison où l'a conduit Bucket. Il n'a pas pu vous dire le nom de l'individu qui l'avait fait venir, mais ce ne peut être que M. Tulkinghorn ; je pourrais dire que j'en suis sûr.

— Tulkinghorn? répète M. Woodcourt en l'interrogeant du regard.

— Oui, monsieur, je connais cet homme, et je sais qu'il était en rapport avec Bucket, au sujet d'un malheureux qui lui avait dit des injures que sans doute il n'avait pas volées.

— Quel homme est-ce?

— Au physique?

— Je le connais de vue ; c'est au moral que je veux dire.

— Eh bien! monsieur, je vais vous le dire franchement, dit le maître d'armes à qui la colère fait monter le sang au visage ; c'est un homme de la pire espèce ; un être à part, aussi insensible qu'une vieille carabine, un bourreau sans entrailles ; par saint Georges! il m'a causé plus d'inquiétude, de peine, de regrets que tous les autres ensemble.

— Je regrette, dit Allan, d'avoir posé le doigt sur une plaie si douloureuse.

— Ce n'est pas votre faute, monsieur ; mais vous allez en juger. C'est lui qui peut m'exproprier d'un moment à l'autre ; le misérable s'en est procuré les moyens, et il en use pour me faire droguer perpétuellement ; impossible de le voir et de s'expliquer ; ai-je un payement à lui faire, une chose à lui demander ou à lui dire, il me passe à l'ordre d'un certain Melchisédech ou d'un autre qui ne manque pas de me renvoyer à lui ; et je ne fais plus maintenant qu'aller et venir de ma porte à la sienne, où il me tient le bec dans l'eau comme si j'étais du bois dont on l'a fait lui-même ; et pourquoi, je vous le demande? pour le plaisir de m'irriter, de me torturer.... Mais bah !... Pardonnez-moi, monsieur Woodcourt ; c'est un vieillard ; et tout ce que je puis dire, c'est qu'il est bien heureux que je n'aie pas eu la chance de le rencontrer sur quelque champ de bataille, monsieur ; car de l'humeur où il me met toujours..., il y a longtemps que je l'aurais descendu. »

M. Georges est dans un tel état d'excitation, qu'il s'essuie la figure avec sa manche, et que tout en sifflant le *God save the Queen* pour dissiper sa mauvaise humeur, il ne parvient pas à réprimer certains mouvements de la tête et de la poitrine, sans parler de son col de chemise qu'il ouvre de temps en temps comme s'il craignait de suffoquer.

Le docteur ne doute plus le moins du monde de ce qui serait arrivé, si M. Georges et M. Tulkinghorn s'étaient rencontrés sur quelque champ de bataille.

Phil vient de ramener Jo et le conduit à son matelas, où il l'aide à s'étendre; il reçoit les instructions du docteur, qui, après avoir administré lui-même quelques gouttes d'un élixir au malade, retourne chez lui, s'habille à la hâte, déjeune et va trouver M. Jarndyce pour lui faire part de sa découverte. Celui-ci l'accompagne immédiatement chez M. Georges, en lui disant qu'il y a de graves motifs pour que cette aventure, à laquelle il paraît prendre un sérieux intérêt, soit tenue secrète autant que possible. Jo répète à M. Jarndyce tout ce qu'il a dit au docteur, sans varier d'une syllabe. Seulement la charrette qu'il trouvait déjà si lourde, ce matin, sur sa poitrine, est plus pesante encore, et fait un bruit plus caverneux que dans la matinée.

« Laissez-moi rester là; n' me chassez pas, balbutie le pauvre Jo; qu'est-ce qui voudrait ben, en passant près de l'endrêt où c' que j'avais coutume de balayer, dire à M. Sangsby, qu' Jo, qu'il a connu autr'fois, circule, circule, comme on l'y a commandé; et qu'i' lui est bon reconnaissant, et voudrait l'être encore pus, si c'était possible à un misérab' comme lui? »

Jo parle si souvent du papetier, qu'après avoir consulté M. Jarndyce, le docteur se décide à aller trouver M. Snagsby. Au moment où il arrive chez le papetier, celui-ci est derrière son comptoir; il a son habit gris, ses manches de lustrine, et collationne plusieurs contrats sur parchemin que l'expéditionnaire vient justement de lui rapporter. Il pose sa plume et salue l'étranger de la toux préparatoire dont il fait en général précéder ses transactions commerciales.

« Vous ne me reconnaissez pas, monsieur Snagsby? » lui demande M. Woodcourt.

Le cœur du papetier bat violemment, car il est toujours en proie aux mêmes appréhensions; et c'est tout au plus s'il a la force de répondre. « Je ne puis pas dire que.... et à parler sans détour, je ne me rappelle pas vous avoir jamais vu.

— Deux fois, monsieur : la première au lit de mort d'un malheureux, et la seconde....

— Ah! pardon, monsieur, je me souviens parfaitement; » et le pauvre homme conserve encore assez de présence d'esprit pour conduire le docteur dans l'arrière-boutique dont il ferme la porte.

« Êtes-vous marié, monsieur ? lui dit-il.

— Pas encore.

— Quoique célibataire, seriez-vous assez bon, continue le papetier d'un air mélancolique, pour parler à voix basse ? car je parierais cinq cents livres que ma petite femme nous écoute ; je n'ai jamais eu de secret pour elle, monsieur, et je n'ai pas sur la conscience d'avoir, jusqu'ici, rien caché à ma petite femme ; pour tout dire, je ne l'aurais pas osé ; et malgré cela, je me trouve mêlé à tant de mystères, que la vie m'est devenue un fardeau. »

M. Woodcourt exprime tous les regrets que lui inspire la position du papetier, et lui demande s'il se rappelle un balayeur nommé Jo.

« Après moi, monsieur, répond-il avec abattement, c'est la personne contre laquelle ma petite femme est le plus montée.

— Pourquoi cela ?

— Pourquoi ! s'écrie-t-il en saisissant la touffe de cheveux qui est derrière sa tête chauve ; je n'en sais rien moi-même. Mais vous êtes célibataire, monsieur ; sans cela vous ne feriez pas une pareille question à un homme marié. »

M. Snagsby, après avoir toussé tristement, se résigne enfin à écouter le docteur.

« Encore ! dit-il en pâlissant ; mon Dieu ! où en suis-je ? Il y a une personne qui me recommande instamment de ne parler de Jo à âme qui vive, pas même à ma petite femme ; et voilà, monsieur, que vous venez m'entretenir de ce même Jo, en me recommandant également le secret le plus absolu, surtout à l'égard de la personne en question, et sans que je sache pourquoi ; mais c'est à en devenir fou, monsieur ! »

Néanmoins, comme les choses tournent mieux qu'il ne s'y attendait, et qu'après tout il a bon cœur, il est touché de la position du pauvre Jo, et promet, si toutefois sa femme n'y met pas obstacle, de passer chez M. Georges le soir même, aussitôt qu'il pourra s'échapper.

Jo éprouve une joie profonde en revoyant son ancien ami ; à peine les a-t-on laissés seuls, que le pauvre enfant essaye de dire au papetier combien il le trouve « bon d'avoir venu si loin pour un malheureux comme lui. » Et le brave homme, touché du spectacle qu'il a sous les yeux, pose sur la table son petit écu, panacée infaillible, qui, dans son opinion, doit guérir tous les maux.

« Comment vous trouvez-vous, mon pauvre Jo? » demande le papetier en toussant de compassion.

— J' suis dans un' fameuse passe, m'sieur Sangsby; j'ai tout c' qu'i' m' faut; si vous saviez comme j' suis ben! Ah! m'sieur Sangsby, qu' j'ai de chagrin de c' que j'ai fait; mais pour sûr j' n'y allais pas pour ça. »

Le papetier pose sur la table un autre petit sou, et lui demande ce qu'il a fait pour avoir tant de chagrin.

« M'sieur Sangsby, j' suis été comm' ça chez une lady, qu' était pas l'autr' que vous savez, mais une lady tout d' même; et j'y ai donné mon mal; i' n' m'en ont seulement rin dit; à cause qui' sont si bons et moi si malheureux; all' est venue me voir hier, et qu'elle a dit comme ça : « Mon pauvre Jo! qu'elle a dit, nous vous croyions perdu. » Et qu'elle s'est assise près de mon lit en m' souriant; et pas un' parole, pas un regard pour me reprocher c' que j'avais fait; et qu'alors moi, je m'a tourné cont' le mur, monsieur Sangsby; et M. Jarndyce s'est r'tourné tout comme moi, et pis M. Woodcot a venu pour me donner queuqu' chose qui m' soulage, comm' y fait jour et nuit; et quand i' s'est penché en m' parlant pour faire l' brave, j'ai ben vu ses larmes qui tombaient sur mon lit, monsieur Sangsby. »

Le papetier dépose un troisième petit sou à côté des deux autres, dans l'espoir que la répétition de ce remède infaillible soulagera son propre cœur.

« Alors j'ai pensé comme ça, m'sieur Sangsby, continue Jo, qu' vous saviez p'-t'-être écrire ben gros.

— Sans doute, mon pauvre ami.

— Mais là, ben gros, ben gros, répète le pauvre enfant avec chaleur.

— Tout ce qu'il y a de plus gros, mon garçon. »

Jo se met à rire.

« C'est qu' voyez-vous, m'sieur Sangsby, v'là c' que j' veux vous demander : quand j' vas avoir fini d' circuler, et que j' s'rai où c' qu'on n' peut pas aller pus loin, vous aurez la bonté, n'est-c' pas, d'écrire ben gros, si gros qu' tout l' monde puisse le voir, comme quoi j'ai eu tant d' chagrin d' l'avoir fait, et qu' j'avais pas été chez elle avec l'idée d' lui faire du mal; et que je l' savais pas; et vous mettrez qu' j'ai vu M. Woodcot en pleurer; et qu' j'espère qu'i' voudra ben m' pardonner; et si l'écrit où qu' vous direz tout ça est ben gros, et qu' tout l' monde puisse le voir, j' suis sûr qu'i' m' pardonn'ra.

— Je le ferai, Jo; et soyez tranquille, j'écrirai le plus gros possible.

— Ben obligé, monsieur Sangsby; c'est une grande bonté d' vot' part; et ça m' fait encore pus ben aise que j'étais tout à l'heure. »

M. Snagsby, dont la toux s'arrête dans le gosier, glisse un quatrième petit écu sur la table, et dit à Jo qu'il reviendra; mais Jo et lui ne se verront plus sur la terre, car le pauvre vagabond approche du terme de son voyage. Phil, qui travaille dans un coin tout en gardant son malade, tourne souvent la tête pour lui dire quelques paroles encourageantes; M. Georges s'approche fréquemment de la porte du cabinet, qu'il remplit de ses formes athlétiques, et semble ranimer le pauvre Jo en lui versant un peu de sa vigueur; M. Jarndyce vient souvent, et M. Woodcourt est presque toujours là, songeant tous les deux à la manière étrange dont le destin a mêlé ce rebut de l'humanité à des existences si opposées à la sienne.

Jo a dormi toute la journée; peut-être n'est-ce que de la torpeur. Allan, qui est auprès de lui, regarde sa figure décharnée; M. Georges est debout à l'entrée du cabinet, et Phil a suspendu son travail; M. Woodcourt, assis au bord du lit comme il l'était jadis sur le grabat de l'expéditionnaire, jette un regard au sergent et fait signe à l'ouvrier d'emporter sa petite table; quand celui-ci reprendra sa besogne, il y aura une tache de rouille au fer de son marteau.

« Qu'est-ce que c'est, mon pauvre Jo? n'ayez pas peur, lui dit Allan avec bonté.

— J' croyais, répond Jo tout effayé, qu' j'étais r'tourné dans Tom-all-alone's. Y n'y a qu' vous, ici, monsieur Woodcot?

— Oui, Jo.

— Et j' suis pas dans Tom-all-alone's, m'sieur Woodcot.

— Non, Jo.

— Ah! merci; j' vous suis ben reconnaissant. »

Il ferme les yeux, et M. Woodcourt, se penchant à son oreille :

« Jo, lui dit-il, savez-vous une prière?

— Moi, j' sais rin du tout, m'sieur.

— Une bien courte.

— Non, m'sieur; rin du tout; j'ai été un' fois chez M. Sangsby avec M. Chadband, qui en faisait un' de prière; mais i' s' parlait comm' à lui-même, pas à moi, et j'ai rin entendu; il en a venu aussi dans Tom-all-alone's des aut' m'sieurs qui disaient des prières ; mais c'était tout d' même; i' criaient cont' le monde et n' nous parlaient pas à nous aut'. »

Jo, dont la parole devient de plus en plus difficile à compren-

dre, épuisé par l'effort qu'il vient de faire pour répondre à
M. Woodcourt, retombe dans sa torpeur, et se réveille quelques
instants après en cherchant à sortir de son lit.

« Qu'avez-vous encore, Jo ?
— Il est temps que j' parte, m'sieur, pour aller au cemetière.
— A quel cimetière, Jo ? Restez tranquille et recouchez-vous.
— A l'endret où ! c' qu' ils l'ont porté, lui qu'était bon pour
moi ; faut que j' parte, m'sieur ; il est temps ; qu' j'aille là-bas
qu'on m'enterre ; j' demanderai qu'on m' mette à côté d' lui. I'
m' disait comm' ça : « J' suis aussi pauv' que toi aujourd'hui, »
qu' i' m' disait ; j' vas l'y dire à mon tour, qu'à présent j' suis
aussi pauv' que lui, et qu' j'ai venu au cimetière pour êt' couché
auprès d' lui.
— Pas encore, Jo, pas encore.
— P'-t-êt' ben qu'i' n' le feraient pas si j'y allais tout seul ;
mais vous viendrez avec moi, et vous m' ferez met' auprès de
lui ; est-ce pas, m'sieur Woodcot ?
— Je vous le promets, Jo.
— Merci, m'sieur, merci bon. Faudra qu'ils aillent chercher la clef de la porte avant d' me faire entrer, pa'c' que
all' est toujours fermée ; gn'y a un' marche devant, qu' j'avais
coutume de balayer.... Comm' i' fait noir, m'sieur Woodcot ; y
a-t-i' d' la lumière qui va v'nir ?
— Oui, Jo ; elle approche.
— La route est ben rude ; mais v'là qu' j'arrive au bout.
— Jo, mon pauvre ami !
— J' vous entends, m'sieur Woodcot ; mais j' vous vois pas ;
j' suis à tâtons ; laissez-moi prend' vot' main.
— Jo, voulez-vous répéter ce que je vais dire ?
— Oui, m'sieur ; car c'est bon pour le sûr.
— *Notre Père.*
— Notre Père ! Oui, c'est bon, m'sieur Woodcot.
— *Qui êtes aux cieux.*
— Aux cieux.... C'est i' la lumière qui vient ?
— Elle est tout près, Jo. *Que votre nom soit sanctifié.*
— Sanc-ti-fié. »

La lumière vient dissiper enfin les ténèbres de sa route ; il est
mort ! Entendez-vous, Majesté, il est mort ! milords et gentlemen,
révérends de toutes les églises, il est mort ! Hommes et femmes à
qui le ciel a mis la compassion au cœur, il est mort ! et chaque
jour il en meurt ainsi, combien ! autour de nous.

CHAPITRE XVIII.

Avertissement.

Chesney-Wold a fermé toutes ses fenêtres; la famille est à Londres; les vieux Dedlock sommeillent dans leurs cadres au fond du Lincolnshire, bercés par le vent qui murmure en traversant la galerie, pendant qu'au s... leurs descendants roulent à la ville dans leur équipage aux yeux de flamme, et que leurs Mercures, la tête couverte de poudre, peut-être pour figurer les cendres du cilice, en signe d'humilité, passent les matinées aux fenêtres de l'antichambre pour ne pas s'endormir.

Le grand monde, sphère effrayante d'environ cinq milles de tour, est en pleine évolution, et le système solaire gravite respectueusement à la distance qui lui est assignée.

Dans le salon d'honneur, à l'endroit où les lumières brillent le plus, où l'on a rassemblé tout ce qui peut ravir les sens par le charme et la délicatesse, vous trouverez lady Dedlock au centre de la foule; elle occupe toujours le sommet éblouissant qu'elle a conquis; et, bien qu'elle ait perdu la certitude qu'elle se croyait autrefois, de pouvoir tout cacher sous son manteau d'orgueil, et qu'elle ne sache pas si demain tous ceux qui l'entourent ne lui rendront pas mépris pour mépris, elle conserve son attitude altière en face des envieux qui la contemplent; on dit même que, depuis quelque temps, elle est plus belle et plus fière que jamais. « Elle a de quoi fournir, à elle seule, une pacotille de jolies femmes, » zézaye languissamment le cousin débilité;... « mais, ce n'est pas une beauté commode,... ni rassurante, elle rappelle cette reine de Shakespeare, dont les courses nocturnes troublent toute la maison. »

M. Tulkinghorn ne dit rien, ne regarde rien; aujourd'hui comme toujours, la cravate blanche tortillonnée autour du cou, il se tient près de la porte où il reçoit l'accueil protecteur de la pairie sans faire seulement un geste; de tous les hommes, il est le dernier à qui l'on supposerait la moindre influence sur lady Dedlock; de toutes les femmes, milady est bien la dernière qu'on soupçonnerait de le craindre.

Il y a longtemps que midi est passé d'après le soleil ordinaire, mais c'est le matin pour le grand monde; les Mercures, fatigués de regarder à la fenêtre, ont fini par s'asseoir au fond de l'antichambre; sir Leicester est dans la bibliothèque, et vient de s'endormir, pour le plus grand bien du pays, sur le rapport d'une commission de la chambre. Lady Dedlock est dans le petit salon où elle a reçu M. Guppy; Rosa est près d'elle et travaille à l'aiguille, après lui avoir servi tour à tour de secrétaire et de lectrice. Il y a quelque temps que milady la regarde en silence:

« Rosa! » dit-elle enfin.

La jolie fille relève la tête, et son charmant visage exprime l'embarras et la surprise en voyant l'air sérieux de milady.

« Voyez si la porte est fermée.
— Oui, milady.
— J'ai à vous parler, mon enfant; je sais combien vous m'êtes dévouée; et je compte sur votre attachement, Rosa; ne dites jamais rien à personne de ce que je vais vous dire. »

Rosa le promet de tout son cœur.

« Savez-vous, reprend lady Dedlock en lui faisant signe d'approcher, savez-vous bien que je me montre pour vous toute différente de ce que je suis pour les autres.
— Oui, milady; bien meilleure; et je me dis souvent qu'il n'y a que moi qui vous connaisse réellement.
— Vous vous dites cela? Pauvre enfant! »

Il y a dans ces paroles une certaine amertume qui ne s'adresse pas à la jeune fille.

« Avez-vous pensé quelquefois, reprend milady après être restée longtemps silencieuse et en regardant Rosa d'un air rêveur, que votre jeunesse, votre charmant naturel, votre affection me faisaient trouver du plaisir à vous avoir auprès de moi?
— Je ne sais pas, milady, j'ose à peine l'espérer; mais je le voudrais de tout mon cœur.
— Soyez-en persuadée, chère petite; et croyez bien qu'en vous disant de me quitter pour toujours, c'est pour moi un véritable chagrin, mon enfant; et que votre départ me laissera bien triste, bien isolée.
— Vous aurais-je offensée, milady?
— Non, chère enfant; mais écoutez-moi, poursuit milady en posant la main sur la tête de Rosa, qui est assise à ses pieds. Je vous ai dit combien je désirais votre bonheur; j'aurais fait tout au monde pour que vous fussiez heureuse; mais je ne peux pas, et c'est pour cela qu'il faut partir; des motifs qui vous sont étrangers rendent votre départ nécessaire; vous ne devez pas

rester dans cette maison; j'ai écrit à M. Rouncewell, qui doit arriver aujourd'hui, et c'est par affection pour vous, enfant, que je lui ai dit de venir. »

La jeune fille tout en larmes couvre de baisers la main de milady.

« Que deviendrai-je, dit-elle, quand je ne vous verrai plus?

— Soyez heureuse, enfant; soyez aimée, dit sa maîtresse en l'embrassant.

— Oh! milady, pardonnez-moi cette liberté, mais j'ai pensé quelquefois que vous n'étiez pas heureuse; le serez-vous davantage quand je ne serai plus ici?

— Je vous ai dit, enfant, que c'était pour vous et non pour moi que j'avais fait cette démarche; tout est fini, Rosa; mes véritables sentiments à votre égard sont ceux que je viens de vous exprimer, non pas ceux que vous verrez tout à l'heure; ne l'oubliez jamais, n'en dites rien à personne; et que désormais toute relation soit rompue entre nous. »

Quand un peu plus tard milady sort de sa chambre, elle est plus froide, plus hautaine que jamais, et paraît aussi indifférente que si la passion, la tendresse et la pitié avaient disparu de la surface de la terre avec les autres monstres antédiluviens. M. Rouncewell est au salon, et c'est pour le recevoir qu'elle est sortie de chez elle; mais avant d'aller trouver le maître de forges, elle désire parler à sir Leicester et se dirige vers la bibliothèque.

« Sir Leicester, j'aurais un mot à.... mais vous êtes occupé.

— Du tout, ce n'est que M. Tulkinghorn. »

Toujours lui! pas une minute de sécurité, un seul instant de repos.

« Mille pardons, lady Dedlock; permettez que je me retire.

— Ce n'est pas nécessaire, » répond-elle en s'approchant d'un siége.

Le procureur lui avance un fauteuil en la saluant, et va se mettre dans l'embrasure d'une fenêtre, où, placé entre milady et les derniers rayons du couchant, il l'enveloppe de son ombre et répand la nuit devant elle, de même qu'il assombrit ses jours.

La rue sur laquelle donne la fenêtre où s'est retiré M. Tulkinghorn est triste et déserte; deux rangées de maisons qui se regardent d'un air si glacial qu'on les croirait pétrifiées d'effroi, toutes d'une pièce plutôt que bâties, dans l'origine, avec les pierres isolées qui les composent; de grands hôtels d'une sévérité effrayante, dont les portes, dans la répulsion que leur inspirent le mouvement et la vie, étalent avec un sombre orgueil la couleur noire de leurs panneaux et la poussière qui les couvre; et dont les douries, à l'aspect froid et lourd, semblent avoir été construites pour abriter les chevaux de pierre des nobles statues qui décorent chaque côté des perrons. Dans cette rue solennelle les branches contournées des rampes s'enlacent, et du milieu de cette ramée inflexible, des éteignoirs [1], destinés à des flambeaux depuis longtemps hors de service, bayent au gaz, ce parvenu d'hier, qui a supplanté les lampes; de petits cerceaux [2] à travers lesquels de hardis gamins aspirent à lancer les casquettes de leurs camarades (seul usage qu'ils aient aujourd'hui), conservent leur place dans cette fouillée couverte de rouille, en mémoire de l'huile qui n'est plus; que dis-je? l'huile elle-même y brûle encore, de loin en loin, dans de petits pots absurdes, au fond bossu comme une huître, et clignotent maussadement chaque nuit aux lumières modernes, ainsi que le fait à la chambre haute leur maître orgueilleux et arriéré comme eux.

La vue que lui cache M. Tulkinghorn est donc peu attrayante, et pourtant milady jette vers la fenêtre où se tient l'avoué un regard qui semble exprimer que son plus vif désir serait de voir disparaître cette sombre figure.

Sir Leicester demande pardon à milady et lui rappelle ce mot qu'elle avait à lui dire.

« Presque rien; seulement que M. Rouncewell est en bas (c'est moi qui lui ai dit de passer); il faut en finir avec lui au sujet de cette jeune fille; cette affaire me fatigue et m'ennuie à périr.

— En quoi mon assistance peut-elle vous être utile? demande sir Leicester avec hésitation.

— Je désirerais qu'il vînt ici; voulez-vous dire qu'on le fasse monter?

— Monsieur Tulkinghorn, ayez l'obligeance de sonner; merci. Priez le.... monsieur de forges de venir ici, » dit à Mercure sir Leicester, qui ne se souvient pas du terme commercial par lequel on désigne le fils de mistress Rouncewell.

Mercure va chercher le maître de forges, qu'il introduit, et à qui sir Leicester fait un gracieux accueil.

---

1. Dans lesquels les porteurs de torches éteignaient jadis, en arrivant à l'hôtel, le flambeau qu'ils portaient devant leurs maîtres.
(*Note du traducteur.*)

2. Où l'on accrochait une lampe.

« Vous vous portez bien, monsieur Rouncewell? j'en suis enchanté; asseyez-vous. Milady a quelque chose à vous communiquer, monsieur, ajoute sir Leicester, qui d'un geste solennel passe adroitement la parole à sa dame.

— Je serai toujours heureux d'écouter ce que lady Dedlock me fera l'honneur de me dire, » répond le maître de forges.

L'impression que lui fait éprouver milady est moins agréable que la dernière fois qu'il l'a vue; un air de hauteur indicible répand autour d'elle une atmosphère glacée, et rien dans son attitude ne provoque la franchise.

« Pourrais-je vous demander, monsieur, s'il a été question entre vous et votre fils du caprice qu'il a eu autrefois?»

Milady ne prend pas même la peine de regarder le maître de forges.

« Si, je m'en souviens bien, lady Dedlock, je vous ai dit, lorsque j'eus l'honneur de vous voir, que je conseillerais sérieusement à mon fils d'oublier ce.... caprice.

— L'avez-vous fait?

— Sans doute, milady. »

Sir Leicester incline la tête en signe d'approbation; le gentleman de forges était tenu de le faire, puisqu'il avait dit qu'il le ferait; il ne devait y avoir, sous ce rapport, nulle différence entre les vils métaux et le métal précieux de l'aristocratie.

« Et a-t-il fait ce que vous lui avez dit?

— Je ne puis rien vous répondre de précis à cet égard, lady Dedlock; mais je ne le suppose pas; les gens de notre condition appuient en général leurs.... caprices sur des motifs qui les empêchent d'y renoncer aisément: il est dans notre nature d'être sérieux et de persévérer dans nos désirs. »

Le baronnet soupçonne quelque intention Wat-Tylérienne cachée sous ces paroles et s'irrite intérieurement; M. Rouncewell est d'une extrême politesse; mais il est évident qu'il mesure son langage sur la réception qui lui est faite.

« Je vous le demande, continue milady, parce que j'ai songé à cette affaire qui m'ennuie énormément.

— J'en suis désolé, milady.

— Je partage complètement l'opinion de sir Leicester (le baronnet est flatté), et si vous ne pouvez pas m'assurer que le caprice de votre fils n'existe plus, il vaut mieux pour cette jeune fille qu'elle s'en aille.

— Excusez-moi, milady, mais ce serait faire injure à cette jeune personne, qui ne l'a pas méritée, fait gravement observer le baronnet; une jeune fille, poursuit-il en étendant la main droite pour présenter l'affaire, comme sur un plateau d'argent, a cette bonne fortune d'attirer l'attention et d'obtenir la faveur d'une éminente lady, et de vivre entourée de tous les avantages que confère une pareille position, avantages incontestablement énormes; énormes, dis-je, pour une jeune fille de cette classe. Faudra-t-il que, sans motif, elle soit privée de ces précieux avantages et perde la bonne fortune qu'elle avait eue, parce qu'il lui est arrivé de fixer les regards du fils de M. Rouncewell? (Le baronnet en signe d'excuse incline la tête avec dignité vers le maître de forges.) A-t-elle mérité cette punition? est-ce bien juste envers elle, et ne sortons-nous pas des termes de notre première conférence?

— Pardonnez-moi, sir Dedlock, répond le père du fils de M. Rouncewell; permettez que je simplifie la question, et veuillez pour un instant oublier les avantages que vous venez de signaler. Si vous voulez bien vous rappeler une circonstance aussi peu importante, ce dont je ne me flatte pas, vous savez que ma première pensée fut précisément de m'opposer à ce que cette jeune personne conservât la position qu'elle occupe. »

Oublier un instant la faveur des Dedlock! Il faut bien que sir Leicester soit tenu de croire au témoignage des oreilles que lui ont transmises une pareille suite d'aïeux, pour ne pas douter de ce que les siennes lui rapportent des paroles du maître de forges.

« Il est inutile de discuter plus longtemps à ce sujet, reprend milady avec un redoublement de froideur; cette jeune personne est une bonne fille; je n'ai rien à dire contre elle; mais elle est tellement insensible aux nombreux avantages de sa position, qu'elle s'est éprise de ce jeune homme, du moins elle le croit, pauvre folle! et n'apprécie pas du tout sa bonne fortune. »

Sir Leicester demande à faire observer que cet incident change tout à fait la question; il est d'ailleurs persuadé que milady ne peut jamais avoir que d'excellentes raisons pour motiver sa conduite, et se range complétement à l'opinion qu'elle vient d'émettre.

« Ainsi donc, monsieur Rouncewell, poursuit languissamment lady Dedlock, cette jeune fille va partir; je l'en ai prévenue, voulez-vous qu'on l'envoie au village, ou aimez-vous mieux qu'elle s'en aille avec vous?

— Je préférerai, milady, ce qui vous débarrassera le plus vite de l'ennui qu'elle vous donne et ce qui l'éloignera le plus tôt de la position où elle se trouve.

— Alors, vous préférez l'emmener? »

Pour toute réponse, le maître de forges s'incline devant milady.

« Sir Leicester, voulez-vous sonner ? »

M. Tulkinghorn s'approche de la cheminée et tire le cordon de la sonnette.

« Je vous remercie, monsieur, je vous avais oublié. »

Il fait son salut ordinaire et retourne auprès de la fenêtre ; Mercure se présente immédiatement, reçoit l'ordre d'aller chercher la jeune fille, s'éclipse, amène Rosa et disparaît.

La pauvre enfant a les yeux rouges, elle est encore bien triste.

Le maître de forges se lève en la voyant entrer, lui donne le bras et se dispose à partir.

« Vous voyez qu'on se charge de vous, reprend lady Dedlock de son air indifférent et fatigué ; vous partez sous une bonne protection ; j'ai rendu bon témoignage de votre conduite ; il n'y a pas là de quoi pleurer.

— Il paraît après tout qu'elle a du chagrin de s'en aller, dit M. Tulkinghorn en faisant quelques pas hors de la fenêtre, les mains derrière le dos.

— C'est une enfant sans éducation, dit le maître de forges avec un peu de vivacité, n'étant pas fâché d'avoir à répondre au procureur, elle n'a pas d'expérience, pauvre petite ! et je suis certain qu'elle eût beaucoup gagné à rester dans cette maison. »

Rosa dit en sanglotant que ça lui fait beaucoup de peine de quitter milady, qu'elle était heureuse auprès d'elle, et se plaisait beaucoup à Chesney-Wold ; qu'elle remercie mille fois lady Dedlock de toutes ses bontés....

« Allons, allons, petite folle, pensez un peu à Wat, si vous l'aimez, lui dit tout bas le maître de forges avec douceur.

— Assez, enfant, assez ; vous êtes une bonne fille, reprend milady avec indifférence et en lui montrant la porte ; mais il faut que vous partiez. »

Le baronnet s'est dégagé de la question, et s'est retiré dans le sanctuaire de son habit bleu à boutons d'or. Quant à M. Tulkinghorn, il a repris sa place devant la fenêtre ; et, dans l'ombre qui commence à se répandre, il semble épaissir les ténèbres qui enveloppent milady.

« Sir Leicester et lady Dedlock, dit M. Rouncewell après quelques instants de silence, veuillez m'excuser de vous avoir dérangés une seconde fois ; je comprends à merveille combien cette affaire a dû ennuyer milady ; j'aurais pu emmener cette jeune fille sans vous en parler ; mais j'ai cru, m'exagérant sans doute l'importance de la chose, devoir vous exposer les faits et m'informer respectueusement de vos désirs ; vous voudrez bien, je l'espère, me pardonner mon ignorance des usages du grand monde. »

Le baronnet, évoqué des profondeurs de l'habit bleu par cette remarque, répond à M. Rouncewell que de part et d'autre il n'y a pas lieu de se justifier, et se lève pour recevoir le salut du maître de forges. M. Tulkinghorn tire le cordon de la sonnette; Mercure paraît de nouveau, et Rosa quitte l'hôtel avec le père de Wat.

Ce jour-là sir Leicester ne dîne pas à l'hôtel; il est envoyé à la rescousse du parti Doodle contre la faction Coodle ; et milady se fait servir dans son appartement ; elle est horriblement pâle et ressemble plus que jamais à cette reine de Shakespeare, que citait le cousin débilité.

« Sir Leicester est-il parti ? demande-t-elle à Mercure.
— Oui, milady.
— Et M. Tulkinghorn ?
— Non, milady.
— Que fait-il ? »

Mercure suppose qu'il est occupé à écrire dans la bibliothèque.

« Milady veut-elle le voir?
— Pas le moins du monde. »

C'est lui qui désire parler à Sa Seigneurie, et qui fait demander la faveur de lui dire un mot ou deux quand elle aura dîné.

Milady consent à le recevoir immédiatement; il entre quelques minutes après et s'excuse de se présenter pendant le repas de Sa Seigneurie, bien qu'il en ait reçu la permission. Dès qu'ils sont seuls, milady lui fait signe de la main qu'elle le dispense de ce respect dérisoire, et lui demande ce qu'il veut.

M. Tulkinghorn s'assied dans un fauteuil, à peu de distance de milady, et se frotte lentement les jambes en lui répondant qu'il est étonné du parti qu'elle vient de prendre.

« Vraiment?
— Oui, lady Dedlock; je ne m'y attendais pas. Je considère cela comme un manque de parole de votre part, qui me met dans une position toute nouvelle, et je suis forcé de vous dire que je n'approuve pas votre conduite. »

Il pose ses mains sur ses genoux et la regarde; son extérieur est toujours le même; cependant il y a dans ses manières une certaine nuance indéfinissable de liberté qu'il n'avait pas autrefois, et qui n'échappe point à l'observation de milady.

« Je ne vous comprends pas, lui dit-elle.

— Oh! que si, parfaitement; il est inutile de vous en défendre, lady Dedlock; vous aimez cette jeune fille.

— Après, monsieur?

— Vous ne l'avez pas renvoyée pour le motif que vous avez donné; mais simplement pour l'éloigner de vous avant l'éclat dont vous êtes menacée. Excusez-moi de rappeler ce fait qui touche au fond même de l'affaire.

— Après, monsieur?

— Eh bien! lady Dedlock, poursuit l'avoué en croisant les jambes et en se caressant le genou, voilà ce que je désapprouve; c'était inutile, et je considère cette démarche comme dangereuse; cela ne peut qu'éveiller les soupçons et faire jaser autour de vous; d'ailleurs c'est une violation de notre traité; vous aviez promis de rester exactement telle que vous étiez autrefois; et il est évident, même pour vous, lady Dedlock, que vous avez été ce soir toute différente de vous-même.

— Sachant que mon secret....

— Pardon, ceci est précisément le fond de l'affaire, et l'on ne saurait, en matière de ce genre, s'exprimer trop clairement. Ce n'est plus votre secret, milady, c'est le mien que je garde fidèlement dans l'intérêt de sir Leicester et de la famille; si c'était le vôtre, lady Dedlock, cette conversation n'aurait pas lieu entre nous.

— Sachant donc que le secret est connu, monsieur, j'ai voulu empêcher que la honte qui m'attend ne vînt à rejaillir sur une jeune fille innocente; je me rappelais cette histoire que vous avez racontée aux hôtes de Chesney-Wold, et rien au monde n'aurait pu m'ébranler dans ma résolution. »

Milady prononce ces paroles d'une voix ferme et d'un air impassible; quant à M. Tulkinghorn, il discute le fond de l'affaire comme si la femme qu'il avait sous les yeux n'était qu'un simple instrument en matière de procédure.

« On ne peut plus dès lors, ajoute-t-il, se fier à vous, milady. Vous avez divulgué le fait qui, d'après nos conventions, devait être caché; on ne peut plus se fier à vous.

— Peut-être vous rappelez-vous, monsieur, que j'avais exprimé quelque inquiétude à cet égard, dans l'entretien que nous eûmes à Chesney-Wold?

— Oui, répond l'avoué en se levant et en se tenant debout devant la cheminée. Je me rappelle que vous avez fait allusion à cette jeune fille; mais avant l'arrangement qui termina la conversation que nous eûmes ensemble. Quant à l'épargner, quelle valeur a-t-elle donc? Lorsque le nom d'une illustre famille est compromis, lady Dedlock, il faut marcher droit au but, sans souci de ce que l'on foule aux pieds. »

Elle lève les yeux et le regarde ; l'expression de la figure de milady est sévère, et ses dents mordent sa lèvre inférieure.

« Elle m'a compris, pense M. Tulkinghorn ; pourquoi épargne-t-elle les autres, puisqu'elle-même ne sera pas épargnée ? »

Lady Dedlock n'a pas mangé, elle a seulement bu trois verres d'eau qu'elle s'est versés d'une main ferme. Elle sort de table et s'étend sur une chaise longue ; elle est sombre et pensive, mais en elle rien n'exprime la faiblesse, rien n'invoque la pitié. « Cette femme est un sujet digne d'étude, » se dit encore M. Tulkinghorn, et tous les deux s'étudient à loisir.

« Lady Dedlock, dit-il enfin, rompant un silence que milady était résolue à garder, il nous reste à traiter la partie la plus pénible de cette affaire ; nos conventions n'existent plus ; une femme de votre intelligence doit comprendre que je rentre par cela même dans toute ma liberté.

— Je m'y attendais, monsieur Tulkinghorn.

— C'est tout ce que j'avais à vous dire, ajoute l'avoué en inclinant la tête.

— Est-ce l'avertissement que je dois recevoir ? Je tiens, dit-elle, à ce qu'il n'y ait point de méprise entre nous.

— Pas précisément, lady Dedlock ; l'avertissement convenu supposerait que nos conditions auraient été remplies ; mais c'est virtuellement la même chose ; il n'y a de différence que dans les termes ; pure distinction de droit.

— Vous n'avez pas l'intention de m'avertir de nouveau ?

— Non, milady.

— Est-ce ce soir que vous parlerez à sir Leicester ?

— La question est directe, répond l'avoué en souriant légèrement ; non, pas ce soir.

— Demain ?

— Tout bien considéré, milady, j'aime mieux ne pas vous répondre. Vous ne me croiriez pas si je vous disais que j'ignore le moment où j'instruirai sir Leicester, et cela ne servirait à rien de vous le dire. Peut-être sera-ce demain ; peut-être un autre jour ; mais vous êtes préparée à tout ; et les circonstances ne peuvent que justifier votre attente. J'ai l'honneur de vous souhaiter le bonsoir.

— Allez-vous rester quelque temps dans la bibliothèque ? dit-elle au moment où le procureur va sortir.

— Seulement pour y prendre mon chapeau, et je retourne chez moi. »

Quand il est dans l'escalier, l'avoué regarde à sa montre et suppose qu'elle avance d'une minute ; il y a dans le vestibule une horloge magnifique renommée pour son exactitude : « Qu'est-ce que vous dites ? » lui demande le procureur. C'est une horloge d'un grand prix, mais combien ne serait-elle pas plus précieuse encore si elle répondait à ce vieillard : « Ne retournez pas chez vous ! » « Sept heures trois quarts, reprend M. Tulkinghorn ; tiens ! vous êtes plus coupable que je ne pensais, dit-il à sa montre ; deux minutes d'avance ! il paraît que vous êtes pressée de me faire vivre. » Quelle bonne montre, si rendant le bien pour le mal, son tic tac disait au procureur : « Ne retournez pas chez vous ! »

Il est dans la rue, marchant les mains derrière le dos, plongé dans l'ombre des vastes hôtels dont les embarras pécuniaires et autres, les hypothèques, les mystères de toute espèce sont enfermés sous son vieux gilet de satin noir ; il est le confident des murailles ; les hautes cheminées lui télégraphient le secret des familles ; et cependant il ne trouve pas une seule voix sur sa route qui lui dise : « Ne retournez pas chez vous ! » Il va, traversant les rues vulgaires, au milieu du roulement des voitures, du bruit des pas, du bruit des voix ; le gaz des boutiques lance sur lui ses éclairs ; le vent d'ouest l'entoure de ses plaintes, la foule le presse, la fatalité l'entraîne et rien ne murmure à son oreille : « Ne retournez pas chez vous ! » Il arrive dans son cabinet, allume ses bougies, regarde au plafond et voit le Romain de l'allégorie, montrant du doigt, comme toujours, un point vague du tapis ; et rien dans le geste du Romain, dans le battement des ailes du groupe d'enfants qui l'environnent, rien ne lui dit : « Ne restez pas ici. »

La lune vient de se lever, les étoiles brillent, comme elles brillaient au-dessus de Chesney-Wold ; et « cette femme, » ainsi que maintenant il appelle milady, a les yeux fixés au ciel ; son cœur est navré ; elle étouffe dans ces vastes pièces qui lui semblent trop étroites, et veut sortir, pour aller respirer seule dans un jardin du voisinage. Trop impérieuse dans ses volontés pour que ce désir excite la surprise de ceux qui l'entourent, elle s'enveloppe d'un manteau et sort au clair de la lune. Mercure ouvre la porte de la grille, dont il lui remet la clef sur sa demande, et reçoit l'ordre de retourner à l'hôtel. Milady se promènera quelque temps pour apaiser son mal de tête ; une heure, peut-être plus ; elle n'a pas besoin qu'on l'escorte. La grille se referme avec bruit. Mercure s'éloigne ; et milady reste seule et disparaît sous les arbres.

C'est une belle nuit; la lune est brillante et les étoiles scintillent. M. Tulkinghorn, pour aller au cellier où repose son vieux vin, traverse une petite cour pareille à celle d'une prison, et remarque, en levant les yeux, combien la nuit est belle, la lune brillante et les étoiles nombreuses.

C'est une nuit paisible entre toutes. On dirait que la lune verse le calme et le silence en même temps que sa lumière, et fait planer une certaine quiétude sur les lieux mêmes où la vie déborde et s'agite. Non-seulement la nuit est calme sur les routes poudreuses et sur le haut des collines, sur la campagne endormie, découpant à l'horizon la frange de ses arbres; sur la rivière, dont le courant étincelle en passant au milieu des roseaux qui soupirent; et qui, reflétant les arches des ponts et les vaisseaux qui l'assombrissent, fuit entre les maisons pressées pour aller se jeter dans la mer. Non-seulement la nuit est calme sur l'Océan profond, sur le rivage, d'où le guetteur suit du regard le navire qui, les ailes déployées, franchit le sentier lumineux qui semble n'exister que pour lui; mais encore sur la ville immense où le repos est descendu. A la pâle clarté qui les baigne, ses clochers et ses tours prennent une forme éthérée; la silhouette de ses toits est moins massive et perd sa trivialité. Les bruits qui montent de la rue s'amortissent; les pas, devenus plus rares, s'éloignent tranquillement; et, dans le quartier qu'habite M. Tulkinghorn, dans ces champs [1] où les bergers font entendre des pipeaux judiciaires qui n'ont qu'un son, et où les brebis gardées à coups de houlette sont tondues jusqu'au vif, les bruits légers qui s'élèvent se noient dans le bourdonnement de la Cité qui vibre comme une vaste cloche.

Un coup de feu! Qui l'a tiré? d'où vient-il?

On s'arrête et on regarde autour de soi. Quelques visages paraissent aux fenêtres; les portes s'ouvrent. La détonation a éclaté vivement et l'écho la prolonge. Tout s'éveille; les chats, terrifiés, bondissent; les chiens aboient. L'un d'eux hurle comme un démon. Le bourdonnement des rues grandit tout à coup, c'est un cri général; l'airain s'ébranle; mais, avant que dix heures aient fini de sonner à la dernière horloge, tout s'apaise, tout est calme, et la lune verse tranquillement sa lumière au sein de la nuit paisible.

M. Tulkinghorn n'a-t-il rien entendu? Ses fenêtres sont noires et tranquilles comme si de rien n'était, et sa porte est fermée? il faudrait certes, quelque chose de bien extraordinaire pour le

---

1. Lincoln's Inn Fields (champs de Lincoln's Inn).

tirer de sa coquille! On ne le voit pas, on ne l'entend pas; il n'y a donc qu'un coup de canon qui fût capable de faire sortir ce vieillard de son calme impassible?

Le personnage allégorique du plafond conserve également l'attitude dans laquelle il persiste; Romain ou Breton, il n'a toujours qu'une idée en tête, il montre toujours avec la même ardeur le point qu'il désigne depuis un siècle, sans que personne pense à lui.

Cependant l'obscurité succède au clair de lune, le soleil à l'aurore; et, quand on vient chez l'avoué pour faire son cabinet, soit qu'il y ait quelque chose de nouveau dans le geste de l'allégorie, soit que la personne qui entre devienne folle tout à coup, pour avoir levé les yeux et regardé ensuite par terre le point que désigne le Romain, elle se sauve en poussant un cri d'effroi; d'autres personnes arrivent, regardent, crient et s'enfuient à leur tour, et l'alarme se répand dans le quartier.

Quel peut en être le motif? Des gens habitués à ces sortes de besogne entrent dans le cabinet de l'homme de loi, dont les fenêtres restent fermées, et transportent quelque chose de pesant dans la chambre voisine. On chuchote, on s'étonne. On fouille tous les coins de l'appartement, on cherche dans tous les meubles. On suit la trace des pas; on lève les yeux au plafond, et toutes les voix murmurent en parlant du Romain : « S'il pouvait seulement raconter ce qu'il a vu! »

Il montre sur une table une bouteille de vin presque pleine, un verre, deux bougies qui ont été soufflées tout à coup, peu de temps après avoir été allumées, une chaise vide; et, par terre, devant cette chaise, une tache que l'on pourrait couvrir avec la main, et qu'il montrera tant que l'humidité, la poussière et les araignées le laisseront subsister. Désormais, son geste a un but qu'il n'avait pas du vivant de M. Tulkinghorn, car le vieil avoué n'est plus; l'allégorie a vainement désigné la main qui s'est levée contre lui et montre depuis la veille au soir l'endroit où gît le vieillard, la face contre terre, le cœur percé d'une balle

CHAPITRE XIX.

Amitié fidèle.

Il y a gala dans la maison de M. Joseph Bagnet, surnommé *Lignum vitæ*, ex-artilleur, et maintenant joueur de basson et marchand de musique. C'est un jour de naissance qu'on célèbre en famille; non pas celui de M. Bagnet : celui-là ne se distingue des autres jours de l'année que par un baiser plus sonore sur les joues des enfants, une pipe de plus après le dîner; et, dans la soirée, quelques réflexions de Lignum, qui se demande ce que fait sa pauvre mère; sujet qui prête d'autant plus à l'interprétation, que mistress Bagnet est morte depuis au moins vingt ans Il y a des hommes qui songent rarement à leur père et semblent avoir transféré le total de leur amour filial au compte de leur mère; M. Bagnet est l'un de ces hommes; peut-être le doit-il à son appréciation exaltée des mérites de sa femme, qui va jusqu'à lui faire penser que le substantif *dévouement* est du genre féminin.

Ce n'est pas non plus le jour de naissance de l'un des trois enfants : il est rare qu'en cette occasion on aille au delà d'un pudding et des souhaits ordinaires; et si la dernière fois que revint celui de Woolwich, M. Bagnet, après avoir observé combien son fils avait grandi, crut devoir l'interroger sur le catéchisme avec un air d'importance complétement orthodoxe, ce fut un incident particulier, et non pas un trait général appartenant à toutes les solennités de ce genre.

Mais c'est aujourd'hui l'anniversaire de l'heureux jour où naquit mistress Bagnet; et c'est pour Lignum la plus grande fête de l'année. Il a depuis longtemps réglé le cérémonial qui doit présider au festin; et, comme il est persuadé qu'une paire de poulets est le *nec plus ultra* d'un luxe vraiment impérial, l'ex-artilleur ne manque jamais d'aller lui-même, le matin du grand jour, acheter ses deux volailles, de se faire attraper par le vendeur et d'entrer en possession des deux plus vieux coqs de toutes les basses-cours de l'Europe. Il rapporte invariablement ces miracles d'acabit coriace dans un mouchoir de coton à carreaux bleus et blancs, tiré tout exprès de l'armoire, et indispensable à ses projets. A la fin du déjeuner, il invite mistress Bagnet, comme par hasard, à déclarer ce qu'elle préférerait pour son dîner. L'excellente femme répond, avec infiniment d'à-propos, qu'elle aurait bien envie de manger du poulet. Sur quoi Lignum va tirer les deux coqs de leur cachette, et les produit au milieu de la joie et de la surprise générales. Il exige, en outre, que l'héroïne de la fête, parée de sa plus belle robe, ne fasse rien de la journée, et consente à être servie par tous les membres de la famille, dirigés par lui-même ; comme il est loin d'être un excellent cuisinier, il est probable que cette dernière condition est plutôt pour mistress Bagnet un honneur qu'un plaisir ; toutefois, elle conserve la dignité qu'on lui impose de l'air le plus heureux qu'on puisse imaginer.

A l'heure où nous sommes, M. Bagnet a accompli tous les préliminaires d'usage, et surveille la cuisson des deux poulets, tandis que mistress Bagnet, en grande tenue, voit que les choses vont tout de travers et sent les doigts qui lui démangent.

Malte et Québec mettent la table. Woolwich, sous les ordres de son père, tourne la broche et arrose le rôti.

« Dans une demi-heure tout sera prêt, » dit Lignum.

Mistress Bagnet regarde avec angoisse l'un des poulets qui brûle.

« Ma vieille, reprend l'ex-artilleur, tu vas avoir un repas, mais un repas digne d'une reine. »

La vieille répond à son mari par un sourire ; mais ses yeux expriment un si profond malaise, que le jeune rôtisseur, inquiet à son tour, la regarde, bouche béante, et oublie tout à fait les poulets qui ne tournent plus du tout. Heureusement que sa sœur devine la cause de l'inquiétude de leur mère et le rappelle à ses fonctions par un coup de poing significatif. La broche est remise en mouvement, et mistress Bagnet ferme les yeux dans l'ivresse du soulagement qu'elle éprouve.

« Georges arrivera très-certainement à quatre heures et demie précises, dit Lignum. Combien y a-t-il d'années qu'il nous vient voir à pareil jour, sans jamais y manquer ?

— Autant qu'il en a fallu pour faire une vieille femme d'une jeune ; ni plus ni moins, répond mistress Bagnet en riant et en hochant la tête.

— La vieille, répond l'ex-artilleur, tu es aussi jeune qu'autrefois, sinon plus. Chacun peut le voir. »

Malte et Québec frappent dans leurs mains, en s'écriant que leur bon ami apportera bien sûr quelque chose à maman, et cherchent à deviner quel cadeau il lui fera.

« Sais-tu, Lignum, reprend la vieille en faisant signe à Québec de mettre le sel sur la table, et à Malte de ne pas oublier le poivre, sais-tu bien que Georges me fait l'effet de vouloir prendre de la poudre d'escampette?

— Georges ne désertera jamais, répond l'ex-artilleur. Ne crains pas ça, la vieille. Il n'est pas homme à quitter son vieux camarade et à le laisser dans la peine.

— J'en suis bien sûre, et ce n'est pas ça que je veux dire. Je crois seulement que s'il avait tout payé, il ne tarderait pas à prendre la clef des champs.

— Pourquoi ça?

— Parce qu'il me semble inquiet, ennuyé de sa position. Je ne veux pas dire que ses manières ne soient plus aussi franches; il ne serait plus lui-même, s'il avait moins de franchise; mais il est comme irrité, hors de lui. Enfin, il n'est plus dans son assiette.

— Et c'est bien naturel, avec ce robin qui le persécute et qui ferait damner le diable.

— Je ne dis pas le contraire; mais ça revient à ce que je dis. »

La conversation est forcément interrompue par la nécessité où se trouve M. Bagnet de veiller au dîner qui est gravement compromis; les poulets, d'une nature un peu sèche, ne rendent pas le moindre jus, et leurs pattes, excessivement écailleuses, sont un peu plus longues qu'il ne serait désirable; la perversité des pommes de terre est au delà de ce qu'on peut dire; elles crèvent tout à coup et tombent en miettes dès qu'on veut les peler; néanmoins l'ex-artilleur surmonte toutes ces difficultés, et finit par servir le festin : on se met à table; Mme Bagnet occupe à la droite de l'époux la place d'honneur de l'invitée.

Il est bien heureux pour la vieille qu'elle n'ait par an qu'un seul jour de naissance; un pareil luxe de volaille qui se renouvellerait plus souvent pourrait être dangereux. Tout ce qu'il y a de tendons et de ligaments dans un poulet ordinaire s'est transformé dans ceux-ci en cordes à guitare, et leurs membres ont jeté de profondes racines dans leur chair, ainsi que les vieux arbres dans le terrain qui les porte; mais M. Bagnet, qui ne s'aperçoit pas de ces défauts, s'applique de tout son cœur à faire manger à la vieille une énorme quantité de ce rôti luxueux; et l'excellente femme, qui, pour rien au monde, ne voudrait lui causer le plus petit désappointement, surtout un jour comme celui-ci, compromet vaillamment sa digestion. Elle se demande comment Woolwich peut ainsi nettoyer les pilons sans être de la famille des autruches; et tandis qu'elle cherche à le comprendre, les soins du ménage, confiés à ses deux filles, lui font subir une épreuve qu'elle supporte avec le même héroïsme. L'énergie et l'activité dont Québec et Malte, grimpées sur leurs patins, et leurs jupes relevées à l'instar de leur mère, font preuve en balayant la chambre, en lavant la vaisselle, en rangeant la cuisine, donnent les plus grandes espérances pour l'avenir, mais font naître, quant à présent, les plus vives inquiétudes. Enfin, après beaucoup de bruit et de paroles, de l'eau répandue jusqu'à saturation complète des deux sœurs, spectacle trop émouvant pour que mistress Bagnet conserve le sang-froid qu'exige sa dignité, toute la besogne se termine d'une façon triomphante. Malte et Québec changent des pieds à la tête, reviennent dans leurs plus beaux atours ; le tabac et les pipes, une bouteille et des verres sont placés sur la table ; et mistress Bagnet jouit du premier moment de tranquillité d'esprit qu'elle ait encore goûté depuis le commencement de la fête.

C'est alors que s'asseyant à sa place ordinaire, quatre heures et demie allant bientôt sonner, Lignum s'écrie :

« Bravo, Georges ! heure militaire. »

Celui-ci, après avoir présenté ses compliments à mistress Bagnet, qu'il embrasse en l'honneur de la circonstance, souhaite le bonsoir aux enfants et à Lignum, et termine en leur disant qu'il fait des vœux pour leur bonheur à tous.

« Mais Georges, mon bonhomme, répond mistress Bagnet en le regardant avec intérêt, qu'est-ce qui vous arrive donc ?

— A moi ?

— Certainement ; vous êtes si pâle et vous avez l'air si défait ; n'est-ce pas, Lignum ?

— Georges, dit M. Bagnet, raconte à la vieille ce qui t'arrive.

— Je ne savais pas que j'avais si mauvaise mine, répond le maître d'armes en passant la main sur son front ; et je regrette de vous faire une si triste figure ; mais le fait est que la mort de ce pauvre Jo, arrivée hier au soir, m'a beaucoup affecté.

— Pauvre enfant ! dit mistress Bagnet d'un ton de pitié maternelle, pauvre enfant ! il est donc mort ?

— Je n'avais pas l'intention d'en parler, car ce n'est pas un récit à faire un jour de fête ; mais vous avez deviné tout de suite que j'avais quelque chose ; vous êtes si prompte, mistress Bagnet !

— Tu as raison, dit Lignum, aussi prompte que la poudre.

— Et, ce qui vaut mieux que tout ça, c'est qu'elle est aujourd'hui la reine de la fête ; aussi faut-il se l'attacher, répond l'ancien soldat ; voici donc une petite broche, mistress Bagnet, que je vous ai apportée ; un rien, comme vous voyez ; ce n'est qu'un souvenir que je vous offre de bon cœur; c'est là tout son mérite. »

Le présent de M. Georges est salué des bonds joyeux et des applaudissements de la jeune famille, et accueilli avec une sorte d'admiration respectueuse de la part de Lignum. « La vieille, dit-il, exprime-lui ce que j'en pense.

— Mais c'est une merveille, Georges; la plus jolie chose qu'on puisse voir, s'écrie mistress Bagnet.

— Très-bien, dit Lignum; tout à fait mon opinion.

— C'est charmant, Georges, poursuit l'excellente femme en tournant l'épingle de tous les côtés; vraiment, c'est trop joli pour moi!

— Mauvais, dit Lignum; ce n'est pas là mon avis.

— Mais, n'importe, mon vieux camarade; mille remercîments, reprend mistress Bagnet en donnant une poignée de main au sergent; car bien que j'aie été quelquefois un peu rude envers vous, comme une vieille femme de soldat que je suis, nous n'en sommes pas moins les meilleurs amis du monde; et maintenant, Georges, attachez-moi votre épingle, ça me portera bonheur. »

Les enfants se pressent autour de leur mère pour voir accomplir cette manœuvre importante; et M. Bagnet regarde de son côté par-dessus la tête de Woolwich d'un air à la fois si grave et si plaisamment enfantin, que la vieille ne peut s'empêcher de rire en lui disant :

« Mon brave Lignum! quelle bonne figure tu nous fais là! »

Mais le sergent ne peut pas en venir à bout; sa main tremble, il a mal aux nerfs, et la broche lui échappe.

« Qui le croirait? dit-il en ramassant l'épingle; je suis si peu dans mon assiette, que je ne peux pas même faire la chose du monde la plus simple. »

Mistress Bagnet pense que le meilleur remède à cela est de fumer une ou deux pipes; et, attachant l'épingle en un clin d'œil, elle installe le sergent à la petite place qu'il choisit d'habitude, et lui présente tout ce qu'il lui faut pour fumer.

« Si cela ne suffit pas, ajoute l'excellente femme, jetez les yeux de temps en temps sur votre joli cadeau, et cela, joint à la pipe, vous remettra complètement.

— Je ne doute pas que vous n'y réussissiez, mistress Bagnet, répond l'ancien soldat; mais, comme je vous le disais tout à l'heure, je suis dans mes humeurs noires. Il m'a été si pénible de voir mourir ce pauvre Jo sans pouvoir le secourir!

— Vous avez fait au contraire tout ce que vous avez pu, Georges; vous l'avez recueilli, vous l'avez....

— C'est vrai, mistress Bagnet ; mais tout cela est bien peu de chose, quand je pense qu'il est mort sans qu'on lui ait appris à connaître sa main droite de sa main gauche!

— Pauvre garçon! dit mistress Bagnet.

— Et cela m'a rappelé ce pauvre Gridley, poursuit le maître d'armes en passant la main dans ses cheveux ; un autre genre de misère, mais tout aussi affreuse ; et les deux ensemble m'ont fait souvenir d'un vieux coquin plus dur que la pierre ; et, voyez-vous, rien que de songer à cette vieille carabine que rien n'émeut dans son coin, c'est plus qu'il n'en faut, je vous assure, pour faire bouillir le sang d'un honnête homme.

— Raison de plus pour allumer votre pipe, reprend mistress Bagnet ; c'est un calmant, et beaucoup meilleur pour la santé que de se calciner à propos de ce procureur.

— Vous avez raison, mistress Bagnet. »

Et M. Georges allume sa pipe, mais avec tant de gravité, que M. Bagnet remet à un peu plus tard de boire à la santé de la vieille, ce qu'il accompagne toujours, en pareille occasion, d'un speech d'une excessive clarté. Quelques instants après, les deux sœurs ayant préparé ce qu'il appelle la mixture, et la pipe de M. Georges étant maintenant en pleine activité, Lignum prend son verre et s'adresse à la compagnie dans les termes suivants :

« Georges, Woolwich, Malta, Québec, c'est aujourd'hui l'anniversaire du jour de sa naissance. On pourrait faire plus d'une étape, sans trouver sa pareille. Buvons à sa santé!

— A la vôtre, répond la vieille en présentant son verre à chacun des convives, ainsi qu'elle fait toujours en pareille occasion, mais, cette fois, elle s'arrête tout à coup en s'écriant : Voici quelqu'un! »

Un homme est en effet à la porte du parloir ; un homme à l'œil fin, au regard perçant, et qui produit une vive sensation dans le petit cercle de M. Bagnet.

« Bonsoir, Georges, comment vous portez-vous?

— Tiens, c'est M. Bucket! s'écrie l'ancien soldat.

— Mon Dieu, oui, répond l'officier de police en entrant et en fermant la porte ; je descendais la rue, quand je vis par hasard les instruments de musique étalés aux fenêtres de ce magasin ; j'ai précisément un ami qui m'a prié de lui chercher un violoncelle d'occasion et d'une certaine qualité : j'aperçois en même temps qu'il y a du monde au fond de l'arrière-boutique, et je crois vous reconnaître dans la personne du coin ; vous voyez que je ne m'étais pas trompé. Comment vont les affaires, mon brave ami? Passablement? tant mieux ; et vous, madame? Eh

Seigneur, des enfants! s'écrie M. Bucket en leur tendant les bras; il suffit de me montrer cette petite graine pour faire de moi tout ce que l'on veut; embrassons-nous, chers petits anges; inutile de demander qui sont vos père et mère; la ressemblance est frappante. »

M. Bucket s'est assis à côté de M. Georges, et prend Malte et Québec sur ses genoux.

« Encore un baiser, mes chères mignonnes; c'est la seule chose dont je ne puisse me lasser; quel âge ont-elles, madame? elles se portent à merveille; je parierais qu'elles ont de huit à dix ans.

— Vous ne vous trompez guère, monsieur, répond mistress Bagnet.

— Il est rare que je me trompe, répond M. Bucket; j'aime tellement les enfants! Un de mes amis en a dix-neuf, madame; et d'une seule mère qui est restée fraîche et rose comme l'aurore, pas autant que vous, néanmoins;... comment appelez-vous cela, chère mignonne? poursuit M. Bucket en pinçant les joues de Malte; de véritables pêches? oui, ma foi, belle petite; et pensez-vous que papa ait un bon violoncelle d'occasion à offrir à l'ami de M. Bucket, chère enfant? je m'appelle Bucket, un drôle de nom, n'est-ce pas? »

Cette amabilité gagne immédiatement à l'étranger le cœur de toute la famille, et mistress Bagnet oublie le cérémonial du jour, qui lui interdit les œuvres serviles, au point de bourrer une pipe et de remplir un verre qu'elle offre à M. Bucket en lui disant qu'elle aurait eu certainement dans toutes les circonstances beaucoup de plaisir à recevoir quelqu'un d'aussi aimable que lui, mais qu'elle est d'autant plus heureuse d'accueillir ce soir un ami de M. Georges, que celui-ci « n'est pas dans son assiette ordinaire.

— Et comment cela? s'écrie M. Bucket; mon pauvre Georges, qu'est-ce donc qui vous arrive? qui peut être cause de ce malaise? vous n'avez rien qui vous tourmente?

— Rien de particulier, répond M. Georges.

— J'en étais bien sûr, poursuit M. Bucket; qu'est-ce qui pourrait vous tourmenter? et ces chères petites, n'ont-elles rien qui fasse trotter leurs petites têtes? pas encore; un jour viendra où elles mettront à l'envers celles de certains jeunes gens, qui en auront dans l'aile; je ne suis pas grand prophète, mais je prédis cela, madame. »

Mistress Bagnet, enchantée, espère que M. Bucket a lui-même de la famille.

« Eh! mon Dieu, non, madame; vous ne l'auriez jamais cru, n'est-ce pas? Eh bien! c'est pourtant vrai. Ma femme et une locataire, voilà tout ce qui constitue mon intérieur. Mistress Bucket est, comme moi, passionnée pour les enfants. Elle en désirerait par-dessus tout; mais non! les biens de ce monde sont inégalement répartis, et l'homme doit se résigner à son sort.... Vous avez là par derrière une petite cour qui me semble assez commode; a-t-elle une issue au dehors?

— Non, monsieur.

— Vraiment! j'aurais pensé le contraire; je n'ai jamais vu de petite cour qui fût plus à mon goût; me permettez-vous de la visiter? En effet, pas de sortie à l'extérieur; mais elle est parfaitement proportionnée. »

M. Bucket revient s'asseoir auprès de son ami Georges et lui frappe amicalement sur l'épaule.

« Et ce moral, comment va-t-il maintenant?

— Très-bien, répond l'ancien troupier.

— A la bonne heure; pourquoi seriez-vous triste? un homme de votre figure et de votre constitution n'a pas le droit de se démoraliser; ce n'est pas avec une pareille poitrine qu'on peut se laisser abattre; n'est-ce pas, madame? d'ailleurs, vous n'avez rien dans l'esprit qui puisse vous tourmenter, rien du tout, Georges, pas de préoccupations. »

M. Bucket appuie cette phrase d'un regard étrange et la répète deux ou trois fois, en prêtant à la réponse un visage attentif. Mais sa verve de belle humeur reparaît bientôt après cette brève éclipse, et fait de nouveau rayonner sa figure.

« Et ce jeune homme est notre frère, bons petits choux? reprend M. Bucket en s'adressant à Malte et à Québec; frère de père, veux-je dire ; il est certainement trop âgé pour être le fils de madame.

— Je suis pourtant bien sa mère, répond en riant mistress Bagnet.

— Vous m'étonnez beaucoup, madame; et cependant il vous ressemble d'une manière surprenante, quoiqu'il ait aussi quelque chose de son père; les sourcils, par exemple, ajoute M. Bucket en fermant un œil pour comparer les deux visages. »

Mistress Bagnet saisit cette occasion de lui dire que Woolwich est le filleul de M. Georges.

« Vraiment, répond M. Bucket avec cordialité; une poignée de main au filleul de ce cher Georges; filleul et parrain se font également honneur. Et que pensez-vous faire de ce garçon-là, madame? Montre-t-il des dispositions et du goût pour la musique?

— Il joue du fifre admirablement, dit tout à coup Lignum.

— Singulière coïncidence ! répond M. Bucket ; vous ne le croiriez pas, madame ; j'ai joué du fifre dans ma première jeunesse ; non pas avec méthode, ainsi que doit le faire ce jeune garçon ; mais d'instinct, par routine: Seigneur Dieu ! quand j'y pense. *Grenadiers anglais....* » Voilà un air qui vous réchauffe et vous ranime ; pourriez-vous nous le faire entendre, mon jeune ami ? »

Rien ne peut être plus agréable à toute la société que cette flatteuse invitation ; Woolwich se lève immédiatement, va chercher son fifre et se met à exécuter l'entraînante mélodie. M. Bucket bat la mesure avec enthousiasme, et répète le refrain en fausset : *Gre-na-diers an-glais.* Bref, il fait preuve d'un goût musical tellement éclairé, que Lignum ôte sa pipe de ses lèvres et ne doute pas qu'il ne doive chanter à merveille. M. Bucket avoue modestement que jadis il avait de la voix ; et, pour témoigner sa reconnaissance de l'accueil qui lui est fait, répond au désir que chacun éprouve de l'entendre, par la ballade : *Si vos charmes divins*, ballade qui fut, dit-il, son plus puissant auxiliaire auprès de mistress Bucket, à l'époque où, jeune fille, elle se laissa conduire à l'autel.

En un mot, l'officier de police brille d'un tel éclat pendant toute la soirée, que M. Georges, qui d'abord l'avait vu entrer avec un certain déplaisir, commence à être fier de sa société. C'est un homme si cordial, si ouvert, qui a tant de ressources dans l'esprit, que le maître d'armes est bien aise d'en avoir procuré la visite aux Bagnet. Lignum, de son côté, apprécie tellement la valeur d'une pareille connaissance, qu'il prie M. Bucket de vouloir bien les honorer de sa compagnie au prochain anniversaire de la naissance de la vieille. Si quelque chose peut ajouter à l'estime que M. Bucket ressent pour l'aimable société, c'est la découverte qu'il fait du motif qui la rassemble ; il boit à la santé de mistress Bagnet avec chaleur, accepte l'engagement qui vient de lui être offert et l'inscrit sur son memorandum, en exprimant le désir et l'espoir que mistress Bagnet et sa femme seront bientôt comme deux sœurs. « Que serait la vie, ajoute-t-il, sans les liens de l'amitié ? » ce n'est pas dans les fonctions qu'il occupe, dans les emplois publics que l'on trouve le bonheur ; non, c'est dans les joies de la famille, dans les douceurs de la vie intime ; et naturellement il se rapproche encore de l'estimable ami qui lui a procuré des relations où il rencontrera tant de jouissances ; il le regarde avec tendresse et l'attend pour partir ; l'intérêt qu'il lui porte descend jusqu'à ses bottes qu'il observe avec soin, tandis que M. Georges fume, les jambes croisées, au coin de la cheminée.

Le maître d'armes se lève enfin pour retourner chez lui M. Bucket se lève également, embrasse une dernière fois Malte et Québec, et s'adressant à l'ex-artilleur :

« Quant à ce violoncelle d'occasion, lui dit-il, que cherche mon ami, croyez-vous, monsieur, pouvoir me le procurer ?

— Par douzaines, répond M. Bagnet.

— Je vous en serai fort obligé, réplique M. Bucket en écrasant la main de Lignum ; *ami dans le besoin est un ami certain ;...* une bonne qualité de son, ne l'oubliez pas ; c'est pour un virtuose qui joue Mozart, Haendel, tous les grands maîtres, comme un artiste accompli ; je n'ai pas besoin de vous dire, monsieur Bagnet, ajoute l'officier de police en baissant la voix, qu'il faudra marquer pour vous un chiffre assez élevé ; je ne dois pas permettre que mon ami paye trop cher, mais il faut cependant que vous touchiez une somme assez ronde pour votre commission et la perte de temps qui en résultera. C'est trop juste ; il faut que tout le monde vive. »

M. Bagnet regarde la vieille en secouant la tête d'un air qui signifie : « Quelle précieuse connaissance ! »

« Voyons, poursuit M. Bucket, si je repassais demain matin à dix heures et demie, pourriez-vous me dire le prix de quelques-uns de ces violoncelles ?

— Rien n'est plus facile. » M. et Mme Bagnet s'engagent même à s'en procurer une certaine quantité pour que l'on puisse choisir.

« Merci, répond M. Bucket ; bonsoir, madame ; bonsoir, monsieur ; bonsoir, mes chérubins ; je suis bien touché de votre accueil ; c'est la meilleure soirée que j'aie passée de toute ma vie. »

Les Bagnet, de leur côté, ne sont pas moins reconnaissants du plaisir que leur a donné la compagnie de M. Bucket, et l'on se quitte de part et d'autre en échangeant la promesse de se revoir. « Et maintenant, mon vieil ami, allons-nous-en chez nous, » dit l'officier de police à M. Georges en le prenant par le bras, et en le tenant de si près que Lignum et sa femme, qui sont restés sur le pas de leur porte pour les voir plus longtemps, remarquent avec plaisir combien M. Bucket paraît aimer le sergent.

La rue voisine étant fort étroite et surtout mal pavée, il devient difficile de marcher deux de front en se donnant le bras : et M. Georges propose à son compagnon d'aller seul ; mais M. Bucket, attaché plus que jamais à sa personne, lui répond :

« Une minute, cher ami, que je vous parle d'abord, » et le poussant immédiatement dans le parloir d'une taverne dont il ferme la porte.

« Le devoir est le devoir et l'amitié est l'amitié, dit-il ; je désire, autant que possible, les maintenir en bonne intelligence ; j'ai fait ce soir tous mes efforts pour qu'il en soit ainsi, je m'en rapporte à vous ; mais à présent, mon cher Georges, considérez-vous comme prisonnier.

— Prisonnier ! et pourquoi ? demande le maître d'armes foudroyé par cette nouvelle.

— Le devoir et la conversation sont deux choses, répond M. Bucket ; je dois vous avertir que vos moindres paroles pourraient tourner contre vous ; c'est pourquoi je vous conseille mon cher Georges, de faire bien attention à tout ce que vous direz. N'avez-vous pas entendu dire qu'on ait assassiné quelqu'un ?

— Assassiné quelqu'un !

— Rappelez-vous ce que je viens de vous recommander, Georges, poursuit M. Bucket en agitant son index. Je ne vous demande rien ; toute la journée vous avez été triste, distrait, abattu. Eh bien ! je vous le répète, vous n'avez pas entendu parler du meurtre qui vient d'être commis ?

— Non ; où il y a-t-il eu un meurtre ?

— Ecoutez-moi, Georges, et ne vous compromettez pas : on a tué d'une balle, hier au soir, dans Lincoln's-Inn-Fields, un gentleman appelé Tulkinghorn, et c'est pour cela que je vous arrête. »

Le sergent se laisse tomber sur une chaise ; une sueur froide coule de son front, et la pâleur de la mort se répand sur son visage.

« Bucket ! dit-il d'une voix faible, il est impossible que M. Tulkinghorn ait été assassiné, et que ce soit moi que vous soupçonniez d'être son assassin ?

— C'est plus que possible, puisque la chose est sûre. Le fait s'est passé hier au soir à dix heures ; quant à vous, vous savez où vous étiez alors, et je ne doute pas que vous ne parveniez à prouver votre alibi.

— Hier au soir, à dix heures ? répète le maître d'armes en cherchant dans sa mémoire. Miséricorde ! s'écrie-t-il tout à coup, mais j'étais à sa porte !

— C'est bien ce que l'on m'a dit, répond M. Bucket ; on ajoute que depuis quelque temps vous rôdiez presque toujours dans ces parages ; que plus d'une fois vous vous êtes querellé avec lui ; je ne dis pas que cela soit, notez-le bien ; mais la chose est possible ; on va même jusqu'à dire qu'il vous aurait traité d'homme dangereux, de scélérat, d'assassin.

M. Georges ouvre la bouche probablement pour reconnaître que tout cela est vrai, mais la parole lui manque.

« Mon désir, continue l'officier de police en mettant son chapeau sur la table, est de faire les choses le plus agréablement possible. Une récompense de cent guinées est offerte par le baronnet sir Leicester Dedlock à celui qui découvrira le meurtrier; vous et moi nous avons toujours été bons amis, je me plais à le reconnaître; mais j'ai des devoirs à remplir; et, si quelqu'un doit gagner les cent guinées promises, autant que ce soit moi qu'un autre; je n'ai donc pas besoin de vous démontrer qu'il faut que je vous arrête; du diable si j'y manque! Dois-je appeler à mon aide, ou est-ce une affaire faite? »

M. Georges a recouvré tout son empire sur lui-même :
« Allons! dit-il d'un air martial; je suis prêt à vous suivre.

— Un moment, continue l'officier de police en tirant de sa poche une paire de menottes de l'air d'un tapissier qui se dispose à garnir de bourrelets une fenêtre; c'est une accusation grave, mon pauvre Georges, et mon devoir exige que les formalités soient remplies. »

Le rouge monte au front du maître d'armes qui hésite un instant, mais qui bientôt présente ses mains jointes à l'officier de police.

M. Bucket ajuste les menottes en un clin d'œil et demande à M. Georges si par hasard elles ne le gênent pas. « Si elles vous blessent, dites-le-moi; vous savez que mon dessein est d'allier autant que possible le devoir à l'amitié; j'en ai là une autre paire dans ma poche, et nous pouvons l'essayer; » l'officier de police dit ces paroles du ton d'un respectable marchand qui désire satisfaire sa pratique. « Elles vont bien comme elles sont? tant mieux; vous voyez, poursuit-il en prenant un manteau qu'il attache au cou du maître d'armes, vous voyez que j'ai pensé à ménager votre susceptibilité en apportant ce vêtement : là! qui pourrait maintenant se douter de rien?

— Moi, répond M. Georges, moi seul, et c'est déjà trop. Rendez-moi le service de me rabattre mon chapeau sur les yeux.

— Vraiment! ce serait dommage.

— Je ne peux pas regarder en face d'honnêtes gens avec ces affaires-là aux mains, répond vivement le maître d'armes. Pour l'amour de Dieu, je vous en supplie, tirez-moi mon chapeau sur la figure. »

M. Bucket se laisse fléchir, abaisse le chapeau du sergent, et, sortant de la taverne, conduit son prisonnier dans la rue. M. Georges marche d'un pas aussi ferme qu'à l'ordinaire, bien que la tête un peu moins haute; et l'officier de police lui indique, en le poussant du coude, les détours qu'il doit faire et la route qu'il doit suivre.

CHAPITRE XX.

Narration d'Esther.

Pendant la visite que j'avais faite à Richard, il était arrivé à mon adresse un billet de Caroline Jellyby, où elle me disait que sa santé, fort délicate depuis quelque temps, était devenue plus mauvaise, et qu'elle serait bien contente si je pouvais l'aller voir; elle avait maintenant une petite fille dont j'étais la marraine. La pauvre créature était bien chétive, avec son visage ratatiné, qui disparaissait au milieu de la garniture de son bonnet. Elle avait de petites mains et de longs doigts toujours fermés sous son menton, et passait toute la journée dans la même attitude, les yeux ouverts, à s'étonner, je m'imagine, d'être si faible et si petite; elle criait chaque fois qu'on la touchait; mais autrement elle était si patiente, qu'elle semblait n'être au monde que pour rester tranquille et pour rêver; de petites veines marbraient de noir sa figure et ses mains, comme en souvenir des taches d'encre de la pauvre Caddy ; c'était bien le plus piteux bébé que j'eusse encore vu.

Mais sa mère était habituée à la mine peu flatteuse de son avorton, et trompait les heures qu'elle passait dans son lit, à faire des projets pour l'éducation d'Esther, pour son mariage, pour son âge mûr, voire même pour sa vieillesse. Tous ces projets étaient empreints d'un dévouement si profond à ce malheureux bébé, sa joie et son orgueil, que j'en citerais quelques-uns si je ne me rappelais à temps que j'ai autre chose à raconter.

Pour en revenir à Caroline, elle avait à mon égard une certaine croyance superstitieuse qui s'était développée dans son âme depuis la première visite que j'avais faite à sa mère le soir où elle était venue dans ma chambre, dormir sur mes genoux; elle était persuadée que ma présence lui était matériellement salutaire; et bien qu'il n'y eût là qu'un jeu de son imagination, toujours est-il que cette idée acquérait la puissance d'un fait lorsque cette pauvre amie était réellement malade.

Je partis donc en toute hâte le lendemain, et je revins ensuite chaque matin m'asseoir auprès de son lit. Rien n'était plus facile que ce voyage ; il suffisait de se lever un peu plus tôt qu'à l'ordinaire, de terminer tous mes comptes et de régler mon ménage avant de quitter la maison ; cependant, à mon retour de ma troisième visite, mon tuteur me dit le soir : « Dame Durden, je ne peux pas souffrir cela ; une goutte d'eau qui tombe sans cesse use la pierre qui la reçoit, et ces allées et venues continuelles useraient notre petite femme. Nous irons tous à Londres, et nous nous installerons dans notre ancien logement.

— Pas pour moi, cher tuteur, qui ne me fatigue jamais. »
C'était la vérité ; j'étais bien trop heureuse d'être utile à quelqu'un.

« Eh bien, ce sera pour moi, répondit mon tuteur, ou pour Eva, si ce n'est pour tous les deux ; d'ailleurs, n'est-ce pas demain le jour de naissance de quelqu'un ?

— Oui, » répondis-je en embrassant Mignonne aimée, qui était à la veille d'avoir vingt et un ans.

« C'est pour cela que ma belle cousine sera beaucoup mieux là-bas qu'ici, répliqua mon tuteur ; sa majorité l'oblige à certaines formalités indispensables pour légaliser son émancipation, et nous irons à Londres, c'est une affaire réglée ; mais dites-moi, comment va Caroline ?

— Pas bien du tout, cher tuteur ; je crains qu'elle ne soit longtemps encore avant de pouvoir se lever.

— Qu'appelez-vous longtemps ? demanda M. Jarndyce d'un air pensif.

— Quelques semaines ; ou du moins j'en ai peur. »
M. Jarndyce fit plusieurs fois le tour de la chambre, les deux mains dans ses poches et comme absorbé par ses réflexions, puis s'arrêtant devant moi :

« Que pensez-vous du médecin qui la soigne ? me dit-il ; croyez-vous qu'il mérite toute confiance ? »

Je n'avais pas de raison pour douter de sa capacité ; cependant je fus obligée d'avouer que Prince avait témoigné le désir de voir l'opinion de son docteur confirmée par un autre.

« Il faut proposer Woodcourt, » reprit vivement M. Jarndyce.
Cette réponse me prenait au dépourvu ; tout ce qui dans mon esprit se rattachait au docteur me revint en ce moment à la mémoire et me rendit toute confuse.

« Auriez-vous quelque objection à faire à ma proposition, petite femme ?

— Pas le moins du monde.

— Croyez-vous qu'il déplaise à la malade ?

— Au contraire, elle aura beaucoup de plaisir à le voir. Elle l'a souvent rencontré chez miss Flite, et je lui ai entendu dire qu'il lui inspirait grande confiance.

— A merveille, reprit mon tuteur ; je le verrai demain et je lui en parlerai. »

Il me sembla, pendant toute cette conversation, qu'Eva se rappelait m'avoir prise dans ses bras en me regardant avec joie le jour où Caddy même m'avait apporté le bouquet de M. Woodcourt ; et je compris qu'en lui cachant plus longtemps que je devais être un jour la maîtresse de Bleak-House, je me rendais moins digne à mes propres yeux de l'amour de M. Jarndyce. Le soir donc, après être remontées dans notre chambre et avoir attendu que minuit fût sonné, pour être la première à lui souhaiter sa fête et à la presser sur mon cœur, je lui fis part de la bonté de son cousin John et de l'heureux avenir qui m'attendait auprès de lui. Si jamais elle me témoigna une vive tendresse, ce fut bien cette nuit-là, et je me sentis dix fois plus heureuse qu'avant de lui avoir tout confié.

Le lendemain nous étions à Londres, installés dans notre ancien logement, qu'il nous semblait n'avoir jamais quitté. M. Woodcourt vint dîner avec nous pour célébrer la majorité d'Eva, et nous fûmes aussi joyeux qu'il était possible de l'être sans Richard, dont l'absence se faisait cruellement sentir en pareille occasion. Je fus ensuite pendant plus de deux mois presque toujours chez Caddy, et c'est à peine si pendant ce temps-là j'eus l'occasion de parler à ma chère fille, car l'état de ma pauvre malade était si douloureux, que j'y passais une grande partie des nuits.

Quelle bonne créature que cette chère Caroline ; si oublieuse d'elle-même, si préoccupée des autres, ne se plaignant jamais ; craignant toujours de causer de l'embarras et songeant sans cesse aux fatigues de son mari et au bien-être de son beau-père! Je n'ai jamais rencontré personne de meilleur ; je ne puis pas rendre le singulier effet que produisait sur moi cette créature douce et pâle, étendue depuis si longtemps sur un lit de douleur, dans une maison où la danse était la grande affaire de la vie ; où dès le matin le violon se faisait entendre, et où l'apprenti valsait tout seul dans la cuisine pendant toute la soirée.

J'avais, à la demande de Caroline, arrangé un peu sa chambre et roulé son lit à l'endroit le plus clair et le plus aéré de la pièce. Chaque jour, après avoir tout nettoyé, tout disposé autour d'elle, je mettais dans ses bras ma toute petite filleule, et je m'asseyais auprès de son lit pour travailler en causant ou pour lui faire la lecture. C'est dans un de ces moments-là que je l'informai du sort qui m'était réservé.

Nous avions, en outre d'Éva qui venait nous voir tous les jours, un certain nombre de visiteurs ; Prince, le premier de tous, qui ne manquait pas de venir, entre chacune de ses leçons, jeter un coup d'œil plein d'affectueuse inquiétude sur la mère et l'enfant. Quelque vives que fussent alors ses souffrances, Caddy lui déclarait toujours qu'elle allait beaucoup mieux ; et que le ciel me pardonne ! mais je confirmais le pieux mensonge. Prince en était si content, que parfois il prenait sa pochette et en jouait un petit air pour égayer le bébé, qui n'y paraissait pas fort sensible.

Mistress Jellyby venait de temps en temps savoir des nouvelles de Caroline ; elle s'asseyait d'un air calme en regardant à quelques milles au delà de sa petite fille, comme si elle eût été absorbée, pour le moment, par un négrillon des rives du Niger ; et toujours souriante et sereine, toujours aussi mal attachée qu'autrefois, elle disait de sa voix douce : « Comment allez-vous aujourd'hui, ma chère enfant ? » et sans attendre la réponse, elle commençait à parler du nombre de lettres qu'elle avait reçues depuis peu, ou de la fécondité du sol de Borrioboula-Gha pour le café.

M. Turveydrop, qui, du matin au soir et du soir au matin, était le sujet de précautions incessantes de la part de Caroline et de Prince, venait une fois par jour répandre sa bénédiction sur sa belle-fille ; et dispensait autour d'elle la lumière de sa gracieuse présence, avec tant de bonté protectrice, que je l'aurais pris, si je ne l'avais connu, pour le bienfaiteur de ses enfants.

« Chère fille, lui disait-il en s'inclinant légèrement, dites-moi que vous allez mieux aujourd'hui.

— Merci mille fois, M. Turveydrop ; je vais en effet beaucoup mieux, répondait Caroline.

— J'en suis ravi ; et cette chère miss Summerson n'est-elle pas horriblement fatiguée ? » ajoutait-il en plissant les paupières et en baisant le bout de ses doigts à mon intention, bien que ses attentions à mon égard eussent beaucoup diminué depuis la maladie qui m'avait tant changée.

« Du tout ; je ne sens pas la moindre fatigue, lui répondais-je.

— Charmant, adorable ! il faut soigner cette chère Caroline, miss Summerson ; ne rien épargner pour lui rendre ses forces. Mon enfant, poursuivait-il en s'adressant à sa belle-fille avec une condescendance pleine de grâce, ne vous privez de rien ;

satisfaites vos moindres désirs ; tout ce qu'il y a dans cette maison, tout ce qu'il y a dans ma chambre est à votre service, cher trésor. Oubliez même, disait-il quelquefois dans un élan de générosité magnanime, oubliez mon propre bien-être, pour peu que mon nécessaire vous soit utile, ma Caroline ; vos besoins sont plus pressants que les miens. »

Et il avait établi depuis si longtemps les droits imprescriptibles de sa noble tournure, qu'il m'est arrivé plus d'une fois de voir Caroline et son mari fondre en larmes, touchés qu'ils étaient de cet affectueux dévouement, tandis que je pleurais de mon côté ; mais, moi, mon émotion tenait à un tout autre motif.

« Vous le savez, chers enfants, ajoutait-il, j'ai promis de ne jamais vous quitter ; soyez respectueux et tendres avec moi ; je ne vous demande rien autre chose en échange de ma conduite envers vous. A revoir, chère fille ; je vais prendre l'air au Park. »

Afin de gagner de l'appétit, me disais-je, pour mieux faire honneur au dîner du restaurant français où il allait ensuite. Je ne voudrais pas faire injure au vieux M. Turveydrop ; mais je ne lui ai jamais connu d'autre dévouement que celui dont je viens de parler. A vrai dire, il s'était pris d'une certaine affection pour Pépy, et l'emmenait pompeusement à la promenade ; toutefois il ne manquait pas de le renvoyer à la maison un peu avant l'heure où il allait au restaurant ; et, à ma connaissance, les largesses du vieux gentleman au bénéfice de son favori ne dépassèrent jamais le petit sou qu'à l'occasion il lui mettait dans la poche ; car il avait fallu, pour que le professeur de grâces et de maintien consentît à lui donner la main, qu'il fût préalablement habillé à neuf des pieds à la tête avec une certaine élégance ; aux frais de Caroline, bien entendu.

Enfin M. Jellyby arrivait tous les soirs, demandait à Caddy comment elle se portait, allait s'appuyer contre le mur et n'en disait pas davantage. S'il me trouvait occupée à quelque chose, il ôtait son habit à moitié comme avec l'intention de m'aider à ce que je faisais ; mais cela n'allait pas plus loin, et il passait toute la soirée en contemplation devant le bébé méditatif ; rien ne m'ôtera de l'idée qu'ils se comprenaient mutuellement.

Je ne compte pas M. Woodcourt parmi nos visiteurs, parce qu'il était devenu le médecin ordinaire de Caddy ; je le vis souvent à cette époque, et cependant beaucoup moins qu'on ne pourrait le supposer ; car, sachant combien il était bon pour ses malades, et complétement rassurée pour Caroline pendant qu'il était là, j'en profitais pour m'échapper un instant et pour aller à la maison précisément à l'heure où il devait arriver.

Caroline ayant fini par aller de mieux en mieux, je restai moins longtemps auprès d'elle ; et c'est alors que je crus m'apercevoir d'un certain changement dans les manières d'Eva ; je ne pourrais pas dire que rien de particulier eût appelé mon attention de ce côté, mais il me sembla qu'elle était moins gaie, moins franche qu'à l'ordinaire ; son amitié pour moi était toujours la même, et cependant elle manquait d'abandon, et je ne sais quel regret ou quel chagrin semblait caché sous sa tendresse. Je cherchai longtemps quelle pouvait en être la cause ; et persuadée que la crainte de m'affliger était le seul motif de son silence, je m'imaginai qu'elle regrettait pour moi... ce que je lui avais dit au sujet de mon avenir.

Je ne sais pas comment cette idée put s'emparer de mon esprit ; toujours est-il que, pour rassurer ma pauvre amie et lui prouver que ses regrets n'étaient nullement fondés, je redoublai d'activité dans mes fonctions de ménagère ; babillant sans cesse et chantant tout ce que je savais de chansons ; toutefois, sans parvenir à dissiper ce nuage.

« Ainsi, petite femme, me dit un soir mon tuteur en fermant son livre, ainsi M. Woodcourt a rendu la santé à Caroline ?

— Oui, répondis-je ; et si vous saviez comme elle lui en est reconnaissante !

— Je voudrais bien qu'il fût riche, poursuivit mon tuteur.

— Moi aussi, répliquai-je.

— Il aurait bientôt la fortune d'un vieux juif, si nous savions comment faire pour la lui procurer ; n'est-ce pas, petite femme ? »

Je me mis à rire en travaillant de plus belle ; et je répondis que, pour ma part, je pourrais bien ne pas m'en mêler ; que j'aurais peur de le gâter par tant de richesses, de le détourner de sa profession, et que bien des gens y perdraient.

« Je ne pensais pas à cela, dit mon tuteur ; mais nous nous entendrions pour lui donner une fortune qui assurât son repos et lui permît de travailler sans préoccupation ; d'avoir un chez lui, ses dieux lares ou tout au moins sa déesse du foyer.

— C'est différent, tuteur ; et je suis tout à fait de votre avis.

— J'en suis convaincu ; j'ai pour M. Woodcourt infiniment d'estime, et j'ai sondé ses intentions ; il est extrêmement difficile d'offrir ses services à un homme indépendant et fier, qui a le sentiment de sa valeur ; et cependant je serais heureux de l'aider en quelque chose, si c'était en mon pouvoir. Il ne semble pas éloigné de s'embarquer une seconde fois, mais c'est vraiment dommage de laisser partir un homme tel que lui.

— Son départ lui ouvrirait un nouveau monde.

— Assurément, petite femme ; et j'ai pensé quelquefois qu'il avait pu éprouver certain malheur, certain désappointement dans celui où nous sommes. Vous ne l'auriez pas entendu dire ? »

Je fis un signe négatif. « Alors, c'est que je me suis trompé, » dit mon tuteur.

Il y eut un instant de silence ; et craignant d'augmenter encore l'anxiété d'Eva, je me mis à chanter l'air favori de M. Jarndyce.

« Pensez-vous que M. Woodcourt ait vraiment envie de partir? demandai-je à mon tuteur quand j'eus fini de chanter.

— Je n'en suis pas certain, mais je le suppose.

— Dans ce cas, il emportera nos vœux, répliquai-je ; et, bien que cela ne puisse pas l'enrichir, il n'en sera pas plus pauvre. »

J'occupais ma place habituelle à côté de M. Jarndyce, et en regardant Eva qui était en face de moi, je vis de grosses larmes couler sur ses joues. Qu'avais-je à faire, sinon de montrer que j'étais calme et joyeuse ? Cependant en la voyant toujours triste, je lui dis que je la croyais souffrante, et je l'emmenai dans sa chambre. Que je me doutais peu de ce qui pesait sur son cœur !

« Oh ! ma chère et bonne Esther ! me dit-elle quand nous fûmes seules ensemble ; si je pouvais prendre sur moi de tout vous dire, et à mon cousin John !

— Pourquoi ne pas le faire, mon Eva ? »

Pour toute réponse, elle inclina la tête et me serra dans ses bras.

« Vous n'oubliez pas, continuai-je, que M. Jarndyce et moi, nous sommes de bonnes vieilles gens bien faits pour une confidence, et, qu'en particulier, j'ai la prétention d'être la matrone la plus discrète. Quant à celui à qui appartient désormais mon existence, vous connaissez son cœur, vous savez qu'il n'y en a pas de plus noble au monde.

— Certainement non, chère Esther.

— Alors, pourquoi ne pas nous confier ce qui vous attriste ? que craignez-vous, enfant ? vous savez bien qu'on n'y verra pas de mal.

— Pas de mal, Esther ? quand je pense aux années que j'ai passées auprès de vous, à ses soins paternels, à sa tendresse, à nos bonnes relations, à votre chère amitié ; oh ! qu'ai-je fait ? qu'ai-je fait ? »

Je la regardai avec surprise ; mais au lieu de lui répondre, je l'embrassai de tout mon cœur, et je lui rappelai une foule de petites circonstances de notre vie passée pour arrêter sur ses lèvres le secret qui paraissait lui peser si fort. Quand elle fut couchée, j'allai rejoindre mon tuteur pour lui souhaiter le bonsoir. Je remontai quelques instans après, elle s'était endormie.

Son visage était pâle et je ne l'avais pas encore trouvée aussi changée. Les anciens projets de M. Jarndyce sur elle et Richard me revinrent à la mémoire. « Elle est inquiète, pensai-je, elle souffre à cause de lui ; » et je me demandai comment finiraient leurs amours. Plusieurs fois, en revenant de chez Caddy, je l'avais surprise travaillant à quelque chose qu'elle mettait toujours de côté dès qu'elle m'apercevait ; cet ouvrage était dans la commode; le tiroir n'était pas fermé complétement, et je ne voulus pas l'ouvrir, mais j'aurais bien voulu deviner le mystère. Enfin, en l'embrassant une dernière fois, je remarquai que sa main gauche était cachée sous le traversin. Je m'endormis à mon tour, et, quand je me réveillai, la même contrainte existait toujours dans les manières d'Eva.

CHAPITRE XXI.

Éclaircissement.

Le jour même de son arrivée à Londres, M. Woodcourt, fidèle à la promesse qu'il m'avait faite de veiller sur Richard, s'était présenté chez M. Vholes pour lui demander l'adresse de son nouvel ami.

« Justement, répondit l'avoué, M. Carstone demeure tout près d'ici. Veuillez bien vous asseoir. »

M. Woodcourt le remercia en lui disant qu'il n'avait pas autre chose à lui demander que l'adresse qu'il était venu chercher.

« Fort bien, mais je crois savoir, poursuivit l'homme de loi, que vous avez sur M. Carstone une certaine influence.

— Dans ce cas, monsieur, vous en savez plus que moi, répliqua M. Woodcourt.

— C'est l'un des devoirs que ma profession m'impose, reprit gravement l'avoué, d'étudier le caractère de tous ceux qui me confient leurs intérêts; et je puis dire que c'est l'une de ces obligations à laquelle je n'ai jamais manqué.

— L'adresse, monsieur, l'adresse ?

— Accordez-moi, s'il vous plaît, un moment d'entretien ;

M. Carstone est engagé dans une partie importante, dont l'enjeu est une valeur considérable; mais on ne joue pas sans.... ai-je besoin de dire le mot?

— Sans argent, à ce que je présume.

— Pour parler avec franchise (car la franchise est ma règle invariable, soit que je doive y gagner ou même y perdre, ce qui est le cas le plus ordinaire), vous avez dit la chose; on ne joue pas sans argent. Quant aux chances de gain que peut avoir M. Carstone, je ne saurais me prononcer; abandonner des droits qu'on a soutenus si longtemps serait peut-être une folie, peut-être un acte de raison; je n'en sais rien, mais absolument rien.

— Vous oubliez, monsieur, que je ne vous demande pas tout cela, et que vos communications ne m'intéressent nullement, répondit M. Woodcourt.

— Pardonnez-moi, répliqua M. Vholes; vous vous calomniez, et je ne puis pas souffrir que, dans ma propre étude, vous vous fassiez injure; non, monsieur, je connais trop le cœur humain pour admettre un instant qu'un gentleman de votre caractère ne s'intéresse pas à ce qui concerne son ami.

— Vous voyez bien, monsieur, que je m'y intéresse, puisque je vous demande son adresse.

— Pour que M. Carstone continue la partie où il est engagé, il faut nécessairement qu'il se procure des fonds; comprenez-moi bien, monsieur: il a, quant à présent, tout ce qui est nécessaire, mais il faut songer à l'avenir; à moins toutefois que M. Carstone ne veuille se désister de la cause et perdre les avances qu'il a faites à cet égard; mais, dans le cas contraire, il lui faudra des fonds; permettez-moi donc de vous exposer nettement l'état des choses comme à l'ami de M. Carstone: je serai toujours heureux de le représenter à la Cour et d'agir en son nom jusqu'à concurrence des frais garantis par le domaine en litige; mais pas au delà. Je ne le pourrais pas sans faire tort à mes trois filles et à mon vénérable père dont je suis l'unique soutien; et c'est chez moi, monsieur, une résolution (appelez-la folie ou faiblesse, comme vous voudrez), mais une résolution bien arrêtée de ne faire tort à personne. »

M. Woodcourt ne peut qu'approuver une semblable détermination, bien qu'il y mette assez de froideur.

« Mon seul désir, poursuit l'avoué, est de laisser après moi un nom sans tache; c'est pour cela, monsieur, que je saisis cette occasion de vous dire franchement où en est M. Carstone. Quant à moi, vous le savez, toute peine mérite salaire; des intérêts me sont confiés, je m'engage à les servir, à les faire avancer, je pousse à la roue, et je gagne ainsi l'argent qui m'est dû ; c'est pour cela que je suis dans cette étude, et que mon nom est écrit sur la porte.

— Et l'adresse de M. Carstone, monsieur Vholes ?

— Je croyais vous l'avoir dite, monsieur ; la maison d'à côté, au second étage ; c'est là qu'il demeure ; il a voulu se placer auprès de son conseiller légal, et je suis loin de l'en blâmer ; je désire au contraire que mes clients surveillent eux-mêmes leurs intérêts. »

Sur ce, M. Woodcourt souhaita le bonjour à M. Vholes et se rendit chez Richard, dont il commençait à comprendre les inquiétudes et le changement de physionomie.

Il le trouva dans une chambre tristement garnie de vieux meubles fanés, un livre devant lui, mais qu'il ne lisait pas ; la porte était ouverte, et M. Woodcourt m'a dit qu'il n'oublierait jamais l'égarement qu'il remarqua sur son visage, et l'affaissement de tout son corps avant qu'il l'eût arraché à ses méditations.

« Woodcourt ! s'écria Richard en tendant les bras au docteur, vous m'apparaissez comme un spectre au milieu d'une vision.

— Le spectre d'un ami qui est heureux de vous retrouver. Comment vont les affaires de ce bas monde ?

— Assez mal, et surtout bien lentement, du moins quant à la part qui m'y est réservée.

— Laquelle, mon pauvre ami ?

— Ce procès que la chancellerie éternise.

— Oh ! répondit M. Woodcourt en secouant la tête, je n'ai jamais rien entendu dire de bon de ce côté-là.

— Ni moi non plus, dit tristement Richard. Tenez, Woodcourt, je ne veux pas que vous vous abusiez sur mon compte, alors même que j'y perdrais dans votre estime ; je ne fais plus rien qui vaille ; mon intention était bonne, et je ne réussis qu'à mal faire ; on vous dira qu'il aurait mieux valu pour moi ne pas me jeter dans le filet d'où je ne peux plus sortir ; cependant je ne le pense pas ; bref, j'étais sans but et c'est là ce qui me manquait ; maintenant j'en possède un, ou peut-être est-ce lui qui me possède ; n'importe, prenez-moi tel que je suis, et tirez-en le meilleur parti possible.

— A charge de revanche, mon bon ami.

— Quelle différence entre nous deux, Woodcourt ! vous aimez votre art, et vous creusez d'une main ferme le sillon que vous avez commencé ; mais, bah ! tout a une fin dans ce monde, nous le verrons bien un jour ; en attendant, prenez-moi tel que je suis et accordez-moi votre amitié. »

Ils se serrèrent la main cordialement.

« Quel bonheur de vous voir ! poursuivit Richard d'un ton joyeux ; figurez-vous que je n'ai vu personne que Vholes depuis que je suis ici. Mais permettez-moi, pour commencer notre traité, de vous faire une confidence sans laquelle vous ne me connaîtriez pas. Peut-être d'ailleurs le savez-vous ; j'aime Éva. »

M. Woodcourt répondit que je le lui avais fait entendre.

« Et n'allez pas croire à présent que je suis un affreux égoïste ; que je me casse la tête et me brise le cœur à propos de cette misérable affaire, en vue de mes seuls intérêts ; pas du tout, ceux d'Éva et les miens sont les mêmes. C'est pour elle comme pour moi que Vholes travaille. Vous sentez que je ne tiens pas à vous paraître plus mauvais que je ne le suis, votre affection m'est trop précieuse ; comprenez donc bien que j'ai besoin de voir rendre justice à Éva, et qu'en soutenant mes droits, ce sont les siens que je revendique. »

Plus tard, quand M. Woodcourt vint à réfléchir à ce qui s'était passé, il fut si vivement frappé de l'inquiétude qu'avait témoignée la physionomie de Richard en insistant sur cette communauté d'intérêts avec Éva, qu'en me rendant un compte général de sa première visite à Symonds' Inn, il appuya particulièrement sur ces détails. Son récit raviva les craintes que j'avais déjà depuis longtemps, que le petit patrimoine de ma chère fille ne fût absorbé par M. Vholes, et que Richard ne se montrât si jaloux des intérêts de sa cousine que pour se justifier à ses propres yeux d'être l'instrument de sa ruine.

C'était à l'époque où je soignais Caroline que cet entretien avait eu lieu, et je reprends mon récit à l'endroit où je l'ai laissé à la fin du chapitre précédent, le lendemain du jour où ma pauvre Éva n'avait pas osé me dire ce qu'elle avait sur le cœur. Trouvant donc à cette chère amie la même tristesse que la veille, je lui proposai d'aller faire une visite à Richard, et ne fus pas médiocrement surprise de l'hésitation qu'elle mit dans sa réponse.

« Vous n'avez rien eu avec lui pendant que j'étais absente ? lui demandai-je.

— Non, Esther. »

Pourquoi ces larmes sur son visage où rayonnait tant d'amour ?

« Préférez-vous que j'y aille toute seule ?

— Non, chère amie.

— Voulez-vous y aller sans moi ? »

Elle aimait mieux que je vinsse avec elle, et nous partîmes ensemble. C'était un de ces jours sombres où chaque objet prend une teinte morose et triste ; un de ces jours traversés d'une pluie froide qui tombe par intervalles ; les maisons avaient l'air de nous regarder d'un mauvais œil ; le vent s'élevait contre nous et rabattait la fumée sur nos têtes ; ma belle Eva me semblait déplacée au milieu de ces rues tristes et raboteuses, et nous rencontrâmes, en un moment, plus d'enterrements que je n'en avais encore aperçu en un jour.

Nous ne savions pas où était Symonds' Inn, et j'allais m'en informer dans une boutique, lorsque Eva me dit qu'elle croyait que c'était près de Chancery-Lane, où effectivement nous trouvâmes ce que nous cherchions. « C'est la maison qui est à côté de l'étude de M. Vholes, » me dit encore Eva ; mais laquelle ? Je me dirigeai vers celle de droite pendant qu'Eva frappait à l'autre, et c'était elle qui avait encore raison. Nous montâmes l'escalier. Au second étage, le nom de Richard était écrit en lettres blanches sur le fond noir d'une porte ; et, comme je me disposais à frapper, Eva tourna le bouton et nous entrâmes dans la chambre.

Richard était penché sur une table couverte de papiers poudreux où les mots fatals « Jarndyce contre Jarndyce » étaient inscrits à chaque page ; il nous témoigna beaucoup d'affection, nous fit asseoir et nous dit que, si nous étions venues quelques minutes plus tôt, nous aurions vu M. Woodcourt. « Je ne crois pas qu'il ait jamais existé son pareil, nous dit-il ; un autre, avec moitié de sa besogne, ne trouverait pas un moment pour venir, et lui, il a toujours du temps à donner à un ami. Et puis, il est si gai, si bon, si encourageant, si plein de cœur et de sensibilité, tout ce que je ne suis pas enfin, qu'on dirait que le soleil entre avec lui dans cette chambre, et que l'ombre y revient du moment où il s'éloigne. Il ne partage pas la confiance que M. Vholes et moi nous avons dans cette affaire, reprit-il après une pause, en regardant les papiers dont la table était couverte et en s'adressant à Eva ; mais il n'a pas, comme nous, approfondi la matière et l'on ne peut pas exiger qu'il comprenne rien à un pareil grimoire sans l'avoir étudié. »

Ses regards se reportèrent sur les dossiers, et je fus frappée des progrès qu'avait faits sa maigreur ; de ses yeux caves, de ses lèvres desséchées et de ses ongles rongés.

« Croyez-vous que cette chambre soit saine ? lui demandai-je.
— Chère Minerve, répondit-il avec son ancien rire, on n'est

pas ici à la campagne, et cet endroit n'a rien de gai ni de séduisant ; quand le soleil s'y montre, vous pouvez dire qu'il resplendit ailleurs ; mais peu importe, cela suffit pour le moment ; c'est au centre des affaires et à côté de M. Vholes.

— Peut-être qu'un changement de quartier....

— Me ferait du bien, reprit-il en riant encore, mais cette fois d'un rire forcé ; malheureusement il n'y a pour moi que deux choses qui pourraient me permettre de m'en aller d'ici : ou la fin du procès, ou la fin du plaideur ; mais ce sera le procès qui finira le premier, chère Eva ; nous menons lestement tout cela, croyez-le ; demandez plutôt à Vholes ; avec nous pas un moment de répit ; notre homme est admirable ; il connaît leurs tours et leurs détours et les poursuit sans cesse ; nous réveillerons toute cette nichée de dormeurs ; tenez-le pour certain. »

Son espérance m'était depuis longtemps plus pénible que son découragement ; il y avait quelque chose de si violent et de si âpre dans cette détermination d'espérer quand même, et il se mêlait à cet espoir fébrile un sentiment si profond de contrainte, que j'en avais été vivement émue ; mais l'expression du combat que se livrait en lui-même notre pauvre ami n'avait jamais été si navrante qu'aujourd'hui, et je restai persuadée qu'alors même que le procès eût réalisé ses plus brillantes illusions, son visage n'en porterait pas moins jusqu'à sa mort les traces des inquiétudes et des désappointements qu'il avait déjà éprouvés.

« La vue de cette chère petite femme, poursuivit Richard en me regardant, m'est tellement familière, et sa bonne figure toujours la même qu'autrefois....

— Non, non, interrompis-je en souriant.

— Toujours la même, reprit Richard en me serrant la main ; sa bonne figure me rappelle si bien le passé, que je ne pourrais pas dissimuler devant elle ; vous voyez, chère Esther, que j'ai de bonnes raisons pour espérer ; et malgré cela, vous le dirai-je, il y a des instants où le désespoir est près de m'atteindre ; je suis si fatigué ! » dit-il en abandonnant ma main et en s'éloignant de la table ; il parcourut plusieurs fois la chambre de long en large, et se laissant tomber sur le sofa : « Je suis si fatigué ! répéta-t-il d'un air sombre. C'est une œuvre si lente et si pénible ! » Eva quitta la place où elle était assise, ôta son chapeau, alla s'agenouiller auprès de Richard, dont elle couvrit la tête de ses cheveux d'or, comme d'un rayon de soleil: elle lui passa les bras autour du cou, et tournant vers moi son visage où se peignaient l'amour et le dévouement :

« Esther, me dit-elle, je ne m'en irai pas avec vous. »

Aussitôt ce fut pour moi un trait de lumière.

« Je vais rester avec mon cher époux; nous sommes mariés depuis deux mois. » Elle inclina son front sur la poitrine de Richard, et il me fut donné de contempler un amour que la mort seule pouvait éteindre.

« Eva, lui dit-il rompant le silence le premier, dites à Esther comment tout cela s'est fait. »

Mais je la pris dans mes bras et la couvris de baisers; qu'avais-je besoin de l'entendre? « Pauvre chérie, lui disais-je; pauvre, pauvre enfant! » Car ma première impression fut de la plaindre, malgré l'amitié que je ressentais pour Richard.

« Me pardonnez-vous, Esther? et M. Jarndyce, croyez-vous qu'il me pardonne?

— En douter un moment, lui répondis-je, ce serait lui faire injure. Quant à moi, chère amie, qu'ai-je à vous pardonner? »

J'essuyai ses larmes et j'allai m'asseoir sur le sofa, entre elle et son mari.

« Tout ce que j'avais était à Richard, me dit le pauvre ange; il ne voulait pas l'accepter; il ne me restait d'autre moyen que de devenir sa femme; vous comprenez, Esther?

— Et vous étiez si occupée, dame Durden, reprit Richard, qu'il n'y avait pas à vous parler; d'ailleurs, l'affaire n'a pas été longue; nous sortîmes un beau jour et tout fut terminé.

— Que de fois j'ai songé à vous l'apprendre, me dit Eva, mais je ne savais pas comment faire, et j'en étais bien malheureuse. »

Elle tira son alliance de son sein, la baisa et la mit à son doigt; je me souvins alors de ce que j'avais remarqué la veille, et je dis à Richard que, depuis son mariage, elle l'avait portée toutes les nuits, quand il n'y avait près d'elle personne qui pût la voir. Elle me demanda, en rougissant, comment je l'avais deviné; je lui dis que j'avais vu sa main cachée sous l'oreiller, que je ne savais pas alors quel en était le motif, mais qu'à présent je le comprenais à merveille. Et ils me racontèrent de nouveau tout ce qui s'était passé. J'étais triste et heureuse à la fois; je ne sais pas lequel des deux sentiments dominait dans mon cœur. Je les plaignais de toute mon âme, et pourtant j'éprouvais un certain orgueil de leur amour; mais je me détournai pour cacher mon visage; je ne voulais pas assombrir leur bonheur.

Le moment où je devais les quitter vint enfin, et ce fut l'instant le plus pénible, car ma pauvre amie, donnant un libre cours à ses larmes, se jeta dans mes bras en m'appelant des noms les plus chers et en me demandant ce qu'elle deviendrait sans moi; Richard n'était pas moins ému, et j'aurais été la plus faible des trois, si je ne m'étais sévèrement interdit de le paraître.

« Voilà une petite femme qui n'aime guère son mari, dis-je en riant; allons, Richard, prenez-la, je vous en prie; je reviendrai demain, après-demain, tous les jours; ainsi donc je ne vous dis pas adieu; à quoi bon, quand on doit se revoir le lendemain? » Je retenais toujours ma chère fille dans mes bras, et, malgré mon intention de partir, mon cœur se brisait en songeant à la quitter. Je leur dis en plaisantant que j'attendais qu'ils m'encourageassent à revenir les voir; que, sans cela, je n'étais pas sûre de pouvoir prendre cette liberté; là-dessus, mignonne aimée releva la tête, sourit doucement au milieu de ses larmes, je pris son front entre mes mains, je l'embrassai une dernière fois et je m'échappai en riant. Mais comme je sanglotai quand je fus en bas de l'escalier! Ma pauvre Eva me semblait perdue pour toujours; et je ne pouvais pas me faire à l'idée de ne plus vivre avec elle. Après avoir pleuré longtemps, je finis par retrouver un peu de force, et, prenant une voiture, je revins à la maison. Mon tuteur était sorti pour aller savoir des nouvelles de ce pauvre garçon que j'avais recueilli à Saint-Alban, et qui se mourait chez M. Georges. Il me fit dire qu'il ne rentrerait pas pour dîner; j'étais donc seule et je me remis à pleurer; quel vide me laissait ma pauvre Eva! Je repensais à la manière dont nous nous étions quittées, à la triste chambre qu'elle habitait maintenant, à la vie qu'elle allait mener, aux privations qui l'attendaient, et j'éprouvais un tel besoin de me retrouver auprès d'elle, que je résolus de sortir et d'aller me promener sous ses fenêtres. C'était une folie, je le confesse; mais peu importe, je trouvai mon projet fort raisonnable alors; aujourd'hui même je ne saurais m'en blâmer; et, prenant Charley avec moi, je me dirigeai vers Symonds' Inn. Il faisait nuit quand nous arrivâmes à la nouvelle demeure d'Eva, et il y avait de la lumière dans sa chambre. M. Vholes sortit de son étude et leva les yeux vers les fenêtres de Richard. La vue de ce maigre personnage vêtu de noir, et la tristesse des lieux où je me trouvais me firent une vive impression; je songeais à la jeunesse, à la beauté de ma chère fille, à son amour, à ce trésor enfermé dans cet affreux endroit si peu fait pour le contenir. Il n'y avait personne autour de nous; je me glissai dans l'escalier que je montai bien doucement; je retins mon haleine pour écouter, et dans le morne silence de cette maison délabrée, je crus saisir le murmure de leurs voix jeunes et fraîches; enfin montant jusqu'au palier, j'allai poser mes lèvres sur la porte noire où le nom de Richard se détachait en blanc comme sur la pierre d'une tombe.

Je revins plus calme; cette visite avait en quelque sorte diminué la distance qui me séparait d'Eva; je sentais mieux que je la reverrais encore; je n'étais pas consolée, mais j'avais plus de courage.

Mon tuteur était rentré lorsque nous arrivâmes, et se tenait debout près de la fenêtre; il vint à moi, et me regardant en face:

« Vous avez pleuré! me dit-il.

— Oui, cher tuteur; ma pauvre Eva.... elle est si malheureuse, si triste de.... »

Je m'appuyai sur le bras de son fauteuil, et je vis qu'il comprenait le regard que je laissai tomber sur la place vide qu'il y avait entre nous.

« Est-elle mariée, Esther? »

Je lui dis tout ce que je savais, et que la première parole du cher ange avait été pour demander si le cousin John voudrait lui pardonner.

« Elle n'en a pas besoin, dit-il; qu'elle soit bénie, chère enfant; et que Richard le soit comme elle. Pauvre Eva! pauvre Rick! »

Nous restâmes quelques instants sans rien dire. « Bleak-House diminue tous les jours, reprit mon tuteur avec un soupir.

— Mais sa maîtresse y est encore, répondis-je à demi-voix, touchée de la manière dont il avait dit ces paroles; elle fera tout son possible pour qu'on y soit heureux, » ajoutai-je timidement.

Il tourna vers moi son regard paternel, posa sa main sur la mienne, en disant : « Elle y réussira, chère Esther; et néanmoins, petite femme, Bleak-House diminue tous les jours. »

Je fus triste et comme désappointée de lui entendre redire ces paroles; je craignais de n'avoir pas été pour lui tout ce que j'aurais voulu être depuis la réponse que j'avais faite à sa lettre.

CHAPITRE XXII.

Obstination.

Le surlendemain, comme nous étions à déjeuner, M. Woodcourt arriva en toute hâte pour nous apprendre la terrible nouvelle du meurtre de M. Tulkinghorn, et que M. Georges était accusé de l'avoir commis; il ajouta que sir Leicester avait promis une forte récompense à qui découvrirait le meurtrier; je ne compris pas d'abord dans quel intérêt, mais je sus bientôt que la victime était l'avoué du baronnet, et je fus incapable, pendant quelques instants, de penser à autre chose qu'à la frayeur que cet homme inspirait à ma mère. Quelle horrible situation pour elle que d'apprendre une pareille mort et de ne pouvoir en ressentir de pitié! peut-être même, dans son effroi, avait-elle souhaité que ce vieillard vînt à mourir, et cette pensée devenait effrayante en face de l'événement imprévu qui avait précipité le procureur dans la tombe.

Quand j'eus recouvré assez d'empire sur moi-même pour écouter la conversation, M. Jarndyce et M. Woodcourt s'entretenaient de l'accusé avec chaleur; et l'intérêt que m'avait toujours inspiré M. Georges éveillant toutes mes craintes à son égard, je ne pus m'empêcher de m'écrier : « N'est-ce pas, tuteur, que vous ne croyez pas qu'il soit coupable!

— Assurément non, chère Esther, répondit-il; un homme que j'ai toujours vu si franc et si bon; qui joint à une force athlétique la douceur d'un enfant; un homme à la fois courageux et sensible, capable d'un tel crime! Non, non, je ne pourrai jamais le croire.

— Ni moi non plus, ajouta M. Woodcourt; et cependant, quelle que soit la certitude que nous ayons de son innocence, on ne peut pas se dissimuler qu'il s'élève contre lui des charges d'une extrême gravité. Il ne cachait pas l'irritation que lui inspirait la victime, et s'exprimait à son égard avec une violence dont j'ai moi-même eu la preuve; il avoue qu'il était seul sur le théâtre de l'assassinat quelques minutes avant l'événement, je le crois sincèrement innocent, mais l'on ne doit pas s'étonner que le soupçon ait pu l'atteindre.

— Ce serait même lui rendre un fort mauvais service, me dit mon tuteur, que de fermer les yeux sur l'importance de pareils témoignages.

— Mais ce n'est pas un motif pour l'abandonner quand il est dans l'affliction.

— Dieu m'en garde! répondit M. Jarndyce; nous ferons pour lui ce qu'il a fait pour les pauvres créatures qu'il a si noblement recueillies. »

M. Woodcourt nous dit alors que l'ouvrier du maître d'armes était venu le trouver au point du jour, après avoir parcouru la ville comme un fou, pour lui dire que l'une des plus vives in quiétudes de M. Georges était que nous pussions le croire coupable; qu'il l'avait chargé de nous affirmer son innocence de la manière la plus solennelle. M. Woodcourt n'était parvenu à calmer ce pauvre homme qu'en lui donnant l'assurance qu'il s'acquitterait de sa commission, dès qu'il lui serait possible de se présenter chez nous. Il ajouta qu'il nous quittait pour aller voir le prisonnier ; mon tuteur répondit qu'il irait avec lui ; et n'ayant pas même essayé de me contredire lorsque je demandai à les accompagner, nous partîmes tous les trois pour la maison d'arrêt.

C'était une grande prison avec maintes et maintes cours, de nombreux corridors, comme tous les édifices du même genre, et des pavés et des murailles tellement uniformes, qu'il me fut aisé de comprendre la passion qu'inspira parfois un brin d'herbe à de pauvres prisonniers enfermés dans de pareils murs. Le maître d'armes occupait une cellule particulière et s'était levé quand il avait entendu le bruit des clefs et des verrous; il fit quelques pas vers la porte en nous voyant entrer, et nous salua froidement; je lui tendis la main, il comprit notre pensée, respira largement, et nous faisant cette fois un salut cordial : « Vous m'ôtez de l'esprit un grand poids, nous dit-il; et maintenant je me soucie peu de savoir comment cela finira. C'est un endroit moins convenable encore pour recevoir une dame, que ma galerie de tir; mais je connais miss Summerson, et je sais qu'elle n'y fera pas attention. »

Il m'offrit la main pour me conduire près du banc de bois qui était au fond de la cellule, et parut très-satisfait lorsque j'y fus assise. « Merci ! dit-il, mademoiselle. »

« Georges, lui dit mon tuteur, de même que nous n'avons pas besoin que vous nous affirmiez votre innocence, j'espère qu'il est inutile de vous assurer de la foi pleine et entière que nous y ajoutons.

— Certainement, monsieur Jarndyce, et je vous remercie de tout mon cœur; si j'étais coupable, il me serait impossible de vous regarder sans vous avouer mon crime après la démarche que vous voulez bien faire et dont je suis profondément touché ; profondément, je vous assure; je ne sais pas m'exprimer comme je le voudrais; mais je suis on ne peut plus sensible à votre visite, ajouta-t-il en posant la main sur sa poitrine avec un geste rempli d'éloquence.

— Voyons d'abord, reprit mon tuteur, si nous pouvons rendre votre position plus confortable.

— Je ne vous comprends pas, monsieur !

— Je vous demande si vous avez besoin de quelque chose qui puisse adoucir pour vous les rigueurs de la prison.

— Bien obligé, monsieur; mais le tabac n'étant pas admis par la consigne, je ne vois pas qu'est-ce qui pourrait me manquer.

— Pensez-y, Georges; et si vous désirez quoi que ce soit, veuillez me le faire connaître.

— Merci, monsieur, répondit-il en souriant; mais un homme qui a couru le monde comme je l'ai fait, s'accommode de tout ce qu'il trouve, même dans un endroit comme celui-ci.

— Et à propos de ce meurtre dont vous êtes accusé, où en êtes-vous? lui demanda mon tuteur.

— L'interrogatoire va toujours. Bucket m'a fait entendre qu'il reviendrait me questionner de temps en temps jusqu'à ce que l'affaire soit complétement instruite. Je ne vois pas ce qu'ils ont encore à me demander; mais je suppose que Bucket sait comment cela se conduit.

— Dieu me pardonne! s'écria mon tuteur, on dirait que cela ne vous regarde même pas.

— Excusez-moi, monsieur; je suis très-sensible à vos bontés, seulement je ne comprends pas comment un honnête homme pourrait prendre la chose différemment sans se briser à l'instant la tête contre les murs.

— Je ne dis pas non; mais il ne suffit pas d'être innocent, il faut encore le prouver et se défendre.

— C'est ce que j'ai fait, monsieur. J'ai dit aux magistrats: « Gentlemen, tous les faits qu'on m'oppose sont vrais; mais je n'en suis pas moins innocent du crime dont on m'accuse; je n'en sais pas davantage. » Je le répéterai s'ils me le demandent. Que faire de plus, puisque j'ai dit la vérité?

— Mais la vérité ne suffit pas, répliqua mon tuteur.

— Vraiment, monsieur? C'est une triste perspective que vous me présentez là, répondit-il avec gaieté.

— Il vous faut un avocat, reprit M. Jarndyce.

— Pardon, monsieur, dit le maître d'armes en reculant de quelques pas, je vous suis très-reconnaissant; mais je suis bien résolu à ne plus avoir affaire avec tous ces gens-là.

— Vous ne voulez pas de défenseur?

— Non, monsieur. Merci mille fois; mais je ne veux pas d'avocat.

— Et pourquoi?

— C'est une engeance que je n'aime pas. Gridley était comme moi; et mille pardons, monsieur, mais j'étais persuadé que vous ne les aimiez pas plus que nous. »

Ce fut en vain que nous essayâmes de le faire changer d'avis. Il écouta nos paroles avec cette douceur qui allait si bien à sa figure martiale, mais ne parut pas ébranlé le moins du monde par tous nos raisonnements.

« Monsieur Georges, lui dis-je, ne désirez-vous pas sortir de la position où vous vous trouvez aujourd'hui?

— Assurément. Tenez, miss Summerson, je voudrais être jugé dès à présent par un conseil de guerre. La chose est impossible, je le sais; mais veuillez être assez bonne pour m'accorder quelques minutes d'attention : J'ai été pris; on m'a mis les menottes et conduit en prison; je suis maintenant un homme déshonoré. La police est chez moi; elle fouille de fond en comble tout ce qui m'appartenait; c'est bien, je ne m'en plains pas. Certes, je n'ai pas commis la faute qui m'a fait assigner cette prison pour quartier; mais cela ne me serait pas arrivé si je n'avais pas fait les cent coups dans ma jeunesse, et couru autrefois la pretentaine; à présent il s'agit de faire face à ça. »

Il passa la main sur son front et s'arrêta quelques secondes.

« Je suis si peu au fait de la parole, dit-il, que j'ai besoin de réfléchir pour exprimer ma pensée. M. Tulkinghorn était lui-même un homme de loi. Je ne voudrais pas l'insulter à présent qu'il n'est plus; s'il vivait encore, je n'hésiterais pas à dire qu'il me menait diablement dur, ce qui ne m'en a pas fait aimer davantage les gens de sa profession. Si je m'étais tenu loin d'eux, je ne serais pas aujourd'hui en prison; mais ce n'est pas là que je veux en venir. Supposez que je l'aie assassiné; que j'aie déchargé dans son vieux corps l'un de ces pistolets récemment tirés que Bucket a ramassés chez moi et qu'il aurait pu y trouver tous les jours s'il avait voulu s'en donner la peine; qu'aurais-je fait dans ce cas-là, en supposant que je me fusse laissé prendre? j'aurais demandé un avocat, lequel se serait présenté devant la Cour, et comme je l'ai vu maintes fois dans les journaux, aurait dit à mes juges : « Mon client dédaigne de répondre; mon client réserve sa défense; mon client par-ci, mon client par-là. » Fort bien; il n'est pas dans l'acabit de l'espèce de marcher droit et de parler avec franchise. Dire que je suis innocent et prendre un avocat, c'est donc faire la même chose que si j'étais coupable. Il agira tout comme et n'en dira pas plus; me fermera la bouche pour ne pas me compromettre; taira ceci, éludera cela; me tirera peut-être d'affaire; mais je vous le demande, miss Summerson, est-ce de cette façon-là que je dois sortir d'ici? J'aime mieux être pendu et agir à ma guise! Excusez-moi de parler devant vous d'une chose aussi peu agréable pour une lady. »

Il s'était échauffé en parlant, et n'avait plus besoin de réfléchir.

« Quand je dis cela, il ne faut pas croire que j'aimerais plus qu'un autre à être pendu, poursuivit-il ; je veux seulement exprimer que je dois sortir d'ici blanc comme neige ou pas du tout. Si donc ils élèvent contre moi quelque chose qui est vrai, je les confirme dans leur opinion ; et quand ils me disent : « Prenez garde, il sera fait usage de tout ce que vous direz, » je leur réponds : « C'est pour cela que je vous le dis. » S'ils ne découvrent pas mon innocence au fond de la vérité, comment la trouveront-ils ailleurs ? et y parviendraient-ils, que je n'y attacherais aucun prix. »

Il fit quelques pas dans la cellule, et se rapprochant de la table vers laquelle nous étions :

« Merci mille fois de votre attention, mademoiselle, et vous aussi, messieurs ; merci mille fois plus encore de l'intérêt que vous me portez. C'est là qu'en sont les choses ; du moins pour un ancien sergent dont l'esprit n'a pas plus de fil que le tranchant d'un vieux sabre. Je n'ai jamais rien fait de bon dans ma vie, excepté mon devoir comme soldat ; et si la potence est au bout, je récolterai ce que j'ai semé. Dès que j'ai eu surmonté le premier éblouissement qui m'a pris en me voyant arrêté comme assassin, et pour un homme qui a roulé comme moi et qui en a vu de toutes les couleurs, ça n'a pas été long, j'ai envisagé l'affaire et j'en suis arrivé au point où vous me voyez, et j'y reste. Personne ne sera déshonoré par ma condamnation ; personne n'en souffrira ; c'est là tout ce que j'avais à dire. »

La porte s'était ouverte au moment où le maître d'armes avait pris la parole, et un homme droit et sec un ancien militaire probablement, était entré dans la cellule en même temps qu'une femme, qui, son panier au bras, les yeux vifs et brillants, la peau brunie par le vent et le soleil, avait écouté M. Georges avec une extrême attention. Le maître d'armes s'était contenté de les saluer d'un regard affectueux, et avait continué son discours ; mais dès qu'il eut terminé tout ce qu'il avait à dire, il échangea une poignée de main cordiale avec les nouveaux venus, et nous les présenta en nous disant que l'un était Matthieu Bagnet, son plus ancien camarade, l'autre sa femme, mistress Bagnet.

« De bons, de véritables amis, ajouta-t-il ; c'est chez eux que l'on m'a pris.

— Avec un violoncelle d'occasion, dit M. Bagnet en hochant

la tête avec colère, d'une bonne qualité de son.... pour un
sans regarder à l'argent.

— Mat, reprit M. Georges, tu as entendu ce que je disais tout
à l'heure, et je crois savoir que tu m'approuves? »

M. Bagnet, après avoir réfléchi un moment, se retourna vers
sa femme.

« La vieille, dit-il, réponds à Georges, et donne-lui mon
avis.

— Eh bien, non! il ne vous approuve pas, s'écria mistress
Bagnet qui avait tiré de son panier un morceau de petit salé,
du thé, du sucre et du pain. Si vous croyez que vous sortirez
d'affaire avec ces raisons-là.... C'est à en devenir fou, rien que
de vous écouter! Qu'est-ce que ça signifie, toutes ces délicatesses
qui n'ont pas le sens commun? Ce n'est rien que de la sot-
tise.

— Ne me traitez pas trop durement; pensez à mes malheurs,
dit M. Georges d'un ton enjoué.

— Au diable vos malheurs, s'ils vous font déraisonner! Je
n'ai jamais de ma vie été aussi honteuse de ce qu'un homme a
pu dire qu'en entendant les folies que vous venez de débiter
Des avocats! et qui pourrait vous empêcher d'en prendre une
douzaine, si le gentleman que voilà trouve que c'est nécessaire?

— Vous parlez d'or, madame, dit mon tuteur, et vous le per-
suaderez, j'en suis sûr.

— Lui? Ah! monsieur, vous ne le connaissez pas. Tel qu'il
est, poursuivit mistress Bagnet en levant son panier pour désigner M. Georges, c'est bien l'entêté le plus fini qui ait jamais
vécu sous la calotte des cieux. Vous pourriez plutôt enlever sur
votre épaule une pièce de quarante-huit que de lui ôter de la
tête ce qu'il y a mis une bonne fois. Je le connais bien, allez.
Oui, je vous connais, vieux Georges, depuis le temps que je vous
vois; il y a assez d'années, j'espère. »

Mistress Bagnet s'était tournée plusieurs fois de mon côté en
disant ces paroles, et je comprenais, au jeu de ses paupières,
qu'elle aurait désiré me voir faire quelque chose, sans que je
pusse deviner ce qu'elle voulait.

« Mais il y a longtemps, continua-t-elle, que je ne vous dis
plus rien, et quand les autres vous connaîtront comme moi, ils
en feront tout autant et ne se mêleront plus de vos affaires....
Êtes-vous aussi trop entêté pour manger un morceau? reprit
l'excellente femme en soufflant sur le petit salé pour en ôter un
grain de poussière.

— J'accepte volontiers, et je vous remercie mille fois, répondit M. Georges.

— C'est bien heureux, dit mistress Bagnet d'un air de bonne humeur, et j'en suis toute surprise. Ça m'étonne que vous n'ayez pas dans l'idée de mourir de faim pour agir à votre façon, comme vous voulez vous défendre; mais peut-être que ça viendra. »

Elle me regarda encore, et je finis par comprendre qu'elle me disait de partir avec ces deux messieurs et de l'attendre à la porte. Faisant donc le même signe à mon tuteur et à M. Woodcourt, je me levai en disant à M. Georges que nous reviendrions le voir, et que j'espérais le trouver plus raisonnable.

« Dans tous les cas, répondit-il, jamais plus reconnaissant.

— Mais plus facile à convaincre, repris-je en m'arrêtant auprès de la porte ; et laissez-moi vous dire que la découverte de ce mystère et du véritable assassin est de la dernière importance, même pour d'autres que pour vous. »

Il m'écouta respectueusement, et m'ayant regardée avec une attention particulière :

« C'est étrange, dit-il, et pourtant c'est une idée qui m'est venue tout de suite. »

Mon tuteur lui demanda ce qu'il voulait dire.

« Quand ma mauvaise étoile me conduisit chez la victime, précisément à l'heure du meurtre, répondit le maître d'armes, j'ai rencontré sur l'escalier une dame enveloppée d'un manteau noir avec une longue frange, et qui ressemblait tellement à miss Summerson, que je fus sur le point de lui parler. »

Un horrible frisson parcourut tous mes membres, et je ne saurais définir ce que j'éprouvai en entendant ces paroles. Toutefois l'obligation que je m'étais imposée, en venant voir M. Georges, de garder mon sang-froid, et la certitude que j'avais de n'avoir aucun motif de crainte me rendirent à moi-même. Nous sortîmes de la prison, et nous nous dirigeâmes vers un endroit retiré que nous aperçûmes à peu de distance : c'est là que mistress Bagnet et son mari ne tardèrent pas à nous rejoindre.

L'excellente femme avait les yeux humides et le visage bouleversé.

« Je ne le lui ai pas dit, s'écria-t-elle en arrivant ; mais il est dans une bien mauvaise passe, notre bon vieux camarade.

— Avec de la prudence et un peu d'aide il en sortira, dit mon tuteur.

— Un gentleman comme vous en sait plus long qu'une pauvre femme comme moi, reprit-elle en s'essuyant les yeux avec le bord de son manteau ; mais je suis bien tourmentée ; il est si peu raisonnable et dit tant de choses qu'il ne pense pas. Les gentlemen du jury ne le connaissent pas comme nous ; et les apparences qui l'accusent, et tous ces gens qui parleront contre lui ; ce Bucket est si habile !

— Avec son violoncelle d'occasion, et son histoire de jouer du fifre quand il était enfant, ajouta M. Bagnet d'un air grave.

— Et je vous le répète, mademoiselle ; quand je dis mademoiselle, je parle en même temps aux gentlemen, poursuivit mistress Bagnet en nous entraînant dans un coin et en dénouant son chapeau pour respirer plus à l'aise. Vous feriez valser la citadelle de Douvres avant de faire démarrer Georges de ce qu'il a résolu, à moins d'avoir plus de puissance que nous n'en avons tous ; mais heureusement que j'ai trouvé ce qu'il nous faut.

— Vous êtes un vrai trésor, dit mon tuteur.

— Voyez-vous, mademoiselle, quand il dit que sa condamnation ne déshonorerait personne, voulant nous faire croire par là qu'il n'a pas un seul parent, c'est de la blague. Sa famille ne le connaît plus, c'est vrai ; mais c'est pas une raison. Il m'en a dit plus long qu'aux autres, et ce n'était pas pour rien qu'il a parlé un de ces soirs à mon Woolwich des rides et des cheveux blancs d'une mère ; je parierais cinquante livres que ce jour-là il avait vu la sienne. Elle vit donc, et il faut l'amener tout de suite. »

L'excellente femme mit immédiatement quelques épingles dans sa bouche et releva sa robe, qu'elle attacha tout autour au niveau de son manteau gris avec une rapidité surprenante.

« Lignum, dit-elle ensuite, tu prendras soin des enfants. Donne-moi le parapluie, mon vieux ; je pars pour le comté de Lincoln, et je ramènerai la mère de Georges.

— Dieu la bénisse ! s'écria mon tuteur en mettant la main à sa poche. A-t-elle seulement de l'argent ? »

Mistress Bagnet tira de son jupon un petit sac de cuir, d'où elle sortit quelques schellings qu'elle compta précipitamment et qu'elle remit dans sa bourse de l'air le plus satisfait du monde.

« Ne vous inquiétez pas de moi, dit-elle, je suis la femme d'un vieux soldat ; les voyages, ça me connaît. Lignum, mon vieux, trois pour les enfants, et un pour toi, ajouta-t-elle en embrassant le vieux soldat ; je pars, et je ne serai pas longtemps. »

Elle nous fit une révérence, s'éloigna d'un pas rapide, tourna le coin et disparut.

« Vous la laissez partir ainsi ? dit mon tuteur à M. Bagnet.

— On ne pourrait pas l'en empêcher, répondit celui-ci. Elle est revenue comme ça au pays, de l'autre bout du monde, avec

le même manteau, le même parapluie. Quand la vieille a dit :
« Je ferai ça, » soyez-sûr qu'elle le fait.

— Elle est en ce cas aussi franche et aussi honnête qu'elle en
a l'air, répliqua mon tuteur, et il est impossible de rien dire qui
soit plus à sa louange.

— C'est le porte-drapeau du bataillon sans pareil, dit le vieux
soldat en s'éloignant; on ne trouverait pas son égale; mais je
ne l'avoue pas devant elle; faut maintenir la discipline. »

CHAPITRE XXIII.

Sur la piste.

M. Bucket et son gras index tiennent ensemble de nombreuses conférences relativement au meurtre de M. Tulkinghorn. Toutes les fois que M. Bucket est chargé d'une affaire aussi grave, le second doigt de sa main droite s'élève à la hauteur d'un esprit familier; il le porte à ses lèvres et ce démon lui recommande le silence; il le met à son oreille et ce gras lutin lui murmure de nouvelles découvertes; il s'en frotte le nez et son odorat s'aiguise; il l'agite devant un criminel, et, fasciné par cet index accusateur, le malheureux court à sa ruine. Bref, quand M. Bucket et son index ont ensemble de fréquents entretiens, les augures du temple de la police prédisent qu'avant peu la vindicte publique aura donné un exemple terrible de sa toute-puissance.

Observateur attentif de la nature humaine, philosophe bienveillant, plein d'indulgence pour les folies des hommes, M. Bucket parcourt la ville d'un air insouciant, comme un flâneur sans but. D'un caractère facile et d'un esprit joyeux, il a de bonnes relations avec tous ses semblables et trouve l'occasion de boire avec beaucoup d'entre eux. Il est affable, inoffensif dans ses paroles, libéral dans ses actes, mais au milieu de ce calme rassurant s'agite un index rempli de malice.

Rien n'a le pouvoir de l'arrêter dans sa course; le temps et l'espace n'existent pas pour lui; arrivé d'hier, parti ce matin, il est de retour avant que son départ ait pu être remarqué. Ce soir il est à Londres et regarde par hasard les éteignoirs de fer qui sont à la porte de sir Leicester Dedlock; demain, au point du jour, il se promènera sur la terrasse de Chesney-Wold; quelques heures après il fouillera les tiroirs, le pupitre et les poches de M. Tulkinghorn; et, seul dans le cabinet du défunt, il interrogera l'allégorie du plafond, index contre index.

Il est facile de comprendre qu'une pareille existence doive être incompatible avec la vie de famille; et, bien que l'officier de police apprécie infiniment la société de mistress Bucket, femme remarquable, naturellement douée d'un esprit d'investigation qui aurait pu accomplir de grandes choses, s'il eût été développé par l'exercice et la méthode, mais qui a dû s'arrêter au niveau d'un talent d'amateur, bien qu'il apprécie, disons-nous, la société d'une compagne aussi rare, M. Bucket ne rentre pas chez lui; et sa femme n'a d'autre ressource que la conversation de sa locataire, qui est heureusement une femme d'esprit à laquelle elle s'intéresse.

On est au jour des funérailles de M. Tulkinghorn, et la foule se rassemble dans Lincoln's Inn Fields. A vrai dire, il n'y a dans toute cette foule que quatre individus : sir Leicester, lord Coodle, William, Buffy et le cousin débilité, amené là comme appoint; mais le nombre des équipages inconsolables est immense. La pairie a envoyé au cortége plus d'affliction à quatre roues qu'on n'en a jamais vu dans le quartier; c'est une réunion d'armoiries à faire croire que le collége héraldique a perdu en un jour et son père et sa mère; le duc de Foodle est représenté par un splendide carrosse dans le dernier genre, avec essieux brevetés à boîtes d'argent, et trois laquais de six pieds de haut formant à l'arrière un faisceau éploré. Tous les cochers de cérémonie que renferme Londres siégent aujourd'hui vêtus de noir; et, si le vieux procureur sut jamais apprécier ce que valent de magnifiques attelages, il doit être satisfait.

Impassible au milieu de tous ces mollets en deuil, M. Bucket, assis au fond d'un carrosse désolé dont il écarte les stores, passe en revue la foule qui l'entoure et promène son regard perçant du pavé de la place jusqu'au toit des maisons.

« Ah! vous voilà, chère partenaire, se dit-il à lui-même en apercevant mistress Bucket, placée par faveur près de la porte du défunt, et votre locataire avec vous; très-bien, chère âme; j'espère que votre santé est bonne. »

M. Bucket redouble d'attention jusqu'au moment où l'on apporte dans le corbillard le dépositaire de tant de nobles secrets. Où est-il maintenant ce trésor de secrets qu'on lui avait confié ou qu'il avait surpris? l'emporte-t-il dans la tombe, ou bien toutes ces confidences se sont-elles envolées avec son dernier souffle?

Quel contraste entre M. Tulkinghorn et M. Bucket enfermés

chacun dans leur sombre équipage! Quelle distance incommensurable entre la petite blessure qui, plongeant le premier dans son dernier sommeil, l'a fait placer dans ce corbillard pesamment cahoté sur le pavé des rues, et la tache de sang qui, tenant le second sans cesse éveillé, donne à son esprit une activité qu'exprime tout son être, depuis la plante des pieds jusqu'à la pointe des cheveux! Mais qu'importe à tous les deux ce contraste? ni l'un ni l'autre ne s'en inquiète guère.

Le cortége se met en marche, et M. Bucket, après s'être installé commodément, tire son mémorandum et prend un signalement détaillé de la voiture où il se trouve, au cas où ces détails pourraient un jour lui devenir nécessaires. Quand arrive l'instant qui lui paraît opportun, il sort doucement de l'équipage et se dirige vers l'hôtel de sir Dedlock, où il entre, comme chez lui, sans sonner ni frapper, car il a une clef de la porte avec la permission d'aller et de venir comme bon lui semble, et à toute heure, ce dont il use amplement.

« Encore une lettre pour vous, monsieur Bucket, » lui dit Mercure en lui remettant un billet arrivé par la poste quelques instants avant. Si le valet reste là dans l'intention de jeter un coup d'œil sur la lettre qu'il apporte, M. Bucket n'est pas homme à satisfaire son imprudente curiosité.

« Avez-vous une tabatière? » lui dit l'officier de police en le regardant en face comme un point de vue à l'horizon, qu'il aurait eu plaisir à contempler tout à son aise. Malheureusement Mercure ne prend jamais de tabac.

« Pourriez-vous m'en procurer une prise, n'importe où; et n'importe duquel? je n'ai pas de préférence à cet égard, mais je vous serais bien obligé. »

Mercure revient un instant après avec une tabatière d'emprunt où M. Bucket puise largement, et dont il déclare le tabac d'une qualité parfaite; une prise à une narine, une prise à l'autre; après quoi il monte l'escalier en emportant son billet. Malgré la quantité de missives qu'il a reçues depuis la veille, M. Bucket écrit fort rarement, et cet excès de correspondance est en dehors de toutes ses habitudes; il a vu dans sa vie tant de lettres compromettantes se produire au grand jour, qu'à ses yeux il faut être bien jeune pour se rendre l'auteur d'une pareille imprudence; il ne répond même pas aux lignes qu'on lui adresse et décourage ainsi tous ceux qui seraient tentés de correspondre avec lui.

« Toujours la même écriture, dit-il en posant la lettre sur la table, et toujours ces deux mots. »

Il tire son portefeuille, dont il dénoue les cordons noirs, y prend une lettre qu'il confronte avec la dernière qu'il a reçue, et lit dans chacune d'elles ces deux mots audacieusement tracés : « LADY DEDLOCK. »

« Très-bien, dit-il ; mais je n'avais pas besoin de ce témoignage anonyme pour gagner les cent guinées promises. »

Il remet les deux lettres dans son portefeuille, qui, pour bien des gens, est le livre du destin ; il se dirige ensuite vers la porte qu'il avait fermée à double tour et qu'il ouvre juste à l'instant où Mercure lui apporte son dîner avec un flacon de xérès ; M. Bucket a souvent avoué chez ses intimes qu'il aime mieux plein sa dent creuse d'un vieux xérès brun que toutes les bonnes choses qu'on pourrait lui offrir. Il emplit donc son verre qu'il vide en faisant claquer ses lèvres, et va se mettre à table, quand tout à coup une idée lui venant à l'esprit, il ouvre doucement la porte qui communique avec la pièce voisine, où il promène un regard à vol d'oiseau ; la bibliothèque est déserte et le feu est près de s'éteindre ; il s'approche de la table où il aperçoit quelques lettres dont il regarde l'adresse.

« Pas une de l'écriture en question, dit-il ; ce n'est qu'à moi qu'on écrit ; j'en ferai part demain sans plus tarder au baronnet sir Leicester Dedlock. »

Il revient à son dîner qu'il mange du meilleur appétit ; et se réveille à peine du léger somme qu'il vient de faire après boire, lorsque Mercure vient le prier de se rendre au salon, où il trouve sir Leicester en compagnie de Volumnia et du cousin débilité que les funérailles du procureur ont totalement épuisé.

M. Bucket fait trois saluts différents à ces trois personnages : un salut d'homme lige au baronnet ; un salut galant à Volumnia, et au cousin débilité un signe de tête qu'on peut traduire ainsi :

« Vous êtes un particulier qui me connaissez et que je connai_

— Avez-vous appris quelque chose de nouveau, Bucket? demande le baronnet. Souhaiteriez-vous d'avoir avec moi quelque entretien particulier?

— Mais, pas aujourd'hui, sir Leicester Dedlock.

— Vous savez que je suis complétement à votre disposition, dans le but de venger la majesté des lois indignement outragée. »

M. Bucket regarde Volumnia et tousse d'un air qui semble émettre cette opinion respectueuse :

« Vous êtes charmante, en vérité ; j'ai vu des centaines de

femmes qui à votre âge étaient infiniment plus mal que vous. »

La belle Volumnia, qui a peut-être conscience du pouvoir de ses charmes, arrête sa plume au beau milieu d'un billet plié en chapeau à trois cornes et rajuste d'un air méditatif son collier d'énormes perles.

M. Bucket évalue mentalement cet objet décoratif et n'en a pas grande idée, pas plus que de la prose de Volumnia.

« Si je ne vous ai pas adjuré d'employer toutes les ressources de votre esprit pour découvrir l'auteur de cet horrible attentat, poursuit le baronnet avec emphase, je m'empresse de réparer cette omission involontaire. Que la dépense ne vous arrête nullement; je suis disposé à payer tous les frais. »

M. Bucket s'incline de nouveau pour reconnaître cette libéralité.

« Mon esprit n'a pas goûté le moindre instant de repos depuis ce crime atroce, ajoute sir Leicester avec chaleur; mais j'éprouve ce soir une indignation plus vive encore, après la douloureuse épreuve qu'il m'a fallu subir de confier à la tombe les restes d'un agent aussi fidèle que zélé pour mon service; je déclare solennellement, poursuit le baronnet d'une voix émue, avec des pleurs dans les yeux, que je regarderai mon nom comme entaché de flétrissure tant que ce crime épouvantable restera impuni; un gentleman qui m'a voué une partie de son existence, qui m'a consacré le dernier jour de sa vie, que j'ai eu constamment à ma table et qui a dormi sous mon toit, quitte ma demeure pour retourner chez lui, et tombe victime d'un affreux guet-apens une heure après être sorti de ma maison; peut-être l'assassin l'a-t-il guetté chez moi; peut-être a-t-il dû sa mort à ses relations intimes avec ma famille, qui ont pu lui faire supposer plus de fortune et plus d'importance que la simplicité de ses manières ne l'aurait fait croire sans cela! certes je manquerais au respect que je professe pour la mémoire de ce gentleman et à la fidélité que je lui dois, si je n'usais pas de toute l'influence que me donne ma position pour découvrir les auteurs d'un tel crime. »

Sir Leicester, en faisant cette protestation chaleureuse, jette les yeux autour de lui comme s'il parlait à une assemblée imposante. M. Bucket l'observe d'un air grave, mêlé d'une certaine nuance de compassion, si toutefois on peut se permettre d'employer un pareil terme en parlant de l'illustre baronnet.

« La cérémonie de ce matin, continue sir Leicester, en même temps qu'elle a prouvé d'une manière frappante la considération et l'estime dont la fleur du pays entourait mon malheureux ami (le baronnet appuie sur ce dernier mot, car la mort, cette grande niveleuse, efface toute distinction) a augmenté la secousse pénible que m'a fait éprouver ce forfait audacieux; le coupable serait mon frère, que je demanderais qu'il ne fût point épargné. »

Volumnia fait observer qu'elle avait pour le défunt une profonde affection.

« Vous devez éprouver un grand vide, miss Dedlock, répond M. Bucket; cet éminent juriste avait bien tout ce qu'il faut pour emporter de vifs regrets. »

Volumnia donne à entendre à l'officier de police que ses nerfs sont à jamais ébranlés par cette affreuse catastrophe, que désormais elle ne sourira plus; et termine le billet qu'elle plie en chapeau à trois cornes pour le vieux général qu'elle connaît à Bath, et qu'elle informe de sa douleur.

« Un pareil événement est bien fait pour émouvoir une femme délicate et sensible, répond M. Bucket; mais avec le temps cette émotion passera. »

Volumnia désire par-dessus tout savoir où en est l'accusation; qu'a-t-on fait de cet effroyable soldat? l'a-t-on enfin convaincu? a-t-il des complices? et une infinité d'autres questions également intéressantes.

« Il est très-difficile de vous dire cela, quant à présent, miss, répond l'officier de police qui, dans sa galanterie, a presque dit ma chère; ce n'est pas que je ne sois en mesure de satisfaire votre légitime impatience; mais le devoir m'oblige à la plus complète discrétion. Le baronnet, sir Leicester Dedlock, sera bientôt instruit de tout ce qui a été découvert, et je souhaite, ajoute-t-il en reprenant un air grave, qu'il en soit satisfait. »

Le cousin débilité espère qu'un individu quelconque « sera exécuté.... l'exemple. Avec toutes leurs façons, il sera bientôt plus difficile de trouver un homme à pendre qu'une place de trois cent mille francs de rente. Et pourtant.... ne fait pas le moindre doute.... pour l'exemple.... vaut beaucoup mieux exécuter quelque pauvre diable d'innocent, que de ne pendre personne.

— On voit, monsieur, que vous connaissez le monde, dit l'officier de police avec un clignement d'œil et un geste flatteur; et vous pourrez confirmer ce que je viens de dire à miss Dedlock; il est inutile de vous apprendre que j'ai vivement poursuivi l'affaire d'après les renseignements que j'ai obtenus; vous êtes capable de comprendre tout ce qu'une dame est incapable de connaître,... surtout dans la haute position sociale que vous occupez, mademoiselle.... »

M. Bucket devient tout rouge, ayant été plus près que jamais de laisser échapper le mot « ma chère. »

« Cet officier, Volumnia, a parfaitement raison d'être fidèle à son devoir, remarque le baronnet.

— Je suis heureux d'avoir l'honneur de votre approbation, sir Leicester Dedlock, murmure M. Bucket.

— En effet, Volumnia, continue sir Leicester, il n'est pas d'un bon exemple de poser à cet agent les questions que vous lui adressiez tout à l'heure ; responsable de ses actes, il reste le meilleur juge de ce qu'il lui convient de faire ; et il ne nous sied pas, à nous autres qui faisons les lois, de détourner de leurs devoirs ceux qui sont chargés de les faire exécuter, et de venger les outrages que l'on fait à leur autorité. »

Volumnia explique humblement qu'elle n'avait pas la simple intention de satisfaire cette curiosité féminine qu'elle partage avec toute jeune fille ; mais qu'elle meurt littéralement de regrets de la perte de cet excellent homme, et qu'elle prend un intérêt indicible aux moindres choses qui concernent sa mort.

« Et c'est pour cela qu'il faut de la discrétion, Volumnia.

— Sir Leicester, reprend M. Bucket, rien ne m'empêche de dire entre nous à miss Volumnia, que je considère la cause.... une cause magnifique, magnifique assurément, comme à peu près instruite, et que j'espère avoir, dans quelques heures d'ici, une certitude complète à l'égard du coupable.

— J'en suis bien heureux, monsieur Bucket, et cela vous fait le plus grand honneur.

— Quand je dis que la cause est magnifique, reprend M. Bucket d'un air grave, c'est à mon point de vue que je parle ; car il arrive presque toujours que de pareils événements font naître des découvertes plus ou moins pénibles ; il se passe dans les familles d'étranges choses que nous mettons au jour, miss Dedlock ; de ces choses dont, par bonheur pour votre âme, vous ne soupçonnez pas l'existence. J'ai eu l'honneur d'être employé dans des familles distinguées, nobles, illustres même, et vous n'avez pas la moindre idée, aussi loin que puisse aller votre imagination, vous n'avez nulle idée, monsieur, du jeu incroyable que l'on y joue. »

Le cousin débilité, à qui s'adressent ces paroles, et qui, accablé d'ennui, a jeté les coussins du divan sur sa tête, bâille un « ....oute pas, » expression abrégée qu'il emploie généralement pour dire qu'il ne saurait en douter.

Sir Leicester, jugeant à propos de mettre un terme à ce discours et de congédier M. Bucket, le remercie majestueusement, et ajoute d'un ton de condescendance :

« Vous n'oublierez pas, officier, que je suis entièrement à votre disposition. »

M. Bucket demande si demain matin il pourra s'entretenir avec le baronnet, dans le cas où il aurait obtenu le résultat qu'il espère. Sir Dedlock sera toujours prêt à le recevoir. M. Bucket recommence les trois saluts qu'il a faits en arrivant, et s'éloigne ; mais revenant sur ses pas :

« A propos, dit-il à voix basse, puis-je demander qui a mis dans l'escalier l'affiche où sont promises les cent livres de récompense ?

— C'est moi qui en ai donné l'ordre, répond sir Leicester. J'ai choisi cet endroit comme étant plus apparent ; j'ai voulu produire une impression profonde sur tous mes gens, leur faire comprendre l'énormité du crime, la résolution de le punir, et l'impossibilité pour le coupable d'échapper au supplice. Néanmoins, si vous avez quelque objection à faire à cet égard.... »

Nullement ; M. Bucket pense au contraire qu'il vaut mieux laisser l'affiche où elle est ; il renouvelle ses trois saluts et se retire. Volumnia laisse échapper son petit cri plein d'innocence, et fait observer que ce charmant personnage est un véritable Barbe-Bleue ; tandis que l'objet de cette remarque, usant de la faculté qui le distingue de pouvoir frayer avec toutes les classes de la société, s'arrête dans l'antichambre, où, le dos à la cheminée, devant un excellent feu, il regarde Mercure avec admiration :

« Vous devez avoir six pieds deux pouces, lui dit-il.

— Six pieds trois, répond Mercure.

— Ah ! je ne l'aurais pas cru ; il est vrai que vous êtes si bien proportionné, que vous ne paraissez pas votre taille ; si vous aviez les membres grêles.... mais au contraire. Vous êtes-vous jamais fait mouler ? » demande M. Bucket en accompagnant cette phrase d'un coup d'œil et d'un tour de tête de connaisseur.

Mercure ne l'a jamais été.

« C'est un tort qu'il faut réparer ; j'ai un ami qui arrivera certainement à l'académie de sculpture, et qui donnerait beaucoup pour reproduire en marbre des formes comme les vôtres. Milady n'est pas ici ?

— Elle dîne en ville.

— Elle sort probablement tous les jours ?

— Il est bien rare qu'elle dîne à l'hôtel.

— Ce n'est pas étonnant ; une femme si élégante, si gracieuse et si belle fait l'ornement de tous les lieux où elle se trouve, comme une pêche de primeur sur une table. Et votre père était-il au service de quelque grande famille ? »

La réponse est négative.

« Eh bien ! moi, c'est tout le contraire. Mon père fut d'abord page ; ensuite valet de pied, sommelier, intendant, puis aubergiste ; il vécut entouré de l'estime générale, et emporta les regrets de tous ; sa dernière parole fut pour dire qu'il considérait le service en condition comme la partie la plus honorable de sa carrière, et il avait raison ; j'ai un frère et un beau-frère valets de chambre. Milady est-elle d'un bon caractère ?

— Aussi bon que possible.

— Un peu gâtée, un peu capricieuse ? il faut bien s'y attendre quand elles sont si belles : et c'est ainsi, d'ailleurs, qu'elles nous plaisent davantage. »

Mercure, les deux mains dans les poches de sa culotte fleur de pêcher, allonge symétriquement ses jambes couvertes de bas de soie, de l'air d'un homme trop amateur des femmes pour démentir cette assertion.

Un roulement de voiture se fait entendre, puis un violent coup de sonnette.

« Quand on parle des anges, on en voit les ailes, » reprend M. Bucket.

La porte s'ouvre à deux battants, et milady traverse l'antichambre ; elle est très-pâle, vêtue de demi-deuil, et porte de magnifiques bracelets qui attirent l'attention de M. Bucket, à moins que ce ne soit la beauté des bras de Sa Seigneurie qui fixe le regard de l'officier de police.

Elle l'aperçoit et jette un coup d'œil interrogateur au valet qui l'a introduite.

« M. Bucket, » répond celui-ci.

L'officier de police fait quelques pas au-devant de milady en portant son doigt à ses lèvres.

« Attendez-vous sir Leicester ? dit-elle.

— Non, milady ; je viens de le voir.

— Avez-vous quelque chose à me dire ?

— Pas maintenant, milady.

— Avez-vous fait de nouvelles découvertes ?

— Quelques-unes, milady. »

Elle passe sans s'arrêter, et monte seule avec majesté. M. Bucket va se placer au bas de l'escalier pour la voir franchir les marches qui ont conduit, il y a deux jours, M. Tulkinghorn à la tombe, passer devant les groupes de statues, dont les armes meurtrières projettent leur ombre sur le mur, puis devant l'affiche placardée sur la muraille, et disparaître.

« C'est une femme ravissante, en vérité, dit M. Bucket en revenant auprès de Mercure. Toutefois elle a l'air un peu souffrant.

— Elle ne se porte pas très-bien depuis quelque temps; elle a de fréquents maux de tête, répond Mercure.

— C'est vraiment dommage; M. Bucket lui conseillerait la promenade.

— Elle en a essayé, dit Mercure, et se promène quelquefois pendant des heures entières, même le soir.

— En êtes-vous bien certain? lui demande M. Bucket; mille pardons de vous interrompre; mais en êtes-vous bien aussi sûr que de vos six pieds trois pouces?

— Je puis vous l'affirmer.

— Vous êtes si bien proportionné, que je ne vous croyais pas si grand; il est vrai que ces gardes du corps, qui passent pour être de beaux hommes, sont si mal bâtis en comparaison de vous. Et milady se promène le soir, au clair de la lune?

— Oui, oui, au clair de la lune surtout.

— Surtout! Quant à vous, je suppose que vous vous promenez rarement; le temps vous manque?

— Oui; et d'ailleurs je préfère la voiture.

— Vous avez bien raison; mais j'y pense, dit M. Bucket en chauffant les mains et en regardant la flamme avec plaisir, elle est sortie le soir du meurtre?

— Certainement; c'est moi qui l'ai conduite au jardin.

— Et vous l'y avez laissée; je vous ai vu.

— Tiens! Je ne vous ai pas aperçu.

— J'étais pressé, répond M. Bucket; j'allais voir une vieille tante que j'ai à Chelsea, et qui demeure deux portes plus loin que Bun-House; une excellente femme de quatre-vingt-dix ans, qui ne s'est jamais mariée, et qui a quelques épargnes; je passais par hasard au moment où vous refermiez la grille; quelle heure pouvait-il être? Dix heures, n'est-ce pas?

— Neuf heures et demie.

— Vous avez raison, et si je ne me trompe, milady était enveloppée d'un large manteau noir avec une longue frange.

— Précisément. »

L'officier de police a quelque chose à faire qui l'oblige à retourner dans la bibliothèque; il donne une poignée de main à Mercure pour le remercier du plaisir qu'il a eu à causer avec lui, et l'engage, quand il aura une demi-heure de loisir, à en disposer en faveur de cet artiste de l'Académie royale de sculpture, dont il lui a parlé : ils ne pourront qu'y gagner tous les deux.

CHAPITRE XXIV.

La mine éclate.

Après un sommeil paisible, qui l'a complétement reposé, M. Bucket se lève de bonne heure et se prépare comme pour un jour de bataille. Il met une chemise blanche et se bichonne à l'aide d'une brosse mouillée, qu'il emploie dans les grandes occasions pour lubrifier les quelques mèches de cheveux qui ont résisté à sa vie laborieuse et à ses profondes études. Il s'administre ensuite, comme base de ses opérations, deux côtelettes, des œufs, du thé, du pain et du beurre, de la marmelade en quantité proportionnelle ; consulte un instant son démon familier, et prie Mercure d'informer, sans bruit, sir Leicester qu'il est prêt à lui parler dès que le baronnet voudra bien le recevoir. Sir Leicester lui fait répondre gracieusement qu'il va expédier sa toilette, et qu'avant dix minutes il ira le trouver dans la bibliothèque. M. Bucket va l'y attendre, et, l'index au menton, regarde brûler le feu d'un air méditatif. A l'expression de sa figure, on le prendrait pour un célèbre joueur de whist, moins préoccupé des cent guinées d'enjeu, car il a dans la main tout ce qu'il lui faut pour les gagner, que de la supériorité avec laquelle il doit jouer jusqu'à la dernière carte, s'il veut rester digne de sa réputation. Il est donc pensif, mais calme et confiant en lui-même, et ne trahit pas la moindre anxiété lorsque sir Leicester apparaît au lieu du rendez-vous.

« Je regrette de vous avoir fait attendre, officier, dit le baronnet ; mais je me suis levé un peu plus tard qu'à l'ordinaire. Je ne me sens pas très-bien. L'indignation et la douleur que j'ai ressenties depuis quelques jours ont ébranlé ma santé. Je suis sujet à.... à la goutte ; » sir Leicester se fût servi du mot migraine, s'il eût parlé à tout autre ; mais il est évident que M. Bucket doit tout savoir, et qu'il est inutile de dissimuler avec lui. « Ce triste événement, ajoute-t-il, m'en a donné comme un léger accès. » Il s'assied avec difficulté. M. Bucket se rapproche et se tient debout devant le baronnet, sa large main posée sur la table de la bibliothèque.

« Désirez-vous que nous soyons seuls ? lui demande sir Leicester. Ce sera comme vous voudrez ; mais si vous n'y teniez pas, miss Dedlock serait vivement intéressée par....

— Certes, la présence d'une dame, répond M. Bucket en interrompant le baronnet, et surtout d'une dame dans la position élevée où se trouve miss Dedlock, ne pourrait en toute autre circonstance que m'être excessivement agréable ; mais permettez-moi de vous dire que cet entretien doit se passer entre nous, sir Leicester Dedlock ; qu'il ne sera jamais assez particulier, ce que d'ailleurs vous comprendrez bientôt.

— Cela suffit, monsieur Bucket.

— C'est au point, sir Leicester, que je vous demanderai la permission de fermer la porte à double tour. »

M. Bucket se lève, et posant un genou sur le tapis, ajuste la clef de façon qu'il soit impossible de rien voir par le trou de la serrure.

« Comme je vous l'ai dit hier, sir Leicester Dedlock, il me restait peu de chose à éclaircir, pour trouver le coupable dont la recherche nous occupe. J'ai maintenant recueilli toutes les preuves qui m'étaient nécessaires pour déclarer avec certitude quel est l'auteur du crime.

— Le soldat que vous avez arrêté ?

— Non, sir Leicester.

— Et le criminel est en prison ?

— C'est une femme, sir Dedlock.

— Bonté divine ! s'écrie le baronnet en se renversant dans son fauteuil.

— Maintenant, sir Leicester Dedlock, reprend M. Bucket en confirmant ses paroles du bout de son index, il est de mon devoir de vous préparer à une série de détails qui devront, je dois vous le dire, vous causer une émotion pénible ; mais vous êtes gentilhomme, sir Leicester Dedlock, et je sais de quel courage vous vous sentez capable. Il n'est pas de coup, si terrible qu'il puisse être, qu'un gentleman ne supporte sans fléchir ; et, en face des malheurs qui vous frappent, sir Leicester Dedlock, c'est à la noblesse de votre origine que vous penserez, afin de soutenir l'honneur de votre nom. Vous vous demanderez comment vos ancêtres, depuis Jules César jusqu'à nos jours, sans vouloir remonter plus haut quant à présent, auraient supporté cette épreuve ; et vous montrerez la force qu'ils auraient eue en pareil cas, pour conserver intacte la gloire de vos aïeux. »

Sir Leicester saisit les bras de son fauteuil et semble pétrifié.

« Il ne faudrait pas néanmoins, poursuit l'agent de police, que vous donnassiez à la connaissance que j'ai acquise de cette affaire plus d'attention qu'elle n'en mérite. Je sais tant de choses sur les uns et sur les autres, qu'un détail de plus ou de moins ne signifie absolument rien. Je ne crois pas qu'il y ait sur l'échiquier social un seul mouvement dont je puisse être surpris, pourvu qu'il soit dans une direction fâcheuse, car il rentre dès lors dans toutes les probabilités. C'est pourquoi, sir Leicester Dedlock, vous ne devez pas vous alarmer si je suis au courant de quelques-uns de vos secrets de famille.

— Je vous remercie des précautions que vous avez cru devoir prendre pour me préparer à ce que je dois entendre, quoiqu'elles soient, j'espère, complétement inutiles, répond sir Leicester; je ne vous en sais pas moins gré de l'intention; mais veuillez vous asseoir, monsieur Bucket, et me dire ce que vous avez à m'apprendre.

— J'arrive au fait, sir Leicester; lady Dedlock.... »

Le baronnet se dresse sur son siége et lance un regard terrible à l'officier de police, qui fait intervenir son index comme un calmant.

« Lady Dedlock est universellement admirée, dit-il.

— Officier, répond froidement sir Leicester, je préférerais que le nom de milady ne fût pas mêlé à une semblable discussion.

— Je le préférerais comme vous, sir Leicester Dedlock, mais.... la chose est impossible.

— Impossible ?

— Complétement, sir Leicester; tout ce que j'ai à vous dire concerne milady; elle est le pivot autour duquel viennent se grouper les incidents de la cause.

— Officier, répond le baronnet dont l'œil est en feu et la lèvre tremblante, vous connaissez votre devoir, faites-le; mais ayez soin de ne pas l'outre-passer, je ne le souffrirais pas; prenez garde; c'est sous votre responsabilité que vous mêlez à cette affaire le nom de milady, un nom qu'il n'est pas permis à certaines personnes de prononcer légèrement.

— Je dis ce que je dois dire; pas un mot de plus, sir Leicester Dedlock.

— Je l'espère, monsieur. Très-bien; allez, allez, monsieur

— Je dois commencer par vous dire que M. Tulkinghorn entretenait depuis longtemps des soupçons contre lady Dedlock.

— S'il avait osé m'en souffler un mot, ce qu'il n'a jamais tenté, c'est moi qui l'aurais tué, s'écrie le baronnet en frappant sur la table; mais il est arrêté dans sa fureur par le regard malin de l'officier de police, qui remue lentement son index et secoue la tête d'un air patient, mais assuré.

— M. Tulkinghorn était impénétrable, et je ne pourrais pas dire quelle fut à cet égard sa première pensée, reprend M. Bucket; mais je tiens de sa propre bouche qu'il soupçonnait depuis longtemps lady Dedlock d'avoir découvert, à l'écriture de je ne sais quel papier qui lui fut présenté devant vous, sir Leicester, l'existence d'un homme excessivement pauvre, qui avait été son amant avant l'époque où vous lui fîtes la cour, et qu'elle avait dû épouser...; qu'elle avait dû épouser, répète l'agent de police en appuyant sur ces paroles. Je tiens des lèvres du défunt, que cet homme étant mort, lui, M. Tulkinghorn, avait soupçonné lady Dedlock d'avoir visité le misérable réduit et la tombe plus misérable encore de son ancien amant. Le défunt me chargea de vérifier le compte de Sa Seigneurie, excusez-moi si je me sers du terme que nous employons dans ce cas-là; et je pus confirmer les suppositions que M. Tulkinghorn avait faites sans que l'ombre d'un doute pût subsister dans mon esprit; j'ai l'intime conviction que le défunt poursuivit cette enquête jusqu'à sa dernière heure; et qu'il avait eu à ce sujet une discussion envenimée avec milady le soir même du meurtre dont il fut victime. Soumettez à lady Dedlock tout ce que je viens de vous dire, sir Leicester, et demandez-lui si, après le départ de M. Tulkinghorn, Sa Seigneurie n'est pas allée chez le défunt enveloppée d'un manteau noir à grande frange, dans l'intention d'ajouter un mot à l'entretien qu'ils venaient d'avoir ensemble. »

Sir Leicester, foudroyé, regarde fixement ce doigt cruel qui 'ui fouille le cœur jusqu'à la source de la vie.

« Dites-le-lui comme venant de moi, sir Leicester; et si, par hasard, Sa Seigneurie éprouvait quelque difficulté à se rappeler cette circonstance, ajoutez que c'est inutile, que je sais tout, que je sais qu'elle a passé sur l'escalier à côté du soldat, ainsi que vous appelez cet ancien militaire, et qu'elle le sait aussi bien que moi. »

Le baronnet, qui s'est couvert le visage de ses deux mains, laisse tomber un gémissement et prie M. Bucket de s'arrêter une minute. Quelques instants après, il a recouvré le calme et la dignité qui lui sont habituels; seulement, sa pâleur est extrême, ses manières sont plus froides et plus hautaines, sa parole est plus lente ; et c'est d'une voix presque inarticulée que, rompant le silence, il dit à l'officier de police qu'il ne comprend pas comment un gentleman qui lui était aussi dévoué que M. Tulkinghorn a pu lui cacher cette découverte dont on parle, si pénible, si accablante, si incroyable.

« Demandez-le à milady, sir Leicester ; mais je serais bien étonné, reprend M. Bucket, si le défunt n'avait pas eu l'intention de vous en faire part dès que la chose eût été mûre à ses yeux. C'est ce qu'il avait probablement fait entendre à milady ; je vais plus loin, je soupçonne qu'il devait vous en instruire le matin même où j'examinai son cadavre. Vous ignorez encore ce qui me reste à vous dire, sir Leicester ; eh bien ! supposez que je sois frappé de mort à l'instant, vous pourriez aussi bien vous étonner de ce que je ne vous en avais pas parlé, si plus tard vous veniez à l'apprendre. »

Au moment où sir Leicester reconnaît la justesse de cette observation, des voix bruyantes résonnent dans l'antichambre ; l'officier de police écoute, ouvre doucement la porte, écoute encore ; et se retournant vers le baronnet :

« Sir Leicester, dit-il vivement et à voix basse, cette malheureuse affaire est ébruitée, ainsi que je le redoutais ; la seule chance que nous ayons de l'étouffer est d'admettre les gens qui se querellent en bas avec vos valets de pied ; voulez-vous consentir à ce qu'on les introduise ? L'honneur de la famille demande que vous conserviez votre sang-froid, pendant que je vérifierai leur compte ; et vous n'aurez qu'à me faire un signe de temps à autre lorsque je vous interrogerai du regard.

— Faites pour le mieux, » répond sir Leicester. M. Bucket se glisse immédiatement dans l'antichambre et revient, l'instant d'après, suivi de Mercure portant, avec un de ses confrères, également en culotte fleur de pêcher, un fauteuil dans lequel est assis un vieillard impotent. L'officier de police dirige le convoi d'un air aimable, fait poser le fauteuil avec soin, congédie les deux Mercures et ferme de nouveau la porte à double tour, pendant que sir Leicester regarde cette invasion des lieux sacrés où il réside, avec autant de surprise que de hauteur.

« Peut-être me connaissez-vous, messieurs et mesdames, dit M. Bucket aux nouveaux arrivants ; je suis inspecteur de police, et en voici la preuve, ajoute-t-il en tirant de sa poche le petit bâton qui est la marque de son autorité. Vous vouliez voir le baronnet sir Leicester Dedlock ; vous êtes en sa présence ; n'oubliez pas que c'est un honneur qui est réservé à peu de personnes. Vous vous appelez Smallweed, mon gentleman, à ce que j'ai entendu dire?

— Et c'est pas du mal que l'on vous en a dit, répond le vieillard en criant d'une voix aiguë.

— Vous avez l'habitude de parler à un sourd? demande M. Bucket d'un air calme.

— Oui, répond M. Smallweed; ma femme a l'oreille dure.

— C'est pour cela que vous criez si fort; mais comme elle n'est pas ici, ayez la bonté de baisser la voix d'une octave; vous en serez plus convenable et nos oreilles vous en seront obligées Ce gentleman est un prédicateur, n'est-ce pas?

— M. Chadband, répond l'avare d'un ton plus bas.

— J'ai eu autrefois un ami, un collègue, qui s'appelait ainsi, dit l'officier de police en tendant la main au saint homme; et j'ai conservé pour ce nom-là une véritable prédilection; mistress Chadband, probablement?

— Et mistress Snagsby, ajoute M. Smallweed.

— Dont le mari, papetier du palais, est l'un de mes bons amis; je l'aime comme un frère. Et maintenant, qu'y a-t-il?

— Vous voulez parler de ce qui nous amène? demande M. Smallweed, un peu étourdi de la vivacité de ces paroles.

— Vous savez parfaitement ce que je veux dire; allons, dépêchez-vous de m'expliquer le motif de cette visite.

— J'étais le client et l'ami de M. Tulkinghorn, répond le grand-père Smallweed après avoir conféré pendant quelques instants avec M. Chadband; nous faisions de petites affaires ensemble; il me rendait quelques services et je lui étais utile Krook étant mort, comme c'était mon beau-frère, le seul parent de ma vieille pie-borgne de femme, mistress Smallweed, j'héritai donc de lui; j'examinai alors tous ses papiers, tous ses effets que je fis trier devant moi; il s'y trouvait un paquet de lettres qui avait appartenu à son défunt locataire et qu'il avait caché sur la planche à côté du lit de son chat; il cachait toutes sortes de choses et dans toute sorte d'endroits; c'était sa manie au vieux Krook. M. Tulkinghorn voulut avoir ces lettres et il les emporta; mais moi qui m'entends en affaires, j'avais auparavant jeté un coup d'œil sur le paquet, c'étaient les billets doux de la bonne amie du locataire; ils étaient signés Honoria. Miséricorde! voilà un nom qui est distingué; n'y aurait-il pas dans cette famille une dame du nom d'Honoria, et qui ait la même écriture? Oh! non, bonté divine, est-ce que ça serait possible? »

Un accès de toux saisit l'avare au milieu de son triomphe et quand il a fini de s'écrier sur tous les tons : « Miséricorde ! Seigneur, mon Dieu ! je suis brisé ! je n'en puis plus ! » M. Bucket le prie d'en venir à ce qui intéresse le baronnet, si toutefois il a quelque chose à dire qui puisse le concerner.

« Bonté divine ! reprend l'affreux vieillard, ça ne l'intéresse donc pas ? Non, non ; il n'a rien à y voir, à ce capitaine Hawdon et à son affectionnée pour toujours et à leur enfant, par-dessus le marché ; c'est moi que ça regarde, et je voudrais bien savoir ce qu'elles sont devenues ces lettres ; je n'entends pas qu'on les fasse disparaître, puisque c'est moi que ça regarde ; c'est à M. Tulkinghorn, mon ami et mon avoué, que je les ai remises, et pas à d'autres.

— Il vous les a payées assez cher pour que vous n'ayez plus à vous en occuper.

— Je m'en moque pas mal ; je veux savoir où elles sont ; je dirai, après ça, pourquoi nous sommes venus. Ce que nous voulons, c'est qu'on cherche un peu mieux l'assassin qui a fait le coup ; est-ce que nous ne savons pas qui est-ce qui avait intérêt à la mort du défunt et quels sont les motifs de son assassinat ! Je vous dis, moi, que vous ne faites pas votre devoir ; si Georges y a prêté la main, c'est seulement comme complice, quelqu'un l'y a poussé ; vous le savez tout comme moi.

— Et je vous dis à mon tour, répond M. Bucket en changeant tout à coup de manière et en communiquant à son index une puissance fascinatrice, que je ne permets à personne de se mêler de cette affaire ; vous voulez qu'on cherche un peu mieux l'assassin, monsieur Smallweed ; croyez-vous donc que cette main que vous voyez ne sache pas où il faut le prendre, et qu'elle hésite à le saisir lorsque le moment sera venu ? »

Il y a dans ces paroles un tel accent de vérité, que M. Smallweed balbutie quelques excuses.

« Suivez mon conseil, reprend l'officier de police en interrompant le vieillard avec son calme ordinaire ; ne vous inquiétez pas de ce meurtre ; c'est moi seul que cela regarde ; vous lisez les journaux, et si vous lisez bien, vous verrez avant peu ce qui résultera de mes recherches. Quant à ces lettres, je ne demande pas mieux que de vous les montrer ; les reconnaissez-vous, monsieur Smallweed ? ajoute M. Bucket en exhibant une petite liasse de papiers qu'il remet aussitôt dans la poche mystérieuse où il l'a prise.

— Et, maintenant, qu'avez-vous à nous dire ? poursuit l'inspecteur de police ; dépêchez-vous et n'ouvrez pas tant la bouche, car vous n'êtes pas beau quand vous bâillez.

— Je veux avoir cinq cents livres.
— Vous voulez dire cinquante. »
Mais, M. Smallweed a bien dit cinq cents livres.

« Je suis chargé par sir Leicester Dedlock, reprend M. Bucket, de traiter cette affaire, toutefois sans rien conclure; et vous voulez que je prenne au sérieux une demande de cinq cents livres? allons donc, mais c'est déraisonnable; deux cent cinquante sont encore plus que ça ne vaut. »

M. Smallweed tient à son premier chiffre.

« Passons, alors, à ce que nous veut M. Chadband; qu'il y a longtemps, mon Dieu! que le nom de ce brave camarade a frappé mon oreille; un excellent homme; le plus modeste et le plus doux que j'aie jamais rencontré! »

M. Chadband, ainsi interpellé, s'approche de M. Bucket, lui adresse un gras sourire, et broyant un peu d'huile entre ses mains qu'il frotte l'une contre l'autre :

« Mes amis, dit-il, ma femme Rachaël et moi, nous sommes dans la maison du puissant et du riche. Est-ce parce que nous y sommes invités, mes amis? parce que le puissant nous a priés de venir partager son festin et ses plaisirs, de venir jouer du luth avec lui et de nous mêler à ses danses? Non, mes amis. Alors, pourquoi sommes-nous dans cette demeure? parce que nous nous trouvons en possession d'un coupable secret, et que, pour ne pas le divulguer, nous demandons du blé, du vin, de l'huile ou de l'argent, ce qui est absolument la même chose.

— Vous entendez les affaires, à ce que je vois, répond M. Bucket, et par conséquent vous allez nous dire quel est le secret que vous prétendez nous vendre.

— Disons-le donc, mon frère, dans un esprit d'amour; avancez, Rachaël, mon épouse, réplique M. Chadband en faisant un signe à sa femme.

— Puisqu'il faut tout vous dire, répond mistress Chadband, je vais donc tout raconter. J'ai élevé miss Hawdon, la fille de milady; j'étais au service de la sœur de Sa Seigneurie, qui fut tellement sensible au déshonneur que milady avait répandu sur sa famille, qu'elle fit croire, même à Sa Seigneurie, que l'enfant était morte en naissant; mais, je suis sûre du contraire; miss Hawdon vit encore, je la connais et je l'ai vue. »

Après ces paroles, mistress Chadband croise les bras et se met à rire en regardant M. Bucket d'un air implacable.

« Vous demandez, je suppose, une vingtaine de guinées environ, dit celui-ci.

— Pourquoi pas vingt sous? répond avec mépris l'épouse du révérend.

— Et vous, madame, quel est votre jeu ? » dit M. Bucket en s'adressant à la femme du papetier.

Mistress Snagsby, que les larmes et les gémissements empêchent d'abord de parler, finit par faire comprendre qu'elle est la plus malheureuse de toutes les femmes; que son mari la trompe et l'abandonne en s'entourant de mystère; qu'elle n'avait d'autre consolation au monde que la sympathie de M. Tulkinghorn, qui lui avait témoigné tant de bonté en venant la voir chez elle pendant l'absence de son époux, qu'elle lui avait, depuis lors, confié tous ses tourments. Chacun, d'ailleurs, conspire contre le repos de mistress Snagsby. M. Guppy, dont le visage était autrefois aussi radieux que le soleil en plein midi, est devenu aussi sombre qu'une nuit sans étoiles sous l'influence corruptrice de cet infâme Snagsby; M. Weevle, qui habitait la cour, ne dit plus rien, toujours par la même cause; le vieux Krook, Nemrod et Jo, tous les trois décédés mystérieusement, étaient aussi du complot; ce qui n'empêche pas mistress Snagsby de savoir que Jo était le fils de son infidèle; à preuve que son mari est allé le visiter pendant sa maladie, et qu'elle en est bien sûre, car elle l'avait suivi; elle ne fait plus maintenant que d'être sur les talons de cet infâme Snagsby, et de cette manière elle a rassemblé tant de preuves de l'immoralité de ce parjure, qu'il lui serait facile de le confondre; et c'est ainsi qu'elle avait mis en relation les Chadband avec M. Tulkinghorn et qu'elle en était venue à causer avec ce bon gentleman du changement qu'on remarquait dans les manières de M. Guppy et de M. Weevle; et qu'elle avait aidé à découvrir les faits que la compagnie vient d'entendre et dont elle est prête à certifier la vérité, ce qui après tout n'est qu'un incident; son principal motif étant de démasquer M. Snagsby et d'aboutir à une séparation de corps et de biens; car elle n'est poussée par aucun intérêt pécuniaire et n'a pas d'autre mobile qu'une jalousie trop légitime.

« Très-bien, répond M. Bucket dont un coup d'œil a sondé la profondeur transparente du vinaigre de mistress Snagsby. Quant à vous, ajoute-t-il en s'adressant à l'avare et à M. Chadband, je ne parle pas de l'intention que vous avez pu avoir en venant ici, d'extorquer une somme plus ou moins ronde, parce que nous sommes tous des gens trop bien élevés pour cela; mais je suis étonnée du bruit que vous avez fait dans l'antichambre, ce qui ne pouvait que vous compromettre et vous nuire.

— C'est que nous voulions entrer, dît M. Smallweed en s'excusant.

— J'en conviens ; mais n'est-il pas bizarre qu'à votre âge, vous dont l'esprit a dû gagner en finesse toute la vigueur que vos jambes ont perdue, vous n'ayez pas compris qu'il fallait garder le secret sur cette affaire? Vous vous êtes emporté en dépit de toute raison, ce n'était pas le moyen d'avancer vos affaires.

— Je disais seulement que je ne voulais pas monter sans qu'un domestique eût prévenu le baronnet.

— Vraiment? dites plutôt que vous vous êtes laissé emporter ; mais une autre fois vous vous posséderez mieux et vous aurez votre argent.

— Quand est-ce qu'on nous en reparlera? demande mistress Chadband d'un air assez maussade.

— Une vraie femme! sur ma parole! curieuse comme l'est toujours son adorable sexe, répond galamment M. Bucket. J'aurai le plaisir de vous voir demain ou après-demain matin, sans oublier M. Smallweed et sa demande de deux cent cinquante livres.

— Cinq cents, reprend l'avare.

— Cinq cents livres si vous voulez, mais seulement en paroles ; dois-je vous souhaiter le bonjour de ma part et de celle du propriétaire de cette maison ? » demande M. Bucket d'un air doux et insinuant.

Personne n'osant dire le contraire, il tire le cordon de la sonnette et chacun descend comme il était monté.

« Sir Leicester Dedlock, baronnet, dit l'officier de police d'un ton grave, c'est à vous de savoir si vous voulez acheter leur silence ; je serais pour moi de cet avis, et je suppose que vous pourrez vous en tirer à bon marché. Avez-vous vu comme cette cornichonne de mistress Snagsby a été exploitée de toutes les manières par ces gens-là? M. Tulkinghorn, le défunt, savait bien les tenir tous en bride, et il vous les aurait joliment fait marcher. Maintenant qu'il est parti les pieds devant, les voilà tous, de droite et de gauche, qui tirent chacun de leur côté. C'est la vie : « Lorsque le chat n'y est plus, les souris dansent sur la table. » Mais occupons-nous maintenant de la personne qui doit être arrêtée. »

Sir Leicester, qui pendant tout ce temps-là est resté complétement immobile, semble sortir d'un rêve, et regarde attentivement l'inspecteur, qui consulte sa montre.

« Elle doit être à l'hôtel, et je vais l'arrêter en votre présence, sir Leicester. Je vous prierai de ne rien dire, de ne pas faire un geste; tout cela se passera sans bruit et ne causera pas le moindre trouble; je reviendrai ce soir, si cela vous est agréable, pour m'entendre avec vous sur cette affaire et sur le meilleur moyen à prendre pour l'étouffer complétement. Quant à l'arrestation dont vous allez être témoin, n'ayez nulle inquiétude. »

M. Bucket sonne Mercure, lui dit un mot à l'oreille, et se place derrière la porte, où il se tient les bras croisés. Une ou deux minutes après, Mlle Hortense arrive; elle aperçoit le baronnet, et s'excuse en disant qu'on lui avait assuré qu'il n'y avait personne dans la bibliothèque. Au moment où elle se retourne pour sortir, la porte se ferme vivement, et Mlle Hortense, dont les traits sont agités d'un mouvement convulsif, devient d'une pâleur mortelle en se trouvant face à face avec M. Bucket.

« Cette jeune femme, sir Leicester Dedlock, est chez moi depuis quelque temps en qualité de pensionnaire.

— Et de quel intérêt ça peut-il être pour sir Leicester? Me le direz-vous, mon ange? demande la jeune femme d'un air railleur.

— C'est ce que vous allez voir.

— Ah! vous êtes mystérieux. Êtes-vous ivre, mon bon?

— Toujours sobre, mon ange.

— Alors expliquez-moi cette mystification? Votre femme m'amène dans cette maison; elle me quitte il n'y a pas cinq minutes; on me dit en bas qu'elle est ici; je monte pour la rejoindre, et c'est vous que je trouve à sa place! »

Mlle Hortense se croise les bras avec calme en faisant cette question; mais sa joue brune a des battements réguliers comme une horloge. M. Bucket se contente d'agiter son index.

« Vous êtes fou, s'écrie-t-elle en secouant la tête et en éclatant de rire; laissez-moi passer que je m'en aille, gros cochon. En même temps elle frappe du pied et prend un air menaçant.

— Mademoiselle, répond M. Bucket d'un ton froid et décidé, veuillez vous asseoir sur ce divan.

— Je ne veux pas du tout m'asseoir, réplique Mlle Hortense en multipliant les signes négatifs.

— Asseyez-vous, mademoiselle.

— Et pourquoi ça, je vous prie?

— Parce que je vous arrête sous prévention de meurtre; il n'est pas nécessaire de vous en dire davantage. Je désire avoir pour vous tous les égards possible, en votre double qualité de femme et d'étrangère; mais, si vous résistez, je me verrai forcé d'employer la violence. Je vous conseille donc en ami de ne pas vous le faire répéter une troisième fois, et de vous asseoir sur ce divan, sans plus tarder.

— Vous êtes le diable ! murmure Mlle Hortense d'une voix sourde tout en obéissant.

— Très-bien ; je n'attendais pas moins d'une femme d'esprit comme vous ; et maintenant suivez bien mes conseils. Faites attention à vos paroles, ou plutôt ne parlez pas ; on ne vous demande rien quant à présent, et tout ce que vous diriez ne pourrait que fournir des armes contre vous. »

Mlle Hortense trépigne de rage, ses yeux lancent des éclairs ; sa bouche a des mouvements de tigresse affamée, et semble murmurer quelque muette imprécation contre M. Bucket.

« Cette étrangère, aujourd'hui ma locataire, reprend celui-ci en s'adressant à sir Dedlock, était la femme de chambre de Sa Seigneurie à l'époque en question ; naturellement passionnée, sa violence devint de la fureur et sa haine contre Sa Seigneurie n'eut plus de bornes quand elle se vit congédiée.

— C'est un mensonge ; on ne m'a pas renvoyée, c'est moi qui suis partie.

— Pourquoi ne suivez-vous pas mon conseil ? vous vous compromettez, c'est une grave imprudence ; ne dites rien tant qu'on ne vous questionne pas ; ce n'est point à vous que je parle.

— Renvoyée par Sa Seigneurie ? belle Seigneurie, ma foi ! je n'avais pas envie de me perdre de réputation en restant chez une seigneurie aussi infâme.

— Vous m'étonnez de plus en plus, reprend M. Bucket ; j'avais toujours pensé que les Français étaient polis ; et je n'en reviens pas de vous entendre parler ainsi, et devant le baronnet encore, devant sir Leicester Dedlock.

— Pauvre nigaud ! crie Mlle Hortense, tenez ! voilà le cas que je fais de sa maison.... de son nom.... de son imbécillité ! et à chaque fois, elle crache par mépris sur le tapis. Ah ! oui ! un fameux homme ! Je lui conseille de s'en vanter. Oh ! mon Dieu....!

— Si bien que cette étrangère, poursuit M. Bucket, se mit également dans la tête qu'elle avait des droits à la protection de M. Tulkinghorn pour être venue chez lui en cette circonstance, bien qu'elle eût été largement payée de sa peine.

— Ce n'est pas vrai, j'ai refusé son argent.

— Vous ne voulez pas vous taire ? prenez garde, vous en subirez les conséquences.... Avait-elle déjà l'intention de commettre son crime lorsqu'elle vint loger chez moi ? c'est ce que je ne pourrais affirmer, sir Leicester ; toujours est-il que depuis qu'elle habitait ma maison, elle rôdait continuellement autour de celle de M. Tulkinghorn et persécutait de sa présence importune un malheureux papetier qui faillit en perdre la tête.

— Mensonges que tout cela ! mensonges ! crie Mlle Hortense.

— Le meurtre fut commis, et vous en connaissez les détails, sir Leicester Dedlock. C'est moi qui fus chargé de découvrir l'assassin ; je tenais d'un clerc d'avoué qui demeurait dans la maison de la victime, que Georges s'était querellé plusieurs fois avec M. Tulkinghorn et l'avait même menacé ; d'ailleurs il était sur les lieux au moment où le meurtre fut commis ; et bien que dans mon âme et conscience je n'aie jamais cru qu'il fût coupable, il s'élevait contre lui des charges assez fortes pour que mon devoir m'obligeât de l'arrêter. La soirée s'avançait lorsque je rentrai chez moi, et je trouvai ma locataire soupant avec ma femme ; elle avait toujours témoigné beaucoup d'affection à mistress Bucket ; mais elle se montrait ce soir-là plus empressée que jamais et se confondait en éloges sur cet excellent M. Tulkinghorn dont elle honorait la mémoire ; j'étais en face d'elle, et, par le Dieu vivant, à la manière dont elle tenait son couteau, l'idée me vint tout à coup qu'elle devait être l'auteur du crime.

— Quand je dis que vous êtes le diable ! murmure l'accusée entre ses dents qui grincent.

— Maintenant où avait-elle passé sa soirée, le jour du meurtre, poursuit M. Bucket ? Elle était allée au spectacle, disait-elle. Et c'était vrai, j'ai depuis constaté qu'elle y était avant l'assassinat et après. Je compris tout de suite à qui j'avais affaire ; et tout en courant, je me traçai un plan de campagne entièrement neuf, et qui devait réussir. Lorsque nous fûmes couchés, la maison étant petite et cette étrangère ayant l'oreille très-fine, je baillonnai ma femme avec la couverture, de peur qu'elle ne laissât échapper quelque mot d'étonnement, et je lui fis part de ce que j'avais résolu.... ayez la bonté de rester tranquille, ma chère, ou je me verrais forcé de vous garrotter les jambes un peu au-dessus de la cheville ; et, ce disant, M. Bucket s'était porté tout doucement vers Mlle Hortense et lui avait appliqué sa lourde main sur l'épaule.

— Qu'est-ce que vous avez ? lui demande-t-elle.

— Ce que j'ai ? reprend M. Bucket, toujours en se servant pour auxiliaire de son index persuasif, n'ayez plus l'idée de vous jeter par la fenêtre. Voilà ce que j'ai. Rasseyez-vous, je vais m'asseoir à côté de vous, prenez mon bras ; vous savez que je suis marié, vous connaissez ma femme ; vous pouvez donc me donner le bras. Très-bien.

— Jamais, sir Leicester Dedlock, jamais nous n'en serions venus à l'évidence que nous avons acquise, sans le concours de mistress Bucket, une femme précieuse, une femme comme il n'y en a pas. « Ma chère, lui avais-je dit tout bas en lui fermant la bouche, peux-tu la surveiller nuit et jour sans prendre une seule minute de repos ; la tromper en lui parlant sans cesse de mes soupçons contre Georges? Peux-tu promettre qu'elle ne fera rien dont tu n'aies connaissance, qu'elle sera ta prisonnière sans le savoir, qu'elle ne t'échappera pas plus qu'à la mort, que sa vie deviendra la tienne et son âme ton âme, jusqu'à ce que tu saches au juste si ce n'est pas elle qui a commis le meurtre? » Mistress Bucket le promit et l'a tenu à sa gloire. Pour augmenter la confiance de cette jeune femme et pour qu'elle fût moins sur ses gardes, je ne rentrai plus chez moi ; et à partir de ce moment-là, je communiquai avec ma femme en lui glissant mes instructions dans le pain ou dans le lait qu'on lui apporte chaque jour. Qu'arriva-t-il ? c'est qu'en apprenant que je ne quittais pas votre hôtel, cette femme infernale essaya de rejeter sur une autre les soupçons qui devaient planer sur elle et accusa lady Dedlock. »

Sir Leicester se dresse tout à coup, chancelle et retombe dans son fauteuil.

« Vous pouvez en acquérir la preuve en jetant un regard sur les lettres que voici ; l'une d'elles qui était à votre adresse, sir Leicester, et que j'ai interceptée aujourd'hui même, était plus explicite et ajoutait la qualité d'assassin au nom de Sa Seigneurie. Que dites-vous de mistress Bucket qui, de l'endroit où elle s'était cachée, voyait Mlle Hortense écrire toutes ces lettres de sa belle main? Que dites-vous de mistress Bucket, dont l'activité a surpris cette jeune femme mettant elle-même à la poste tes gracieux poulets, et qui vient de s'emparer des demi-feuilles de papier correspondant à celles-ci, et de l'encre et des plumes qui servirent à la coupable? Qu'en dites-vous, sir Leicester Dedlock ? » s'écrie M. Bucket dans son admiration pour le génie de sa femme, tandis qu'il étreint de plus près le bras de Mlle Hortense qui sent se raréfier de plus en plus autour d'elle l'atmosphère de liberté qu'elle respire encore, et se voit de plus en plus resserrer dans la nasse où elle se débat en vain.

« Lady Dedlock, je le sais, était chez M. Tulkinghorn à l'heure fatale, ainsi que le pauvre Georges et nul doute que mademoiselle n'ait reconnu Sa Seigneurie; mais cela ne signifie rien et ne mérite pas qu'on s'y arrête. J'ai trouvé la bourre du pistolet dont le coup tua la victime; c'était un morceau de la description imprimée de votre château de Chesney-Wold: vous me dites que cela ne signifie pas grand'chose non plus, mais quand vous saurez que ma locataire, se croyant en sûreté, déchira ce qui lui restait de la feuille, et que mistress Bucket ayant ramassé toutes ces parcelles, recomposa la page, où ne manquait absolument que le morceau dont la bourre était faite, voilà qui devient un peu plus explicite.

— Avez-vous bientôt fini de débiter vos mensonges, ou allez-vous parler comme ça jusqu'à demain? dit Mlle Hortense.

— Ce qui me reste à dire sur cette affaire, sir Dedlock, prouve combien il faut de patience dans l'exercice de notre profession, où trop de précipitation pourrait tout compromettre. Assurément hier aux funérailles, où ma femme l'avait conduite, en regardant mademoiselle, je fus tellement frappé de l'expression de sa figure, et j'avais déjà tant de preuves de sa culpabilité, que, me rappelant sa haine pour milady, je n'aurais pas hésité à m'emparer d'elle, si j'avais eu moins d'expérience. Quand Sa Seigneurie, que tout le monde admire, revint le soir à l'hôtel, et que je la vis, ressemblant à Vénus sortant des ondes, traverser l'antichambre et monter l'escalier, il était si pénible de penser qu'on l'accusait de meurtre, que je fus sur le point de mettre un terme à cette abominable supercherie. Et pourtant, sir Leicester Dedlock, cette précipitation nous aurait fait perdre l'une des pièces les plus importantes du procès, l'arme avec laquelle le crime fut accompli. Ma prisonnière eut l'idée de proposer à ma femme, comme distraction après les funérailles, d'aller à la campagne pour prendre le thé dans une maison décente, auprès de laquelle est une pièce d'eau. Pendant qu'elles étaient à table, Mlle Hortense éprouva le besoin d'aller chercher son mouchoir qu'elle avait laissé, disait-elle, dans la chambre où étaient déposés les chapeaux; elle resta dehors plus longtemps qu'il ne fallait pour cette petite opération, et revint cependant tout essoufflée, circonstance que nota mistress Bucket et dont elle me fit part dès qu'elle fut arrivée; j'envoyai immédiatement deux de mes hommes sur les lieux avec l'ordre de faire draguer la pièce d'eau pendant la nuit, et le pistolet de poche de mademoiselle m'était rapporté cinq ou six heures après. Maintenant, ma chère, ayez la bonté d'avancer le bras et de le tenir un peu ferme; soyez tranquille, je ne veux pas vous faire de mal. Et d'une, ajouta M. Bucket en mettant les menottes à Mlle Hortense ; à l'autre, s'il vous plaît, et de deux, ma belle. Tout est dit, levons-nous et partons.

— Où est-elle, votre maudite femme? demande la prisonnière en regardant M. Bucket les yeux à demi fermés.

— A la police, où vous allez la voir.

— Que j'aimerais à l'embrasser! dit Mlle Hortense, pantelante comme une tigresse.

— Pour la mordre, je suppose?

— Pour la déchiqueter morceau par morceau, la scélérate!

— Je m'y attendais, mignonne. Vous avez entre vous, dans votre sexe, de ces animosités qui surpassent tout ce qu'on peut dire ; parions que vous n'avez pas pour moi la moitié de la haine que vous inspire ma femme?

— Oh! non, quoique vous ne valiez pas le diable.

— Ange et démon tour à tour, répond M. Bucket. Laissez-moi vous arranger votre châle ; ce n'est pas la première fois que cela m'arrive ; j'ai servi de femme de chambre à bien d'autres qu'à vous ; rien ne manque-t-il au chapeau? non ; eh bien! descendons ; il y a un cabriolet qui nous attend. »

Mlle Hortense jette un coup d'œil sur la glace en imprimant à son corps un mouvement particulier qui suffit pour ajuster sa toilette en un instant ; et il faut lui rendre justice, elle a vraiment l'air d'une parfaite distinction.

« Écoutez-moi, mon bijou, dit-elle à M. Bucket, vous êtes bien spirituel, mais est-ce que vous ne pourriez pas rendre la vie à cet affreux Tulkinghorn?

— Pas précisément.

— Voilà qui m'étonne! voyons, encore une petite question : est-ce qu'avec tout votre esprit vous ne pourriez pas faire une femme honorable d Sa Seigneurie?

— Pas tant de malice, vous pourriez le regretter.

— Ou rendre à cet homme sa fierté de gentleman? Oh! mais regardez-le donc. Pauvre niais!

— Allons, allons, ça se gâte ; finissons-en et partons.

— Vous ne pouvez rien de tout cela, mon ange ; faites donc alors de moi ce que bon vous semblera ; mourir pour mourir, n'est-ce pas? c'est toujours la même chose. Adieu, vieux caduc, je vous plains et je vous méprise, » et en même temps elle serra les dents comme sous la pression d'un ressort d'acier.

Il est impossible de définir la manière dont s'y prend M. Bucket pour emmener sa captive ; il a une façon tout à fait à lui d'envelopper Mlle Hortense comme un nuage complaisant, et l'entoure ainsi qu'un Jupiter domestique emportant l'objet de ses affections.

Sir Leicester est seul et conserve la même attitude ; il semble écouter encore et suivre attentivement les paroles qu'on a prononcées auprès de lui ; à la fin, il jette un coup d'œil autour de la pièce, et, ne voyant plus personne, il se lève en chancelant, fait quelques pas en se tenant à la table, et s'arrête en regardant au loin. Dieu sait ce que lui montre la vision qu'il aperçoit alors ; des inconnus portent leurs mains sacriléges sur Chesney-Wold, abattent les vieux chênes, dévastent le noble manoir, outragent les portraits de ses ancêtres ; la police fouille la maison de ses pères et touche sans respect à ce qu'il y a de plus sacré parmi son héritage ; la foule le montre au doigt et ricane en le regardant ; mais une ombre domine ce tableau désolé, comme un triste et doux fantôme que sa voix tremblante appelle encore, et à qui s'adressent son désespoir et ses bras étendus ; celle qui, depuis tant d'années, fait sa joie et son orgueil ; celle qu'il a aimée, admirée, placée au faîte pour que le respect de tous pût monter jusqu'à elle, et qui, au milieu de son existence factice, glacée par l'étiquette, a entretenu dans son cœur une source vive de dévouement et d'amour ; c'est elle seule qu'il aperçoit au milieu de cette horrible vision ; il s'oublie pour ne songer qu'à elle ; et, ne pouvant supporter la pensée de lui voir perdre le rang élevé dont elle faisait l'ornement, il tombe foudroyé par la douleur en proférant quelques paroles de compassion plutôt que de reproche, où le nom seul de milady ressort distinctement au milieu de ses murmures confus.

CHAPITRE XXV.

Fuite.

L'inspecteur de police, M. Bucket n'a pas encore frappé le coup suprême dont les détails sont rapportés dans le chapitre précédent ; il se dispose à la journée du lendemain par un sommeil réparateur ; et pendant qu'il dort, une chaise de poste, venant du Lincolnshire, se dirige vers Londres, malgré le vent glacial qui souffle sur la route. Les chemins de fer n'existent pas encore dans cette direction où bientôt pourtant ils lanceront leur fumée et leurs éclairs; les préparatifs sont commencés, les mesures sont prises, les jalons sont posés, les piles des ponts et des viaducs se regardent tristement comme des couples infortunés dont quelque obstacle retarde encore l'union ; des chariots et des brouettes précipitent leurs torrents de pierres dans les vallées qu'on exhausse; des pieux s'élèvent à l'endroit où la rumeur publique annonce un tunnel ; tout est bouleversé, fendu, comblé, fouillé, c'est l'image du chaos; mais la chaise roule par cette nuit glacée, sans se préoccuper du chemin de fer.

Mistress Rouncewell, la digne gouvernante de Chesney-Wold, est dans la voiture, ayant à ses côtés mistress Bagnet avec son parapluie et son manteau. La vieille aurait préféré le siége comme plus exposé à l'air et plus conforme à son mode habituel de voyager; mais sa compagne est trop attentive à son bien-être pour souffrir pareille chose. Mistress Rouncewell ne peut pas assez témoigner sa gratitude à la femme de Lignum dont elle porte la main rugueuse à ses lèvres, sans s'apercevoir que la peau en est moins douce que le satin.

« Il fallait une bonne mère comme vous, chère âme, lui dit-elle, pour trouver la mère de mon Georges.

— Voyez-vous, madame, répond mistress Bagnet, il a toujours été plus libre avec moi qu'avec les autres. Et quand, un soir, il a dit à mon Woolwich que, de toutes les pensées qui lui resteraient un jour, la plus consolante serait de n'avoir pas mis une ride au front de sa mère, j'ai senti, à n'en pas douter, qu'il vous avait vue le matin, ou qu'il avait eu de vos nouvelles. Je lui avais entendu dire si souvent qu'autrefois il s'était mal conduit envers vous.

— Oh! jamais, ma chère, jamais, s'écrie mistress Rouncewell en fondant en larmes: je n'ai pas été une heure sans le bénir ; il a toujours eu tant d'affection pour moi; il est si bon, mon Georges! mais il avait l'esprit ardent, aventureux, et s'est engagé comme soldat; s'il ne nous a pas écrit, c'est parce qu'il attendait qu'il fût monté en grade; je le sais, madame, je le sais, puis, voyant qu'il n'arrivait pas à l'épaulette, il s'est cru déshonoré et n'a pas voulu nous faire honte; car il a toujours eu un cœur de lion, même quand il était tout petit. »

Et les mains de la vieille dame tremblent d'émotion quand elle dit combien son Georges était aimable, gai et spirituel; que tout le monde à Chesney-Wold l'avait pris en amitié; qu'il était le favori de sir Leicester; que les chiens lui faisaient mille caresses; que tous ceux qui croyaient lui en vouloir lui pardonnèrent dès qu'il avait été parti. « Pauvre Georges ! dire qu'il est maintenant en prison, et que c'est là que je vais le revoir! » Et la vieille dame se courbe sous le poids de son affliction.

Mistress Bagnet, avec l'instinct des bons cœurs, laisse pleurer sa compagne pendant quelques moments, non pas sans essuyer ses propres yeux du revers de sa main brune; puis, quand elle voit diminuer les larmes de la pauvre mère, elle recommence à babiller gaiement.

« Pour lors, reprend-elle, je dis à Georges, car il avait été ce soir-là fumer sa pipe dans la rue, ce qui me donna l'occasion de lui parler en allant le chercher pour le thé : « Qu'est-ce qui vous tourmente aujourd'hui? Je vous ai vu dans bien des passes, à l'étranger comme ici, et jamais vous n'avez eu l'air d'un pareil pénitent. — En effet, mistress Bagnet, et ce n'est pas sans raison. Si je vais un jour en paradis, ce ne sera pas pour avoir été bon fils; et une femme veuve encore! » Il continua sur le même ton, et finit par me dire qu'il avait vu chez l'avoué une belle vieille femme qui lui avait rappelé sa mère; puis il se mit à jaser tant et si bien, qu'il en vint à se trahir en me faisant le portrait de ce qu'elle était jadis; et comme je lui demandai quel était le nom de cette vieille dame, il me répondit que c'était mistress Rouncewell, femme de charge depuis plus de cinquante ans au château de Chesney-Wold, dans le Lincolnshire; il m'avait dit souvent qu'il était de ce pays-là; et quand il fut parti, je dis à mon vieux Lignum : « Je parierais un billet de mille francs que Georges a vu sa mère. »

— Soyez bénie, chère âme, soyez bénie, répond mistress Rouncewell à mistress Bagnet qui lui a déjà raconté vingt fois la même histoire en quatre heures de temps.

— Ce n'est pas moi qu'il faut remercier, madame, non, non, non; c'est vous qui êtes bonne de vous montrer si reconnaissante. Mais la première chose à faire, voyez-vous, c'est d'obtenir de Georges qu'il ne néglige aucune ressource pour faire valoir son droit, et reconnaître son innocence. La justice et la vérité ne suffisent pas, il faut encore qu'il ait pour lui la loi et les avocats, ajoute mistress Bagnet, persuadée que la loi et les avocats ont divorcé depuis longtemps et pour toujours avec la justice et la vérité.

— Il aura tout ce qu'il faut, ma bonne amie, soyez tranquille, je dépenserai jusqu'à mon dernier sou pour le lui procurer. Sir Leicester fera tout au monde pour le tirer d'embarras, milady, toute la famille.... je parlerai s'il le faut; d'ailleurs, je le demanderai pour moi, sa mère, qui ne l'ai pas vu depuis si longtemps, et qui le retrouve en prison. »

L'anxiété de la vieille femme de charge, le trouble extrême de ses manières font une vive impression sur mistress Bagnet qui les attribue à la douleur que la pauvre dame éprouve de la position de son fils; et qui néanmoins s'étonne de l'entendre murmurer le nom de milady plusieurs fois en se tordant les mains.

L'aurore succède à la nuit et le brouillard à la bise; la chaise de poste qui roule toujours, pareille à un fantôme que le matin, au lieu de faire évanouir, rend à la réalité, entre dans Londres et s'arrête; nos voyageuses descendent : la vieille dame, plus agitée que jamais; l'épouse du vieux soldat, calme et reposée, comme elle le serait d'ailleurs, si au lieu d'être à Londres, elle abordait, sans plus de bagages, au cap de Bonne-Espérance, à Hong-Kong ou à l'île de l'Ascension. Mais au moment de se mettre en marche pour se rendre à la prison où Georges est enfermé, miss Rouncewell a repris, avec sa robe couleur de lavande, une partie de la dignité qui ne l'abandonne jamais. Vous diriez un beau vase de porcelaine antique, grave, simple, majestueux, si ce n'est que, sous cette froide matière, il y a un cœur qui bat bien fort et qui soulève son fichu avec plus de violence qu'il n'a fait encore depuis le départ de son enfant prodigue.

Elles trouvent la porte de la cellule ouverte : le geôlier va sortir, et mistress Bagnet lui fait signe de ne pas les annoncer. Georges est occupé, il écrit; la porte se ferme sans qu'il se retourne, il se croit seul et paraît absorbé dans une rêverie profonde; sa mère le regarde sans faire un geste, sans dire un mot; ses mains jointes révèlent seules l'émotion qu'elle éprouve; mais que d'éloquence dans ces vieilles mains tremblantes, qui expriment tant de bonheur, de reconnaissance, de chagrin et d'espoir, tant d'amour pour ce fils préféré dont elle était fière, que les larmes ruissellent sur les joues de mistress Bagnet!

« Georges, mon enfant! regarde-moi. »

Georges tressaille, se jette au cou de sa mère et s'agenouille devant elle; est-ce le repentir de ses dernières fautes, ou bien se souvient-il d'autrefois? mais ses mains se rapprochent comme celles d'un petit enfant qui prie, et les élevant vers sa mère, il incline la tête en pleurant.

« Mon Georges, mon Benjamin, toujours, toujours! Où as-tu donc été depuis tant de mortelles années? C'est un homme à présent, un bel homme. Comme il est fort! C'est bien comme cela que je savais qu'il devait être si Dieu me l'avait laissé! »

Mistress Bagnet se retourne contre le mur et s'essuie les yeux avec le manteau gris.

« Pardonnez-moi, ma mère, car j'en ai bien besoin, » dit Georges aussitôt qu'il peut parler.

Besoin de pardon ! mais elle ne lui en a jamais voulu, son testament en fait foi ; il y a bien des années qu'elle y a fait écrire que son Georges était toujours son fils bien-aimé. Et si elle fût morte sans le revoir, elle l'aurait béni à son dernier soupir en l'appelant son Georges bien-aimé.

« Mère, j'ai été un bien mauvais fils, et j'ai ma récompense, j'y ai souvent pensé, surtout depuis quelque temps. Lorsque je vous ai quittée, je ne réfléchissais à rien, mère ; je suis parti comme un sans cœur, et me suis enrôlé comme un fou, en laissant croire que je ne me souciais de personne. »

Le sergent avait essuyé ses yeux et remis son mouchoir dans sa poche ; mais sa voix attendrie et sa parole entrecoupée de sanglots étouffés contrastaient singulièrement avec ses manières habituelles.

« Vous vous rappelez, ma mère, continua-t-il, je vous ai écrit pour vous apprendre que je m'étais engagé sous un autre nom, et que je partais pour les colonies ; arrivé là-bas, je fis le projet de vous récrire au bout d'un an, lorsque je serais dans une meilleure position ; le temps s'écoula, je remis encore, et d'année en année j'arrivai à me demander pourquoi je vous écrirais.

— Je n'y vois aucun mal, cher enfant ; et cependant quand ça n'aurait servi qu'à tranquilliser ta vieille mère qui t'aimait tant.

— Que Dieu me pardonne ! répond M. Georges en toussant fortement pour chasser l'émotion qui l'étrangle ; mais je n'avais rien de consolant à vous dire. Vous étiez estimée, respectée ; mon frère, dont par hasard j'avais vu le nom dans les journaux, s'était fait une position plus qu'honorable ; à quoi pouvait servir de vous rappeler un pauvre diable comme moi, un vagabond, qui n'était plus même ce qu'il avait été, qui avait perdu tous les avantages de sa jeunesse, et remplacé le peu de science qu'il avait jamais eu, par tout ce qui le rendait incapable de jamais rien faire de bon ? Je me disais combien vous aviez dû souffrir, combien vous aviez versé de larmes, et prié pour votre fils ; mais le plus difficile était passé, le temps avait adouci votre chagrin ; à quoi bon le renouveler ? j'avais tort, mais je croyais avoir raison ; vous m'aimiez toujours et vous m'auriez racheté ; mais comment revenir et vous regarder en face, moi qui n'avais pas même confiance en ma bonne volonté, qui me sentais paresseux, turbulent, désordonné, propre à rien, une fois que je n'étais plus sous les drapeaux ; non, non, me disais-je, ne leur sois pas à charge, comme on fait son lit, on se couche.

Mistress Rouncewell se redresse avec orgueil et regarde sa compagne d'un air qui signifie : « Ne vous l'avais-je pas bien dit ? » Mistress Bagnet partage les sentiments de la vieille dame, et témoigne de l'intérêt qu'elle prend à la conversation, en frappant l'ancien troupier entre les deux épaules avec son parapluie, espèce de manie affectueuse dont les accès se renouvellent fréquemment, et que suivent toujours d'abondantes larmes essuyées avec le manteau gris.

« Et j'en vins à penser, continue M. Georges, que pour expier mes torts, ce que j'avais de mieux à faire était de me résigner à mon sort et de mourir oublié ; ce que j'aurais fait, ma mère (bien que je sois allé plus d'une fois vous entrevoir à Chesney-Wold au moment où vous y pensiez le moins), ce que j'aurais fait sans la femme de mon vieux camarade, que je n'ai pu tromper, ce dont je la remercie de tout mon cœur. »

C'est alors que se rappelant tout à coup la position où elle le retrouve, mistress Rouncewell le conjure de se laisser diriger par ceux qui s'intéressent à lui, et d'accepter un avocat, pour l'amour de sa mère dont il est la joie et l'orgueil, et dont il briserait le cœur....

« C'est peu de chose que vous me demandez là, dit-il en embrassant la vieille dame sans la laisser achever. Il est bien tard pour commencer à vous obéir ; mais dites-moi ce que vous voulez que je fasse, et je m'empresserai d'exécuter vos ordres. Mistress Bagnet, vous prendrez soin de ma mère, n'est-ce pas ? »

Un violent coup de parapluie est la seule réponse qu'il reçoive.

« Ayez la bonté de la mettre en rapport avec miss Summerson et avec M. Jarndyce qu'elle trouvera de son avis : ils l'aideront de leurs conseils.

— Mais, Georges, dit la vieille dame, nous allons écrire à ton frère, c'est un homme d'un grand sens et qui, m'a-t-on dit, s'entend parfaitement à conduire les affaires.

— Si j'osais vous demander une faveur, répond le sergent.

— Laquelle, mon fils ?

— Ne lui parlez pas de moi. Que dirait-il en me retrouvant ici ? je n'ai pas le courage d'y penser. Non, non, c'est impossible : gardez-moi le secret, ma mère ; et surtout que mon frère soit le dernier à l'apprendre ; s'il doit jamais savoir que je suis enfin de retour, je demande à le lui dire moi-même, afin de régler ma conduite sur la manière dont il prendra la chose. Quant au reste, bonne mère, je suis prêt à faire tout ce que vous désirez, même à recevoir un avocat. »

Cette victoire obtenue, et la journée s'avançant, mistress Bagnet parle de se séparer.

« Où conduisez-vous ma mère ? demande Georges après avoir serré longtemps la vieille dame sur son cœur.

— A l'hôtel de sir Dedlock, mon enfant, répond mistress Rouncewell, c'est là que je compte rester ; d'ailleurs une affaire pressante m'y appelle.

— Voudriez-vous prendre une voiture, mistress Bagnet, et accompagner ma mère ? Je ne sais pas pourquoi je vous le demande, car je ne doute pas que vous ne l'eussiez fait sans cela, dit M. Georges. Emmenez-la donc, ma vieille amie, et croyez à ma profonde gratitude. Embrassez pour moi Québec et Malte ; mille amitiés à mon filleul ; une poignée de main à ce bon Lignum, et cela pour vous, mon excellente amie ; je regrette que ce ne soit pas dix mille livres en or, » ajoute l'ancien dragon en baisant avec respect le front tanné de mistress Bagnet... Et la porte de sa cellule se referme sur lui l'instant d'après.

Nulle instance, de la part de la bonne femme de charge, ne peut persuader à la vieille de garder la voiture pour se rendre chez elle. Mistress Bagnet saute gaiement du fiacre à la porte de l'hôtel, donne la main à mistress Rouncewell pour l'aider à monter les marches du perron et s'éloigne en toute hâte ; elle se retrouve bientôt dans le sein de sa famille et se met immédiatement à laver des légumes, comme s'il ne s'était rien passé depuis la veille.

Milady est seule dans la chambre où elle reçut la visite de M. Tulkinghorn, et regarde la place où le vieillard l'étudiait à loisir pendant cette dernière entrevue, lorsqu'un léger coup est frappé à sa porte.

« Mistress Rouncewell ! qu'est-ce qui peut l'amener à Londres ?

— Un événement bien triste, une inquiétude affreuse ; milady, puis-je vous demander un instant d'entretien ?

— Asseyez-vous, et reprenez un peu haleine.

— Milady, j'ai retrouvé mon fils, mon Georges, celui que j'avais perdu depuis tant d'années, et il est en prison.

— Pour dettes ?

— Oh ! non, milady, elles seraient déjà payées.

— Alors pourquoi l'a-t-on arrêté ?

— Sous prévention d'un meurtre dont il est innocent, milady ; on l'accuse de la mort de M. Tulkinghorn. »

Pourquoi ce regard suppliant, ces bras tendus vers milady ; et quelle est cette lettre qu'elle tient d'une main tremblante ?

« Milady, chère et bonne lady ! vous aurez pitié de moi, et

votre cœur me pardonnera. J'étais dans la famille bien avant votre naissance, et je vous suis toute dévouée ; mais pensez à mon fils !

— Je ne l'accuse pas du tout.

— Non, milady, non ; mais les autres l'accusent ; il est en prison, en danger ; milady, si vous pouvez d'un mot faire reconnaître son innocence, dites-le, je vous en conjure ! »

Quel pouvoir suppose-t-elle donc à la personne qu'elle implore ? quelle illusion se fait-elle ? Milady la regarde avec une surprise mêlée d'effroi.

« Quand cette nuit j'ai quitté Chesney-Wold pour courir près de mon fils, milady, les pas du spectre sur la terrasse étaient plus obstinés et plus lugubres que jamais ; chaque soir depuis longtemps il résonnait dans votre chambre, mais il avait cette nuit un écho plus terrible ; et c'est hier, au moment où il commençait à se faire entendre, que j'ai trouvé cette lettre.

— Quelle lettre ?

— Chut ! milady, chut ! murmure la vieille femme de charge en regardant autour d'elle ; je ne l'ai dit à personne, et je n'en crois pas un mot ; ce n'est pas vrai, j'en suis sûre. Mais la vie de mon fils est en danger, milady, et vous aurez pitié de moi. Si quelque motif secret vous empêche de révéler ce que vous pouvez savoir, en supposant toutefois que vous sachiez quelque chose, pensez à moi, milady, et faites taire vos scrupules ; vous êtes bonne, je le sais, milady ; mais vous n'êtes pas familière, vous marchez seule dans la voie que vous suivez, et vous restez à l'écart de ceux qui vous admirent. Vous pouvez donc, par mépris ou par fierté, ne pas vouloir confier ce que vous savez sur cette affaire ; s'il en est ainsi, je vous en conjure, pensez à mes services, à ma vieillesse, à ma vie tout entière passée dans votre famille, qui a toute mon affection, et vous sauverez mon fils. Je suis tellement loin de vous dans l'humble position que j'occupe, que vous ne savez peut-être pas, milady, combien j'aime mon enfant ; mais l'amour que j'ai pour lui est si puissant, qu'il m'a donné assez de force et de hardiesse pour venir vous supplier de lui faire rendre justice. »

Lady Dedlock se lève sans répondre, et, prenant la lettre que tient toujours la pauvre mère :

« Vous voulez que je la lise ? demande-t-elle.

— S'il vous plaît, milady ; mais quand je ne serai plus là, et rappelez-vous ce que j'attends de votre bonté.

— Je ne vois pas ce que je puis faire pour votre fils ; je ne l'ai jamais accusé de rien.

— Quand vous aurez lu cette lettre, milady, vous le plaindrez davantage d'être accusé faussement. »

La vieille gouvernante laisse sa maîtresse tenant la lettre à la main. Ce que c'est! comme on change! Lady Dedlock n'était pas insensible par nature; il fut une époque où la vue de cette vieille mère implorant son appui avec tant d'ardeur lui eût inspiré une compassion profonde; mais elle est accoutumée depuis si longtemps à réprimer toute émotion, à mépriser toute chose; elle a vécu tant d'années à cette école destructive qui enferme le cœur sous une enveloppe de glace, comme ces insectes que l'on trouve au milieu d'un morceau d'ambre, qu'elle a su dissimuler même jusqu'alors la surprise qu'elle éprouve de cette étrange communication.

Elle ouvre la lettre; c'est le récit imprimé du meurtre de M. Tulkinghorn, de la découverte du cadavre, et de toutes les circonstances qui s'y rattachent; le nom de Sa Seigneurie est au bas, suivi du mot « Assassin. »

Le papier lui échappe; elle ne sait même pas depuis combien de temps il est par terre, lorsque Mercure lui annonce le jeune homme appelé Guppy; probablement on le lui a répété plusieurs fois, car les sons vibrent longtemps à son oreille avant de frapper son esprit.

« Qu'il entre, » dit-elle enfin.

Elle ramasse la lettre et cherche à recueillir ses pensées; aux yeux du jeune homme qui arrive, c'est toujours la même femme à l'accueil hautain et glacial :

« Votre Seigneurie, dit-il, ne sera peut-être pas disposée tout d'abord à excuser la visite d'une personne qu'elle n'a jamais reçue avec plaisir, et je ne m'en plains pas, car je dois avouer qu'il n'y avait pas de raison pour qu'il en fût autrement; mais j'espère qu'après avoir entendu le motif qui m'amène, Votre Seigneurie voudra bien m'excuser.

— Et quel est ce motif?

— Il faut premièrement, dit le jeune homme en s'asseyant sur le bord d'une chaise et en posant son chapeau à ses pieds, il faut que j'explique à Votr Seigneurie que miss Summerson, dont l'image fut autrefois gravée dans mon cœur, d'où l'effacèrent des circonstances indépendantes de ma volonté, vint me trouver depuis la dernière visite que j'ai faite à Votre Seigneurie, et m'exprima le désir de me voir renoncer à poursuivre toute affaire où il serait question d'elle; en conséquence, les désirs de miss Summerson étant sacrés pour moi, je ne pensais plus avoir l'honneur de me présenter chez Votre Seigneurie.

— Et cependant vous voilà encore.

— Et cependant me voilà encore! oui, milady; mais je viens précisément pour expliquer à Votre Seigneurie le motif qui me ramène auprès d'elle.

— Vous ne le ferez jamais trop brièvement.

— Je prie Votre Seigneurie de vouloir bien remarquer, répond M. Guppy d'un ton offensé, que ce n'est pas pour une affaire personnelle que je viens l'importuner; et sans la promesse que j'ai faite à miss Summerson, promesse qui m'est sacrée, mon ombre n'aurait pas franchi de nouveau les portes de cet hôtel. »

M. Guppy trouve que le moment est favorable pour relever ses cheveux, qu'il fait tenir debout sur son front.

« Votre Seigneurie se rappelle probablement que je me trouvai face à face, la dernière fois que je vins ici, avec l'un des membres les plus éminents de la profession à laquelle j'appartiens, membre dont aujourd'hui nous déplorons la perte. Depuis cette époque, ce célèbre juriste avait eu avec moi des manières si blessantes, que j'en vins à me demander si, par inadvertance, je n'aurais pas fait quelque chose de contraire à ce que m'avait demandé miss Summerson. Il est peu convenable, je le sais, de faire son propre éloge; néanmoins je peux dire que je ne suis pas assez maladroit pour avoir commis une telle faute. »

Lady Dedlock examine d'un coup d'œil sévère le pauvre jeune homme, qui détourne la tête et regarde n'importe où.

« Il devint si difficile de deviner où M. Tulkinghorn voulait en venir, continue M. Guppy, que je fus littéralement enfoncé. Votre Seigneurie, n'ayant jamais fréquenté que le grand monde, ne connaît peut-être pas cette expression, qui est l'équivalent de battu. Small, un de mes amis, que Sa Seigneurie ne connaît pas davantage, devint également d'un mystérieux et d'une fourberie à souffleter. Cependant avec mes humbles moyens et le secours de Tony Weevle, un autre de mes amis, qui a les goûts fort aristocratiques, et dont la chambre est ornée du portrait de Votre Seigneurie, j'ai acquis la certitude qu'il y avait quelque anguille sous roche; et c'est pour avertir Votre Seigneurie de se tenir sur ses gardes que je me présente devant elle. Que d'abord Votre Seigneurie me permette de lui demander si elle n'a pas reçu aujourd'hui la visite de personnages peu fashionables; par exemple, l'ancienne domestique de miss Barbary, ainsi qu'un vieillard perclus des membres inférieurs, et qui se fait porter comme un buste?

— Non.

— Cependant je puis affirmer à Votre Seigneurie que les personnes dont je lui parle se sont présentées ce matin à l'hôtel et y ont été admises ; je les ai vues frapper à la porte et je suis resté au coin de la rue jusqu'à ce qu'elles fussent entrées.

— Je ne vous comprends pas ; qu'ai-je de commun avec tout cela ?

— Je suis venu, comme je le disais tout à l'heure, pour avertir Votre Seigneurie de se tenir sur ses gardes ; il est possible que mes craintes ne soient nullement fondées ; mais, d'après ce que nous avons pu tirer de Small, je soupçonne fortement les lettres que je devais apporter à Votre Seigneurie de n'avoir pas été détruites, comme je l'avais supposé ; et j'ai lieu croire que les personnes dont je parlais tout à l'heure sont venues ici dans l'intention de les vendre, et que l'affaire est probablement conclue. »

Le jeune homme se lève et ramasse son chapeau.

« Votre Seigneurie sait mieux que moi si au fond de tout cela elle a quelque chose à redouter ; dans tous les cas, j'ai fait ce que m'a demandé miss Summerson ; j'ai renoncé aux recherches que j'avais entreprises ; et si je me suis trompé en venant donner à Votre Seigneurie un avertissement que rien ne motive, j'espère qu'elle voudra bien l'oublier, et recevoir l'assurance que désormais elle n'a plus à craindre aucune visite de moi. »

Quelques instants après le départ du jeune homme, lady Dedlock tira le cordon de la sonnette.

« Où est sir Leicester ?

— Dans la bibliothèque, répond Mercure.

— A-t-il eu ce matin quelque visite ?

— Plusieurs personnes qui sont venues pour affaire. » La description que Mercure donne de ces visiteurs répond parfaitement à celle qu'en a faite M. Guppy.

« C'est bien, vous pouvez sortir. »

Ainsi, tout est fini ! Son nom est dans toutes les bouches ; son mari connaît sa faute ; sa honte est publique, et ce n'est pas assez de la boue qu'on lui jette, il faut qu'elle soit accusée du meurtre de son ennemi.

Que de fois elle a souhaité qu'il mourût ! et c'est de la tombe qu'il la poursuit encore. Cette accusation terrible, n'est-ce pas une nouvelle torture que cet homme lui fait subir ? Et quand elle songe au mystère dont elle s'est entourée pour se rendre chez lui ; quand elle pense qu'elle était à sa porte au moment où il venait d'être frappé, et qu'on peut attribuer le renvoi de sa favorite à la crainte de voir épier ses actions, elle tressaille comme si la main du bourreau la saisissait déjà.

Elle se traîne, les cheveux épars, et vient cacher sa figure dans les coussins qu'elle entasse pour étouffer ses cris ; elle se relève égarée, elle va et vient comme une folle, se rejette de nouveau la face contre terre, et se berce en gémissant. L'horreur qui s'est emparée d'elle est indicible ; eût-elle vraiment assassiné cet homme, elle ne souffrirait pas davantage.

Car elle le voit maintenant, quand elle se disait à elle-même : « Si cet homme pouvait mourir ! » elle appelait de ses vœux, sans s'en douter, l'heure où, de sa main glacée, il lancerait aux quatre points de l'horizon tout ce qu'il savait contre elle et le sèmerait en tous lieux ; elle le comprend, la mort de son ennemi, dont elle osa se réjouir, était la chute de la clef de voûte qui entraînait la ruine de l'édifice dont les débris devaient l'écraser.

Comment échapper autrement que par le suicide à cet implacable ennemi qui se lève du tombeau pour la poursuivre et l'atteindre ? Accablée de terreur et de honte, cette force qui la soutenait jadis est emportée par l'orage comme une feuille qui tourbillonne au vent ; pourchassée sans pitié, il faut bien qu'elle se sauve.

Elle écrit en toute hâte les lignes suivantes, qu'elle adresse à son mari, et qu'elle laisse sur sa table après les avoir cachetées :

« Si l'on me recherche pour ce meurtre dont on m'accuse, croyez bien que j'en suis complétement innocente ; mais je suis coupable de tout le reste ; il m'avait annoncé qu'il vous dirait ma faute, et m'en avait informée le soir même de sa mort. Je sortis quelques instants après qu'il m'eut quittée, sous prétexte de me promener dans le jardin, où j'allais quelquefois, mais en réalité pour le rejoindre et le prier de ne pas prolonger davantage mes tourments ; vous ne savez pas depuis combien de temps il me torturait de cette menace ; je voulais lui demander seulement d'être assez généreux pour en finir tout de suite.

« Sa maison était sombre et silencieuse. Je sonnai à deux reprises différentes ; personne ne me répondit, et je retournai chez moi.

« Je n'ai plus d'asile maintenant ; je ne vous imposerai pas plus longtemps ma présence : puissiez-vous, dans votre juste colère, oublier une femme indigne du dévouement que vous lui avez prodigué, et qui vous fuit en vous laissant ce dernier adieu ! »

Elle s'habille, se couvre d'un voile, se dépouille de son argent et de ses bijoux, prête l'oreille, descend l'escalier au moment où l'antichambre est déserte, ouvre la grande porte, qu'elle referme, et s'enfuit par un vent âpre et glacé.

CHAPITRE XXVI

Poursuite.

Impassible comme il sied au rang qu'il occupe, l'hôtel Dedlock ne laisse rien transpirer des événements qui se passent entre ses murs; les carrosses vont et viennent; les laquais frappent aux portes; on échange les visites officielles du monde; d'anciennes enchanteresses au cou de squelette, aux joues de pêche de contrebande, beautés fascinatrices que l'on prendrait, à la clarté du jour, pour la fusion d'un spectre et d'une jeune femme, continuent d'éblouir le regard des hommes; de magnifiques équipages, moelleusement suspendus, sortent des froides remises, ayant sur leurs siéges de duvet, où ils enfoncent, des cochers à perruques blondes, à jambes courtes, et par derrière d'élégants valets, portant la canne d'honneur et coiffés de chapeaux à trois cornes : c'est un spectacle à ravir les anges. Si l'hôtel Dedlock est toujours le même au dehors, rien à l'intérieur n'a troublé non plus son morne silence, quand la belle Volumnia, sujette au mal contagieux qui règne dans cette noble demeure est saisie d'un tel accès d'ennui, qu'elle se décide à changer de place et se dirige vers la bibliothèque. Le coup léger qu'elle a frappé n'ayant pas reçu de réponse, elle entr'ouvre la porte, lance un regard dans la pièce et, n'y voyant personne, prend possession des lieux.

On prétend, dans l'ancienne ville de Bath, où l'herbe croît dans les rues, que la sémillante miss Dedlock est extrêmement curieuse; d'où il résulte qu'elle profite de la circonstance pour jeter un coup d'œil à travers son lorgnon sur les papiers et les lettres de sir Leicester; et que, sautillant comme un oiseau, de l'un à l'autre de ces documents, elle prend un léger aperçu des affaires du baronnet. Tout à coup elle trébuche contre un objet qu'elle rencontre, abaisse son lorgnon et voit son noble cousin gisant à ses pieds comme un chêne abattu.

La surprise donne au cri habituel de Volumnia des proportions considérables, et l'hôtel sort immédiatement de sa stupeur; les sonnettes s'agitent, les valets montent et descendent l'escalier quatre à quatre; on court chez les médecins, on appelle milady, on la cherche partout: mais on ne la trouve nulle part; on découvre bien sur la table de son boudoir la lettre qu'elle a écrite au baronnet; mais sir Leicester a probablement reçu d'en haut la dernière missive qui doive lui être remise.

On le porte sur son lit; on le frictionne, on l'évente; les uns lui frappent dans les mains pendant que les autres lui mettent de la glace sur la tête; on essaye de tous les moyens possibles pour le rappeler à la vie; et le jour s'en va, la nuit est venue avant que ses yeux fixes aient eu conscience de la lumière qu'on fait passer devant lui. A la fin cependant un souffle bruyant s'échappe de ses lèvres, et bientôt il fait comprendre qu'il voit et qu'il entend.

Ce matin encore, c'était un beau gentleman à l'air digne, à la taille imposante; légèrement empêché par la goutte, mais d'un port majestueux et d'un noble visage; à présent c'est un vieillard à la face amaigrie, une ombre aux yeux caves. Sa voix était pleine et mélodieuse; il avait depuis si longtemps la conviction de l'importance et du poids de ses paroles pour le genre humain tout entier, que chacune d'elles avait fini par résonner comme si elles avaient au fond signifié quelque chose; et maintenant il bredouille tout bas des mots que personne ne peut saisir.

A côté de lui est sa fidèle femme de charge; c'est la première personne qu'il remarque, et il en témoigne un plaisir évident. Il essaye de parler, et ne pouvant se faire comprendre, il fait signe qu'on lui donne un crayon; mistress Rouncewell a deviné sa pensée et lui apporte une ardoise.

Il réfléchit un instant et trace d'une main tremblante un nom presque illisible : « Chesney-Wold? »

— Non, sir Leicester; c'est à Londres que vous êtes, et je remercie Dieu de toute mon âme de m'avoir fait arriver juste au moment où vous aviez besoin de moi. Vous vous trouviez dans la bibliothèque lorsque vous êtes tombé malade; mais ce ne sera rien, sir Leicester; demain vous irez mieux; tous les médecins sont d'accord là-dessus, répond la femme de charge, dont le visage est en pleurs. »

Sir Leicester regarde autour de la chambre avec attention, puis écrit un nom sur l'ardoise.

« Milady n'était pas à l'hôtel quand on vous a trouvé dans la bibliothèque de sir Leicester; elle n'est pas rentrée et ne sait pas que vous êtes malade. »

Plus on essaye de le calmer, plus son agitation augmente; il insiste, en le montrant du doigt, sur le mot milady, et comme on paraît ne pas le comprendre, il écrit de nouveau : « Milady, pour l'amour de Dieu, où est-elle? »

C'est alors qu'on pense à la lettre qui lui est adressée. La femme de charge la déplie et la lui met sous les yeux; il la parcourt à grand'peine, la lit une seconde fois, la roule dans sa main, où il la conserve, et retombe en gémissant. Une heure se passe avant qu'il reprenne connaissance; dès qu'il rouvre les yeux, il redemande son ardoise; mais il ne se souvient pas du mot qu'il veut écrire. Son désespoir et ses efforts sont effrayants à contempler; on dirait qu'il devient fou entre le désir de ne pas perdre une seconde et l'impuissance qui le paralyse; il a tracé la lettre B et ne trouve pas ce qui doit suivre; au comble de la douleur, il parvient à tracer un M. devant l'initiale qu'il désigne. « Bucket? » suggère mistress Rouncewell; Dieu soit loué! c'était le nom qu'il cherchait.

M. Bucket est précisément dans l'antichambre. Qu'il monte et que chacun sorte, à l'exception de la femme de charge. Il est impossible de se tromper; c'est là ce que veut dire le pauvre malade, et l'officier de police est introduit.

« Du courage! sir Leicester Dedlock; je regrette vivement de vous voir dans l'état où vous êtes; mais j'espère bien que vous allez vous rétablir, et j'y compte pour l'honneur de la famille. »

Le baronnet lui donne la lettre de milady et le regarde attentivement pendant qu'il en fait la lecture. « Je vous comprends, sir Leicester Dedlock. »

Sir Leicester écrit sur l'ardoise : « Pardon complet; trouvez-la.... »

— Oui, sir Leicester, soyez tranquille; nous la trouverons, mais il n'y a pas une minute à perdre. »

Il suit le regard du baronnet, qui s'arrête sur un petit coffre placé sur la table et saisit immédiatement la pensée du malade.

« Que je l'apporte, sir Leicester? et que je l'ouvre avec l'une de ces clefs? n'est-ce pas?... la plus petite? ça va sans dire. Que j'y prenne les billets qui s'y trouvent, et que je les compte? Vingt et trente, cinquante; et vingt, soixante-dix, et quarante, cent dix; et cinquante, cent soixante. Que je les prenne? très-bien; cela suffira, et je vous en rendrai compte. Que je n'épargne rien et ne regarde pas à la dépense? Non, assurément. » La rapidité et la certitude des interprétations de M. Bucket paraissent miraculeuses à mistress Rouncewell.

« La mère de Georges, madame? lui dit-il en se boutonnant pour partir.

— Oui, monsieur, sa malheureuse mère.

— Je l'ai pensé d'après ce qu'il vient de me dire; ne vous désolez plus; il est maintenant hors d'affaire; ne pleurez pas; vos larmes vous empêcheraient de veiller sur votre noble maître qui a besoin de tous vos soins. Quant à votre fils, je vous le répète, il est sorti de prison, blanc comme neige, et sans qu'on puisse parler de lui autrement qu'à sa louange, vous pouvez m'en croire ; c'est moi qui l'ai arrêté, et je vous assure qu'il s'est bravement conduit ; un homme superbe et vous une fort belle femme ; la digne mère d'un tel fils ; un couple modèle à montrer aux amateurs. Ne craignez rien, sir Leicester ; je ne m'arrêterai pas que je ne l'aie retrouvée ; soyez tranquille, je lui dirai de votre part tout ce qu'il y aura de plus affectueux ; du courage! sir Leicester, et vous verrez que tout s'arrangera. »

Le premier soin de M. Bucket est de se diriger vers l'appartement de Sa Seigneurie, pour y chercher quelque indice de la route qu'elle a pu suivre.

« Un boudoir qui a dû coûter cher ! dit-il en élevant sa bougie pour regarder autour de lui. Elle a dû avoir bien de la peine à se séparer de tout cela. Quelqu'un qui me verrait là pourrait me prendre pour un cadet du grand monde qui s'apprête à aller briller à quelque rout élégant, ajouta-t-il en fouillant dans les meubles et dans les coffrets ; je commence à me persuader que je suis un merveilleux sans le savoir, un officier des gardes peut-être. » Et cherchant toujours il découvre au fond d'un double tiroir une petite boîte dont il retire des gants d'une douceur et d'une souplesse inimaginables, sous lesquels se trouve un mouchoir de poche qui n'a rien d'extraordinaire. « Hum! dit-il en posant la bougie ; regardons cela d'un peu plus près ; qu'avez-vous de si précieux pour qu'on vous mette à part ? Ne seriez-vous pas un souvenir ? vous avez bien une marque, je suppose ? » et M. Bucket lit tout haut le nom d'Esther Summerson.

« Très-bien, se répond-il après avoir porté son index à l'oreille ; je vous emporte avec moi. » Et remettant chaque chose à sa place M. Bucket se glisse dans la rue, choisit parmi les voitures de la station la plus rapprochée celle qui a le meilleur attelage, et se fait conduire à la galerie de M. Georges.

Il ne s'est pas trompé sur l'ardeur des chevaux qui l'entraînent et brûlent le pavé, ce qui ne l'empêche pas de jeter un regard pénétrant sur toutes les femmes, sur toutes les fenêtres, sur le ciel noir, sur la terre revêtue de neige, car il peut à la rigueur y découvrir quelque chose qui l'assiste dans son entreprise. Il descend de voiture enveloppé d'un nuage de vapeur qui s'exhale de ses coursiers fumants.

« Débridez-les une minute pour qu'ils soufflent à leur aise ; je reviens dans un instant, dit-il au cocher.

— M. Georges est en train de fumer sa pipe. Bonsoir, Georges, pas une parole inutile à dire, pas une seconde à perdre; il s'agit de sauver une femme; n'est-ce pas miss Summerson qui était ici à la mort de Gridley? où demeure-t-elle? »

Le sergent en arrive précisément et donne l'adresse de M. Jarndyce.

« Bonsoir, Georges. »

Il repart au galop. M. Jarndyce est la seule personne qui ne soit pas couchée dans la maison; il suspend sa lecture en entendant sonner violemment à la porte, et va ouvrir.

« Ne craignez rien, monsieur, dit l'officier de police en entrant; vous m'avez déjà vu; je suis l'inspecteur Bucket; veuillez regarder ce mouchoir, il appartient à miss Summerson; je l'ai trouvé chez lady Dedlock, où il était soigneusement enfermé dans une boîte. Il n'y a pas un moment à perdre, c'est une affaire de vie ou de mort. Vous connaissez lady Dedlock?

— Oui, monsieur.

— On a fait ce matin chez elle une découverte; des secrets de famille: sir Leicester a été frappé d'apoplexie, d'où il résulte qu'on a perdu un temps précieux; lady Dedlock a disparu en laissant une lettre peu rassurante, vous pouvez en juger.

— Qu'est-ce que vous en pensez? lui demande M. Jarndyce en lui rendant la lettre.

— Je ne sais pas, cela ressemble à un suicide, et chaque minute nous en rapproche peut-être; je donnerais cent livres par heure qui s'est écoulée depuis son départ; n'importe, j'ai mission de la ramener, de lui annoncer le pardon complet de sir Leicester; j'ai plein pouvoir et de l'argent, mais j'ai besoin de miss Summerson.

— Besoin de miss Summerson! répète M. Jarndyce d'une voix troublée.

— Je parle à un homme de cœur, répond M. Bucket, et sous la pression d'événements qui n'arrivent pas tous les jours. Si jamais le retard fut un danger, c'est maintenant, et vous regretteriez toute votre vie celui que vous apporteriez dans mes recherches. Il y a huit ou dix heures, monsieur, que lady Dedlock a disparu, on me charge de la retrouver. Je suis l'inspecteur Bucket; elle se croit soupçonnée de meurtre; si elle me voit à sa poursuite, la terreur s'emparera d'elle, et j'aurai précipité la catastrophe que je veux prévenir; si au contraire je suis accompagnée d'une jeune personne qu'elle aime, elle ne me redoutera plus; miss Summerson lui parlera, et nous la ramènerons; le temps fuit, monsieur; il va être une heure et vous savez si les

heures passent vite : chaque seconde qui s'écoule vaut dix fois
celle qui l'a précédée. »

Rien n'est plus incontestable : aussi M. Jarndyce va réveiller
sa pupille ; au bout d'un instant il rejoint M. Bucket et lui dit
que miss Summerson va descendre et l'accompagnera dans tous
les lieux où il trouvera bon de la conduire.

M. Bucket exprime son entière satisfaction et attend sa compagne en se demandant de quel côté il dirigera sa route.

Que ne peut-il, en dépliant le mouchoir qu'il remet soigneusement dans sa poche, être transporté tout à coup à l'endroit où lady Dedlock trouva ce précieux trésor ; dans ces lieux où la flamme bleuâtre des fours à brique jette ses reflets livides sur un terrain désolé, où la paille qui sert de toiture aux cabanes est emportée par le vent, où la terre et l'eau des mares sont profondément gelées, où l'on prendrait pour un instrument de torture la machine que fait tourner dans le jour un vieux cheval décharné ! Une femme traverse, au milieu des ténèbres, cet endroit désolé ; une femme seule, assaillie par le vent et la neige, fuyant le monde qui la rejette, n'ayant plus ici-bas une main qui la soutienne. Oui, c'est bien une femme, à ce qu'il semble, mais vêtue d'habits sordides, et jamais semblables haillons n'ont franchi le seuil de la demeure des Dedlock.

CHAPITRE XXVII.

Narration d'Esther.

J'étais dans mon premier sommeil quand mon tuteur vint frapper à ma porte et me pria de me lever tout de suite, en répondant à mes questions précipitées qu'on avait tout révélé au baronnet ; que ma mère s'était enfuie, que M. Bucket avait mission de la chercher, de l'assurer du pardon complet de sir Leicester, de la ramener, et qu'il venait me prendre pour aller avec lui, dans l'espoir que mes paroles auraient sur milady plus d'influence que les siennes.

Je m'habillai en toute hâte et vins rejoindre M. Bucket ; il me lut à voix basse la lettre que ma mère avait laissée sur sa table, et, dix minutes après mon réveil, j'étais assise à côté de lui dans une voiture qui nous emportait rapidement.

M. Bucket m'expliqua l'importance qu'il attachait à mes réponses; et après m'avoir demandé si j'avais eu souvent l'occasion de parler à milady, à quelle époque et dans quel lieu s'était passée notre dernière entrevue, comment l'un de mes mouchoirs se trouvait entre ses mains, il me pria de chercher dans mon esprit quelle était la personne qui lui inspirait assez de confiance pour que l'on pût croire qu'elle fût allée chez elle. Je ne pensai d'abord qu'à mon tuteur; mais je finis par désigner M. Boythorn, dont je me rappelai tout à coup le respect chevaleresque pour le nom de milady, ses premiers engagements avec la sœur de ma mère, et l'influence mystérieuse que les aventures de milady avaient exercée sur la vie de ce gentleman.

« Je sais maintenant quelle direction nous allons suivre, » me dit Bucket après avoir réfléchi quelques minutes; je crois même qu'il me parla de son plan; mais j'étais si troublée que je ne compris pas ses paroles.

Il y avait peu de temps que nous étions partis, lorsque nous nous arrêtâmes dans une rue détournée, devant la porte d'une maison qui me parut être un lieu public, et où M. Bucket m'ayant fait entrer, m'approcha un fauteuil qu'il plaça devant un bon feu; deux officiers de police en uniforme, très-différents des individus que nous rencontrâmes toute la nuit, écrivaient au milieu d'un calme profond que rien ne venait troubler, si ce n'est de temps en temps un coup frappé à quelque porte souterraine, sans que ni l'un ni l'autre y fît attention. Un troisième agent fut appelé; M. Bucket lui donna tout bas ses ordres, et il sortit pendant que les deux autres écrivirent le signalement de ma mère, dont on me donna connaissance, et qui était vraiment d'une extrême fidélité. L'un de ces signalements fut donné à un quatrième agent, qui partit comme son prédécesseur; les deux officiers reprirent leurs écritures; et bien que tout cela se fût expédié avec une rapidité singulière, personne n'avait eu l'air de se presser.

« Êtes-vous bien enveloppée, miss Summerson? me demanda M. Bucket en se chauffant les pieds l'un après l'autre. Il fait un froid excessif, et c'est une nuit bien rude pour une femme. »

Je lui répondis que je m'inquiétais peu du froid; que j'étais d'ailleurs chaudement vêtue.

« Notre course peut être longue, reprit-il; mais l'important est que nous réussissions.

— Dieu le veuille! répondis-je.

— Ne vous tourmentez pas, me dit-il en me faisant un signe

de tête encourageant; plus vous serez calme, et mieux cela vaudra pour tout le monde. »

Il était vraiment bon et attentif pour moi, et tandis qu'il chauffait les semelles de ses bottes en se frottant la figure du son index, je me sentis rassurée par sa physionomie pleine de sagacité. Un moment après, j'entendis une voiture s'arrêter à la porte; il était deux heures moins un quart; M. Bucket m'offrit son bras et me conduisit à un phaéton attelé de deux chevaux de poste, m'installa dans l'intérieur et monta sur le siége; l'un des agents lui remit une lanterne sourde qu'il lui avait demandée, il dit quelques mots au postillon et nous partîmes.

Je croyais rêver; nous allions tellement vite et nous franchissions des rues si tortueuses et qui m'étaient si peu familières, que je ne savais plus où je me trouvais; tout ce que je puis dire, c'est que nous traversâmes plusieurs fois la Tamise et qu'il me sembla que nous descendions au bord de l'eau, que nous étions entourés de bassins, de ponts volants, d'entrepôts de mâts et de navires; à la fin, nous nous arrêtâmes dans un endroit vaseux que le vent de la rivière n'avait pas désinfecté. A la lueur de sa lanterne, je vis M. Bucket en conférence avec plusieurs individus, qui ressemblaient à la fois à des agents de police et à des mariniers; sur le mur auprès duquel se tenaient ces hommes, je distinguai le mot : *Noyés*, et je compris l'affreux soupçon qu'avait conçu M. Bucket; je fis un violent effort sur moi-même et je parvins à conserver mon sang-froid; mais je n'oublierai jamais tout ce que j'ai souffert dans cet horrible lieu. Un homme, couvert de boue, ayant un chapeau et de grandes bottes de cuir bouilli, vint parler à M. Bucket; tous les deux descendirent quelques marches glissantes, et reparurent quelques instants après, essuyant leurs mains sur leurs habits, comme s'ils avaient touché quelque chose de mouillé; grâce à Dieu, ce n'était pas ce que je craignais; l'inspecteur de police entra dans un bâtiment qui se trouvait là; je restai seule avec le postillon, qui marchait auprès de la voiture pour se réchauffer, et il me semblait à chaque instant que la marée montante, dont j'entendais les flots venir se briser contre le mur, allait rejeter le cadavre de ma mère sur la boue du rivage. M. Bucket sortit de la maison en recommandant à ses hommes de veiller avec soin, et remonta sur le siége. « Que tout cela ne vous effraye pas, miss Summerson, me dit-il; je ne suis venu ici que pour voir par moi-même si tout marchait convenablement. » Et les chevaux repartirent avec la rapidité de l'éclair. Nous nous arrêtâmes une seconde à un autre bureau de police, et nous traversâmes de nouveau la

Tamise. La vigilance de M. Bucket ne s'était pas ralentie un seul moment depuis notre départ; mais il me sembla redoubler d'attention quand nous passâmes sur le pont; il se leva pour voir par-dessus le parapet, descendit pour examiner une femme qui se croisait avec nous, et regarda l'abîme avec un visage qui me fit défaillir; la rivière était si sombre et si mystérieuse, elle tombait si rapidement entre ses rives, et se gonflait pour soulever tant de formes indécises qui ressemblaient à des cadavres, que je ne l'ai jamais revue depuis cette époque, sans éprouver chaque fois mes impressions d'alors; pour moi, le gaz brûlé toujours tristement sur les ponts; le vent glacé tourbillonne autour d'une femme sans asile auprès de laquelle nous passons, le bruit monotone des rues frappe encore mon oreille, et je vois, à la lueur blafarde que projettent les lanternes de la voiture, un pâle visage s'élever au-dessus des flots.

Nous sortîmes de Londres, et je reconnus la route de Saint-Alban qui m'était si familière; à Barnet les chevaux étaient prêts. Nous relayâmes sans perdre un seul instant; la campagne était couverte de neige et il faisait bien froid.

« Une de vos vieilles connaissances que cette route, miss Summerson, me dit gaiement M. Bucket.

— Oui, répondis-je; avez-vous découvert quelque chose?

— Non, me dit-il; mais il est encore de bonne heure. »

Il entrait dans chaque auberge que nous rencontrions, et descendait aux barrières pour parler aux gardiens; partout je l'entendais faire servir à boire, donner de l'argent, faire l'aimable et rire avec tous; mais quand il remontait sur le siége il redevenait sérieux et vigilant, et répétait au postillon d'une voix pressante : « Plus vite, mon ami, plus vite. »

Avec tous ces temps d'arrêt, malgré la rapidité de notre course, il était près de six heures, que nous étions encore à plusieurs milles de Saint-Alban.

« Prenez cela, miss Summerson, me dit M. Bucket en m'apportant une tasse de thé de l'auberge d'où il sortait; vous vous en trouverez bien; vous commencez à vous remettre, vous avez d'abord été troublée; Seigneur, il y avait de quoi! Mais tout va bien; elle est sur cette route, et nous allons la rejoindre. »

Un cri de joie fut sur le point de m'échapper; mais il porta son doigt à sa bouche, et mon exclamation expira sur mes lèvres.

« On l'a vue ici entre huit et neuf; elle était à pied; on me l'avait dit au péage d'Highgate, mais je n'en étais pas sûr; maintenant elle est devant nous, j'en suis certain. Reprenez cette

tasse, brave homme, et voyez si de l'autre main vous pouvez
recevoir une demi-couronne ; à merveille ! et maintenant, postillon, au grand galop, s'il vous plaît. »

Nous fûmes bientôt à Saint-Alban, où nous descendîmes.
Après avoir donné l'ordre de préparer les chevaux, mon com-
pagnon m'offrit son bras, et nous nous dirigeâmes vers Bleak-
House.

« Je voudrais savoir, me dit M. Bucket, si, par hasard, elle
n'est pas venue vous demander, ce qui serait possible, car elle
doit ignorer que vous vous trouvez à Londres, ainsi que M. Jarndyce ; vous rappelez-vous qu'un soir vous remontiez cette colline avec votre petite bonne et le pauvre Jo, qu'ils appelaient
Dur-à-cuire ?

— Comment savez-vous cela ?

— Vous avez rencontré là-bas un homme que vous avez laissé
sur la route.

— Je me le rappelle fort bien.

— C'était moi ; je surveillais précisément ce pauvre garçon,
et je revenais de la tuilerie quand je le vis avec vous.

— Avait-il commis quelque délit ?

— Aucun, répondit M. Bucket en ôtant froidement son chapeau ; c'était tout simplement au sujet de lady Dedlock ; il avait
jasé plus qu'il ne fallait d'un petit service pour lequel feu
M. Tulkinghorn lui avait donné quelque argent, et il était impossible de tolérer pareille chose ; on lui avait enjoint de quitter
Londres, et je venais lui dire non-seulement de ne jamais y rentrer, mais encore de ne pas même en approcher.

— Pauvre garçon !

— Pauvre, en effet ; toutes les misères à la fois, répondit
M. Bucket ; mais le voir entrer chez vous, c'était trop fort, et je
me trouvais collé.

— Pourquoi cela ?

— Parce que chez vous il aurait jasé plus qu'ailleurs, et
qu'il avait naturellement la langue un peu trop longue. »

Bien que je me rappelle aujourd'hui cette conversation, j'avais
alors la tête si bouleversée, que je l'entendais à peine ; je comprenais seulement que M. Bucket parlait ainsi pour tâcher de
me distraire, et que, tout en causant, il n'en poursuivait pas
moins ses recherches avec la plus sérieuse attention.

« Il y a du feu de bon matin dans la cuisine de Bleak-House,
dit-il, cela fait l'éloge des serviteurs. » Et comme nous nous
trouvions en face de la maison, il leva les yeux vers les fenêtres
du premier étage, et me demanda, en regardant celles de

M. Skimpole, si nous mettions toujours ce vieux jeune homme coucher dans la même chambre.

— Vous connaissez M. Skimpole? lui dis-je.
— Et son autre nom, reprit-il; John ou Jacob?
— Harold, répondis-je.
— Un drôle de pistolet, répliqua M. Bucket.
— Une singulière nature.
— Qui ne connaît pas la valeur de l'argent, mais qui l'empoche à merveille. C'est par lui que j'ai su où était Jo; je jette une petite pierre dans cette fenêtre où j'aperçois une ombre; elle s'ouvre aussitôt; je devine que c'est mon homme; je cause avec lui un instant, et quand je l'ai bien compris, je lui dis que je considérerais un billet de cinq livres comme parfaitement employé si je pouvais débarrasser la maison du misérable qui est pour elle un danger, toutefois sans faire le moindre bruit. « A quoi bon parler de cinq livres? dit-il; je ne connais rien à l'argent. » De plus en plus sûr de mon fait, je roule le billet de cinq livres autour d'une pierre et je le lui envoie. « Mais je ne saurai qu'en faire, me répondit-il en riant. — Vous le dépenserez, » lui dis-je. Et c'est ainsi que le pauvre Jo est retombé entre mes mains. »

Je regardai cela comme une trahison envers M. Jarndyce, et je trouvai que M. Skimpole avait dépassé toutes les bornes de l'enfantillage.

« Permettez-moi, miss Summerson, de vous donner un conseil qui ne vous sera pas inutile lorsque vous serez mariée. Toutes les fois que vous entendrez dire à quelqu'un : « Je suis tellement simple, tellement désintéressé, que je ne connais rien à l'argent, prenez garde à votre bourse; toutes les fois qu'on vous dira : « Je ne suis qu'un enfant en affaires, » et qu'on déclinera toute responsabilité de ses actes, classez-moi cette personne-là au n° 1 des égoïstes, et vous ne vous tromperez pas; quand on est de mauvaise foi dans une chose, on l'est tout du long, c'est une règle infaillible. Et sur ce, chère demoiselle, permettez que je sonne à cette porte, et revenons à notre affaire. »

Je ne crois pas qu'elle fût sortie de son esprit un seul instant; à en juger par l'expression de sa figure, il y pensait tout autant que je pouvais y songer moi-même.

Les domestiques ne m'attendaient pas, et furent très-étonnés de me voir, surtout d'aussi bonne heure et en pareille compagnie; les questions que je leur adressai augmentèrent leur surprise, mais personne n'était venu à Bleak-House; leurs réponses ne laissaient pas le moindre doute à cet égard.

« Dans ce cas, miss Summerson, hâtons-nous d'aller au cottage de ce briquetier, reprit M. Bucket; c'est à vous que je laisse le soin de questionner les gens que nous y trouverons; faites-le tout simplement; plus vous serez naturelle, plus nous aurons de chance de découvrir la vérité. »

Le cottage était fermé, personne n'y demeurait plus; une voisine, accourue au bruit que nous faisions en frappant à la porte, nous dit que les deux femmes que je connaissais habitaient à présent une autre maison située près des fours, à côté du séchoir; nous y allâmes aussitôt; la porte était entr'ouverte, je la poussai, et nous entrâmes.

Jenny était absente; l'enfant de son amie était couché et dormait dans un coin; sa mère et les deux briquetiers déjeunaient. Liz se leva dès qu'elle m'eut aperçue, et les deux hommes, silencieux et maussades comme à l'ordinaire, me saluèrent d'un signe de tête; ils échangèrent un coup d'œil en voyant entrer M. Bucket, et je fus étonnée de voir que Liz connaissait l'officier de police. Elle me présenta sa chaise; mais j'allai m'asseoir sur un escabeau qui se trouvait auprès du feu, et M. Bucket s'installa sur le bout de la couchette. Maintenant qu'il me fallait parler et que je me trouvais avec des gens qui m'étaient peu familiers, je me sentis prise de vertige, et je ne pus retenir mes larmes.

« J'ai voyagé toute la nuit par le froid et la neige, dis-je à la pauvre Liz; nous cherchons une dame....

— Qui est venue ici, interrompit M. Bucket en s'adressant aux deux hommes aussi bien qu'à la femme; une lady qui est venue cette nuit dans cette maison, vous savez ce que je veux dire?

— Qui vous a dit ça, que quelqu'un était venu ici? demanda le mari de Jenny d'un air rogue et en toisant l'officier de police du regard.

— Un appelé Jackson, qui porte un gilet de velours bleu à boutons de nacre de perle, répondit M. Bucket.

— Y ferait mieux d' s'occuper d' ses affaires que d' se mêler de c' qui n' le regarde pas, grommela le briquetier entre ses dents.

— Il est sans place et n'a, je crois, pour le moment rien de mieux à faire que d'écouter ce que disent les autres, » répliqua l'officier de police pour excuser Jackson.

Liz était restée debout et me regardait avec hésitation; elle avait certainement quelque chose à dire, et m'aurait parlé si elle l'avait osé, lorsque son mari, frappant violemment sur la table avec le manche de son couteau, lui ordonna de s'asseoir et de se mêler de ses affaires.

« J'aurais bien voulu voir Jenny, repris-je ; elle m'aurait dit tout ce qu'elle savait sur cette dame que j'ai tant besoin de rejoindre ; oh! vous ne savez pas combien je désire la retrouver! Où est Jenny ? sera-t-elle longtemps ? dites-le-moi, je vous en prie. »

La femme ne demandait pas mieux que de répondre ; mais son mari lui donna un coup de pied qu'il accompagna d'un juron, laissant à son camarade le soin de nous dire ce qui lui conviendrait.

« J' n'aime pas que l' beau monde vienne cheu moi, répliqua celui-ci après quelques instants de silence ; vous m' l'avez déjà entendu dire, à c' que j' suppose ; j' vas pas dans leu maison, et j' trouve assez drôle qu'i' ne puissent pas m' laisser tranquille. Ça serait gentil, si j'allais dans leu château ; j'y ferais jolie figure ; malgré ça, je n' me plains pas de vous voir autant que je m' plains des autres, et j' veux ben vous répondre, quoiqu' ça me déplaise tout d' même d'être traqué comme un blaireau. Vous me demandez où est Jenny ? elle est à Londres ; s'en r'viendra-t-elle bientôt ? mon Dieu ! non ; elle ne r'viendra que d'main.

— Est-ce cette nuit qu'elle est partie ? demandai-je encore.

— C'te nuit même, répondit l'homme d'un ton bourru.

— Mais elle était ici lorsque cette personne est arrivée ; que lui a dit cette dame, et quelle route a-t-elle prise ? Je vous en conjure, dites-le-moi, je suis si inquiète, si malheureuse ! il faut absolument que je le sache.

— Si not' maître voulait me laisser parler.... insinua Liz d'un air timide.

— Vot' maître vous cassera le cou si vous vous mêlez de c' qui n' vous r'garde pas, » grommela son mari en ajoutant à ces paroles une violente imprécation.

Après une nouvelle pause, le mari de Jenny se tournant de mon côté, reprit d'un air maussade et comme à regret :

« Oui, Jenny était là quand c'te lady est venue ; et v'là c' que lui a dit c'te dame : « Vous vous rapp'lez de moi, qu'elle lui a dit ; j' suis venue un jour vous parler de c'te jeune miss qui vous était venue voir ; et que j' vous ai donné queuqu' chose de gentil pour un mouchoir de poche qu'elle vous avait laissé. » Jenny s'en rappelait ben et nous tretous aussi. « C'te jeune miss est-elle maintenant à la maison ? qu'elle dit. — Non, » qu'on lui répond. C'te lady voyageait seule ; et si drôle que ça paraisse, elle a demandé de se reposer à l'endroit où qu' vous êtes, et y a resté plus d'une heure; après quoi elle s'est levée pour partir, il pouvait être onze heures vingt minutes; peut-être bon davantage; nous n'avons pas de mont' ni d'horloge pour savoir l'heure au juste. Quant à vous dire où c' qu'elle a pu aller, ma foi! j' n'en savons rin. Elle est partie comme Jenny, l'une allait à Londres et l'autre en arrivait. C'est tout c' que peux vous dire; demandez plutôt à c't homme; i' vous l' dira comme moi.

— Est-ce que cette dame pleurait? dis-je au briquetier.

— Diablement, répondit-il. Ses souliers et ses habits, c'est là s' qui avait d' pire; quant au reste, elle n'était pas trop mal, à c' qui m'a semblé voir. »

Liz avait les bras croisés et ne levait pas les yeux; son mari avait tourné sa chaise en face d'elle, et posé sa large main sur la table, comme pour se tenir prêt à exécuter sa menace si elle venait à lui désobéir.

« J'espère, lui demandai-je, que vous permettrez à votre femme de répondre à cette question, et de me dire comment allait cette dame.

— Vous l'entendez, cria-t-il en s'adressant à Liz, répondez vite, et qu' ça finisse.

— Pas bien, répliqua la femme; elle était pâle, exténuée, toute malade.

— A-t-elle parlé?

— Pas beaucoup, elle avait la voix enrouée. »

La pauvre femme regardait, à chaque fois, son mari comme pour lui demander la permission de répondre.

« A-t-elle pris quelque chose?

— Un peu d'eau seulement; Jenny lui a donné du pain et du thé; mais c'est à peine si elle y a touché des lèvres.

— Et lorsqu'elle est partie?...

— Elle est allée drêt vers le nord, interrompit le mari de Jenny d'un air impatienté; elle a pris la grand' route, demandez-le aux autres si vous n' me croyez pas; et maintenant tout est dit; j' n'en savons pas pus qu' ça. »

Je regardai M. Bucket, et voyant qu'il était prêt à partir, je me disposai à le suivre, et pris congé des deux hommes après avoir remercié Liz.

« Milady leur a laissé sa montre, me dit l'officier de police quand nous fûmes sortis du cottage

— L'avez-vous vue? m'écriai-je.

— Non; mais c'est tout comme. Le briquetier n'a-t-il pas parlé de vingt minutes, et ne s'est-il pas cru obligé de dire qu'il n'avait ni montre ni horloge? Ils n'ont pas l'habitude de compter par minutes et de diviser le temps d'une manière aussi précise; vous voyez que Sa Seigneurie leur a laissé sa montre, ou qu'ils la lui ont prise; je pense plutôt qu'elle la leur a donnée; mais dans quel but? Si nous avions eu le temps, la seule chose qui nous manque, j'aurais trouvé le moyen de faire sortir cette pauvre Liz et de lui parler; mais c'est une chance trop mince, en comparaison du temps qu'elle nous aurait fait perdre; ils la surveillent de près, et chacun sait qu'une pauvre créature battue du matin au soir, couturée et meurtrie des pieds jusqu'à la tête, obéira quand même au mari qui la maltraite ainsi; mais on nous cache quelque chose, et c'est fâcheux que l'autre femme ne se soit pas trouvée là.

— Je le regrette excessivement, répondis-je, car elle est très-reconnaissante, et je suis sûre qu'elle aurait cédé à mes prières.

— Il est possible, reprit M. Bucket après un instant de réflexion, que milady l'ait envoyée à Londres avec un mot pour vous, et qu'elle ait donné sa montre au mari pour qu'il consente à la laisser partir. C'est loin d'être une chose sûre; mais enfin c'est possible; toujours est-il que notre route est vers le nord; en avant donc! et tâchons d'être calmes. »

La neige avait commencé au point du jour et tombait à gros flocons; le ciel était si sombre et cette neige si épaisse qu'on voyait à peine à quelques pas devant soi; malgré un froid très-vif, les chemins étaient affreux et les chevaux glissaient dans une boue liquide, demi-glacée, qui craquait sous leurs fers, et où ils enfonçaient au point que nous fûmes obligés de nous arrêter pour les laisser reposer; l'un d'eux tomba trois fois dans ce premier relais, et avait tant de peine à se soutenir, que le postillon mit pied à terre pour le conduire par la bride. Je ne pouvais ni manger ni dormir; la lenteur de notre marche me causait une irritation tellement vive, que j'éprouvais un désir inconcevable de descendre de voiture et de continuer la route à pied. Je me rendis cependant aux observations de M. Bucket et restai à ma place, tandis que, soutenu par l'intérêt de la poursuite, mon compagnon, toujours dispos, s'arrêtait à chaque maison qu'il voyait sur la route, se chauffait à tous les feux, parlait avec tout le monde comme avec d'anciennes connaissances, buvait à chaque auberge, causait avec les charretiers, le charron, le maréchal, le percepteur, ne perdant pas une minute; et, remontant sur le siége, l'œil au guet, l'air sérieux, disait au postillon d'une voix calme et néanmoins pressante : « Partons, mon ami, partons! »

Lorsque nous arrivâmes au second relais, il vint à moi en secouant la neige qui couvrait son manteau ; et, enfonçant dans la boue jusqu'à mi-jambe :

« Ne vous désolez pas, me dit-il ; rassurez-vous au contraire ; elle a passé par ici, elle a été vue, j'en suis sûr ; on vient de me dire la manière dont elle est habillée ; c'est on ne peut plus certain.

— Toujours à pied ? demandai-je.

— Toujours ; il est probable qu'elle se dirige vers la maison de ce gentleman dont vous m'avez parlé ; et cependant j'ai des doutes, en songeant qu'il demeure précisément à côté de Chesney-Wold.

— Je suis si peu au fait de ses habitudes, répondis-je, qu'il est très-possible qu'elle connaisse près d'ici quelque personne dont j'ignore l'existence.

— Vous avez raison ; mais, quoi qu'il en soit, ne pleurez pas, chère demoiselle, et faites tous vos efforts pour ne pas vous tourmenter. Allons, postillon, vite, mon ami, vite ! »

Le givre ne cessa pas de tomber pendant toute la journée, et se compliqua d'un brouillard épais qui commença de bonne heure et dura jusqu'au soir. Je n'ai jamais vu de chemins aussi horribles ; je croyais parfois que nous avions quitté la route et que nous nous trouvions dans les terres labourées ou bien dans un marais ; j'avais perdu toute idée de la durée du temps ; il me semblait que j'étais partie depuis une époque dont je n'avais plus le souvenir, et que j'avais éprouvé toute ma vie l'anxiété où je me trouvais alors.

A mesure que nous avancions, je sentais vaguement que la confiance de M. Bucket s'ébranlait de plus en plus. Il conservait sa verve et sa gaieté avec les gens qu'il trouvait sur la route ; mais il reprenait sa place d'un air plus grave, et passa son doigt sur ses lèvres pendant tout un relais avec un sentiment d'inquiétude évidente ; je l'entendais demander aux conducteurs de diligences, aux cochers, aux charretiers, à tous ceux qui venaient à nous, quelles étaient les personnes qui se trouvaient dans les voitures qu'ils avaient rencontrées, et leurs réponses n'étaient pas encourageantes.

Enfin quand nous changeâmes de chevaux, il me dit qu'il avait perdu depuis si longtemps la trace de milady, qu'il commençait à en être étonné. Tant qu'il n'avait fait que la perdre un instant pour la retrouver ensuite, il ne s'en était pas inquiété ; mais elle avait disparu tout à coup, et depuis lors il n'avait trouvé personne qui eût même aperçu les vêtements qu'on lui avait signalés. « Toutefois, me dit-il, ne désespérez pas ; il est probable qu'au premier relais nous serons remis sur la voie. »

Mais arrivés à la poste, point de renseignement nouveau. C'était une auberge solitaire et spacieuse, une maison confortable et massive, avec un large portail sous lequel notre voiture était à peine entrée, que l'hôtesse vint avec ses trois filles m'engager à descendre et à prendre quelque chose pendant qu'on préparerait les chevaux. Je ne crus pas pouvoir refuser, et j'accompagnai cette excellente femme dans une chambre située au premier étage, où elle me laissa près d'une cheminée avec un grand feu. Cette pièce, je m'en souviens encore, donnait d'un côté sur la cour où les palefreniers enlevaient les harnais aux pauvres bêtes fatiguées et couvertes de boue, qui nous avaient amenées; le chemin de traverse sur lequel ouvrait cette cour, s'apercevait par la grande porte où se balançait l'enseigne de l'auberge, et se revoyait un peu plus loin fuyant vers la campagne; tandis que, par l'autre fenêtre de la chambre, on découvrait un bois de sapins dont les branches laissaient goutter silencieusement la neige dont elles étaient couvertes. Le jour s'en allait, et la flamme du foyer, en se reflétant sur les vitres, rendait plus lugubre encore, par son contraste, l'ombre qui se répandait partout. Je regardais ce tapis de neige étendu sous les arbres, miné lentement par les gouttes d'eau que laissaient tomber les feuilles; je revoyais en même temps la figure maternelle de mon hôtesse qui m'avait accueillie, entourée de ses trois filles, et je pensais à ma mère couchée dans ce linceul de glace, qui sait? mourant peut-être au fond d'un bois.

J'eus peur; la bonne hôtesse était auprès de moi, et je me souviens qu'avant de tomber dans ses bras, je fis tous mes efforts pour ne pas m'évanouir. On m'étendit sur un canapé qu'on approcha du feu; on m'entoura de coussins, et l'excellente femme essaya de me persuader que je devais me mettre au lit jusqu'au lendemain matin; mais j'éprouvai une frayeur si vive en pensant qu'on voulait me retenir, qu'elle rétracta ses paroles; et il fut convenu, par une sorte de compromis, que je prendrais seulement une demi-heure de repos.

C'était une bonne créature qui, avec l'aide de ses filles, me prodigua tous ses soins; je devais prendre un peu de soupe, disait-elle, et manger un blanc de poulet bouilli, pendant que M. Bucket se séchait et dînait dans la grande salle; mais cela me fut impossible, et je ne pus avaler qu'un peu de vin chaud avec une bouchée de pain grillé; je n'en fus pas moins récompensée de la complaisance que j'y avais mise par le bien que j'en ressentis.

Au bout d'une demi-heure, la voiture se retrouva sous le

portail; on m'y conduisit bien enveloppée, bien réchauffée, surtout encouragée par la bienveillance dont j'avais été l'objet, et certaine d'avoir la force de continuer ma route. Au moment où nous allions partir, l'aînée des trois sœurs, charmante comme les deux autres, une jeune fille de dix-neuf ans, qui allait bientôt se marier, monta sur le marchepied de la voiture et m'embrassa; je ne l'ai pas revue depuis lors; mais je l'ai toujours comptée au nombre de mes amies.

La lumière qu'on voyait par les fenêtres de l'auberge, et qui brillait au milieu des ténèbres extérieures, ne tarda pas à disparaître, et nous roulâmes de nouveau dans la boue et dans la neige. Mon compagnon, que j'avais vu la pipe à la bouche dans la salle de l'auberge, avait, à ma demande, continué de fumer sur le siége de la voiture, et paraissait plus disposé que jamais à parler à tout le monde; il avait allumé sa petite lanterne, et se retournait souvent pour voir comment j'étais. J'avais laissé ouverte la fenêtre pliante du phaéton; il me semblait qu'en la fermant, j'aurais chassé toute espérance.

Au relais suivant, je compris à sa figure plus sombre qu'il n'avait rien découvert, ni rien appris d'utile; mais il revint l'instant d'après, sa lanterne à la main, et s'approcha de la voiture avec un visage rayonnant.

« Est-elle ici ? m'écriai-je.

— Non, non, chère demoiselle; ne vous faites pas d'illusion, je n'ai rencontré personne; mais je sais maintenant la route qu'il nous faut prendre. Ainsi donc ne vous inquiétez pas de celle que nous allons suivre; vous me connaissez, je suis l'inspecteur Bucket; ayez confiance en moi, ajouta-t-il en secouant la neige qui s'attachait à ses cheveux et à ses sourcils. Nous avons été trop loin; mais c'est égal; rassurez-vous; voici quatre chevaux qu'on met au phaéton.... Vite! mon ami, vite! et du côté de Londres.

— Nous retournons à Londres ? m'écriai-je.

— Oui, miss Summerson, et le plus vite possible; n'ayez pas peur, je la rattraperai, c'est de l'autre que je parle; n'est-ce pas Jenny que vous l'appelez ? Vite, vite, postillon ! six francs de guides. En route, et dépêchons !

— Pensez à celle que nous cherchons, lui dis-je en lui prenant la main ; vous ne pouvez pas l'abandonner par un temps pareil, la nuit, et dans l'état de désespoir où nous la connaissons.

— Ne craignez rien, chère demoiselle; soyez tranquille; mais c'est l'autre qu'il faut suivre à présent. A vos chevaux, postillon ! qu'un courrier parte en avant pour que le prochain relais soit

préparé lorsque nous y arriverons, et qu'il envoie un autre
courrier à la poste suivante. Ne vous effrayez pas, ma pauvre
amie ; tout va bien ; pardonnez-moi d'être aussi familier ; comptez sur ma vieille expérience ; je ne peux pas vous en dire davantage quant à présent ; mais vous me connaissez et vous ne
doutez pas de moi. »

Je lui répondis que certainement il savait mieux qu'un autre
ce que nous avions à faire ; mais était-il bien sûr de ne pas se
tromper ? et ne pouvais-je pas, tandis qu'il irait à Londres,
poursuivre ma route vers le nord à la recherche de.... ma
mère ? lui dis-je, dans ma détresse, en lui prenant une seconde
fois la main.

« Je le sais, chère demoiselle, je le sais ; croyez-vous que je
voudrais vous tromper, moi, l'inspecteur Bucket ; ne me connaissez-vous pas ? Allons, reprenez courage, et soyez sûre que
je tiendrai la promesse que je vous ai faite ainsi qu'au baronnet
sir Leicester Dedlock. »

Et nous suivîmes de nouveau la triste route que nous venions
de parcourir, broyant le givre et délayant la neige qui rejail-
lissait autour de nous comme l'eau battue par la roue d'un
moulin.

CHAPITRE XXVIII.

Un jour et une nuit d'hiver.

Toujours impassible comme il convient à son rang, l'hôtel
Dedlock conserve sa dignité native dans cette rue d'une noblesse
effrayante au milieu de laquelle il est situé. De temps en temps,
des valets à tête poudrée regardent par les petites fenêtres de
l'antichambre cette poudre franche d'impôt[1] qui ne cesse de
tomber du ciel, puis ils rapprochent au plus vite leur belle livrée
fleur de pêcher de la grande cheminée, où ils oublient le froid
piquant dont on souffre au dehors. On dit à ceux qui se présen-
tent que milady est allée à Chesney-Wold et qu'on l'attend d'une
heure à l'autre.

Les rumeurs qui vont et viennent ne veulent pas courir

---

1. La poudre à cheveux paye en Angleterre un impôt assez élevé.
 (*Note du traducteur.*)

après elle dans le comté de Lincoln; elles se contentent de circuler dans la ville, et de répandre de tous côtés que le malheureux sir Leicester a été indignement trahi, le pauvre homme! On dit, ma chère petite, des choses horribles, et ces choses horribles font les délices du monde à cinq milles à la ronde. Ignorer le malheur qui est arrivé au baronnet, c'est avouer sa propre nullité et se déclarer soi-même complétement inconnu. Une de ces enchanteresses aux joues de pêche, à la gorge de squelette, connaît déjà les moindres détails de la demande que sir Leicester adressera à la chambre haute pour obtenir le divorce.

Chez Blaze, le fameux bijoutier, chez Gloss et Sheen, les marchands de nouveautés, on ne parle pas d'autre chose; c'est, pour longtemps, l'événement le plus remarquable du siècle, le trait caractéristique de l'époque. Les patronnesses de ces établissements ne se doutent guère qu'en dépit de leurs grands airs, elles sont mesurées et pesées derrière le comptoir sans le moindre ménagement.

« Vous connaissez notre monde, monsieur John, dit Blaze à propos du sujet en question; vous les connaissez tous, de vrais moutons; où l'un passe, les autres suivent; vous n'avez qu'à en prendre deux ou trois échantillons, et vous pouvez par là juger du troupeau. »

Gloss et Sheen disent la même chose à leur John ou à leur Will respectif; et le papetier, M. Sladdery, le principal fermier qui compte dans sa clientèle les plus nobles moutons, dit à ce propos :

« Mais oui, monsieur; il court certains bruits dans mes hautes connaissances, relativement à milady Dedlock; il faut bien qu'on parle de quelque chose; et il suffit de le dire à une ou deux ladies, que je pourrais vous nommer, pour que tout le monde le sache, et que cette histoire ait une véritable vogue; absolument comme si vous m'aviez apporté quelque objet à mettre à la mode, et que je me fusse reposé sur ces dames du soin de le faire valoir; avec cela qu'il y avait en jeu une innocente rivalité entre elles et milady Dedlock; si on eût spéculé là-dessus, on aurait gagné de l'argent; c'eût été une bonne affaire. Quand je vous disais, monsieur, que j'ai fait une étude approfondie de ma noble clientèle, et que je la remonte comme une horloge suivant mon bon plaisir ! »

La rumeur grandit et s'entête à ne pas quitter la ville; à cinq heures et demie du soir elle inspire à l'honorable Bob Stables une remarque nouvelle qui éclipse complètement celle qui soutenait sa réputation d'agréable causeur. A savoir : « que bien qu'il eût toujours reconnu que milady était la femme la mieux pansée de tout le stud, il ne s'était jamais douté qu'elle se dérobât à la course. » Remarque étincelante qui est reçue avec frénésie par les membres du Jockey-Club.

Milady reste encore l'intérêt le plus vif de ces réunions qu'elle a toujours embellies ; l'astre principal du firmament dont elle éclipsait hier encore les plus pures étoiles. « Comment ? qu'est-ce que c'est ? qui donc ça ? quand donc ça ? où donc ça ?... » Ses plus chers amis la vilipendent dans le jargon le plus élégant, de l'accent le plus nouveau, avec la perfection d'une indifférence polie. L'un des traits caractéristiques de ce thème inépuisable, est d'inspirer certaines gens à qui jusque-là on ne croyait nul esprit, et qui ont trouvé à ce sujet de véritables bons mots. William Buffy colporte une de ces piquantes saillies de la table d'hôte où il dîne à la Chambre des Lords, où le chef du parti la fait circuler avec sa tabatière, afin d'empêcher ses hommes de quitter la séance, et où elle produit tant d'effet que l'Orateur, à qui on le glisse à l'oreille par-dessous sa perruque, s'écrie à trois reprises différentes :

« Silence donc au buffet ! » sans obtenir le moindre résultat.

Ce qui n'est pas moins étonnant, c'est que les gens placés sur les confins du grand monde, des gens qui n'ont jamais vu milady et ne la connaissent pas du tout, croient nécessaire à leur réputation de la prendre aussi pour thème de leur conversation, et de la déchiqueter avec le jargon, l'accent, le genre le plus à la mode, l'indifférence polie la plus élégante qui n'en a pas moins de succès dans les régions inférieures des constellations secondaires, quoique ce ne soient plus déjà que des nouvelles de seconde main. Quelle bonne fortune pour un homme de lettres, un savant ou un artiste, quand il s'en rencontre parmi ces petits revendeurs de vieilles nouveautés, de trouver sur son chemin ces béquilles heureuses pour raviver un peu la marche languissante des neuf sœurs depuis longtemps éreintées et boiteuses !

Et pendant ce temps-là que se passe-t-il au fond de l'hôtel Dedlock ? Sir Leicester a recouvré la parole, bien qu'il s'exprime toujours d'une façon peu distincte et avec une extrême difficulté ; on lui a recommandé le repos et le silence, et on lui a donné quelques grains d'opium pour apaiser ses douleurs ; car la goutte, sa vieille ennemie, le fait horriblement souffrir. Il ne dort pas malgré l'état de somnolence où il paraît plongé ; il a fait approcher son lit de la fenêtre, et regarde la neige qui depuis le matin n'a pas cessé de tomber.

Au moindre bruit qui se fait entendre, il saisit son crayon ;

la vieille femme de charge, qui est assise auprès de lui, comprend ce qu'il veut dire et lui dit à voix basse :

« Non, sir Leicester ; il n'est pas encore revenu ; il était bien tard quand il vous a quitté, cette nuit ; il n'y a pas encore assez longtemps qu'il est parti.

Le baronnet laisse échapper le crayon et reporte ses regards vers la fenêtre jusqu'au moment où, ébloui par la neige qui tourbillonne, il ferme les yeux pour échapper au vertige, et les rouvre quelques instants après. Il est encore de bonne heure ; mais il fait froid, le temps est humide, et il veut que l'appartement de milady soit prêt à la recevoir ; qu'on y fasse de grands feux, et que tous les gens de la maison sachent bien qu'on attend leur maîtresse.

« Je vous en prie, veillez vous-même à tout cela, » écrit-il sur l'ardoise, et mistress Rouncewell obéit au malade.

Elle a le cœur bien gros, la pauvre femme, « car, dit-elle à son fils qui est en bas dans la salle, j'ai bien peur, mon enfant, que milady ne rentre jamais ici.

— Un triste pressentiment qu'il faut chasser, ma mère.

— Ni à Chesney-Wold non plus, mon fils.

— Pourquoi cela, ma mère ?

— Hier, quand j'ai vu milady, Georges, il m'a semblé voir dans ses traits que le revenant qui la poursuit depuis longtemps avait fini par l'atteindre.

— Allons, chère mère, allons, c'est cette vieille histoire qui vous trotte dans la tête.

— Non, mon enfant, non ; il y a bientôt soixante ans que je suis dans la maison, et jamais je n'ai ressenti de pareilles craintes ; l'ancienne famille des Dedlock va s'éteindre.

— J'espère que non, ma mère.

— Je remercie Dieu d'avoir vécu assez longtemps pour être auprès de sir Leicester pendant cette maladie, et pour le soigner au milieu de son affliction ; car je sais qu'il me préfère à tout autre dans ses moments de souffrance ; mais les pas du revenant ont poursuivi trop longtemps milady ; elle tombera pour ne plus se relever.

— J'espère que vous vous trompez, ma mère.

— Je voudrais te croire, mon enfant ; mais je ne peux pas ; et si mes craintes se réalisent, qui est-ce qui osera lui dire la vérité ?

— Est-ce ici l'appartement de milady, ma mère ?

— Oui, le voici tel qu'elle l'a laissé.

— Je commence à comprendre vos pressentiments et vos

craintes, dit le maître d'armes à voix basse, en jetant un regard autour de lui ; quand on voit de si belles pièces si richement meublées, si commodément disposées, et qu'on pense que la personne pour laquelle elles sont préparées est, par un temps pareil, fugitive et sans abri, seule et Dieu sait où ! Ce n'est pas rassurant. »

Il a raison, toute absence fait pressentir l'adieu final ; toute pièce déserte vous murmure ce qu'un jour seront votre chambre et la mienne. Le salon de milady paraît abandonné ; ses vêtements, ses bijoux, les riens qui lui servaient, et qu'on voit çà et là dans le cabinet que M. Bucket fouilla la nuit dernière ; jusqu'à ses glaces habituées à réfléchir son image, tout répand un air de désolation sur ces lieux plus froids et plus sombres par le vide qu'y forme son départ, que mainte cabane dont le toit préserve à peine du vent et de la neige ceux qui s'y trouvent réunis. En vain les domestiques entassent le charbon dans les grilles, et entretiennent la flamme dans le foyer ; il pèse sur ces chambres splendides un nuage sombre que la lumière ne peut pénétrer.

La femme de charge reste avec M. Georges dans l'appartement de milady, jusqu'à ce qu'il soit préparé, et retourne ensuite dans la chambre de sir Leicester, auprès duquel est resté Volumnia, dont le pot de rouge et le collier de perles, d'un si puissant effet dans la petite ville de Bath, ne sont d'aucun soulagement pour le pauvre malade. Miss Dedlock, ne sachant pas de quoi il s'agit, ne trouve rien à dire d'approprié aux circonstances, et, à défaut des paroles qui lui manquent, elle fait de fréquentes allées et venues sur la pointe du pied, elle passe un examen attentif du visage de son cousin et finit par se dire à voix basse : « Il dort ! » mais à cette remarque superflue sir Leicester écrit d'une main indignée : « Non, je ne dors pas ! »

C'est pourquoi Volumnia quitte sa chaise et la cède à la vieille dame qui reprend sa place à côté du malade ; elle va s'asseoir auprès de la table où elle soupire tristement, tandis que le baronnet regarde toujours tomber la neige en prêtant l'oreille aux pas qu'il attend avec impatience, et que mistress Rouncewell, qui a l'air de s'être détachée d'un vieux cadre pour aider un Dedlock à mourir, entend, au milieu du silence, l'écho de ses propres paroles : « Qui est-ce qui osera lui dire la vérité ? »

Sir Leicester a voulu faire sa toilette et s'est livré aux mains de son valet de chambre. On l'a rendu aussi présentable que possible ; il est soutenu par de nombreux oreillers ; ses cheveux gris sont arrangés comme à l'ordinaire, son linge est dans toute sa fraîcheur, et il est enveloppé d'une magnifique robe de chambre; il a son lorgnon et sa montre : rien n'y manque. C'est moins peut-être dans l'intérêt de sa dignité que pour l'amour de milady; il veut qu'elle puisse croire en entrant qu'il est toujours le même et que rien, si ce n'est la goutte, n'a troublé son existence. Les femmes jasent volontiers; et bien qu'elle soit une Dedlock, Volumnia ne fait pas exception à la règle : aussi le baronnet la garde-t-il auprès de lui pour l'empêcher d'aller jaser ailleurs. Du reste, quoiqu'il soit bien malade, il supporte ses souffrances avec un courage héroïque.

La chère Volumnia, appartenant à la classe de ces beautés sémillantes que le silence expose à toutes les tortures du plus affreux ennui, indique l'approche de ce monstre dévorant par une série de bâillements qu'il lui est impossible de dissimuler. Comme elle ne connaît pas d'autre moyen pour les réprimer que de se mettre à jaser, elle fait compliment à mistress Rouncewell de son fils; elle n'a jamais vu de plus belle taille, d'air plus martial, un aussi bel homme en un mot si ce n'est.... Chose.... un garde du corps, son favori, l'homme de ses rêves, qui fut tué à Waterloo.

Sir Leicester écoute ces éloges avec surprise, et tourne vers mistress Rouncewell un regard si étonné, que la vieille dame croit lui devoir un mot d'explication.

« Miss Dedlock ne parle pas de mon fils aîné, sir Leicester; mais de celui que j'ai retrouvé, de mon plus jeune qui est enfin revenu.

« Georges, mistress Rouncewell? Votre fils Georges est de retour? s'écrie le baronnet.

— Oui, sir Leicester, » répond la femme de charge en s'essuyant les yeux.

Cette découverte imprévue, ce retour inopiné d'une personne que depuis longtemps on croyait morte, ne viennent-ils pas confirmer son espoir? « On la retrouvera, se dit-il; on me la ramènera saine et sauve; il y a quelques heures seulement qu'elle est partie; et il y avait tant d'années que Georges était perdu! »

On veut l'empêcher de parler, on le supplie de se taire, mais on ne peut pas l'obtenir; les paroles se pressent sur ses lèvres, presque inarticulées, il est vrai, mais néanmoins intelligibles.

« Pourquoi ne me l'avez-vous pas dit, mistress Rouncewell?
— C'est hier seulement que je l'ai retrouvé, sir Leicester, je ne vous croyais pas assez bien pour vous entretenir de pareille

chose ; mais je vous l'aurais appris certainement dès que vous auriez été mieux.

— Et où est-il ? » demande le baronnet.

La vieille dame, effrayée de cette infraction aux ordres du docteur, répond qu'il est à Londres.

« A quel endroit ? » dit encore sir Leicester.

Il faut bien avouer qu'il est dans la maison.

« Qu'on le fasse monter, qu'il vienne tout de suite. »

La vieille dame est forcée d'obéir et va chercher son fils; le baronnet regarde le givre et la neige en écoutant si quelqu'un ne revient pas ; on a jonché la rue d'une couche de paille si épaisse, dans la crainte que le bruit ne lui fasse mal, que la voiture de milady pourrait être à la porte sans qu'on l'eût seulement entendue.

Il est toujours dans la même attitude, lorsque rentre la vieille dame accompagnée de son fils.

« Bonté divine! c'est bien lui, s'écrie sir Leicester. Georges, vous souvenez-vous encore de moi?

— Il faudrait que j'eusse une bien pauvre mémoire, sir Leicester, pour vous avoir oublié.

— En vous regardant, Georges Rouncewell, continue le baronnet avec difficulté, je retrouve quelque chose de l'enfant que j'ai connu à Chesney-Wold, et que je me rappelle si bien. »

Il regarde l'ancien militaire jusqu'au moment où ses yeux s'emplissent de larmes, et les détourne alors pour voir si la neige tombe toujours.

« Pardon, sir Leicester, reprend l'ancien sergent; voudriez-vous me permettre de vous relever un peu ? vous seriez plus à votre aise.

— Volontiers, Georges. »

Le maître d'armes le prend dans ses bras comme un enfant, le remonte doucement dans son lit, et lui tourne le visage un peu plus vers la fenêtre.

« Merci, Georges; vous joignez à une grande force toute la douceur de votre mère. »

Il lui fait signe de ne pas s'éloigner, et lui demande pourquoi il est resté si longtemps sans donner de ses nouvelles.

« C'est que, voyez-vous, sir Leicester, je n'avais pas de quoi me vanter; et même à présent, si vous n'étiez pas indisposé, ce qui ne durera pas, je l'espère, je vous demanderais la faveur de rester inconnu. Cela m'épargnerait des explications inutiles, qui ne seraient peut-être pas en ma faveur.

— Mais, vous avez été bon soldat, fidèle à votre drapeau, n'est-ce pas ?

— Quant à cela, sir Leicester, j'ai rempli mon devoir, et n'ai jamais manqué à la consigne ; c'était bien le moins que je pusse faire.

— Vous me retrouvez bien souffrant, Georges, reprend le baronnet dont le regard se fixe avec plaisir sur le visage du maître d'armes.

— J'en suis profondément affligé, sir Leicester.

— Je n'en doute pas, Georges ; en surcroît de mon ancienne maladie, j'ai été pris subitement d'une attaque assez grave ; comme une paralysie.... »

Georges fait un signe respectueux et sympathique ; les années qu'ils ont passées ensemble à Chesney-Wold, à une époque où l'un était presque un enfant et l'autre encore un jeune homme, se dressent devant eux et les attendrissent l'un et l'autre.

Sir Leicester évidemment a quelque chose à dire, et fait un effort pour se relever davantage ; le maître d'armes le prend de nouveau dans ses bras, et le met dans la position qu'il désire.

« Merci, Georges, vous me devinez à merveille ; vous m'êtes un autre moi-même. Vous rappelez-vous qu'autrefois vous portiez mon fusil de rechange quand vous étiez enfant et que j'allais à la chasse ? Je vous reconnais bien. Au milieu des circonstances étranges où je me trouve, je ne vous en reconnais pas moins, comme si c'était hier. »

Le sergent a posé sur son épaule le bras de sir Leicester, et le baronnet l'y laisse longtemps appuyé, avant de songer à le retirer.

« Je voulais ajouter, relativement à cette attaque, reprend sir Leicester, qu'elle s'est malheureusement produite en même temps qu'un léger malentendu entre moi et milady ; je ne veux pas dire qu'il y ait eu entre nous la moindre discussion, au contraire ; c'est tout simplement à propos d'une circonstance peu importante qu'elle a cru devoir faire ce petit voyage, et cela me prive de l'avoir auprès de moi ; mais j'ai la certitude qu'elle va bientôt revenir ; entendez-vous ce que je dis, Volumnia ? je ne prononce pas les mots aussi facilement que je voudrais. »

Volumnia l'entend à merveille ; et à vrai dire il s'exprime beaucoup plus distinctement qu'on ne l'aurait cru possible quelques instants auparavant ; sa figure trahit l'effort qu'il fait pour être intelligible, et l'importance du but qu'il veut atteindre peut seule lui faire vaincre la difficulté qu'il éprouve.

« C'est pourquoi, Volumnia, poursuit-il, je déclare devant vous, ainsi qu'en présence de mistress Rouncewell, mon ancienne femme de charge et mon amie, dont la loyauté ne pourrait être mise en question, et en présence de son fils Georges, qui reparaît à mes yeux comme un souvenir de ma jeunesse, et du temps que j'ai passé avec lui dans le château de mes ancêtres, je déclare solennellement, afin que vous puissiez en témoigner, dans le cas où je viendrais à mourir, ou à perdre complétement la faculté de m'exprimer, je déclare, dis-je, que milady et moi nous sommes ensemble dans les meilleurs termes ; qu'elle ne m'a jamais donné le moindre sujet de plainte ; que j'ai toujours eu pour elle l'affection la plus vive, la plus profonde ; et que je la lui conserve dans toute sa puissance ; dites-le bien à tout le monde et surtout à elle-même. Si vous alliez altérer mes paroles ou en diminuer la force, ce serait de votre part envers moi une trahison préméditée. »

Volumnia promet d'une voix tremblante d'accomplir à la lettre les instructions qu'il leur donne.

« Milady est dans une position trop élevée ; elle est trop belle, continue le baronnet, trop supérieure sous tous les rapports, à la plus accomplie des femmes qui l'environnent, pour n'avoir pas des envieux et des ennemis ; qu'ils sachent donc, ainsi que je vous le déclare, qu'étant sain d'esprit, possédant toute ma mémoire, tout mon jugement, je ne révoque rien des dispositions que j'ai prises en sa faveur ; que je ne retranche rien à la part que je me suis plu à lui donner ; et que, tout en me sentant la faculté et le pouvoir de le faire, si tel était mon bon plaisir, je n'abroge aucun des actes que j'ai passés pour assurer sa fortune et son bonheur. »

Le tour pompeux qu'il a toujours donné à ses paroles a pu faire sourire autrefois ; mais à cette heure il y a dans cette pompe même quelque chose de sérieux et de touchant. L'ardeur qui l'anime, la généreuse protection dont il couvre celle qu'il aime, oubliant sa douleur et faisant taire son orgueil offensé pour ne songer qu'à elle, sont la preuve d'un grand cœur aussi loyal que sensible ; vertu éclatante, également digne de nos éloges soit qu'elle se rencontre chez le mieux né des gentilshommes, ou chez le dernier des artisans.

Épuisé par cet effort, le baronnet ferme les yeux et laisse retomber sa tête sur l'oreiller ; mais une minute s'est à peine écoulée, qu'il reporte ses regards vers la fenêtre et recommence à écouter le moindre bruit. Les petits services rendus par Georges, et acceptés par le baronnet, ont fait du sergent un familier maintenant nécessaire; c'est une chose bien entendue, sans qu'on ait eu besoin de le dire. Le troupier se tient seulement un pas ou deux en arrière, pour se dissimuler et monte la garde derrière la chaise de sa mère.

Le jour commence à décliner; le brouillard et le givre, qui ont remplacé la neige, s'épaississent peu à peu, et la flamme du foyer jette une clarté plus vive; l'ombre s'étend, le gaz s'allume, et les petites lampes qui s'obstinent à brûler sur ce noble terrain avec une huile figée, moitié gelée, moitié liquide, jettent des lueurs intermittentes, clignent et meurent comme des poissons enflammés sortis de leur élément. Le beau monde qui est venu faire rouler ses voitures sur la paille étendue devant la porte, et tirer la sonnette pour demander des nouvelles du baronnet, rentre chez soi, s'habille pour le dîner, et jase de la manière la plus agréable sur le compte de cette chère milady.

Sir Leicester va plus mal; il est très-agité et souffre horriblement; Volumnia, qui est prédestinée à faire toujours quelque chose d'agaçant pour les autres, allume une bougie qu'on la prie d'éteindre aussitôt, parce qu'il ne fait pas assez nuit. Elle renouvelle sa tentative; sir Leicester lui dit encore de souffler sa bougie; la nuit ne sera pourtant pas plus profonde qu'elle ne l'est à présent; mistress Rouncewell devine la première qu'il veut se faire illusion et se persuader qu'il est encore de bonne heure.

« Sir Leicester, mon très-cher et très-honoré maître, lui dit-elle à demi-voix, permettez que, pour votre bien, je prenne la liberté de vous supplier de ne pas rester ainsi dans les ténèbres, qui ajouteraient à ce que l'attente a de pénible; laissez-moi tirer les rideaux et allumer les bougies; l'horloge n'en marchera pas plus lentement, et milady n'en arrivera pas plus tard.

— Je le sais, mistress Rouncewell; mais je suis si faible; et il y a si longtemps que M. Bucket est parti.

— Non, sir Leicester; il n'y a pas encore vingt-quatre heures.

— Mais c'est bien long vingt-quatre heures; oh! oui, bien long! » répond-il avec un sanglot qui brise le cœur de la vieille dame.

Ce n'est pas le moment d'apporter de la lumière; elle le comprend; les larmes du maître sont trop sacrées pour être vues même par sa vieille femme de charge; aussi va-t-elle se rasseoir en silence et dans l'ombre; puis elle se lève doucement, attise le feu, s'approche de la fenêtre, et regarde au dehors. Sir Leicester recouvre enfin son empire sur lui-même et l'appelle. « Vous avez raison, lui dit-il; cela n'aggrave pas les choses d'en convenir il est tard et ils ne sont pas revenus ; allumez les bougies, mistress Rouncewell » Et son oreille est d'autant plus attentive, qu'il ne sait plus le temps qu'il fait au dehors. Mais quel que soit son abattement, on observe que son front s'éclaircit toutes les fois qu'on fait naître l'occasion d'aller voir si le feu va bien dans l'appartement de milady et si tout est préparé pour son retour ; si pauvre que soit le prétexte qu'on lui donne alors, ces soins qui prouvent qu'elle est toujours attendue soutiennent son espérance.

Minuit arrive ; et rien encore. Les voitures sont rares dans cette rue peu fréquentée ; le soir, aucun bruit ne se fait entendre dans le voisinage de l'hôtel, à moins qu'un ivrogne nomade, s'égarant dans cette zone glaciale, ne vienne à beugler en longeant les murailles. Mais cette nuit d'hiver est si calme qu'on éprouve, en prêtant l'oreille au milieu de ce profond silence, la même sensation qu'à plonger ses yeux dans les ténèbres ; si par hasard un son lointain arrive jusqu'à celui qui écoute, il produit l'effet de l'éclair dans la nuit ; et le silence, un moment troublé, redevient plus morne et plus triste qu'auparavant.

On a envoyé tous les domestiques se coucher ; mistress Rouncewell et M. Georges restent seuls dans la chambre du baronnet. La nuit se traîne lentement, on dirait qu'elle s'arrête dans son cours. Entre deux et trois heures, sir Leicester veut absolument savoir le temps qu'il fait ; M. Georges, qui va régulièrement toutes les demi-heures surveiller le feu de milady, étend sa ronde jusqu'à la porte de la rue et revient avec le rapport le plus satisfaisant qu'il puisse imaginer à propos de la plus affreuse des nuits ; le grésil tombe toujours ; même sur le trottoir, on enfonce jusqu'à la cheville dans une neige fondue mêlée de verglas.

Volumnia est dans sa chambre, une toute petite pièce écartée dans le corridor au bout de l'escalier, à gauche en tournant le coin du palier où s'arrêtent les dorures et les sculptures ; une chambre de parent pauvre, ornée d'un avorton de portrait de sir Leicester relégué là pour ses crimes, et donnant sur une cour plantée d'arbustes desséchés qui ressemblent à des spécimens de thé noir fossile. Volumnia est en proie à mille terreurs ; elle se demande avec effroi ce qui adviendrait de son petit revenu, si le malheur voulait qu'il arrivât quelque chose à sir Leicester ; désignant par ces mots la seule chose qui l'occupe, et la dernière qui puisse arriver à un baronnet quelconque.

Ces terreurs ont pour effet d'empêcher Volumnia de se mettre au lit, ou de rester au coin de son feu ; et de la pousser, enveloppée dans son manteau, et la tête couverte d'un châle, à parcourir la maison comme un fantôme; surtout à visiter l'appartement élégant et bien chauffé de milady. Or, comme la solitude n'est pas tolérable en pareille circonstance, Volumnia est suivie de sa femme de chambre qu'elle a réveillée tout exprès pour cette promenade nocturne qui n'a rien de fort agréable. Aussi, grelottant et bâillant, contrariée plus que jamais d'être placée chez une cousine sans fortune, elle qui s'était promis de ne jamais servir moins de dix mille livres [1] de rentes, elle en éprouve un surcroît de mauvaise humeur qui ne rend pas sa physionomie plus aimable.

Cependant les visites périodiques de M. Georges rassurent un peu la maîtresse et la servante et leur rendent cette veillée moins pénible. Dès qu'elles entendent le pas de l'ancien sergent, elles se drapent dans leurs châles et se préparent à le recevoir.

« Comment va maintenant sir Leicester, monsieur Georges? demande Volumnia en ajustant son capuchon.

— Toujours la même chose, miss; il est bien bas; il a même du délire par instants.

— M'a-t-il demandée?

— Je ne crois pas, miss; du moins je ne l'ai pas entendu.

— Il fait un temps épouvantable, monsieur Georges.

— Oui, miss; ne seriez-vous pas mieux dans votre lit?

— Certainement que mademoiselle y serait beaucoup mieux, » ajoute aigrement la servante.

Mais Volumnia répond que la chose est impossible; on peut la demander, avoir besoin d'elle d'un moment à l'autre; elle ne se pardonnerait jamais de n'être pas là, si quelque chose arrivait; elle refuse d'expliquer à la servante, qui en fait l'observation, pourquoi, voulant être là, elle persiste à rester chez milady plutôt que de retourner dans sa chambre qui est plus près de celle de sir Leicester; et déclare formellement qu'elle n'abandonnera pas son poste.

Mais lorsque quatre heures ont sonné, la constance de Volumnia faiblit, ou plutôt miss Dedlock envisage la question sous un autre point de vue; son devoir exige qu'elle retrempe ses forces pour le jour qui va suivre; on aura très-certainement besoin d'elle; et pour être à son poste demain matin, il faut, quant à présent, qu'elle se résigne à le quitter. Aussi lorsque M. Georges reparaît, et lui dit de nouveau: « Ne seriez-vous pas mieux dans votre lit, miss Dedlock ? » Elle répond à sa femme de chambre

[1]. Deux cent cinquante mille francs.

qui appuie cette motion plus aigrement que jamais : « Eh bien! emmenez-moi, et faites de moi ce que vous voudrez. »

M. Georges croit convenable de lui offrir le bras jusqu'à la porte de sa chambre, et reprend ensuite la ronde qu'il avait commencée.

Le temps est toujours aussi affreux ; des corniches, des piliers, du perron jusqu'au toit dégoutte la neige fondue qui ruisselle le long des murs ; elle rampe, comme pour s'y abriter, sous le linteau de la grande porte ; elle s'insinue dans les rainures des fenêtres, dans les plus petites crevasses, d'où bientôt elle s'écoule ; et sur le toit, sur le vitrage de l'escalier, même à travers ce vitrage, elle tombe : drip, drip, drip, avec la régularité des pas du spectre sur le promenoir du revenant.

M. Georges, à qui cette vaste demeure rappelle Chesney-Wold et son enfance, remonte lentement l'escalier en regardant autour de lui ; il pense à tout ce qui lui est arrivé depuis quelques jours ; à ce vieillard assassiné dont l'image est si vivante dans sa mémoire ; à celle qui a disparu et dont il retrouve les traces récentes à chaque pas qu'il fait dans l'hôtel ; au maître de cette maison et aux paroles de sa mère : « Qui donc osera lui dire la vérité ? » Il regarde çà et là, prêt à mettre la main sur le premier objet douteux qu'il croira découvrir ; mais rien dans l'ombre qu'il traverse, rien que le vide et le silence.

« Tout est prêt, n'est-ce pas, Georges ? le feu va toujours bien ?
— Parfaitement, sir Leicester.
— Et pas de nouvelles ? »
Le sergent secoue la tête.
« Pas de lettre oubliée par mégarde ? »

Il sait bien que la chose est impossible, et repose sa joue sur l'oreiller sans attendre de réponse.

Georges continue de le veiller pendant les dernières heures de cette longue nuit d'hiver ; attentif à ses moindres gestes, il le soulève, le place dans une meilleure position ; et comprenant sa pensée, il éteint les bougies, tire les rideaux et rouvre les volets dès que la nuit commence à se dissiper. Le jour paraît enfin ; un jour pâle, indécis, glacé comme un fantôme, il se fait précéder d'une lueur livide et semble dire : « Regardez ce que je vous apporte, vous qui veillez ici. Qui de vous osera lui dire la vérité ? »

CHAPITRE XXIX.

Narration d'Esther.

Il était trois heures du matin quand nous nous retrouvâmes au milieu des rues de Londres. Nous étions retenus par des chemins beaucoup plus mauvais qu'à notre départ : le givre et la neige n'avaient pas cessé depuis la veille; mais l'énergie de mon compagnon ne s'était pas démentie un seul instant et nous avait été d'un secours immense. Les chevaux s'arrêtaient épuisés, à mi-côte, en montant les collines; ils avaient eu de véritables torrents à traverser sur la route, et glissant dans la neige, ils étaient tombés plus d'une fois en s'embarrassant dans leurs traits. M. Bucket et sa petite lanterne s'étaient toujours trouvés là; et quand le mauvais pas avait été franchi ou l'accident réparé, j'avais toujours entendu sa voix calme dire aux postillons : « En route, mes amis, en route! »

Je ne m'expliquais pas la confiance ou plutôt la certitude qu'il semblait avoir pendant cette dernière partie de notre voyage; pas un moment d'hésitation, pas une minute d'arrêt, même pour adresser une question; un mot recueilli çà et là en toute hâte paraissait lui suffire; et c'est ainsi qu'entre trois et quatre heures nous arrivâmes à Islington.

Il est inutile de dire tout ce que je souffrais en pensant que nous nous éloignions de plus en plus de ma pauvre mère; j'essayais de me persuader que nous avions raison de suivre la femme du briquetier, et j'espérais que le résultat de notre poursuite serait heureux; mais l'incertitude me torturait; je cherchais vainement à comprendre l'utilité de cette démarche; à quoi nous servirait d'avoir trouvé Jenny? qu'arriverait-il ensuite? et cela compenserait-il la perte de temps que nous occasionnerait cette recherche? Telles étaient les questions que je ne cessais de me poser, lorsque nous nous arrêtâmes devant une place de fiacres. M. Bucket paya nos postillons qui étaient couverts de boue comme si on les eût traînés sur la route; et leur indiquant brièvement où ils devaient conduire le phaéton, il m'en fit descendre et me porta dans une voiture de louage qu'il venait de choisir parmi les autres.

« Comme vous êtes mouillée, » me dit-il en me prenant dans ses bras. Je ne m'en étais pas aperçue ; la neige avait pénétré dans la voiture ; d'ailleurs j'avais été forcée de descendre deux ou trois fois lorsqu'un cheval était tombé, et le givre fondu avait transpercé mes vêtements. Je lui répondis que ce n'était rien ; qu'il ne fallait pas s'en occuper ; mais le cocher n'en persista pas moins à courir à son écurie d'où il revint avec une brassée de paille sèche dont ils m'entourèrent les pieds, qu'elle eut bientôt réchauffés. « Maintenant, chère demoiselle, me dit M. Bucket en mettant la tête au vasistas après avoir fermé la portière, nous allons à la recherche de cette femme ; cela sera peut-être un peu long ; ne vous en inquiétez pas ; soyez bien persuadée que j'ai un motif pour agir comme je le fais. »

Je ne me doutais guère de ce motif, et j'étais loin de penser que je regretterais bientôt de trop bien comprendre le sens de ses paroles ; je lui répondis néanmoins qu'il avait toute ma confiance.

« Vous pouvez me la donner sans crainte, me dit-il ; et d'ailleurs si vous m'accordez la moitié de celle que j'ai en vous, après tout ce que je viens de vous voir faire, c'est plus que suffisant. Bonté divine ! pas embarrassante le moins du monde ; je n'ai jamais vu de jeune fille, quelle que soit la classe de la société à laquelle elle appartînt, se conduire comme vous l'avez fait depuis l'instant où je suis allé vous réveiller ; vous êtes vraiment exemplaire, ajouta M. Bucket avec chaleur, vraiment exemplaire. »

Je lui dis que je me félicitais de n'avoir pas été pour lui une cause d'embarras et que j'espérais qu'il en serait de même jusqu'à la fin.

« Quand une jeune fille est aussi courageuse qu'elle est douce, reprit-il, c'est tout ce que je demande et beaucoup plus que je n'espère ; elle devient alors une véritable reine et c'est précisément ce que vous êtes, chère demoiselle. »

En disant ces paroles encourageantes, il monta sur le siége et nous partîmes aussitôt. Où allions-nous ? Je ne le savais pas alors et ne l'ai jamais su depuis ; nous avions l'air de rechercher les rues les plus étroites et les plus affreuses de Londres. De temps en temps nous débouchions dans une rue plus large et nous nous arrêtions devant quelque maison mieux éclairée et plus grande que les autres, où M. Bucket s'entretenait avec plusieurs personnes ; quelquefois il descendait au coin d'une rue ou à côté d'une porte voûtée, montrait la lumière de sa lanterne, qui en attirait de semblables du fond des ténèbres, comme ces nuées d'insectes qui aiment à venir se grouper autour de la flamme ; et une nouvelle consultation avait lieu. Le cercle de nos recherches se rétrécissait peu à peu ; de simples agents de police pouvaient maintenant dire à M. Bucket ce qu'il voulait savoir et lui indiquer où il devait aller.

« Miss Summerson, me dit-il enfin, après avoir causé assez longtemps avec l'un d'eux, rassurez-vous, nous avons découvert la trace de la personne que nous cherchons ; j'espère vous inspirer assez de confiance pour n'avoir pas besoin de vous en dire davantage et pour que vous consentiez à descendre et à marcher un peu, surtout si j'ajoute que cela pourra nous être utile. »

Je sortis de la voiture immédiatement et je pris le bras de M. Bucket.

« Il n'est pas facile de vous suivre, me dit-il ; calmez-vous, chère demoiselle, ne vous pressez pas tant.

— Ne sommes-nous pas dans Holborn ? lui demandai-je.

— Oui, répondit-il ; connaissez-vous la rue où nous allons entrer ?

— On dirait Chancery-Lane.

— Précisément, chère demoiselle. »

Nous y entrâmes, et tandis que nous longions ses murailles, les pieds dans la neige à demi fondue, l'horloge sonna cinq heures et demie ; nous marchions en silence, pressant le pas autant que possible, lorsque nous rencontrâmes sur l'étroit pavé un gentleman enveloppé d'un manteau et qui se détourna pour nous laisser passer ; j'entendis au même instant un cri de surprise et mon nom que prononçait M. Woodcourt dont je reconnus la voix.

Je m'attendais si peu à cette rencontre, et l'émotion que j'en éprouvai fut si vive, en le retrouvant après cette course fiévreuse et au milieu de la nuit, que je ne pus retenir mes larmes. C'était comme si j'avais entendu sa voix en pays étranger.

« Miss Summerson, vous dehors à cette heure et par un temps pareil ! »

Il savait par M. Jarndyce qu'on était venu me chercher pour une affaire importante et s'empressa de nous le dire pour nous dispenser de toute explication. Je répondis que nous venions de descendre de voiture et que nous allions.... je fus obligé de regarder celui qui me conduisait.

« Nous allons dans la rue voisine, répondit mon guide. Je suis l'inspecteur Bucket. »

M. Woodcourt, sans vouloir écouter mes remontrances, avait ôté son manteau et me le posait sur les épaules.

« Une bonne idée, reprit M. Bucket en l'aidant à me l'attacher, une excellente idée.

— Puis-je aller avec vous ? demanda M. Woodcourt.

— Certainement ! » s'écria M. Bucket.

Et ils me placèrent entre eux, enveloppée du manteau.

« Je viens de quitter Richard, me dit M. Woodcourt ; j'ai passé la nuit auprès de lui.

— Est-ce qu'il est malade?

— Non, mais il n'est pas bien portant; vous savez comme il est tourmenté, abattu par moments ; hier au soir il était plus accablé que jamais. Eva me fit demander ; j'étais sorti, je trouvai son billet en rentrant et je courus aussitôt chez eux ; il était à peu près dix heures. Richard se mit à causer, s'anima peu à peu; et comme cette chère Eva, dans sa joie de le voir ainsi, m'attribua le mieux qu'il éprouvait, je suis resté auprès de lui jusqu'à ce qu'il fût complétement endormi ; j'espère qu'Eva ne dort pas moins profondément. »

Pouvais-je séparer dans mon esprit l'affection et les soins dont il les entourait, la confiance qu'il leur avait inspirée, les consolations qu'il donnait à ma chère fille, de la promesse qu'il m'avait faite? et n'aurait-il pas fallu que je fusse bien ingrate pour oublier ces paroles qu'il m'avait dites à son retour, lorsque, tout ému de l'altération de mon visage, il m'avait répondu en me parlant de Richard : « Je l'accepte comme un dépôt sacré. »

« Monsieur Woodcourt, lui dit M. Bucket au moment où nous quittions Chancery-Lane pour entrer dans une rue fort étroite, nous avons affaire chez un papetier qui demeure ici, un certain M. Snagsby.... Mais vous le connaissez bien, ajouta-t-il; un coup d'œil lui avait suffi pour le deviner immédiatement.

— Je le connais un peu, répondit M. Woodcourt, je suis même allé chez lui.

— Vraiment, monsieur? Voudriez-vous avoir la bonté, continua-t-il, de rester un instant avec miss Summerson; j'ai un mot à dire à ce papetier. »

Le dernier agent de police à qui M. Bucket avait parlé nous avait suivis en silence et se trouvait derrière nous; je ne m'en étais pas aperçue et ne m'en serais pas doutée, si à l'observation que je fis sur des pleurs que je croyais entendre, il ne m'avait répondu :

« Ne vous effrayez pas, mademoiselle; c'est la servante de M. Snagsby.

— La pauvre fille est sujette à de certains accès, ajouta

M. Bucket ; celui de cette nuit est plus violent que les autres, et c'est bien fâcheux dans la circonstance où nous sommes, car j'ai besoin d'un renseignement qu'elle seule pourrait me donner ; il faut absolument que d'une façon ou de l'autre on lui fasse retrouver la raison.

— Après tout, ce n'est pas un si grand mal, reprit l'agent de police ; sans l'accès qu'elle a maintenant, ils seraient encore au lit chez le papetier, mais son accès lui a duré presque toute la nuit.

— C'est vrai, répondit M. Bucket. Ma lanterne n'a plus de bougie ; faites briller la vôtre un instant. »

L'agent obéit ; son inspecteur, entouré du cercle lumineux projeté par la lanterne, se dirigea vers la maison d'où partaient les cris et frappa à la porte ; on lui ouvrit, et il entra nous laissant dans la rue.

« Miss Summerson, me dit M. Woodcourt, si je puis rester auprès de vous sans devenir importun, permettez-moi de le faire.

— Vous êtes bien bon, j'accepte, lui répondis-je ; vous sauriez déjà ce qui nous occupe si cette affaire ne concernait que moi ; mais c'est le secret d'un autre. »

Un instant après, le cercle lumineux brilla de nouveau et M. Bucket s'avança vers nous d'un air empressé : « Veuillez entrer, me dit-il, et vous asseoir auprès du feu. Monsieur Woodcourt, si je ne me trompe, vous êtes médecin : voudriez-vous examiner cette fille et voir si on peut lui donner quelque chose qui la fasse sortir de l'état où elle est ? On lui a remis une lettre qu'il me faut absolument ; je ne la trouve pas dans sa boîte ; elle doit l'avoir dans sa poche ; mais la malheureuse est tellement repliée sur elle-même, qu'il est difficile de la toucher sans lui faire mal. »

Nous entrâmes tous les trois dans la maison, où l'air était épais et étouffant en dépit du froid qu'il faisait au dehors. Derrière la porte d'entrée se tenait un petit homme effrayé, dont la figure annonçait la tristesse et qui me parut d'un caractère doux et poli.

« En bas, s'il vous plaît, monsieur Bucket, dit-il ; cette dame voudra bien nous pardonner de la recevoir dans la cuisine ; c'est la pièce qui nous sert de salon dans la semaine. Le cabinet qui est par derrière est la chambre de la bonne ; elle y est en ce moment, la pauvre créature, et s'y débat d'une manière épouvantable. »

Nous descendîmes, suivis de M. Snagsby ; car j'appris bientôt que ce petit homme était le papetier lui-même. Auprès du feu de la cuisine était Mme Snagsby, les yeux rouges et la figure sévère.

« Ma petite femme, lui dit son mari en entrant, suspendons une minute les.... pour dire le mot et parler sans détour, les hostilités, cher trésor; et permets que je te présente l'inspecteur Bucket, M. Woodcourt et cette dame. »

Mistress Snagsby tourna vers nous la tête d'un air fort étonné, ce qui était assez naturel, et fixa sur moi des regards peu bienveillants.

« Ma petite femme, continua le papetier en s'asseyant au coin de la porte, comme s'il avait pris, en recevant des étrangers, une liberté qui ne lui fût pas permise; ma petite femme, tu vas sans doute me demander pourquoi l'inspecteur Bucket, M. Woodcourt et cette dame viennent chez nous à l'heure qu'il est; mais je n'en sais rien, absolument rien, chère amie; on voudrait me le dire, que, dans l'état où je suis, je ne le comprendrais peut-être pas : j'aime autant ne pas le savoir. »

Il avait l'air si malheureux, et l'on me recevait d'une manière si peu encourageante, que j'allais offrir des excuses à la maîtresse de la maison, quand M. Bucket prit lui-même la parole.

« Monsieur Snagsby, dit-il, ce qu'il y aurait de plus pressé pour le moment serait de conduire M. Woodcourt auprès de votre pauvre Guster.

— Ma Guster! s'écria le papetier. Ah! monsieur Bucket! encore un témoignage qu'on va mettre à ma charge.

— Vous tiendrez la chandelle, poursuivit l'officier de police sans rétracter ses paroles; vous tiendrez cette fille elle-même, si la chose est nécessaire; en un mot vous vous rendrez utile, car il n'y a personne au monde de plus obligeant que vous, monsieur Snagsby. Vous avez tant d'urbanité, de douceur, et une âme si compatissante! Monsieur Woodcourt, ayez la bonté de voir cette malheureuse; et si vous pouvez vous procurer cette lettre, veuillez me l'apporter immédiatement. »

Dès qu'ils furent sortis de la cuisine, M. Bucket me fit asseoir au coin du feu et me pria de défaire mes souliers, que, tout en causant, il dressa contre le garde-cendres pour les faire sécher.

« Ne vous troublez pas, chère demoiselle, des regards peu hospitaliers que Mme Snagsby vous adresse, me dit-il; cette chère dame est sous l'empire d'une erreur qu'elle reconnaîtra bientôt, et qu'une femme comme elle, habituée à réfléchir sérieusement et à n'avoir que d'excellentes pensées, regrettera, je n'en doute pas, dès que je lui aurai prouvé qu'elle se trompe. »

Il se leva; et tenant à la main son chapeau et son plaid horriblement mouillés, transpercé lui-même jusqu'à la moelle, il tourna le dos au feu, et s'adressant à Mme Snagsby :

« La première chose que j'aie à vous dire, à vous qui possédez assez de charmes.... « *Croyez-moi, si tous ces attraits*, etc.... » Vous connaissez la chanson, car vous n'ignorez rien de ce qu'on sait dans la bonne société.... A vous donc qui possédez assez de charmes pour qu'ils puissent vous donner confiance en vous-même, je n'ai qu'à vous rappeler ce que vous avez fait jusqu'à présent. »

Mistress Snagsby, que ces paroles effrayèrent, se radoucit un peu et balbutia quelques mots pour demander ce que M. Bucket voulait dire.

« Ce que je veux dire? répéta-t-il en prêtant une oreille attentive à ce qui se passait dans l'autre chambre relativement à la lettre, dont j'entrevoyais maintenant toute l'importance ; je vais vous l'expliquer, madame. Allez voir jouer *Othello* ; c'est la tragédie qui vous convient. »

Mme Snagsby demanda pourquoi.

« Parce que vous en viendrez là si vous n'y faites pas attention, répondit M. Bucket. A présent même votre esprit n'est pas libre ; cette jeune dame vous préoccupe. Faut-il vous dire qui elle est? Voyons! vous êtes ce qu'on appelle une femme d'intelligence, vous me connaissez ; vous vous rappelez où vous m'avez rencontré la dernière fois que nous nous sommes vus, et de quoi il s'agissait. Eh bien! cette jeune lady dont on parlait, vous la voyez devant vous. »

Mistress Snagsby parut comprendre beaucoup mieux que moi l'allusion qu'on faisait à ma personne.

« Dur-à-cuire, comme vous le nommiez, ou plutôt Jo, était dans cette affaire, ainsi que Nemo, le copiste : quant à votre excellent mari, il n'en savait là-dessus pas plus que votre grand-père ; il s'y trouvait mêlé seulement par feu M. Tulkinghorn, sa meilleure pratique. Il n'y avait plus dans l'affaire que ces gens dont vous avez vu s'échauffer la bile mal à propos là-bas ; voilà tout. Et une épouse douée de vos charmes ferme les yeux à la lumière, ses yeux brillants, dirai-je, et s'en va frapper contre un mur son front si délicat! J'en suis honteux pour vous! (Pendant ce temps-là, j'espérais que M. Woodcourt aurait mis la main sur cette lettre.) »

Mistress Snagsby secoua la tête et porta son mouchoir à ses yeux.

« Et ce n'est pas tout, poursuivit M. Bucket en s'animant.

Voyez ce qui en résulte : Une autre personne également mêlée à cette affaire, une femme dans un état misérable, vient ici cette nuit pour parler à votre servante ; elle lui remet un papier (je donnerais cent guinées pour l'avoir). Que faites-vous, mistress Snagsby ? Vous vous cachez pour les guetter, et vous fondez tout à coup sur votre servante, sachant bien à quelle maladie elle est sujette, et combien il faut peu de chose pour lui donner un accès ; vous vous montrez donc subitement et vous la traitez avec tant de dureté, que la pauvre fille tombe en convulsions et perd la tête au moment où la vie d'une personne dépend de ce qu'elle doit dire ! »

Il prononça ces paroles d'une manière tellement significative que je croisai les mains et que je vis tourner tous les objets qui se trouvaient dans la cuisine ; mais ce vertige ne dura qu'un instant. M. Woodcourt sortit de la chambre de Guster, remit un papier à M. Bucket et retourna près de la malade.

« Maintenant, reprit l'officier de police en jetant un coup d'œil rapide sur la lettre, maintenant, mistress Snagsby, la seule réparation que vous puissiez faire et que je vous demande, c'est de me permettre de dire un mot en particulier à cette jeune dame ; et si vous pouvez aider M. Woodcourt à rappeler à elle la pauvre Guster, je vous saurai un gré infini de vous y employer immédiatement. »

En un clin d'œil elle fut sortie de la cuisine, et M. Bucket eut fermé la porte.

« Chère demoiselle, me dit-il, vous êtes bien sûre de vous-même ?

— Complétement, répondis-je.

— Quelle est cette écriture ? »

C'était celle de ma mère ; quelques lignes au crayon sur un chiffon de papier déchiré, taché, plié grossièrement en forme de lettre, et qui portait mon adresse.

« Vous savez qui a écrit ces lignes ? me dit M. Bucket. Si vous vous sentez assez forte pour me les lire, faites-le, je vous prie, sans en passer un mot. »

Ce billet avait été tracé à différentes reprises, et contenait les lignes suivantes :

« Je suis venue au cottage dans un double but : je voulais voir encore une fois celle qui m'est si chère.... seulement la voir ; je ne lui aurais pas parlé ; je ne lui aurais même pas fait connaître que j'étais si près d'elle ; puis je voulais éluder les poursuites et faire perdre mes traces. Ne blâmez pas Jenny pour l'aide qu'elle m'a donnée ; elle ne l'a fait, pauvre femme, qu'après avoir reçu de ma part l'assurance la plus forquelle que c'était pour le bien du cher ange. Vous vous rappelez le petit enfant qu'elle a perdu ? J'ai acheté le consentement des hommes ; mais elle, elle a donné le sien librement. »

— « Je suis venue, » dit M. Bucket. Elle a écrit ces lignes pendant qu'elle se trouvait là-bas. C'est bien cela ; je ne m'étais pas trompé. »

L'autre partie du billet avait été écrite plus tard ; elle était ainsi conçue :

« J'ai marché longtemps ; je suis allée bien loin, et je sens que je vais mourir. Ces rues !... Je n'ai pas d'autre pensée que la mort. Quand je suis partie, j'en avais de plus coupables. J'ai été sauvée du suicide, et je n'ajouterai pas ce crime à tout le reste. Le froid, la neige et la fatigue sont des causes de mort bien suffisantes pour expliquer la mienne ; mais ce n'est pas cela qui me fait mourir, bien que je souffre et que je sois épuisée. Il est juste que toutes les choses qui m'ont soutenue jusqu'à présent m'abandonnent à la fois, et que je sois tuée par le remords et la terreur. »

— Courage, » me dit M. Bucket.

Les quelques mots qui me restaient à lire dataient d'un autre moment ; et, selon toute apparence, ma mère les avait tracés dans l'obscurité.

« J'ai tout fait pour qu'on ne puisse plus me retrouver ; on m'oubliera bien vite, et je serai pour lui un moins grand sujet de honte. Je n'ai rien sur moi qui puisse me faire reconnaître ; je vais donner ce papier à quelqu'un, et tout sera fini. J'ai souvent pensé à l'endroit où je vais me reposer une dernière fois, si du moins je peux me traîner jusque-là. Adieu et pardon. »

M. Bucket me soutint dans ses bras et me posa doucement sur ma chaise.

« Du courage, me dit-il, et ne m'accusez pas d'abuser de votre courage, chère demoiselle ; mais dès que vous en aurez la force, remettez vos souliers et tenez-vous prête à partir. »

Je fis ce qu'il demandait ; mais il me laissa longtemps seule à prier pour ma malheureuse mère. Il était allé retrouver cette pauvre fille auprès de laquelle était toujours le docteur. A la fin celui-ci rentra dans la cuisine avec M. Bucket, en disant que le seul moyen d'obtenir de la malade ce qu'on voulait savoir, était de lui parler avec une extrême douceur. Elle était maintenant assez bien pour répondre ; mais il fallait ne pas l'effrayer pour qu'elle pût rassembler ses souvenirs.

« Comment ce papier lui a-t-il été remis ? Que lui a dit la personne qui le lui a donné, et où allait cette personne ? Voilà ce qu'il nous faudrait savoir, » me dit M. Bucket.

M'efforçant de recouvrer mon sang-froid et de bien me pénétrer de ces questions, j'allai trouver la malade. M. Woodcourt voulait rester à l'écart; mais, à ma prière, il nous suivit dans la chambre de la malade. La pauvre fille était assise par terre où on l'avait déposée lors de son terrible accès. Elle n'était pas jolie et avait l'air faible et misérable; toutefois sa figure, douce et plaintive, exprimait la bonté. Je m'agenouillai à côté d'elle et j'attirai sa tête sur mon épaule; elle me passa l'un de ses bras autour du cou et se mit à fondre en larmes.

« Guster, lui dis-je en appuyant mon front contre le sien, car je pleurais aussi; ma pauvre Guster, il est cruel de vous tourmenter dans un pareil moment; mais si vous saviez de quelle importance est pour nous d'avoir quelques détails relativement à cette lettre! »

Elle commença à déclarer piteusement « qu'elle n'avait pas eu l'intention de faire du mal, pas du tout, du tout, mistress Snagsby.

— Nous en sommes bien persuadés, lui répondis-je; mais dites-moi comment vous avez eu cette lettre?

— Oui, ma chère dame, je vas vous le dire; je n' dirai qu' la vérité, mistress Snagsby.

— J'en suis bien sûre, lui dis-je encore; mais comment la chose s'est-elle passée?

— J'étais en commission, ma bonne dame, y avait déjà longtemps qu'i faisait noir; c'était tout à fait sur le tard; et comme j'r'venais, v'là que j' trouve une personne du commun, qu'était toute mouillée, toute crottée, et qui r'gardait not' maison. Quand elle voit que j' m'approche de la porte, la v'là qui m'appelle et qui m' demande comme ça si c'est là que j' demeure. Oui, que j' dis; alors elle me dit qu'elle connaissait un ou deux endroits par ici, mais qu'elle s'était perdue et n' pouvait pas r'trouver son chemin. Ah! mon Dieu! mon Dieu! y n' vont pas m' croire! et pourtant elle ne m'a rien dit d' mal et je n'y en ai pas dit, mistress Snagsby. »

Il fallut absolument que sa maîtresse la rassurât; ce qu'elle fit, je dois le dire, avec une sincère contrition.

« Elle ne pouvait pas retrouver son chemin? lui demandai-je.

— Non, répondit Guster en secouant la tête; la pauv' femme était perdue; et elle était si faible! toute boiteuse et si misérable, que, si vous l'aviez vue, monsieur Snagsby, vous y auriez donné un petit écu.

— Oui, Guster, oui, ma fille, répondit celui-ci, ne sachant pas trop ce qu'il devait dire

— Et qu'elle parlait si bien pourtant, qu' ça faisait saigner l cœur, reprit Guster en ouvrant de grands yeux pour me voir; puis alors elle m'a demandé si j' savais le chemin pour aller au cimetière; et j' lui ai demandé quel cimetière qu'elle voulait dire; et elle a répondu qu' c'était le cimetière des pauvres. C'est suivant la paroisse, j' connais ça, que j' lui dis; j'ai été moi-même dans les pauvres lorsque j' suis venue au monde. Le cimetière que je veux dire, qu'elle me dit, est un cimetière qui n'est pas loin d'ici; qu'on y arrive par un passage et qu'y a une grille en fer avec une marche devant. »

Je regardai M. Bucket dont la figure me parut s'assombrir et témoigner une vive inquiétude.

« Miséricorde! s'écria Guster en se pressant la tête de ses mains; que vais-je faire? que vais-je faire? L'endroit qu'elle voulait dire, c'est le cimetière où c' qu'on a enterré l'homme qui avait bu de la drogue à faire dormir; que vous êtes revenu à la maison nous conter ça, monsieur Snagsby, et que ça m'a tant effrayée, mistress Snagsby. Oh! j'ai peur! tenez-moi; j'ai peur encore.

— Vous êtes maintenant bien mieux, lui dis-je; continuez, je vous prie; dites-moi ce que vous savez.

— Je l' veux bien, ma bonne dame; mais n' soyez pas fâchée contre moi, de c' que j'ai été si malade. »

Fâchée contre elle, pauvre fille!

« Eh bien donc, reprit Guster, elle m'a demandé si je pouvais ui dire où ce qu'était le cimetière, et je lui ai dit où ce qu'il était; elle m'a regardée avec des yeux, comme si elle avait été presque aveugle, et elle chancelait sur ses jambes comme si elle n'avait pas pu se tenir; alors elle a tiré la lettre et elle me l'a montrée en me disant que si elle la jetait dans la boîte, ça effacerait l'adresse et qu'elle n'arriverait pas; que si j' voulais la prendre et l'envoyer, on payerait le commissionnaire à la maison où c' qu'il irait. J'y ai dit qu' je l' ferais, s' y avait pas d' mal à ça. Elle a dit qu'il n'y avait aucun mal; alors j'ai pris la lettre; elle a encore dit qu'elle n'avait rien à me donner. J'ai répondu qu'étant pauvre moi-même, j'avais pas besoin d'être payée. Elle a dit alors : « Dieu vous bénisse, » et puis elle est partie.

— Et elle est allée....

— Oui, s'écria Guster, prévenant la fin de ma question; elle a suivi l' chemin que j' y avais montré. Alors j' suis rentrée à la maison; et mistress Snagsby est venue par derrière moi sans que j' l'entende; elle m'a pris par le bras; et qu' j'ai eu si grand peur! »

M. Woodcourt détacha de moi la pauvre fille ; M. Bucket me couvrit de son manteau, et l'instant d'après nous étions dans la rue. M. Woodcourt hésitait à nous suivre :

« Ne me quittez pas, » lui dis-je.

M. Bucket ajouta :

« Il vaut mieux que vous veniez avec nous ; vous pouvez nous être fort utile ; mais ne perdons pas une minute. »

Cette course ne m'a laissé que des impressions confuses ; je me rappelle que nous marchions à la lueur d'une clarté douteuse ; le jour commençait à poindre, mais le gaz brûlait encore ; le grésil continuait de tomber et couvrait les rues d'une couche épaisse ; je vois toujours les quelques individus transis qui passèrent auprès de nous ; je me rappelle les toits humides, les gouttières engorgées et débordant tout à coup ; les tas de neige et de glace noircies que nous fûmes obligés de franchir, et les cours étroites par lesquelles nous passions. Mais je me rappelle qu'en même temps je croyais toujours entendre le récit de la pauvre fille ; je la sentais encore appuyée sur mon bras ; les maisons ruisselantes prenaient une face humaine pour me regarder fixement ; de vastes écluses semblaient s'ouvrir et se fermer dans ma tête ; et cette vision était plus sensible à mes yeux que la réalité même.

Nous nous arrêtâmes enfin sous une voûte sombre et d'un aspect misérable, où une lampe brûlait au-dessus d'une grille ; derrière cette grille était le cimetière, un lieu horrible d'où la nuit se retirait avec lenteur, et où j'entrevis un amas confus de pierres et de fosses déshonorées, entourées d'ignobles maisons laissant apercevoir aux fenêtres quelques chandelles fumeuses ; d'abominables bouges dont les murailles étaient couvertes d'une humidité épaisse qui suintait comme d'un ulcère fétide. Sur la marche où s'ouvrait la grille, plongée dans l'effroyable fange de ce terrain immonde, gisait une femme, Jenny, la mère de ce pauvre petit enfant.

Je jetai un cri d'horreur et m'élançai vers elle ; M. Woodcourt m'arrêta, me suppliant avec des larmes d'écouter M. Bucket avant d'approcher de cette malheureuse.

« Miss Summerson, comprenez-moi bien, disait M. Bucket. Elles ont échangé leurs vêtements au cottage.

— Leurs vêtements ! répétai-je sans qu'aucune de ces paroles dont je ne comprenais que le sens littéral, éveillât aucune autre pensée dans mon esprit.

— Et l'une est revenue à Londres, poursuivit M. Bucket, pendant que l'autre se dirigeait vers le nord afin de déjouer les poursuites. Vous savez que nous y avons été trompés. Cette dernière prit ensuite à travers champs, pour rentrer au cottage : comprenez-vous, chère demoiselle? »

Je n'entendais rien, je ne voyais que cette femme étendue sur la pierre, entourant de son bras l'un des barreaux de la grille. Cette femme qui venait de parler à ma mère, qui avait apporté sa lettre, qui pouvait me conduire où était celle que nous avions à sauver, elle était là, et ils me retenaient ! Je vis sur la figure de M. Woodcourt son regard de pitié solennelle; je le vis faire reculer M. Bucket et se découvrir avec respect, malgré le froid et la neige.... Mais je ne comprenais pas.

J'entendis enfin qu'ils se disaient :

« Faut-il la faire approcher?

— Oui ; mieux vaut que ce soit elle qui la touche la première; ses mains y ont plus de droit que les nôtres. »

J'avançai vers la grille et je me baissai. Je soulevai cette tête pesante, j'écartai les cheveux noirs qui en couvraient le visage. C'était ma mère, morte et déjà glacée.

CHAPITRE XXX.

Perspective.

Je trouvai de telles consolations dans la bonté de ceux qui m'entouraient que je ne puis y penser, même aujourd'hui, sans être émue. J'ai déjà tant parlé de moi-même, et il me reste encore tant de choses à dire, que je ne m'arrêterai pas à ma douleur; je fus malade; mais peu de temps, et je n'en parlerais même pas si je pouvais faire taire le souvenir que m'a laissé leur touchante sympathie. Je passe donc à d'autres événements.

Nous étions restés à Londres, et mistress Woodcourt était venue demeurer avec nous, sur l'invitation de mon tuteur. Lorsque je fus assez bien pour causer comme autrefois, je repris mon ouvrage et ma place à côté de M. Jarndyce. Un jour, il me pria de venir le lendemain dans son cabinet, à une heure qu'il avait fixée lui-même. Je m'y rendis; nous étions seuls.

« Dame Durden, me dit-il en m'embrassant au front, soyez la bienvenue dans le grognoir où je suis heureux de vous retrouver. J'ai un plan que je désire vous soumettre, je songe à rester six mois à Londres, peut-être plus, peut-être moins : bref, à m'y établir pour quelque temps encore.

— Et que deviendra Bleak-House?

— Ah! chère fille, il faut que Bleak-House apprenne à se passer des autres et à se soigner toute seule. »

Je crus remarquer dans sa voix une certaine nuance de tristesse, mais le plus aimable sourire éclairait son visage.

« Bleak-House est trop loin d'Éva, reprit-il gaiement, et le cher ange a besoin de nous.

— Toujours le même, lui dis-je; que vous êtes bon d'avoir songé à cela!

— Ne vantez pas ma vertu, je suis beaucoup moins désintéressé que vous ne le croyez, chère fille; car enfin si vous êtes toujours en route, vous serez rarement près de moi. D'ailleurs, j'ai besoin de voir par moi-même où en est la pauvre enfant, comment elle va; il me faut de ses nouvelles; et non pas seulement des siennes mais encore de ce pauvre Richard.

— Avez-vous vu M. Woodcourt aujourd'hui, tuteur?

— Je le vois tous les matins, dame Durden.

— Que dit-il de Richard?

— Toujours la même chose; il ne lui trouve aucune maladie, et pourtant il est inquiet.

— Pauvre Rick! cher et malheureux ami! quand s'éveillera-t-il de sa triste illusion.

— Je ne crois pas qu'il en prenne le chemin, répondit mon tuteur; plus il souffre, plus il est exaspéré contre moi, parce que je représente à ses yeux la principale cause de ses douleurs.

— Quelle folie!

— Hélas! y a-t-il autre chose dans ce malheureux procès? folie à la base, au sommet, au cœur de l'affaire; iniquité et folie depuis le commencement jusqu'à la fin, si jamais elle doit en avoir une. Comment ce pauvre Rick aurait-il fait pour y puiser du bon sens? On ne cueille pas plus aujourd'hui qu'autrefois *du raisin sur les chardons*, et j'imagine que le grand chancelier et toute sa cour seraient plus surpris que personne s'ils trouvaien cette folie merveille chez un pauvre plaideur. Pour moi, je ne m'en étonnerais pas moins que de voir ces doctes gentlemen faire naître des roses de la poudre qu'ils sèment dans leur perruque. »

Il s'arrête au moment où il allait regarder par la fenêtre de quel côté soufflait le vent; et revint s'appuyer, au contraire, sur le dos de mon fauteuil.

« Allons, petite femme, reprit-il, allons! abandonnons au temps et au hasard cet écueil de notre famille; tâchons seulement d'empêcher la pauvre Éva d'aller y briser son existence. N'en parlons pas, surtout devant le pauvre Rick; j'ai prié Woodcourt, je vous le demande également, de ne jamais lui en toucher le moindre mot; dans huit jours ou dans un an, tôt ou tard enfin, ses yeux se dessilleront; il me reverra tel que je suis; j'ai de la patience et je peux attendre. »

Je fus obligée d'avouer que nous avions discuté plusieurs fois là-dessus, Richard et moi; et que j'avais des raisons de croire que M. Woodcourt en avait fait autant.

« Il me l'a dit, répliqua mon tuteur; et, de son côté, dame Durden m'ayant fait son aveu, il n'y a plus à s'en occuper; passons à autre chose. Que pensez-vous de mistress Woodcourt? vous plaît-elle? »

Un peu troublée par cette question imprévue, je répondis que je l'aimais beaucoup; d'autant plus qu'elle me paraissait maintenant plus aimable qu'autrefois.

« Je le trouve aussi, répondit M. Jarndyce. Elle parle moins de sa généalogie, de Morgan-ap...., etc. »

C'était précisément ce que j'avais voulu dire, j'en convins; tout en reconnaissant que cette excellente femme n'en était pas moins bonne au fond, dans le temps où elle s'occupait davantage de Morgan-ap-Kerrig.

« Je ne dis pas non, reprit mon tuteur; cependant elle a bien fait de le laisser dans ses montagnes; et, puisque nous sommes du même avis à cet égard, ne croyez-vous pas, dame Durden, que je ferais bien d'inviter mistress Woodcourt à rester avec nous?

— Oui, tuteur; et cependant.... »

M. Jarndyce me regarda, comme s'il attendait la fin de ma phrase; mais je n'avais rien à dire, ou du moins rien que je pusse exprimer; seulement une vague idée qu'il aurait mieux valu ne pas installer cette vieille dame chez nous.

« Cette pensée m'est venue, dit mon tuteur, parce que Woodcourt a souvent l'occasion de venir par ici; qu'il pourrait alors voir sa mère autant qu'il le voudrait, sans se déranger beaucoup; d'ailleurs, elle est aimable et me paraît avoir pour vous une sincère affection. »

Tout cela était incontestable; je n'avais rien à dire contre un arrangement que je ne pouvais qu'approuver; et cependant j'avais l'esprit inquiet : « Pourquoi donc cela? » me disais-je.... Il fallut bien pourtant finir par répondre

« Vous avez raison, dis-je à M. Jarndyce; vous ne pouvez pas mieux faire.

— Bien sûr, petite femme.

— Assurément.

— Tant mieux, reprit mon tuteur; mon projet passe donc à l'unanimité?

— A l'unanimité, » répétai-je en reprenant mon ouvrage, une tapisserie que je faisais pour la table de sa bibliothèque; je la lui montrai, il l'admira hautement; et lorsque j'en eus fait valoir le dessin dans ses moindres détails, que j'eus montré l'effet merveilleux qu'en produirait l'ensemble, je crus pouvoir renouer la conversation et la remettre sur le même sujet.

« Ne m'avez-vous pas dit, il y a déjà longtemps, demandai-je à mon tuteur, que M. Woodcourt pensait à repartir de nouveau pour les contrées lointaines? lui en avez-vous parlé?

— Oui, petite femme; très-souvent.

— Pense-t-il toujours à ce voyage?

— Je ne crois pas.

— Peut-être une autre perspective s'est-elle ouverte devant lui?

— Peut-être. On doit créer d'ici à quelques mois une place de médecin des pauvres dans un coin du Yorkshire; l'endroit prend chaque jour une nouvelle importance, il est bien situé, il réunit tous les avantages de la ville et de la campagne; des rues et de l'eau courante, des moulins, des champs et des bois. C'est un poste qui peut lui convenir. Un homme de son mérite aurait le droit peut-être d'être plus ambitieux; mais il est de ceux à qui tous les postes conviennent dès qu'ils fournissent l'occasion de se rendre utile.

— Croyez-vous qu'il puisse obtenir la place dont vous parlez?

— Comme je ne suis pas un oracle, je ne puis pas vous l'assurer, petite femme; mais je l'espère, dit mon tuteur en souriant. Il jouit d'une haute réputation dans le pays; plusieurs personnes du Yorkshire étaient avec lui sur le vaisseau qui a fait naufrage, et cette fois, chose étonnante, c'est l'homme qui a le plus de droits au succès, qui a le plus de chances de réussir. N'allez pas croire que c'est le Pérou, c'est une affaire très-médiocre; beaucoup de besogne et peu d'argent; mais c'est une position d'avenir, et je ne doute pas qu'avant peu elle ne soit excellente.

— Les pauvres du pays auront lieu de bénir le choix qu'on aura fait, s'il tombe sur M. Woodcourt.

— Assurément, petite femme. »

Et nous passâmes à autre chose, sans parler toutefois de Bleak-House et de l'avenir qui lui était réservé.

Je recommençai mes visites quotidiennes à ma chère fille qui habitait toujours le coin obscur de Symond's-Inn. En général c'était le matin que j'allais la voir; mais toutes les fois que j'avais une heure à moi dans le courant de la journée, je mettais mon chapeau et je courais à Chancery-Lane. A cette heure-là, Richard était presque toujours absent; le matin, je le trouvais écrivant ou feuilletant les papiers dont sa table était couverte; parfois je le rencontrais dans le voisinage, attendant à la porte de M. Vholes en mordillant ses ongles; ou bien errant dans Lincoln's-Inn, où je l'avais vu pour la première fois. Qu'il était changé depuis cette époque!

Je savais que tout l'argent qu'Eva lui avait apporté fondait avec les chandelles que je voyais brûler dans l'étude de M. Vholes. La somme n'avait jamais été bien forte; Richard avait des dettes lorsqu'il s'était marié, et il était facile de comprendre que tout allait bon train, à voir M. Vholes pousser à la roue avec tant d'ardeur. Eva conduisait on ne peut mieux son petit ménage et tâchait d'économiser le plus possible; mais je voyais bien qu'ils s'appauvrissaient de jour en jour.

Elle rayonnait dans cette misérable demeure qu'elle éclairait de sa beauté; plus pâle et plus sérieuse qu'autrefois, elle conservait néanmoins une sérénité si parfaite, que je la croyais aveuglée par son amour au point de ne pas voir la ruine dont ils étaient menacés.

Un jour surtout que j'étais allé dîner avec eux, j'étais tout entière à cette pensée. J'avais, en entrant dans Symond's-Inn, rencontré miss Flite qui en sortait; elle venait de faire une visite aux pupilles de la cour et avait éprouvé la joie la plus vive de cette pompeuse démarche. Eva m'avait déjà raconté que tous les lundis, à cinq heures, l'excellente fille allait lui rendre ses devoirs, ayant au bras ses plus nombreux documents et à son chapeau un nœud d'une blancheur exceptionnelle, qui disparaissait après la cérémonie.

« Miss Summerson! avait-elle dit en m'apercevant; je suis enchantée de vous rencontrer. Comment vous portez-vous? Que je suis heureuse! Vous allez faire une visite à nos intéressants pupilles. Notre beauté est chez elle, et sera charmée de vous voir.

— Richard n'est pas rentré? lui dis-je; car je craignais de me faire attendre.

— Non, pas encore; l'audience a duré très-longtemps ; je l'y ai laissé avec son avoué. J'espère que vous n'aimez pas ce M. Vholes ! Un homme dangereux.

— Vous voyez Richard à la cour plus souvent qu'autrefois ? lui demandai-je

— Tous les jours, ma chère; et depuis le commencement jusqu'à la fin. Vous savez ce que je vous ai dit de l'attraction de la table du chancelier. Après moi, c'est le plus assidu, le plus constant des plaideurs à la cour. Il commence à divertir notre petit cercle; une jolie petite société, n'est-ce pas? Brof, m', très-chère, me dit-elle en se penchant vers moi d'un air mystérieux et protecteur, il faut que je vous dise un secret : je l'ai fait mon exécuteur testamentaire. Je l'ai nommé, désigné, constitué par testament en bonne forme.

— Vraiment? lui dis-je.

— Oui, chère belle ; mon délégué, mon ayant-cause (termes de chancellerie, mon amour). Je me suis dit qu'au moins après ma mort, il surveillerait mes affaires et pourrait attendre ce jugement. »

Je ne pus m'empêcher de soupirer.

« J'avais songé autrefois à désigner ce pauvre Gridley, poursuivit-elle en répétant mon soupir. Très-assidu également, chère amie ; d'une exactitude exemplaire, je vous assure. Mais il n'est plus ; et j'ai dû lui substituer un successeur. N'en parlez pas je vous le dis en confidence. »

Elle entr'ouvrit son ridicule et me montra un papier soigneusement plié, qui était, disait-elle, un acte de constitution établissant les droits de M. Carstone.

« Encore un secret, chère amie ; j'ai augmenté ma collection d'oiseaux.

— En vérité? » lui dis-je, sachant combien elle aimait à voir ses confidences accueillies avec intérêt.

Elle hocha la tête et son visage devint triste.

« J'en ai ajouté deux, répondit-elle, que j'ai nommés : Pupilles-dans-Jarndyce. Oui, ma chère. Ils sont en cage avec les autres; avec Jeunesse, Joie, Espérance, Paix, Repos, Vie, Cendres, Poussière, Désordre, Besoin, Ruine, Désespoir, Fureur, Trépas, Ruse, Folie, Paroles, Perruques, Haillons, Parchemins Dépouilles, Arrêt, Jargon, Épinards et Trictrac. »

Elle m'embrassa d'un air troublé que je ne lui avais jamais vu et s'éloigna rapidement. La manière dont elle avait débité les noms de ses oiseaux, comme si elle eût craint d'entendre les mots qui s'échappaient de ses lèvres, m'avait serré le cœur

J'arrivais donc assez triste; et je me serais bien passée de la compagnie de M. Vholes que Richard amena précisément pour dîner avec nous. Bien que ce fût sans façon, Eva et son mari nous quittèrent un instant pour faire quelques préparatifs; et M. Vholes profita de la circonstance pour entamer avec moi une conversation à voix basse. Il s'approcha de la fenêtre où je me trouvais assise, et jetant les yeux dans Symond's-Inn:

« Pour quiconque n'est pas dans la procédure, c'est un endroit bien triste que celui-ci, me dit-il en salissant la vitre avec son gant noir, sous prétexte de la rendre plus claire.

— Il n'y a pas grand'chose à voir, répondis-je.

— Ni à entendre, miss Summerson; parfois un orchestre ambulant s'égare jusque dans ces parages. Mais nous autres, gens de loi, nous ne sommes pas musiciens, et nous renvoyons bien vite les joueurs de violle ou de tout autre instrument. J'espère que M. Jarndyce est aussi bien portant que ses amis peuvent le souhaiter? »

Je le remerciai et répondis qu'il allait à merveille.

« Je n'ai pas le plaisir d'être du nombre de ses amis, répliqua M. Vholes; je sais d'ailleurs qu'il ne voit pas d'un fort bon œil tous ceux qui appartiennent à la magistrature. Notre devoir, néanmoins, est de procéder avec franchise, quelle que soit l'opinion que l'on ait conçue à notre égard, je dirai même le préjugé; car nous sommes victimes de bien des erreurs. Et comment trouvez-vous M. Carstone?

— Mais, pas bien. il a l'air horriblement inquiet.

— C'est vrai, » dit M. Vholes qui se tenait derrière moi, avec sa longue figure habillée de noir, et touchait presque au plafond de cette chambre peu élevée, caressant les boutons enflammés qui ornaient son pâle visage, comme s'il les prenait pour un enjolivement, et s'exprimant d'une voix calme et intérieure, comme si l'émotion n'avait jamais eu de prise sur sa nature insensible.

« M. Voodcourt ne vient-il pas voir régulièrement M. Carstone? reprit l'avoué.

— M. Voodcourt est son ami, répondis-je.

— Mais c'est comme médecin que je veux dire.

— La médecine est impuissante, quand c'est l'esprit qui souffre.

— Assurément, » répondit M. Vholes avec la même froideur.

Il me semblait que Richard s'éteignait peu à peu sous l'influence de cet homme impassible et décharné qui avait quelque chose du vampire.

« M. Carstone a fait là un bien triste mariage, » reprit-il en frottant l'une contre l'autre ses mains gantées de noir, comme s'il n'y avait pas eu pour son tact glacé de différence entre la peau de chevreau et la sienne.

Je lui demandai la permission de n'être pas du même avis.

« Ils s'aimaient depuis longtemps, continuai-je, et s'étaient promis de s'épouser à une époque où l'avenir était moins sombre, où Richard n'avait pas encore cédé à la malheureuse influence qui pèse maintenant sur lui.

— Très-bien, dit M. Vholes ; mais, regardant comme un devoir de poser nettement les faits, je persiste à dire, miss Summerson, que ce mariage est regrettable. Je dois non-seulement à la famille de M. Carstone de m'exprimer sans réserve ; mais cette franchise m'est encore et surtout commandée par le soin que je dois prendre de ma réputation, qui m'est précieuse comme à tout homme respectable ; précieuse à mes trois filles, dont je tiens à préparer l'avenir ; précieuse à mon vieux père, que j'ai le privilége de soutenir.

— Ce serait bien le plus heureux et le meilleur de tous les mariages, monsieur Vholes, si on pouvait persuader à Richard d'abandonner ce procès fatal.

— Cela peut être, miss Summerson, » répliqua l'avoué après avoir toussé, ou plutôt bâillé sans bruit derrière son gant et incliné la tête, comme s'il eût été de mon avis. « J'admets sans réserve que la jeune femme à qui M. Carstone a donné son nom d'une manière aussi inconsidérée (vous ne contesterez pas le fait et me passerez l'expression), d'une manière, dis-je, aussi inconsidérée, est une jeune femme de la plus haute distinction. Les affaires m'ont toujours empêché de voir le monde ; toutefois, je le connais assez pour me prononcer à cet égard et pour comprendre que mistress Carstone est extrêmement distinguée. Quant à la beauté, je ne pourrais en juger par moi-même ; je n'ai jamais fait nulle attention à ces choses-là depuis l'époque où je suis entré dans la carrière ; mais j'ose dire qu'à ce point de vue, cette jeune femme est également fort remarquable ; c'est du moins l'opinion des clercs de l'Inn, dont la compétence, en pareille matière, ne saurait être contestée. Pour en revenir aux intérêts de M. Carstone....

— Ses intérêts, monsieur Vholes !

— Pardon, mademoiselle, reprit l'avoué conservant toujours la même impassibilité. M. Carstone a certains droits en vertu d'un testament, contesté il est vrai, sur certains domaines dont ce procès est appelé à régler la possession. Je vous ai dit la première fois que j'eus l'honneur de vous voir, miss Summerson (et j'en suis sûr, car j'ai pris note de mes propres paroles sur mon mémorandum que je puis produire à toute heure), je vous ai dit que M. Carstone avait posé en principe qu'il tenait à surveiller lui-même ses propres intérêts, et que toutes les fois qu'un de mes clients établissait une règle qui n'avait rien d'immoral (c'est-à-dire rien d'illégal), mon devoir m'obligeait à ne point m'en départir. C'est ce que j'ai fait, et c'est ce que je continuerai de faire. Mais je ne dissimulerai pas la vérité à la famille et aux amis de M. Carstone. Je vous le dirai franchement, comme je l'ai dit à M. Jarndyce, malgré tout ce qu'un pareil aveu a de pénible. Suivant mon opinion, les affaires de M. Carstone prennent une fort mauvaise tournure ; lui-même est dans un état fort inquiétant, et je regarde son mariage comme l'un des plus irréfléchis et des plus tristes qu'on puisse voir.... Oui, monsieur, je suis toujours là, répondit-il à Richard qui entrait, en ce moment, dans la chambre; oui, monsieur, et j'ai avec miss Summerson une conversation fort agréable dont je vous suis redevable. »

C'est ainsi qu'il coupa court à notre conversation, en voyant entrer Richard, me donnant un échantillon de la franchise scrupuleuse dont il se piquait dans l'exercice respectable de ses devoirs et de sa fidélité envers ses clients ; échantillon qui n'était pas fait pour diminuer mes craintes.

Nous nous mîmes à table; Richard, dont il ne détournait pas les yeux, était pâle, amaigri ; négligé dans sa toilette jusqu'à la malpropreté, distrait dans ses manières, faisant de temps à autre un effort pour dire quelques paroles et retombant aussitôt dans un morne silence. Son regard, autrefois si joyeux et si vif, était inquiet et morne, ou, s'il perdait parfois sa langueur, c'était pour briller d'un éclat fébrile. Je ne peux pas dire qu'il eût vieilli ; la jeunesse a des ruines qui ne ressemblent pas à celles des années. Mais la beauté de Richard, sa verve, sa gaieté juvéniles, tout avait disparu.

Il mangea peu, avec indifférence, et poussa l'irritation jusqu'à s'impatienter contre Eva. Par instants, néanmoins, la grâce de son esprit et sa vive insouciance reparaissaient au milieu de sa tristesse : à peu près comme en certains moments, je retrouvais dans mon miroir quelque chose de mon ancien visage. Son rire ne l'avait pas complétement abandonné ; mais l'écho affaibli d'un son joyeux est toujours plein de tristesse. Il me témoigna néanmoins la même affection qu'autrefois; il parut content de m'avoir auprès de lui, et nous causâmes du passé avec plaisir:

ce n'était pas un sujet de conversation bien intéressant pour M. Vholes, qui, pourtant, à l'occasion, bâillait d'une certaine manière qu'on pouvait prendre, si l'on voulait, pour un sourire. Il se leva quelques instants après le dîner et demanda la permission de retourner à son étude.

« Je vous reconnais là, s'écria Richard, toujours le même et tout entier aux affaires.

— Oui, monsieur, avant tout l'intérêt des clients; c'est l'unique pensée d'un homme de loi comme moi, qui tient à conserver l'estime de ses collègues et à mériter celle des gens respectables. La privation que je m'impose, en renonçant à la société de ces dames, n'est pas étrangère à vos propres intérêts, monsieur Carstone. »

Richard lui en exprima sa gratitude et le reconduisit jusqu'au bas de l'escalier. Quand il revint, il nous répéta plusieurs fois que M. Vholes était un excellent avoué; rempli de zèle, de probité, de franchise; et mit tant d'insistance à nous prouver la bonne foi de cet honnête homme, qu'évidemment il commençait à en douter lui-même.

Accablé de fatigue, il se jeta sur le divan. Lorsque nous eûmes tout rangé, car ma pauvre chérie n'avait qu'une femme de ménage, Eva se mit au piano et chanta les romances favorites de Richard; nous avions porté la lampe dans la pièce voisine parce qu'il s'était plaint de ce que la lumière lui faisait mal aux yeux; j'allai m'asseoir à côté de ma chère fille, et je sentais l'émotion me gagner en écoutant sa douce voix. Richard aussi était ému; et j'imagine que c'est pour cela qu'il avait fait emporter la lampe.

Eva chantait depuis quelque temps, lorsque entra M. Woodcourt. Il se plaça auprès de notre pauvre ami; et, se mettant à causer d'un ton moitié plaisant, moitié sérieux, il finit par lui faire dire comment il se trouvait et ce qu'il avait fait dans la journée. Enfin il lui proposa une courte promenade, l'engageant à profiter d'un temps magnifique et d'un beau clair de lune. Richard accepta avec empressement et je restai seule avec Eva.

Elle était toujours au piano et j'avais gardé ma place auprès d'elle. Quand ces messieurs furent partis, je passai mon bras autour de sa taille; elle mit sa main gauche dans la mienne et de l'autre continua d'effleurer les touches d'ivoire mais sans les faire parler.

« Je ne suis jamais plus tranquille, et Richard n'est jamais plus heureux, me dit-elle enfin, rompant le silence la première, que lorsqu'il est avec M. Woodcourt; et c'est vous qu'il faut en remercier, dame Durden. »

Je lui dis qu'elle se trompait ; que M. Woodcourt les avait connus chez M. Jarndyce en même temps que moi ; et que c'était à l'affection qu'ils lui avaient inspirée qu'ils devaient tous ses soins.

« Je sais bien, reprit-elle, qu'il a toujours été bon pour Richard ; mais c'est égal, chère amie, c'est à vous que nous devons son dévouement sans bornes. »

Je pensai qu'il valait mieux ne pas la contredire et je répondis quelques paroles insignifiantes.

« Chère Esther, reprit-elle, j'ai de grands devoirs à remplir ; je veux être une bonne épouse, une bonne femme de ménage, vous me l'apprendrez, n'est-ce pas ? »

Je compris à l'agitation nerveuse de la main qui courait sur le clavier, qu'elle avait autre chose à me dire et que je ne devais pas prendre la parole.

« Quand je me suis mariée, poursuivit-elle, je connaissais la position de Richard et l'avenir qui l'attendait. J'étais heureuse auprès de vous ; j'ignorais l'embarras, l'inquiétude ; vous aviez pour moi tant d'affection et de bonté ; mais je connaissais le danger qui le menaçait, chère Esther.

— Je le sais, cher ange.

— Et puis j'avais l'espoir de le faire revenir de son erreur ; je me disais qu'une fois marié, il envisagerait les choses sous un autre point de vue et comprendrait mieux ses intérêts en même temps que les miens ; mais je n'aurais pas eu cet espoir, que j'aurais également épousé Richard, oui, chère Esther, je l'aurais également épousé.

La fermeté avec laquelle ces mots furent prononcés ne me laissait pas le moindre doute sur leur sincérité.

« Ne croyez pas, chère Esther, que je sois aveugle et que je ne partage pas les craintes que vous pouvez avoir ; je connais Richard et je le comprends mieux que personne ; l'expérience la plus clairvoyante n'aurait pas la pénétration de mon amour. Je suis près de lui dans ses plus mauvais moments ; je le guette pendant son sommeil, je saisis le moindre nuage qui passe sur son front et je vois combien il est changé. Mais, lorsque je me suis mariée, j'étais bien résolue, avec l'aide de Dieu, à ne pas augmenter ses chagrins en lui montrant la peine que me faisait sa conduite. Je ne veux pas qu'il y ait d'inquiétude sur mon visage, quand il rentre à la maison ; et, quand il me regarde, je veux qu'il retrouve ce qu'il aimait en moi ; c'est avec cette pensée que je suis devenue sa femme, et c'est elle encore qui me soutient. »

Elle tremblait; j'attendis qu'elle reprît la parole et je crus de deviner ce qu'elle allait dire.

« Il y a encore autre chose qui soutient mes forces, chère Esther. » Elle s'arrêta une minute; sa main continua de courir sur le clavier.

« D'ici à quelque temps, il m'arrivera sans doute une aide bien puissante. Quand alors Richard tournera ses yeux vers moi, peut-être y aura-t-il dans mes bras quelque chose qui lui parlera d'une manière plus éloquente que je n'ai jamais su le faire, et qui lui montrera mieux que moi sa véritable route. »

Elle se jeta dans mes bras et je la serrai sur mon cœur.

« Et si, par malheur, continua-t-elle, le pauvre ange ne devait pas réussir plus que nous, je regarde au loin, par delà bien des années, et je songe à l'époque où je serai vieille, peut-être morte; alors sa fille, heureuse et charmante femme, sera son orgueil et sa consolation. Ou bien, je me représente un beau jeune homme plein d'ardeur et de générosité, comme l'était Richard autrefois, et qui, rayonnant de bonheur, se promènera au soleil avec lui, honorant ses cheveux blancs, et se disant en lui-même : « Je remercie Dieu de me l'avoir donné pour père. Un héritage fatal l'avait ruiné; et c'est moi qui lui ai tout rendu. »

Chère Eva! quel cœur pur et dévoué que celui qui battait si fort en ce moment contre ma poitrine!

« Cet espoir ranime mon courage, bonne Esther; et pourtant il s'évanouit parfois devant la crainte qui me saisit quand je regarde Richard. »

J'essayai de la rassurer et lui demandai ce qu'elle redoutait.

« Qu'il ne voie pas son enfant, » répondit-elle en fondant en larmes.

CHAPITRE XXXI.

Une découverte.

Jamais l'époque où je visitais ma chère fille dans ce misérable réduit qu'elle éclairait de sa présence ne s'effacera de ma mémoire. Je ne suis pas retournée dans cet affreux endroit depuis qu'elle en est partie, et ne désire pas le revoir; mais pour moi il est entouré d'une lugubre auréole qui rayonnera toujours dans mon souvenir.

J'allais donc chaque matin chez Eva, et souvent j'y retournais dans la soirée. Au commencement j'y avais rencontré deux ou trois fois M. Skimpole, jouant négligemment du piano suivant son habitude et causant avec sa vivacité ordinaire. Non-seulement il était probable que cette liaison était onéreuse à Richard, mais encore il me semblait que l'insouciante gaieté de M. Skimpole avait quelque chose de douloureux et de blessant pour Eva, dont la vie était si profondément triste. Je m'aperçus bientôt que ma chère fille partageait mes sentiments à cet égard; et je résolus, après y avoir mûrement réfléchi, de faire une visite au vieil enfant, et de tâcher de m'en expliquer avec lui. C'était mon affection pour Eva qui me donnait tant d'audace.

Je partis donc un matin pour Somers-Town, en compagnie de Charley.

Quand je fus près de la maison, j'eus envie de retourner sur mes pas; car je sentais que c'était une folle entreprise que de vouloir raisonner avec M. Skimpole et que probablement j'éprouverais un échec. Cependant, puisque j'avais tant fait que d'en venir là, je voulus aller jusqu'au bout. Je frappai à la porte d'une main tremblante; et je puis bien dire de ma main, car le marteau n'existait plus; enfin, après de longs pourparlers avec une Irlandaise qui, au moment où je frappai, était dans la cour, brisant le couvercle d'un baquet pour en faire du feu, je parvins à pénétrer dans la maison.

M. Skimpole était dans sa chambre, étendu sur le divan; il jouait de la flûte et fut enchanté de me voir. « Par qui voulez-vous être reçue? me demanda-t-il. Laquelle préférez-vous de mes trois filles pour maîtresse des cérémonies? Sera-ce la Beauté, l'Esprit ou le Sentiment? à moins que vous ne désiriez les réunir pour en faire un bouquet. »

Je répondis, un peu troublée, que c'était à lui seul que je désirais parler, s'il voulait bien le permettre.

« Avec joie, » dit-il en approchant son fauteuil de celui où j'étais assise. « Ce n'est pas d'affaire, j'imagine, que vous avez à m'entretenir, miss Summerson? » ajouta-t-il en souriant de la manière la plus séduisante.

— Pas précisément, répliquai-je; néanmoins la chose est sérieuse et n'a rien d'agréable.

— N'en parlez pas alors, chère miss, reprit-il avec la plus franche gaieté. Pourquoi s'occuperait-on de ce qui est désagréaole? pour ma part, je me garde bien d'y faire même allusion. vous êtes, sous tous les rapports, bien plus aimable que moi; si donc, malgré mon imperfection relative, je ne parle jamais de ce qui est déplaisant, ne devez-vous pas à plus forte raison vous abstenir de le faire. »

Quoique je fusse très-embarrassée, je repris assez de courage pour lui dire que néanmoins je désirais entamer le sujet peu agréable qui m'amenait auprès de lui.

« Je croirais à une méprise, si la chose était possible de votre part, dit-il en riant avec grâce.

— Monsieur Skimpole, repris-je en levant les yeux sur lui, je vous ai souvent entendu dire que vous étiez complètement étranger aux affaires?

— Relativement aux trois banquiers L., S., D., et à savoir qui des trois est l'associé junior, vous avez parfaitement raison; je n'en ai pas la moindre idée.

— C'est pour cela que vous me pardonnerez la liberté que je prends aujourd'hui. Mais j'ai cru nécessaire de vous dire sérieusement que Richard est plus pauvre qu'il n'a jamais été.

— Moi aussi, chère miss, du moins à ce que l'on dit.

— Ses affaires sont extrêmement embarrassées.

— Absolument comme les miennes, dit-il encore d'un air joyeux.

— Eva en éprouve nécessairement une profonde inquiétude; et, comme je pense que, dans sa situation, les visites augmentent sa tristesse et rendent les ennuis de Richard plus pénibles, j'ai cru devoir, comme je le disais tout à l'heure, prendre la liberté de vous dire.... que.... s'il était possible.... vous feriez bien.... »

Je ne savais comment aborder ce point délicat, lorsqu'il me saisit les deux mains et finit ma phrase en s'écriant du ton le plus enjoué :

« De n'y pas retourner? Mais certainement; soyez tranquille, miss Summerson. Quand je vais quelque part, c'est afin de m'amuser. Je ne vais jamais au-devant des ennuis; ce sont eux qui viennent me trouver quand ils ont besoin de moi. Je suis né pour le plaisir; et, entre nous, j'en ai eu fort peu la dernière fois que j'ai été voir Richard; votre sagacité en a trouvé le motif. Nos jeunes amis, perdant cette poésie de la jeunesse qu'ils possédaient naguère à un si haut degré, commencent à se dire en me voyant : « Voilà un homme qui a besoin d'argent. » Ils ont raison; je n'en ai jamais et il m'en faut toujours; non pas pour moi, comprenez-le bien, mais parce que ces gens de commerce veulent absolument que je leur en donne; et puis, nos jeunes amis, devenant intéressés, se disent encore : « Voilà un homme qui nous a emprunté quelques écus. » Ce qui est très-vrai ; j'en emprunte toujours. D'où il résulte que nos jeunes amis, en étant réduits à la prose, ce qui est infiniment regrettable, ont perdu la faculté qu'ils avaient de m'amuser. Dès lors, pourquoi irais-je les voir ? ce serait absurde. »

Un air de bienveillance souverainement désintéressée et vraiment étonnante perçait à travers le brillant sourire dont il accompagnait ce raisonnement.

« D'ailleurs, poursuivit-il d'un ton à la fois convaincu et dégagé, si j'évite les lieux où j'éprouverais de l'ennui, ne serait-ce pas une chose monstrueuse que d'y aller avec l'intention d'y être une cause de peine ? ce que je deviendrais évidemment pour Eva et pour Richard, si je les visitais dans le fâcheux état d'esprit où ils se trouvent maintenant ; l'idée seule m'en serait désagréable. Ils pourraient se dire : « Voilà un homme qui a eu notre argent et qui ne peut pas nous le rendre, » ce qui est hors de doute. L'amitié d'accord avec les convenances me commande de ne plus les revoir, et c'est ce que je ferai, soyez-en sûre. »

Il termina ces mots en me remerciant et en me baisant la main. Il avait fallu, me dit-il, toute la délicatesse de tact de miss Summerson, pour l'éclairer sur son devoir en cette circonstance.

J'étais on ne peut plus déconcertée : mais je finis par me dire que si le point principal était gagné, peu importait la manière dont M. Skimpole interprétait les motifs. Et puisque la glace était rompue, j'en profitai pour lui parler de quelque chose qui ne me paraissait pas prêter à une réponse aussi facile.

« Avant de terminer cette visite, lui dis-je, permettez-moi, monsieur Skimpole, de vous exprimer combien j'ai été surprise d'apprendre, et cela de bonne source, que vous aviez su dans le temps avec qui ce pauvre Jo avait quitté Bleak-House ; et que même à cette occasion vous aviez accepté quelque argent ; je n'en ai rien dit à M. Jarndyce, parce que je craignais de le blesser inutilement ; mais, je vous le répète, j'en ai été bien étonnée.

— Vraiment, chère miss ? répondit-il en relevant les sourcils d'un air interrogateur.

— Excessivement étonnée.

— Pourquoi, miss Summerson ? vous savez quel homme je suis, un véritable enfant. »

J'éprouvais quelque répugnance à traiter cette question plus en détail ; mais comme il était curieux de savoir pourquoi j'étais surprise, et qu'il me pria de le lui dire, j'essayai de lui faire comprendre, en me servant des termes les plus doux que je pus trouver, qu'il semblait avoir oublié, dans cette circonstance, certains devoirs que nous impose la morale.

« Pas possible ! » dit-il avec simplicité, paraissant prendre un vif intérêt à mes paroles et s'en amuser prodigieusement.

« Vous savez que je ne prétends pas répondre de mes actions. C'est une chose qui a toujours été au-dessus de moi, peut-être au-dessous, je n'en sais rien, poursuivit-il ; toutefois, comme je comprends à quel point de vue miss Summerson a placé l'affaire dont elle me parle, je suppose que c'est tout simplement la question d'argent qui l'occupe ? »

Je fis instinctivement un signe affirmatif.

« Ah ! c'est là, dit-il en secouant la tête, ce que je désespère de comprendre. »

J'insinuai, en me levant pour partir, que ce n'était pas une raison pour tromper la confiance de mon tuteur, en se laissant corrompre.

« Chère miss Summerson, répondit-il en riant d'un rire plein de candeur qui n'appartenait qu'à lui, je suis de ces gens que personne ne peut corrompre.

— Pas même M. Bucket ? lui dis-je.

— Pas même ; comment voulez-vous que ce soit possible ? je n'attache aucune valeur à l'argent ; je ne me soucie pas d'en avoir, je ne l'aime pas, je ne sais pas m'en servir. Qu'est-ce qui pourrait me corrompre ? »

Je lui laissai voir que je n'étais pas du même avis, bien que je ne fusse pas capable de discuter la question.

« Je suis au contraire dans cette position exceptionnelle que la corruption ne peut atteindre, répondit M. Skimpole ; je me trouve à cet égard au-dessus des autres hommes ; en pareille circonstance, je me conduis en véritable philosophe, n'étant pas emmaillotté dans mes préjugés comme un enfant du Midi dans ses langes. Libre comme l'air, je me sens à l'abri du soupçon, autant et plus que la femme de César. »

L'impartialité avec laquelle il semblait se convaincre lui-même de cette opinion, et l'aisance qu'il mettait à jouer avec ses arguments, comme avec une plume, ne s'est jamais rencontrée chez personne.

« Observez les faits, miss Summerson : un enfant est malade, on le recueille dans une maison, où je n'approuve pas qu'on le reçoive. Un homme arrive, précisément à point, qui demande l'enfant à l'admission duquel je m'étais opposé. L'homme produit un billet de banque pour appuyer sa demande ; Skimpole accepte le billet présenté par l'homme qui veut avoir l'enfant. Tels sont les faits. Pourquoi Skimpole refuserait-il le billet? Il répond à Bucket : « A quoi bon ? je ne sais pas ce que cela vaut? cela ne m'est d'aucun usage; que voulez-vous que j'en fasse? » Bucket insiste pour lui faire prendre cette misère. Pourquoi Skimpole, dont le préjugé n'a pas altéré la nature, ne prendrait-il pas ce que Bucket le supplie d'accepter ? Il se dit en lui-même : « Voici un homme intelligent, un officier de police, un lynx apprivoisé d'une pénétration particulière, qui retrouve nos amis et nos ennemis lorsqu'ils se sont enfuis, nos valeurs quand on nous a volés ; qui venge confortablement notre mort quand on nous a assassinés ; il a, pendant un long exercice de son art, acquis une foi profonde dans le pouvoir de l'argent, qui lui est fort utile et qui ne l'est pas moins à toute la société ; irai-je ébranler la foi de Bucket, émousser l'une de ses armes, le paralyser dans ses découvertes, sous prétexte que je ne partage pas sa croyance? Mais, en supposant que Skimpole soit blâmable d'avoir accepté ce billet, Bucket l'est davantage de le lui avoir offert ; car il n'a pas, lui, l'excuse d'être innocent comme un enfant, et Skimpole désire avant tout avoir bonne opinion de Bucket, c'est essentiel au bon ordre ; l'État lui commande de se fier à ses agents, c'est précisément ce qu'il a fait. »

Je n'avais rien à répondre à cette explication, et je me retirai immédiatement. Toutefois M. Skimpole, qui était de fort belle humeur, ne voulut pas me laisser partir seule avec la petite Coavinses; il m'accompagna jusque chez mon tuteur, continuant à causer tout le long du chemin de la manière la plus brillante sur les sujets les plus variés, et me quitta en disant qu'il n'oublierait jamais le tact avec lequel j'avais deviné pour lui la position de nos jeunes amis.

Ce fut la dernière fois que j'eus l'occasion de le voir. Autant donc vaut ici terminer son histoire. Un refroidissement eut lieu entre lui et mon tuteur, à propos du sujet dont il vient d'être question, et surtout du peu de compte qu'il avait tenu des prières de M. Jarndyce relativement à Richard. Quant aux sommes assez rondes qu'il devait à mon tuteur, elles n'entrèrent pour rien dans les motifs de leur séparation. Il mourut environ cinq ans après, laissant un journal de sa vie et des Mémoires, où il se posait en victime d'une odieuse combinaison de la part du genre humain contre un aimable enfant. La lecture en était, dit-on, amusante et la publication eut un certain succès; quant à moi, je n'y ai lu que cette phrase sur laquelle je tombai par hasard : « Jarndyce, comme la plupart de tous les hommes que j'ai connus, est l'égoïsme incarné. »

Passons maintenant à une partie de ce récit qui me touche de très-près, et à laquelle j'étais bien loin d'être préparée. Quels que soient les souvenirs qui de temps à autre se réveillaient dans mon esprit, associés à feu mon visage, ils ne se ranimaient que comme l'image d'un passé qui ne devait plus revenir. Je n'ai pas caché mes nombreuses faiblesses à cet égard, et je les ai écrites aussi fidèlement que ma mémoire me les a retracées; j'espère continuer ainsi jusqu'à la fin de ces pages dont la dernière est prochaine.

Les mois s'écoulaient, et ma chère fille, soutenue par l'espérance, brillait toujours du même éclat dans son misérable coin. Richard, plus inquiet et plus hâve de jour en jour, continuait de hanter la chancellerie; il y passait des journées entières, alors même qu'il savait bien n'avoir aucune chance d'entendre appeler sa cause, et devenait à son tour l'un des piliers du palais. Je me demande si, parmi les gentlemen de la cour, il y en avait un seul qui se souvînt alors de ce qu'il était la première fois qu'il avait mis le pied à l'audience.

M. Woodcourt était la seule personne qui parvînt à le distraire de son idée fixe et à le tirer de cet engourdissement de corps et d'esprit qui nous donnait tant d'inquiétude, parce qu'il s'aggravait tous les jours. Ma chère fille avait raison de dire que, s'il poursuivait cette affaire avec tant de désespoir c'était surtout pour elle. Je ne doute pas que son désir de recouvrer tout ce qu'il avait perdu ne s'augmentât du chagrin qu'il en ressentait pour sa jeune femme, et que ce ne fût devenu pour lui une monomanie de joueur.

J'étais donc chez eux presque à toute heure du jour; quand il faisait nuit, je revenais en voiture avec Charley, ou bien mon tuteur me donnnait rendez-vous dans le voisinage et nous rentrions à pied.

Un soir nous étions convenus que je le rejoindrais à huit heures. Je travaillais pour Eva, j'avais encore quelques points à faire pour terminer ce que j'avais entrepris, et l'heure était sonnée depuis quelques minutes quand je fermai mon panier à ouvrage et qu'après avoir embrassé ma chère fille, je me précipitai au bas de l'escalier; comme il faisait nuit, M. Woodcourt m'accompagna.

Mon tuteur ne se trouvait pas au lieu du rendez-vous; nous l'attendîmes à peu près une demi-heure en nous promenant de long en large; il ne se montra pas davantage; et, pensant qu'il n'avait pas pu venir, ou qu'il s'était lassé d'attendre, M. Woodcourt me proposa de me reconduire à la maison.

C'était la première fois que je me promenais seule avec lui, excepté les quelques pas que nous avions faits souvent ensemble pour aller de chez Eva à l'endroit où m'attendait M. Jarndyce. Nous parlâmes tout le temps de Richard et de sa femme ; je ne le remerciai pas en paroles de ce qu'il faisait pour eux ; j'appréciais trop sa conduite pour le lui exprimer par des phrases ; mais j'espérai qu'il n'était pas sans comprendre la vive reconnaissance que j'en éprouvais.

Arrivés à la maison, nous montâmes dans le cabinet de M. Jarndyce ; mon tuteur était dehors, ainsi que mistress Woodcourt. Nous nous trouvions dans la pièce où j'avais conduit ma chère Eva toute rouge d'émotion, le jour où elle était venue dire au cousin John que Richard était l'élu de son cœur ; dans cette pièce où M. Jarndyce et moi nous les avions vus s'éloigner tous les deux environnés de lumière et dans toute la fraîcheur de leur amour et de leur espoir.

Nous étions debout auprès de la fenêtre ouverte et nous regardions dans la rue, lorsque M. Woodcourt m'adressa la parole. J'appris alors en un moment qu'il m'aimait ; que l'altération de mon visage n'existait pas pour lui ; que le sentiment que j'avais pris pour de la pitié était, au contraire, un amour dévoué, généreux, fidèle. Et il était trop tard pour l'apprendre ! cette ingrate pensée fut la première qui me revint à l'esprit : « Trop tard, trop tard ! »

« Lorsqu'à mon retour, dit-il, moi qui revenais aussi pauvre que j'étais parti, je vous retrouvai, relevant à peine de votre lit de douleur et ne songeant déjà plus qu'aux autres, sans aucune pensée pour vous-même....

— Oh ! je vous en prie, monsieur Woodcourt ; je ne mérite point ces louanges ; à l'époque dont vous parlez, j'avais au contraire bien des pensées qui n'avaient que moi pour objet.

— Dieu sait que mes éloges ne sont que la vérité ; vous ne savez pas, ô vous ma bien-aimée, tout ce que voit dans Esther Summerson chacun de ceux qui l'approchent ; combien de cœurs elle a touchés ; quelle sainte admiration, quel universel amour elle a su conquérir.

— Oh ! c'est une belle chose que de se faire aimer, une bien belle chose, m'écriai-je. Oh ! oui, j'en suis heureuse autant que fière, et vos paroles me font pleurer de joie en même temps que de douleur ; mais je ne suis pas libre, monsieur Woodcourt, et je ne peux pas songer à votre amour. »

Je proférai ces derniers mots avec courage ; car, en écoutant les louanges qu'il m'avait adressées, j'avais senti, au frémissement de sa voix, qu'il était sincère, et j'aspirais à me rendre digne de son estime; pour cela du moins il n'était pas trop tard; je pouvais y travailler toute ma vie; c'était à la fois pour moi une consolation et un mobile; et je sentais naître en moi une dignité nouvelle, qui me venait de lui, quand je pensais à devenir meilleure pour mériter ses louanges.

Il rompit le silence de nouveau.

« Après vous avoir entendu dire que vous n'êtes pas libre, ce serait bien mal vous prouver la confiance que j'ai en vous, dit-il, en vous qui m'êtes si chère et qui me le serez toujours autant qu'aujourd'hui, si j'insistais sur mon amour. Laissez-moi vous dire seulement, chère Esther, que le tendre souvenir que j'avais emporté de vous sur les mers devint à mon retour, pour mon cœur, un culte divin. J'espérais toujours vous l'avouer ; j'attendais que ma position fût meilleure, car je craignais de vous en parler inutilement. Ce soir, mon espérance et mes craintes sont fixées. Je vous attriste, n'en parlons plus, Esther. »

Quelque chose de l'ange qu'il avait cru voir en moi sembla passer en effet dans mon âme ; je ressentais un profond chagrin de la perte qu'il avait faite et j'essayai de l'aider à supporter sa douleur.

« Cher monsieur Woodcourt, lui dis-je, je suis profondément touchée de votre générosité, et j'en garderai le souvenir comme un précieux trésor jusqu'à ma dernière heure. Je sais combien mes traits sont altérés ; je sais que vous connaissez mon histoire, et je comprends tout ce qu'il y a de noble et de généreux dans un pareil amour ; vos paroles m'ont beaucoup plus émue qu'elles n'auraient pu le faire venant d'une autre bouche ; il n'y en a pas au monde qui eût pu leur donner autant de prix ; et je vous assure qu'elles ne seront pas perdues, elles me rendront meilleure. »

Il porta la main à ses yeux et détourna la tête. Comment pourrais-je jamais être digne de ses larmes !

« Et si, continuant de soigner ensemble Eva et Richard, et de nous voir comme nous l'avons fait jusqu'à présent, poursuivis-je, si vous trouvez en moi quelque chose de plus et de mieux que par le passé, n'oubliez pas que c'est à vous que je le devrai ; et que ce sont vos paroles d'aujourd'hui qui en auront été la source. Croyez bien que je garderai toujours la mémoire de cette soirée, cher monsieur Woodcourt ; et que je resterai sensible, tant que battra mon cœur, à la joie et à l'orgueil d'avoir eu votre amour.

Il prit ma main qu'il baisa. Tout son calme lui était revenu, et je me sentis plus de courage.

« Tout me porte à croire, repris-je, que vous avez réussi dans vos démarches.

— Oui, répondit-il; vous connaissez trop bien M. Jarndyce pour que j'aie besoin de vous dire combien il m'a aidé là dedans; à vrai dire, c'est à lui que je dois tout mon succès.

— Que Dieu l'en récompense et qu'il vous bénisse en tout, dis-je à M. Woodcourt en lui donnant la main.

— Ces vœux m'aideront puissamment à remplir mes nouveaux devoirs, que je regarderai désormais comme un autre dépôt sorti de vos mains, miss Summerson.

— Et Richard! m'écriai-je involontairement, qu'est-ce qu'il deviendra lorsque vous serez parti?

— Je ne suis pas forcé de quitter Londres tout de suite; et je ne l'abandonnerais pas, soyez-en sûre, alors même que je serais obligé de me rendre immédiatement à mon poste. »

J'avais encore à lui parler d'autre chose avant de nous séparer. Je me serais crue moins digne de son amour si je le lui avais caché.

« Vous serez content, je n'en doute pas, lui dis-je, d'apprendre par moi-même que c'est un avenir brillant que celui qui m'est réservé, un avenir qui me rendra heureuse et qui aujourd'hui ne me laisse rien à ambitionner. »

Cette nouvelle lui faisait, en effet, beaucoup de plaisir, répondit-il.

« J'ai toujours été, depuis mon enfance, ajoutai-je, l'objet de l'inépuisable bonté du meilleur de tous les hommes; et j'ai pour lui tant d'affection et de reconnaissance, que ma vie tout entière ne suffira pas à lui exprimer les sentiments qu'il m'inspire.

— Et que je partage, dit-il; car vous parlez de M. Jarndyce.

— Vous connaissez toutes ses vertus, lui dis-je; mais peu de personnes ont été à même d'apprécier autant que moi la supériorité de son caractère; c'est précisément dans la manière dont il a préparé cet avenir qui doit me rendre si heureuse, que la grandeur de son âme m'a été complétement révélée: si votre respect et votre admiration ne lui étaient pas acquis depuis longtemps, vous les lui accorderiez pour l'amour de moi, j'en suis sûre, en recevant l'assurance de la noblesse dont il a fait preuve à mon égard. »

Il me répondit avec chaleur que je ne devais pas en douter.

Et lui donnant la main de nouveau: « Bonsoir, lui dis-je, et adieu. Bonsoir, jusqu'à demain. Adieu pour toujours à ce rêve de votre cœur. »

Il me laissa; je restai à la fenêtre, regardant au dehors. Toute ma force m'avait abandonnée depuis son départ, et les larmes qui ruisselaient de mes yeux me voilèrent bientôt la vue de la rue qu'il avait prise en me quittant.

Mais ce n'était pas de chagrin que je pleurais, non. Il m'avait appelée sa bien-aimée; il m'avait dit que je lui serais toujours aussi chère qu'à présent; et il me semblait que mon cœur ne pourrait jamais contenir la joie triomphante que j'éprouvais de ces aveux. Non, il n'était pas trop tard pour les entendre, car il n'était pas trop tard pour en être heureuse, reconnaissante et meilleure. Combien la voie que j'avais à suivre était plus douce et plus facile que la sienne!

CHAPITRE XXXII.

Une autre découverte.

Ce soir-là je n'eus le courage de voir personne; je n'eus pas même celui de me regarder; j'avais peur des reproches que mes larmes pourraient m'adresser. Je montai dans ma chambre, je fis ma prière et je me couchai sans y voir; je n'avais pas besoin de lumière pour lire la lettre de M. Jarndyce, car je la savais par cœur. C'est là que je la pris, dans mon cœur où je l'avais serrée : j'en fis la lecture à la clarté de l'amour loyal et pur qui y éclatait à chaque mot, et, avant de m'endormir, je la mis avec moi sur mon oreiller.

Le lendemain, je me levai de bonne heure et j'appelai Charley pour aller faire un tour de promenade. Nous rapportâmes des fleurs pour embellir le déjeuner; nous les arrangeâmes avec soin, tout en nous dépêchant le plus possible; et comme il nous restait encore beaucoup de temps avant qu'on se mît à table, je proposai à Charley de lui donner une leçon. La chère enfant, chez qui l'article grammaire était toujours très-défectueux, accueillit ma proposition avec joie, et nous y apportâmes toutes les deux autant d'application que d'empressement.

Mon tuteur, en entrant dans la salle à manger, s'écria que j'étais aussi fraîche que mes roses; et mistress Woodcourt nous récita, puis traduisit, pour notre intelligence, un passage du Mewlinwillinwodd, où il était question d'une montagne surmontée du soleil : c'était moi qui étais la splendide montagne, selon cette chère dame.

Tout cela était si gracieux, que j'en ressemblai d'autant plus à la montagne rougie par les premiers feux du jour. Après le déjeuner, je guettai le moment où mon tuteur se retrouva dans son cabinet (la pièce où nous avions passé, M. Woodcourt et moi, la soirée précédente); j'entre-bâillai la porte, il était seul; et, m'excusant d'entrer avec mon trousseau de clefs, je m'approchai de la table où il répondait en ce moment à plusieurs lettres que le facteur venait de lui apporter.

« Dame Durden, me dit-il, vous avez besoin d'argent?

— Non vraiment, tuteur ; j'en ai encore les mains pleines.

— Il n'y a jamais eu pareille petite femme pour l'ordre et l'économie, » répliqua M. Jarndyce. Il posa sa plume et s'étendit dans son fauteuil en me regardant. J'ai souvent parlé de sa figure rayonnante, mais je ne crois pas lui avoir jamais vu l'air si bon et si radieux. Il y avait sur son visage l'expression d'un bonheur si élevé, que je me dis en moi-même : « Il a fait ce matin quelque belle action. »

« Non, jamais, continua-t-il en souriant, jamais on ne trouvera semblable petite femme pour faire durer l'argent !

— Tuteur, lui dis-je, j'aurais besoin de vous parler. Avez-vous à me reprocher quelque négligence?

— A vous, Esther ?

— Ai-je bien été ce que j'avais l'intention d'être, depuis.... que je vous ai remis la réponse à votre lettre, tuteur ?

— Vous avez été tout ce que je pouvais désirer, mon enfant.

— Je suis bien heureuse de vous l'entendre dire. Vous m'avez demandé alors si c'était la maîtresse de Bleak-House qui apportait la lettre, et j'ai répondu : Oui. »

Mon tuteur avait passé son bras autour de ma taille, comme pour me protéger contre quelque chose, et me regardait toujours en souriant.

« Depuis lors, repris-je, vous ne m'avez parlé qu'une seule fois de Bleak-House.

— Et pour vous dire qu'elle diminuait rapidement; ce qui est bien vrai, mon Esther.

— Cher tuteur, je sais combien vous avez pris part à mes derniers chagrins et quels égards vous avez eus pour moi en cette occasion comme en toute circonstance. Mais comme il y a déjà longtemps que ce malheur est arrivé, et que c'est aujourd'hui seulement que vous avez dit que vous me trouviez tout à fait remise, peut-être attendez-vous que je vous reparle du sujet de la lettre, et il est possible que ce soit à moi de le faire. Je serai la maîtresse de Bleak-House quand vous voudrez, tuteur.

— Voyez, répondit-il gaiement, la sympathie qui existe entre nous. Je n'ai que cela dans la tête, avec ce pauvre Rick pourtant, dont la position m'est toujours présente à l'esprit; j'y pensais lorsque vous êtes entrée. Eh bien! quand donnerons-nous sa maîtresse à Bleak-House, petite femme?

— Quand vous voudrez.

— Le mois prochain?

— Si vous voulez, cher tuteur.

— Ainsi donc le jour où j'accomplirai l'acte le meilleur et le plus heureux de ma vie, où je serai le plus fier, le plus à envier de tous les hommes, le jour enfin où je donnerai à Bleak-House sa petite maîtresse, est fixé au mois prochain, » dit mon tuteur.

Je lui passai les bras autour du cou et je l'embrassai comme je l'avais fait le jour où je lui avais apporté ma réponse.

On annonça au même instant M. Bucket, ce qui était parfaitement inutile, car il était entré dans le cabinet en même temps que le domestique. « Miss Summerson et monsieur Jarndyce, nous dit-il tout essoufflé, en s'excusant du dérangement qu'il nous causait, voulez-vous me permettre de faire monter une personne qui est sur le palier et qui craint, en y restant, d'éveiller l'attention? Vous consentez? Merci, monsieur.... Ayez la bonté de monter ce digne homme et sa chaise et de l'apporter ici, » dit M. Bucket en se penchant par-dessus la rampe de l'escalier.

A la suite de cette singulière requête on vit entrer un vieillard impotent, coiffé d'un bonnet noir, et que deux hommes déposèrent dans la chambre. M. Bucket renvoya immédiatement les deux porteurs, ferma la porte et la verrouilla mystérieusement. « Monsieur Jarndyce, dit-il en ôtant son chapeau et en agitant son mémorable index par manière d'exorde, vous savez qui je suis et miss Summerson me connaît; ce gentleman, que l'on appelle Smallweed, me connaît également. L'escompte est sa principale affaire; c'est ce qu'on appelle un négociant en billets N'est-ce pas là votre métier? » continua M. Bucket en se baissant un peu et en s'adressant au gentleman qui avait l'air de se défier beaucoup de lui.

M. Smallweed allait repousser la qualification qui lui était donnée, lorsqu'il fut saisi d'un violent accès de toux.

« C'est de votre faute, lui dit M. Bucket; si vous ne cherchiez pas à me contredire lorsqu'il n'y a pas de motif, cela ne vous arriverait pas. J'ai déjà été chargé de plusieurs négociations avec ce gentleman pour le baronnet sir Leicester Dedlock, monsieur Jarndyce; et, d'une manière ou de l'autre, je suis allé le trouver plusieurs fois; j'ai souvent fréquenté les lieux qu'il habite, à savoir la maison occupée jadis par Krook, le marchand de guenilles et d'objets maritimes que vous avez connu, si je ne me trompe.

— Oui, monsieur, dit mon tuteur.

— Il faut vous dire, reprit l'officier de police, que ce gentleman a hérité de la propriété du vieux Krook, un fameux Capharnaüm, je vous assure; et, entre autres choses, d'une immense quantité de vieux papiers hors d'usage qui ne peuvent servir à personne. »

L'œil plein de finesse de M. Bucket, et la supériorité avec laquelle, sans dire un mot, sans faire un geste que pût contester son auditeur, il sut nous faire comprendre ce dont il s'agissait, nous enleva tout le mérite de deviner qu'il préludait à quelque arrangement relatif aux papiers que possédait M. Smallweed, et qu'il aurait pu nous en dire beaucoup plus long sur ce vieillard, s'il l'eût jugé convenable.

« Dès qu'il fut mis en possession de l'héritage, reprit M. Bucket, ce gentleman commença naturellement à fouiller parmi tous ces monceaux de vieux papiers.

— A quoi faire? cria d'une voix aiguë M. Smallweed qui était aussi sourd que soupçonneux.

— A fouiller, répéta M. Bucket. N'êtes-vous pas un homme prudent par nature, accoutumé aux affaires, et n'avez-vous pas cherché à débrouiller immédiatement tous les papiers qui vous étaient échus?

— Certainement, répondit M. Smallweed.

— Certainement, répliqua M. Bucket, et vous auriez été blâmable si vous ne l'aviez pas fait. C'est ainsi que vous avez trouvé (M. Bucket se baissa en regardant M. Smallweed d'un air de gaieté railleuse que celui-ci ne partageait aucunement), que vous avez eu la chance de trouver un papier portant la signature Jarndyce; vous savez ce que je veux dire, n'est-ce pas? »

M. Smallweed nous jeta un regard troublé et fit un signe affirmatif de l'air le plus maussade.

« Et lorsque vous avez lu cette pièce, dans vos moments de loisir et à votre aise, car vous n'étiez pas curieux d'en savoir le contenu, n'est-ce pas? cela vous était bien égal, qu'avez-vous découvert? que ce papier sans valeur n'était autre chose qu'un testament; c'est là le plus joli de l'affaire, » ajouta M. Bucket du même ton plaisant, comme pour rappeler la joie que cette découverte avait causée à son auteur qui, maintenant, tout penaud, ne semblait pas le moins du monde goûter cette plaisanterie.

« Je ne sais pas si c'est un testament ou autre chose, » grommela M. Smallweed en glissant dans son fauteuil où il ne présenta plus qu'une masse informe.

M. Bucket eut l'air un instant de vouloir fondre sur lui, sans doute pour le relever ; mais il se retint et continua de s'incliner vers le vieillard avec la même grâce, en nous regardant toujours du coin de l'œil.

« Cependant cela vous préoccupa quelque peu, reprit M. Bucket, parce que vous avez l'âme tendre.

— Qu'est-ce que j'ai naturellement ? demanda M. Smallweed en se mettant la main derrière l'oreille.

— L'âme tendre.

— Bien, bien ; continuez, dit M. Smallweed.

— Et comme vous aviez beaucoup entendu parler d'un célèbre procès en chancellerie, à propos d'un testament portant la même signature ; comme vous saviez que le vieux Krook était un malin pour acheter toutes sortes de vieilleries, entre autres de vieux papiers dont il n'aimait pas à se dessaisir et qu'il tâchait de déchiffrer, vous vous êtes dit, et jamais vous n'avez été plus sage : « Minute ! Si je ne fais pas attention à moi, ce testament peut me mettre dans l'embarras. »

— Et comment l'avez-vous su, Bucket ? Voyons ! cria le vieillard évidemment inquiet et tenant toujours la main derrière l'oreille. Parlez, Bucket ; n'est-ce pas un de vos misérables tours ? Relevez-moi, que je vous entende. Oh ! Seigneur, je suis tout brisé ; mon Dieu ! mon Dieu ! je n'ai plus de souffle ! je suis encore pis que cette vieille sorcière, cette satanée babillarde qui est à la maison. Seigneur Dieu ! »

Il est vrai que M. Bucket avait mis à le relever autant de vigueur que de promptitude. Aussitôt que la toux et les exclamations de M. Smallweed lui permirent de se faire entendre, l'officier de police reprit la parole avec la même affabilité qu'auparavant.

« Comme j'avais l'habitude de fréquenter votre maison, dit-il vous m'avez mis dans la confidence, et voilà comment je l'ai su N'est-ce pas cela ? »

Je ne crois pas qu'il soit possible d'admettre un témoignage de plus mauvaise grâce que M. Smallweed n'en montra en cette occasion, prouvant bien, jusqu'à l'évidence, que l'officier de police était certainement la dernière personne qu'il eût prise pour confident s'il avait pu s'en dispenser.

« Une fois mêlé à cette affaire, que nous examinâmes ensemble et qui nous fit passer des moments fort agréables, je vous confirmai dans vos craintes et ne vous cachai pas que vous feriez infiniment mieux, dans votre intérêt, de ne pas conserver ce testament entre vos mains ; d'où il fut convenu que vous le remettriez à M. Jarndyce, que voici ; et cela sans aucune condition, vous fiant à sa générosité s'il arrivait que ce testament fût valable. Ne sont-ce pas là nos conventions ?

— Oui, monsieur, répondit le vieillard toujours de fort mauvaise grâce.

— Par suite desquelles, reprit M. Bucket en changeant tout à coup de manière et de langage, vous avez pris sur vous ledit testament qui se trouve à cette heure dans votre poche ; et la seule chose qui vous reste à faire est de l'en tirer immédiatement. »

M. Bucket, après nous avoir lancé un regard du coin de l'œil et s'être frotté le nez triomphalement avec son index, riva ses yeux sur le vieillard et tendit la main pour prendre le testament et le présenter à mon tuteur. Ce ne fut pas sans beaucoup de répugnance que M. Smallweed consentit à exhiber la pièce qui lui était demandée, et sans avoir déclaré à plusieurs reprises qu'il n'était qu'un pauvre homme, obligé de vivre de sa petite industrie, et qu'il s'en rapportait à l'honneur de M. Jarndyce qui ne voudrait pas abuser de sa probité pour lui faire perdre ce qui lui était dû. Peu à peu il tira lentement d'un portefeuille qu'il avait sur la poitrine un papier jauni et taché, roussi à l'extérieur et brûlé sur les bords, comme si jadis on l'avait jeté au feu et retiré subitement des flammes. M. Bucket, avec la dextérité d'un prestidigitateur, fit passer en un clin d'œil le précieux papier des mains de M. Smallweed dans celles de M. Jarndyce, et dit tout bas à ce dernier, en le lui remettant :

« Ils ne se sont pas entendus sur le chiffre qu'ils voulaient en avoir ; ils se sont même querellés : j'ai offert cinq cents francs pour en finir. Là-dessus le petit-fils, qui n'est pas moins avare que son grand-père, à reproché à celui-ci de vivre trop longtemps ; vous jugez du tapage ! Ils se vendraient tous dans la famille réciproquement, pour une couple d'écus, excepté la grand'mère ; et cela parce qu'ayant perdu la tête, elle a l'esprit trop faible pour conclure un marché.

— Quelle que soit la teneur de ce papier, monsieur Bucket, répondit M. Jarndyce, je vous suis infiniment obligé de la démarche que vous venez de faire ; et s'il a vraiment quelque importance, je veillerai, vous pouvez m'en croire, à ce que M. Smallweed soit convenablement rétribué.

— Non pas selon vos mérites, ajouta M. Bucket en s'adressant à l'avare ; n'ayez pas peur, mon cher ami, mais selon la valeur de ce papier.

— C'est ainsi que je l'entends, répondit M. Jarndyce. Vous remarquerez, monsieur Bucket, poursuivit-il, que je m'abstiens d'examiner moi-même le contenu de cette pièce. J'ai renoncé, depuis bien des années, à m'occuper de ce procès ; et, à vrai dire, tout ce qui s'y rattache me soulève le cœur. Mais nous allons immédiatement, miss Summerson et moi, remettre ce titre entre les mains de mon avoué, qui, aussitôt, en signifiera l'existence à toutes les parties intéressées.

— M. Jarndyce ne peut pas mieux dire, fit observer M. Bucket à M. Smallweed ; et maintenant que vous êtes assuré que les droits de chacun sont garantis, ce qui, je n'en doute pas, est pour vous une satisfaction réelle, nous pouvons vous reporter à votre domicile. »

L'officier de police tira le verrou, fit entrer les porteurs, nous souhaita le bonjour en nous adressant un regard significatif, et partit en nous saluant d'un crochet de son index.

Nous nous dirigeâmes vers Lincoln's-Inn en toute hâte. M. Kenge était libre, et nous le trouvâmes dans son cabinet poudreux, au milieu de ses piles de papiers et de ses livres monotones. M. Guppy nous avança des siéges ; M. Kenge nous témoigna sa surprise et sa satisfaction de la visite de M. Jarndyce ; il ne manqua pas de tourner, en parlant, ses doubles lunettes entre ses doigts, comme je le lui avais toujours vu faire, et fut plus que jamais Kenge le beau diseur.

« Je suppose, dit-il en s'inclinant devant moi, que c'est la douce influence de miss Summerson qui aura amené M. Jarndyce à oublier un peu de son animosité contre une cause et contre un tribunal suprême qui se placent, j'ose le dire, au premier rang dans la majestueuse perspective des piliers de notre profession.

— Tout me porte à croire, répondit mon tuteur, que miss Summerson connaît trop bien les désastreux effets de la cause et du tribunal dont vous parlez, pour exercer son influence en leur faveur. Néanmoins, c'est à l'occasion de ce procès que je suis venu vous trouver, monsieur Kenge. Mais, avant de vous remettre le papier que je vous apporte pour ne plus avoir à m'en occuper, laissez-moi vous dire comment il est tombé entre mes mains. »

M. Jarndyce raconta en peu de mots ce qui venait de se passer et le fit avec autant de clarté que de laconisme.

« Il était impossible, dit M. Kenge, d'exposer plus nettement cette affaire, la loi même ne serait pas plus claire.

— Connaissez-vous un seul article de la loi anglaise qui soit clair et d'une signification précise? demanda M. Jarndyce.

— Oh! monsieur! » fit le beau diseur.

Il n'avait pas semblé d'abord attacher beaucoup d'importance au papier que lui apportait mon tuteur; mais lorsqu'il le vit, il parut s'y intéresser davantage et tomba des nues aussitôt qu'il l'eut ouvert et qu'il en eut parcouru les premières lignes.

« Monsieur Jarndyce, s'écria-t-il, avez-vous lu cette pièce?

— Non, répondit mon tuteur.

— Mais mon cher monsieur, répliqua M. Kenge, c'est un testament d'une date plus récente que pas un de ceux qui sont acquis au procès; un testament olographe, en bonne forme et dûment attesté, dont les atteintes qu'il a subies par la flamme ne sauraient altérer l'incontestable valeur, un document parfait, une pièce irrécusable.

— Que m'importe? dit mon tuteur.

— Monsieur Guppy, cria M. Kenge;... je vous demande pardon, monsieur Jarndyce.

— Voilà, monsieur, dit le jeune homme en paraissant à la porte.

— Chez M. Vholes de Symond's-Inn : mes compliments : Jarndyce contre Jarndyce. Je voudrais en causer avec lui. »

M. Guppy disparut.

« Que vous importe, dites-vous, monsieur Jarndyce! Mais si vous aviez jeté les yeux sur ce document, vous auriez vu, monsieur, qu'il diminuait considérablement la somme que vous attribuaient les testaments antérieurs, tout en vous accordant encore, néanmoins, un legs d'une assez grande importance, dit M. Kenge en agitant la main d'une manière à la fois persuasive et gracieuse. Vous auriez vu, en outre, combien la part de M. Richard Carstone et de miss Eva Clare, épouse Carstone, s'est accrue par cette dernière volonté du testateur.

— Kenge, répondit M. Jarndyce, je serais heureux que toute la fortune que ce procès a mise en question devant cette odieuse cour, pût échoir à mes deux jeunes parents; mais ne vous flattez pas de me persuader jamais qu'il puisse sortir le moindre bien de ce monstrueux procès.

— Préjugé! monsieur Jarndyce, préjugé! C'est un grand pays que le nôtre, mon cher monsieur, un grand pays; et son système judiciaire est un grand système, croyez-le, un admirable système. »

Mon tuteur ne dit plus rien et M. Vholes arriva.

« Comment vous portez-vous, monsieur Vholes ? Ayez la bonté de venir vous asseoir à côté de moi et de jeter un coup d'œil sur ce papier. »

M. Vholes, humblement dominé par la supériorité professionnelle de M. Kenge, alla s'asseoir près de son collègue, et parut lire mot à mot le document en question, sans toutefois se départir du calme glacial qui ne l'abandonnait jamais. Quand il eut terminé sa lecture, il se retira dans l'embrasure de la fenêtre avec M. Kenge, et abritant ses lèvres de son gant noir, il eut un assez long entretien avec son éminent confrère. M. Kenge ne tarda pas à contester ce qu'il lui disait, et je n'en fus pas surprise, car je savais que jamais deux personnes n'avaient pu tomber d'accord dans l'affaire Jarndyce contre Jarndyce. Mais enfin il eut l'air d'avoir convaincu M. Kenge dans une conversation, qui ne se composait plus guère que des mots : « Receveur général, inspecteur général, report, domaines et frais de toute espèce. »

Quand ils se furent entendus, ils revinrent près de la table de M. Kenge et reprirent la parole à haute voix.

« Ce document est fort remarquable, monsieur Vholes, dit M. Kenge.

— Très-remarquable.

— Et d'une extrême importance, monsieur Vholes.

— Assurément.

— Et comme vous dites, monsieur Vholes, quand, à la session prochaine, on appellera Jarndyce contre Jarndyce, ce document sera l'un des traits les plus inattendus et les plus intéressants de la cause, » reprit M. Kenge en regardant mon tuteur avec un certain orgueil.

M. Vholes éprouvait la satisfaction d'un praticien secondaire cherchant à conserver sa réputation d'homme respectable, et qui voit son opinion confirmée par une telle autorité.

« Et quand la session prochaine s'ouvrira-t-elle ? demanda mon tuteur en se levant après une pause, durant laquelle M. Kenge avait fait sonner son argent, et M. Vholes écorché les boutons de sa figure.

— Le mois prochain, monsieur Jarndyce, dit M. Kenge. En attendant, nous allons procéder à toutes les mesures que provoque l'existence de ce nouveau document, et recueillir les témoignages nécessaires y relatifs ; d'ailleurs nous aurons soin comme à l'ordinaire, de vous adresser notre notification lorsque la cause devra être appelée devant la cour.

— Et vous pourrez voir que j'y ferai exactement la même attention qu'à l'ordinaire, répondit mon tuteur.

— Toujours disposé, mon cher monsieur, dit l'éminent avoué en nous reconduisant jusqu'à la porte du carré, toujours disposé, malgré votre esprit éclairé, à vous faire l'écho d'un préjugé populaire. Nous sommes une nation prospère, monsieur Jarndyce, très-prospère ; un grand peuple, monsieur Jarndyce, un très-grand peuple ; et vous voudriez qu'un aussi grand pays eût un petit système judiciaire ! voyons ! est-ce possible, monsieur, est-ce possible ? »

Il prononça ces paroles du haut de l'escalier, en agitant sa main droite avec grâce, comme il eût fait d'une truelle d'argent dont il se serait servi pour étendre le ciment de son éloquence sur l'édifice judiciaire afin de le consolider pour mille siècles encore.

CHAPITRE XXXIII.

Fer et acier.

La galerie de tir de M. Georges est à louer ; tout le matériel a été vendu ; et le maître d'armes habite Chesney-Wold où il accompagne sir Leicester dans ses promenades à cheval, et surveille attentivement la monture du baronnet, car la main qui la guide est maintenant bien incertaine. Mais aujourd'hui M. Georges n'est pas auprès de sir Leicester Dedlock. Il est en voyage, et se dirige vers les districts du nord où l'on travaille le fer.

A mesure qu'il avance de ce côté, les grands bois disparaissent ; et la houille, les cendres, les hauts fourneaux et les briques rouges, la verdure maladive, les feux dévorants, et un épais nuage de fumée d'où ne sort jamais d'éclairs, caractérisent le paysage.

Le sergent passe au milieu de tout cela et continue sa route en regardant autour de lui, comme s'il cherchait à découvrir l'endroit vers lequel il se dirige.

Arrivé sur la rive noircie d'un canal qui traverse une ville active où le cliquetis du fer est plus assourdissant, la fumée plus noire et les flammes plus ardentes que notre voyageur ne les a encore trouvés sur son passage, il arrête son cheval et demande à un ouvrier s'il connaîtrait par hasard un nommé Rouncewell.

« Ah! ben, mon maître, répond l'ouvrier, demandez-moi plutôt si j' me connais moi-même.

— Il est donc bien connu dans ces parages?

— Rouncewell! j' crois ben.

— Et où demeure-t-il? demande M. Georges en jetant un regard devant lui.

— Est-ce la banque, l'usine ou la maison qu' vous voulez dire? demande l'ouvrier à son tour.

— Hum! Rouncewell est un si grand seigneur, à ce qu'il paraît, murmure le sergent en se frappant le menton du bout de sa cravache, que j'ai bien envie de retourner sur mes pas. Je ne sais trop que faire. Croyez-vous que je trouve à cette heure-ci M. Rouncewell à l'usine?

— C'est pas toujours facile de savoir où c' qu'il est; mais à ce moment-ci d' la journée vous l' trouverez à l'usine ou ben son fils; toutefois s'il est en ville, car c'est ben souvent qu'il est dehors.

— Et quelle est son usine?

— Vous voyez ben ces cheminées-là?

— Les plus hautes?

— Oui, c'est ça. N' les quittez pas des yeux; allez tout drêt; quand vous s'rez au bout, tournez à gauche, vous trouverez un grand mur qui fait tout un côté d' la rue; c'est l'usine Rouncewell. »

Le sergent remercie l'ouvrier, et continue sa route en regardant de tous les côtés. Il ne retourne point sur ses pas, et met son cheval à une auberge où dînent en ce moment des ouvriers de Rouncewell, à ce que lui apprend l'aubergiste. C'est l'heure où les forgerons vont dîner, et la ville tout entière paraît avoir été envahie par ceux de M. Rouncewell, tous hommes robustes, vigoureux et noirs comme la suie.

M. Georges suit l'indication qui lui a été donnée; il trouve une grande porte au grand mur, s'en approche, regarde, et ne voit que du fer autour de lui, à tous les étages et sous toutes les formes : en barres, en lingots et en feuilles; en cuvettes, en essieux, en rails et en chaudières; en alluchons, en roues et en manivelles; du fer et encore du fer; tordu et brisé de mille façons; rouillé par l'âge, bouillonnant dans sa jeunesse au milieu de la fournaise ou jaillissant sous le marteau en gerbes d'étincelles; montagnes de ferraille et débris de machines; fer rouge et fer noir; odeur et saveur de fer; bruits stridents et bruits sourds; une Babel de bruits de fer.

« C'est à y gagner le mal de tête, dit l'ancien troupier en cherchant le bureau des yeux. Qui vient là? tout à fait mon portrait quand j'étais à son âge; cela doit être mon neveu, s'il est vrai que la ressemblance soit une preuve de famille. Votre serviteur, monsieur.

— Le vôtre, monsieur. Demandez-vous quelqu'un?

— Pardon; mais vous êtes probablement monsieur Rouncewell le jeune?

— Oui, monsieur.

— C'est à monsieur votre père que je désirerais parler; j'aurais un mot à lui dire. »

Le jeune homme répond que le moment est bien choisi, car son père est précisément à l'usine; et il dit à l'étranger de le suivre. « Tout à fait mon portrait, à son âge; tout à fait! » pense le troupier en suivant le jeune Rouncewell. Ils arrivent à un bâtiment situé dans une cour; le bureau est au premier; à la vue du gentleman qui s'y trouve, l'ancien troupier rougit excessivement.

« Quel nom dirai-je à mon père? » demande le jeune homme.

M. Georges, dont le fer occupe entièrement l'esprit, et que cette question a pris au dépourvu, répond qu'il se nomme Steel[1], nom sous lequel il est immédiatement présenté. Le jeune homme se retire, et M. Georges reste seul avec le gentleman qui est assis à sa table, ayant devant lui des livres de comptes et diverses feuilles de papier couvertes de chiffres et de figures bizarres. La pièce où il se trouve est nue, sans rideaux aux fenêtres, et n'a d'autre perspective que le fer dont nous avons parlé; sur la table se trouvent pêle-mêle des échantillons de métal et différentes pièces de machines brisées à dessein pour en essayer la résistance; partout une poussière de fer qui couvre chaque objet; à travers les vitres on voit la fumée tourbillonner en sortant des hautes cheminées et mêler leurs colonnes noirâtres à la Babylone vaporeuse qui surmonte la ville bruyante.

« Je suis à vos ordres, monsieur Steel, dit M. Rouncevell dès que son visiteur eut pris une chaise.

— Monsieur, répond Georges, se penchant en avant, le bras gauche sur son genou et le chapeau à la main, cherchant surtout à éviter le regard de son frère, je crains que ma visite, loin

---

1. Acier.

de vous être agréable, ne vous soit importune. J'ai servi autrefois dans les dragons, et l'un de mes camarades pour lequel j'avais un certain faible, était, je crois, votre parent. N'avez-vous pas eu un frère qui fut le tourment de sa famille, et qui partit un beau jour, n'ayant jamais rien fait de bon dans sa vie que de ne jamais reparaître?

— Êtes-vous bien sûr, dit le maître de forges d'une voix troublée, êtes-vous bien sûr que vous vous nommez Steel? »

Le sergent balbutie et regarde son frère, qui se lève en l'appelant par son nom et lui saisit les deux mains.

« Tu es trop fin pour moi, s'écrie M. Georges dont les larmes jaillissent aussitôt. Comment vas-tu, mon vieil ami? Je n'aurais jamais cru que tu fusses aussi content de me voir. Comment vas-tu, mon vieil ami? comment vas-tu? »

Ils se serrent les mains et s'embrassent mille et mille fois; Georges ne cessant d'accoupler à sa phrase « comment vas-tu, mon vieil ami? » la protestation qu'il n'aurait jamais cru que son frère fût à moitié aussi content de le revoir.

« J'étais même si loin de le penser, dit-il après avoir raconté comment il est venu, que j'avais dans l'idée de ne pas me faire reconnaître; je pensais à t'écrire dans le cas où tu aurais écouté mon nom avec indulgence; mais je n'aurais pas été surpris si tu n'avais pas voulu entendre parler de moi.

— Tu verras tout à l'heure, Georges, quel accueil on fait chez moi à ton nom et avec quelle joie on y apprend de tes nouvelles. C'est aujourd'hui grande fête à la maison, et tu ne pouvais pas, vieux soldat bronzé, arriver un meilleur jour. Ce soir, je promets à mon fils Watt, que d'aujourd'hui en un an il épousera la plus jolie fille et la meilleure que tu aies jamais vue dans tes voyages. Elle part demain pour l'Allemagne avec une de tes nièces, afin de terminer son éducation; et nous avons, pour célébrer les fiançailles, une petite fête dont tu seras le héros. »

Cette pensée confond tellement M. Georges, qu'il repousse de toutes ses forces l'honneur qu'on lui propose; mais vaincu par son frère et par son neveu, et protestant toujours qu'il n'aurait jamais pensé qu'on fût si content de le voir, il se laisse conduire à une maison élégante, où se remarque, à l'intérieur, un heureux mélange des habitudes de simplicité du père et de la mère, et de celles que l'éducation et la fortune ont données à leurs enfants. M. Georges est de plus en plus troublé par la grâce et la distinction des filles de son frère; par la beauté de Rosa, sa future nièce, l'accueil affectueux et empressé que lui font ces jeunes demoiselles, et qu'il reçoit comme en rêve; tandis que les manières respectueuses et touchantes de son neveu lui rappellent son propre passé et lui rendent la conscience de n'avoir jamais été qu'un vaurien.

Cependant, l'entrain qui préside à la fête et les bons cœurs dont la société se compose triomphent du trouble de M. Georges, qui s'engage, d'un air franc et martial, à être de la noce et à conduire la mariée, engagement qui est accueilli avec acclamations. L'instant du repos arrive, et l'ancien maître d'armes, couché dans le lit d'honneur de la maison de son frère, est pris de vertige en se rappelant tout ce qui s'est passé depuis quelques heures : il revoit, en esprit, ses nièces, que, frappé de respect, il admira toute la soirée dans leur mousseline flottante, exécuter toute la nuit, sur sa courte-pointe, des valses allemandes.

Le lendemain matin, dès qu'ils sont levés, les deux frères s'enferment dans la chambre du maître de forges, où celui-ci expose, avec sa clarté habituelle, la manière dont il songe à employer les services de l'ancien troupier dans son usine, lorsque ce dernier l'arrête en lui serrant la main :

« Frère, dit-il, je te remercie un million de fois pour ton accueil plus que fraternel ; et un million de fois plus encore pour tes intentions pleines de délicatesse et de générosité ; mais j'ai mon plan ; avant de le confier à personne, je désire te consulter sur une affaire de famille. Comment faut-il s'y prendre pour obtenir de ma mère qu'elle consente à m'effacer? ajoute l'ancien dragon en croisant les bras et en regardant son frère avec une invincible fermeté.

— Je ne te comprends pas bien, Georges, répond M. Rouncewell.

— Je demande comment on pourra obtenir de ma mère qu'elle veuille bien m'effacer ; il faut absolument l'y amener d'une façon ou d'une autre.

— Est-ce de son testament que tu veux être rayé? je crois du moins que c'est là ce que tu veux dire.

— Certainement, répond l'ancien maître d'armes d'un air plus résolu que jamais, il le faut et j'y tiens.

— Est-ce que c'est indispensable, mon brave Georges?

— Tout à fait ; je n'aurais pas commis la bassesse de revenir sans y être bien décidé. Jusque-là, vois-tu, je ne serai pas à l'abri d'une nouvelle escapade. Je ne me suis pas faufilé au bercail pour te dépouiller et enlever à tes enfants ce qui leur revient naturellement. Il y a longtemps que j'ai perdu tous mes droits; et pour que je reste et que je puisse relever la tête, il faut absolument qu'elle me raye de son héritage. Voyons, toi qui es connu pour ta pénétration et ton intelligence, tu m'indiqueras bien un moyen d'y réussir.

— Au contraire, Georges, dit M. Rouncewell d'un ton délibéré; ma pénétration ne servira qu'à te prouver une chose, c'est que tu dois renoncer au but que tu veux atteindre; regarde notre mère, rappelle-toi l'émotion qu'elle a éprouvée en te revoyant. Crois-tu qu'il y ait au monde une seule considération qui puisse la déterminer à faire ce que tu désires? Crois-tu, alors même que la chose serait possible, qu'il y aurait à hésiter entre le sacrifice que tu veux me faire et la blessure qu'elle en ressentirait, cette chère et tendre vieille femme? tu aurais tort d'y penser; non, Georges! renonce à ton idée, prends-en ton parti et reste sur son testament; d'ailleurs tu peux atteindre ton but, à peu près aussi bien que si la chose était faite. »

Le maître de forges sourit en regardant son frère qui, tout désappointé, réfléchit profondément.

« Et comment cela? dit enfin M. Georges.

— Puisque tu tiens absolument à être déshérité, tu peux disposer, à ton tour, de la part qui te reviendra, quand tu auras le malheur de la recevoir.

— C'est vrai! » dit l'ancien maître d'armes, réfléchissant toujours; puis mettant la main sur celle de son frère :

« As-tu l'intention de parler de cela dans ta famille? lui demande-t-il.

— Pas du tout.

— Merci, frère. Seulement tu ne refuseras peut-être pas de leur dire que, tout vagabond que je suis, je n'ai été, après tout, qu'une mauvaise tête, mais sans faire de bassesses.

Le maître de forges réprime un sourire et fait un signe affirmatif.

« Merci, mon frère. C'est un grand poids de moins sur mon cœur, répond M. Georges en respirant largement et en décroisant les bras;... j'aurais pourtant bien voulu être rayé de ce testament, » ajoute-t-il en posant les mains sur ses genoux.

Les deux frères sont assis face à face, et leur ressemblance est frappante, en dépit de l'absence d'usage et d'une sorte de simplicité massive qui caractérise l'ancien dragon.

« Maintenant, dit M. Georges, parlons une fois pour toutes de mes projets. Tu as la générosité de vouloir me retenir auprès de toi et de me proposer une place dans l'industrie que ton travail et ta persévérance ont créée, je t'en remercie de tout mon cœur. C'est plus que fraternel, comme je te l'ai déjà dit, et j'en suis profondément touché. Mais vois-tu, frère, la vérité est que je suis une espèce de mauvaise herbe, et qu'il est trop tard pour me planter dans un jardin régulier.

— C'est à moi d'en juger, mon bon Georges, répond M. Rouncewell en concentrant son regard profond sur l'ancien militaire ; laisse-moi essayer, » ajoute-t-il en souriant avec confiance.

Georges secoue la tête : « Tu y réussirais, je n'en doute pas, si la chose était possible, mais il ne faut pas la tenter ; non mon frère, non. D'ailleurs, il se trouve que je suis de quelque utilité à sir Leicester Dedlock, depuis la maladie que lui ont value certains chagrins de famille ; je lui rends quelques services, des bagatelles ; mais enfin il aime mieux les recevoir du fils de notre mère que de tout autre.

— Très-bien, Georges, répond M. Rouncewell dont la figure ouverte s'assombrit légèrement ; si tu préfères servir dans la brigade privée de sir Leicester Dedlock....

— Précisément, frère, s'écrie l'ancien dragon en interrompant le maître de forges, précisément ; l'idée de servir te déplaît, mais pour moi c'est autre chose ; tu n'es pas habitué à être commandé, moi je le suis ; tu maintiens l'ordre et la discipline autour de toi, j'ai besoin qu'on s'en occupe à ma place et qu'on m'impose une règle. Nous ne portons pas les choses de la même main et ne les voyons pas du même point de vue. Je ne dis rien de mes manières de garnison, parce que hier au soir je me suis trouvé à l'aise, et qu'ici on n'y ferait pas attention. Mais Chesney-Wold me convient encore mieux ; il y a là-bas plus d'espace ; une mauvaise herbe de plus y est moins déplacée ; la vieille mère d'ailleurs a besoin d'être heureuse, et c'est pour cela que j'accepte la proposition du baronnet. Quand je viendrai l'an prochain pour conduire la mariée, ou même avant, j'aurai soin de laisser à l'écart la brigade privée de sir Leicester Dedlock, et de ne pas la faire manœuvrer sur ton territoire. Je te remercie encore une fois ; et je suis fier de penser à la maison des Rouncewell dont tu seras le fondateur.

— Tu te connais, Georges ; et peut-être, dit le frère aîné en répondant avec chaleur à l'étreinte de la main du sergent, peut-être me connais-tu mieux que je ne le fais moi-même ; suis la voie qui te convient, mais que désormais nous ne soyons plus perdus l'un pour l'autre.

— Ne crains rien de ce côté-là, répond l'ancien sergent. Mais avant de te quitter, frère, je voudrais te prier d'être assez bon pour jeter un coup d'œil sur une lettre que j'ai écrite. Je l'ai apportée avec moi pour l'envoyer d'ici ; le timbre de Chesney-Wold pourrait être pénible à la personne qui doit la recevoir. Je n'ai pas une grande habitude de la correspondance, et je tiendrais particulièrement à ce que cette lettre fût conçue en des termes à la fois précis et délicats. »

En disant ces mots, M. Georges présente à son frère une lettre écrite avec de l'encre un peu pâle, mais d'une écriture ronde, serrée et correcte, et où le maître de forges trouve les lignes suivantes.

« Miss Esther Summerson.

« L'inspecteur Bucket m'ayant parlé d'une lettre à mon adresse qu'il a trouvée dans les papiers d'un certain individu, je prends la liberté de vous dire que ce billet contient seulement quelques lignes écrites, de l'étranger, par une personne qui me priait de remettre à une jeune et charmante lady, non encore mariée, une lettre qui s'y trouvait jointe, ce que j'ai fait religieusement.

« Je prends la liberté de vous dire, en outre, que ce billet ne me fut demandé que pour confronter l'écriture, sans quoi rien ne m'en aurait fait dessaisir ; et que le croyant plus en sûreté entre mes mains qu'entre celles de tout autre, on ne me l'aurait arraché qu'avec la vie.

« J'ajouterai, de plus, que si j'avais pensé que le malheureux gentleman fût encore de ce monde, je n'aurais eu ni repos ni trêve que je n'eusse découvert sa retraite et partagé avec lui mon dernier liard, ce que j'aurais fait par devoir comme par inclination. Mais on avait dit officiellement qu'étant à bord d'un navire, il était tombé à la mer pendant la nuit et s'était noyé dans un port d'Irlande quelques heures après son arrivée des Indes occidentales ; je l'avais moi-même entendu confirmer par des officiers et des hommes de l'équipage.

« Je prends enfin la liberté de vous exposer humblement, comme il convient à un simple membre de l'armée, que je suis et serai toujours votre très-dévoué et très-respectueux admirateur ; et que j'ai, pour les qualités que vous possédez à un degré supérieur à toute autre personne, plus d'estime que les limites de cette dépêche ne me permettent de l'exprimer.

« J'ai l'honneur d'être, votre très-obéissant,

« GEORGES. »

« C'est un peu cérémonieux, dit le frère aîné en repliant la lettre de l'air d'un homme qui n'y comprend pas grand'chose.

— Mais du moins, il n'y a rien, n'est-ce pas ? qu'on ne puisse adresser à la plus parfaite des jeunes demoiselles ? demande l'ancien sergent.

— Rien du tout, » répond le maître de forges.

La lettre est cachetée et déposée sur la table de M. Rouncewell, pour être jetée à la poste avec la correspondance du jour. Ceci terminé, M. Georges dit un adieu cordial à tous les membres de la famille et se dispose à partir, lorsque son frère ne voulant pas encore le quitter, lui offre de le conduire en voiture découverte, à l'endroit où il doit coucher, d'y rester avec lui jusqu'au lendemain matin, et de faire monter le vieux gris de Chesney-Wold par un domestique, pendant cette première partie du voyage. Cette proposition, joyeusement acceptée, est suivie d'une course fort agréable en tilbury, puis d'un dîner et d'un déjeuner qui ne le sont pas moins, le tout entremêlé de conversation et d'épanchements fraternels. Enfin, après force poignées de main échangées une dernière fois, ils se séparent, le maître de forges tournant son visage du côté de la fumée et des fournaises, le sergent du côté de la verte campagne ; et de bonne heure encore, dans l'après-midi, le bruit étouffé de son trot pesant se fait entendre sur le gazon de l'avenue qu'il franchit sous les vieux ormes, accompagné du cliquetis imaginaire de l'équipement militaire qu'il croit porter encore.

CHAPITRE XXXIV.

Narration d'Esther.

Peu de temps après la conversation que j'avais eue avec mon tuteur, il me remit un papier cacheté en me disant : « C'est pour le mois prochain, Esther. » J'y trouvai deux cents livres.

Je commençai donc tranquillement à faire les préparatifs qu'exigeait la circonstance ; et, réglant mes achats d'après le goût de mon tuteur qui m'était bien connu, je composai ma garde-robe à son goût, j'eus lieu de croire que j'avais complétement réussi. Je fis tout cela sans en parler à personne, car j'avais bien encore quelques appréhensions de la peine que ce projet d'union avait semblé faire autrefois à Eva ; et d'ailleurs mon tuteur lui-même avait l'air de ne s'occuper de rien. J'avais toujours pensé que notre mariage se ferait sans bruit et le plus simplement possible ; que j'irais dire à Eva : « Voulez-vous venir me voir marier demain matin, chère mignonne? » c'est du moins ce que je préférais, si le choix m'était laissé.

Je ne m'écartai du silence que je m'étais imposé qu'envers mistress Woodcourt; je lui dis que j'allais me marier avec M. Jarndyce, à qui je m'étais promise depuis déjà longtemps. Elle m'approuva beaucoup, et me témoigna une excessive tendresse; ses manières avaient bien changé à mon égard depuis l'époque où elle était venue pour la première fois à Bleak-House; il n'y avait pas de bontés, de prévenances qu'elle n'eût pour moi; et elle se serait mise en quatre pour m'être utile ou agréable.

Ce n'était pas assurément l'occasion de négliger mon tuteur, et je ne pouvais pas davantage délaisser ma chère fille; si bien que j'étais extrêmement occupée, et j'en étais ravie. Quant à Charley, son bonheur consistait à s'entourer de corbeilles, de paniers à ouvrages, de travaux d'aiguille qui la rendaient invisible; à faire peu de besogne, mais à ouvrir de grands yeux, et à se figurer avec délice qu'elle allait finir à elle seule tout ce qu'il y avait à faire.

Je dois dire que pendant ce temps-là nous étions en discussion mon tuteur et moi; je ne pouvais pas être de son avis au sujet du testament; et je concevais de grandes espérances sur Jarndyce contre Jarndyce; du reste, nous allions bientôt savoir qui de nous deux avait raison. La découverte du testament avait redoublé l'agitation de Richard et lui avait rendu l'activité qu'il avait autrefois; mais il semblait avoir perdu la faculté d'espérer, même alors qu'il en avait le plus de motifs, et ne paraissait plus conserver que son inquiétude fébrile. Un jour que nous en parlions avec mon tuteur, je compris à quelques paroles de M. Jarndyce que notre mariage n'aurait lieu qu'après l'ouverture de la cour; et je me réjouis en pensant qu'Eva et Richard seraient plus heureux à cette époque.

La session devait s'ouvrir très-prochainement, lorsque mon tuteur s'absenta pour aller dans le Yorkshire, où l'appelaient les affaires de M. Woodcourt. Je revenais de chez Eva, et j'étais assise au milieu de mon trousseau, regardant un peu rêveuse tous les objets dont j'étais entourée, quand on me remit une lettre de M. Jarndyce. Il me priait d'aller le rejoindre, m'indiquait la voiture que j'avais à prendre, à quelle heure je devais partir, et ajoutait, en post-scriptum, que je ne serais pas longtemps éloignée de ma chère Eva.

Je ne m'attendais certainement pas à voyager dans ce moment-là; toutefois je m'apprêtai en moins d'une demi-heure, et je partis le lendemain matin, suivant les instructions que j'avais reçues. Je voyageai toute la journée, et toute la journée je me demandai pour quel motif M. Jarndyce me faisait venir ; supposant tantôt une chose, tantôt une autre, mais sans pouvoir jamais, jamais deviner la vérité.

Il faisait nuit quand j'arrivai ; mon tuteur était là pour me recevoir, ce qui me délivra d'un grand poids ; car, dans la soirée, j'avais fini par craindre qu'il ne fût tombé malade, d'autant plus que sa lettre, excessivement brève, avait l'air de me dissimuler quelque chose.

Il était là, néanmoins, aussi bien portant que possible; et quand je revis sa figure ouverte, plus radieuse que jamais, je me dis à moi-même : « Il aura fait encore quelque belle et bonne action ; » chose, après tout, qui n'était pas difficile à deviner, puisqu'il n'était venu dans le Yorkshire que pour obliger quelqu'un.

Le souper était préparé à l'hôtel ; quand nous fûmes à table et qu'on nous eut laissés seuls :

« Voilà, dit-il, une petite femme qui, j'en suis sûr, est bien curieuse de savoir pourquoi je l'ai fait demander.

— Mais, répondis-je, sans être une Fatime et vous une Barbe-Bleue, j'avoue que ma curiosité est passablement éveillée.

— Dans ce cas, ma chère, pour que vous puissiez dormir tranquille, je n'attendrai pas jusqu'à demain, et je vais vous le dire tout de suite. Il y a longtemps que j'éprouvais le besoin d'exprimer au docteur combien sa conduite envers le pauvre Jo m'avait ému ; combien je suis touché des soins qu'il donne à Richard ; enfin de lui témoigner l'affection et l'estime qu'il nous inspire à tous. Il me vint donc à l'esprit, quand il fut décidé à s'établir ici, de le prier d'accepter quelque maisonnette, où il pût convenablement reposer sa tête. Une excellente occasion s'est justement offerte ; je me suis empressé de la saisir et d'accommoder cette petite demeure à son usage. Mais avant-hier, au moment où l'on vint me dire que tout cela était prêt, je ne me sentis pas assez bon maître de maison pour juger par moi-même si chaque chose était comme il faut, et s'il n'y manquait rien. J'ai donc fait venir la meilleure ménagère qu'il soit possible de voir, pour lui demander son avis et prendre ses conseils. Et la voilà ! » dit mon tuteur en riant et en pleurant à la fois. Il était si bon, si admirablement bon ! J'essayai de lui dire tout ce que je pensais de sa bonté, mais je ne pus articuler un seul mot.

« Allons, allons, reprit-il ; vous donnez à cela plus d'importance que cela ne vaut, petite femme. Mais, quoi ! vous pleurez, dame Durden !

— C'est de joie et de reconnaissance, tuteur.

— Bien, bien; je suis enchanté que vous m'approuviez; je le supposais d'ailleurs, et je pensais bien que ce serait une agréable surprise pour la petite maîtresse de Bleak-House. »

J'essuyai mes yeux et j'allai l'embrasser. « Eh bien! je le savais, lui dis-je; il y a longtemps que je l'avais vu sur votre figure.

— Quelle petite femme habile à déchiffrer un visage! » s'écria-t-il en riant.

Il se montrait si aimable et si gai, que je ne pus faire autrement que de m'égayer aussi; mais une fois dans mon lit, je dois l'avouer, mes larmes coulèrent de nouveau. J'espère que c'est de plaisir; cependant je n'en suis pas tout à fait sûre, et je me répétai deux ou trois fois les paroles de sa lettre.

Le lendemain matin, après le déjeuner, mon tuteur me donna le bras et nous partîmes, par le plus beau temps du monde, pour aller voir la maison sur laquelle j'étais appelée à donner mon avis. Nous entrâmes dans un jardin par une porte latérale dont M. Jarndyce avait la clef; la première chose qui me frappa, fut que les plates-bandes et les fleurs étaient disposées de la même manière que les miennes à Bleak-House.

« Vous voyez, me dit mon tuteur en examinant mon visage, que, ne pouvant mieux faire, j'ai suivi les plans que vous avez adoptés. »

Nous traversâmes ensuite un joli petit verger, où les cerises étaient nichées dans les feuilles vertes, et où l'ombre des pommiers jouait sur l'herbe des pelouses; nous arrivâmes à la maison; un véritable cottage rustique, composé de chambres de poupée, mais situé dans un endroit si tranquille et si doux, entouré d'une campagne si fertile et si riante! un ruisseau serpentait à quelque distance, étincelant entre les arbres dont ses bords étaient couverts, et faisant tourner un moulin; dans la prairie qui se déployait à côté de la ville, on voyait des joueurs de paume rassemblés en groupes joyeux, et une tente surmontée d'un drapeau dont la brise faisait flotter les plis. Nous entrâmes dans le cottage; et là, depuis la porte d'entrée jusqu'aux moindres petites chambres, comme dans le parterre et sous la galerie de bois tapissée de chèvrefeuille et de jasmin, je retrouvai dans les tentures des murailles, dans la couleur des meubles, dans l'arrangement des plus petites choses, le souvenir de mes goûts, de mes inventions, et jusqu'à celui des méthodes et des manies dont ils avaient coutume de rire tout en les approuvant.

Je ne pouvais assez exprimer combien j'admirais tout cela ; mais je me demandais en moi-même s'il en serait plus heureux. N'aurait-il pas mieux valu pour son repos que je n'eusse pas été ainsi rappelée à sa mémoire ? car il m'aimait ; et sans me flatter d'atteindre l'idéal qu'il croyait trouver en moi, tout cela ne ferait que lui faire regretter davantage ce qu'il croyait avoir perdu. Je ne désirais certainement pas qu'il m'oubliât, et peut-être n'avait-il besoin d'aucune aide pour se souvenir de moi ; mais ma route était plus facile que la sienne, et je me serais résignée, même à son oubli, s'il avait dû en être plus heureux.

« Maintenant, petite femme, dit mon tuteur que je n'avais jamais vu si rayonnant et si fier, maintenant, il ne nous reste plus à connaître que le nom de cette maisonnette.
— Comment la nommez-vous, tuteur ?
— Venez voir, chère enfant. »
Il m'emmena vers le portail que jusqu'alors il avait eu le soin d'éviter, et s'arrêtant tout à coup :
« Enfant, me dit-il, est-ce que vous ne devinez pas ?
— Non, » répondis-je.
Nous franchîmes la porte, et il me montra le nom de *Bleak-House* gravé sur la façade.

Puis me conduisant à un banc caché au milieu du feuillage, et s'asseyant à côté de moi :
« Chère fille, me dit-il en me prenant la main, depuis que je vous connais, j'ai toujours éprouvé pour vous une vive sollicitude, et j'espère vous l'avoir témoigné ; quand je vous écrivis cette lettre, dont vous m'avez apporté la réponse, je pensais beaucoup trop à mon bonheur ; mais je songeais toujours au vôtre. J'avais rêvé plusieurs fois, quand vous étiez enfant, de vous prendre un jour pour ma femme, et je ne sais plus à quelle occasion cet ancien rêve me revint à la pensée ; toujours est-il que j'écrivis ma lettre et que vous y avez répondu.... Vous m'écoutez, mon enfant ? »

J'avais froid et je tremblais de tous mes membres, mais je ne perdais pas une seule de ses paroles ; je le regardais fixement, les rayons du soleil, qui, en traversant la feuillée, descendaient sur sa tête, me paraissaient l'entourer d'une céleste auréole.
« Écoutez-moi, cher ange, et ne parlez pas, me dit-il ; peu importe à quel moment je me suis demandé si la détermination que j'avais prise était bien celle qui dût vous rendre heureuse ; Woodcourt vint à la maison et tous mes doutes cessèrent. »

Je me jetai dans ses bras, et, posant ma tête sur sa poitrine, je me mis à fondre en larmes. « Appuyez-vous avec confiance sur mon cœur, me dit-il en me pressant contre lui ; je suis votre tuteur, votre père, mon enfant. »

Il continua ainsi, d'une voix douce et caressante comme le murmure du vent dans les feuilles, et apaisa mon trouble sous l'influence de sa parole vivifiante.

« Comprenez-moi bien, chère fille, reprit-il, je ne doute pas qu'auprès de moi vous n'eussiez été contente de votre sort ; vous êtes si bonne et si dévouée ; mais je découvris bientôt celui qui vous rendrait plus heureuse. Que j'aie pénétré ce secret avant vous, cela n'a rien d'étonnant ; quant à Woodcourt, il y a longtemps que j'étais dans sa confidence, bien qu'il ne soit dans la mienne que d'hier seulement, de quelques heures avant votre arrivée. Mais je ne voulais pas qu'un seul des mérites de ma chère fille fût inconnu, et je n'aurais pas consenti pour tout l'or des montagnes du pays de Galles à voir admettre par tolérance mon Esther dans la descendance de Morgan-ap-Kerrig et de son illustre lignée. »

Il me baisa au front et mes larmes coulèrent de nouveau, car ses louanges me causaient plus de bonheur que je n'en pouvais supporter.

« Allons, petite femme, ne pleurez pas ; c'est un heureux jour que celui-ci ; j'y pense depuis bien longtemps, s'écria-t-il d'une voix triomphante. Quelques mots encore, dame Durden, et j'aurai dit tout ce que j'avais à vous dire. Étant donc bien résolu à voir apprécier jusqu'au moindre atome de la valeur de mon Esther, je pris à part mistress Woodcourt : « Madame, lui dis-je, je m'aperçois et je sais d'ailleurs que votre fils aime ma pupille ; je suis très-sûr en outre que ma pupille aime votre fils ; mais qu'elle sacrifiera son amour au devoir qu'elle s'est imposé, et qu'elle le fera si complétement, si religieusement que vous ne le soupçonneriez même pas, alors que vous la verriez sans cesse. Je lui confiai ce qui avait eu lieu entre nous et je la priai d'habiter notre maison. « Venez, lui dis-je, voyez ma chère fille à toute heure ; comparez après cela tout ce que vous aurez vu avec sa généalogie (car j'aurais dédaigné de lui cacher votre naissance), et quand vous y aurez longuement pensé, vous me direz où est la vraie noblesse et la véritable légitimité. » Mais honneur à son vieux sang gallois, dame Durden ! s'écria mon tuteur avec enthousiasme ; je crois en vérité que le bon cœur qu'il vivifie ne bat pas avec moins de chaleur et ne sent pas pour mon Esther moins d'admiration ni d'amour que celui-là qui bat dans ma poitrine. »

Il me releva tendrement la tête et m'embrassa plusieurs fois d'une manière toute paternelle.

« Un mot encore, ajouta-t-il : quand l'autre soir, Allan Woodcourt vous fit part de ses sentiments, chère fille, je le savais et j'y avais consenti ; mais je ne lui avais donné aucun espoir ; la surprise que je voulais vous faire à tous les deux était ma seule récompense et j'étais trop avare de ce bonheur pour vouloir en perdre la moindre parcelle. Il vint ensuite me dire tout ce qui s'était passé, comme nous en étions convenus. J'ai tout dit, chère fille. Allan Woodcourt s'est trouvé au lit de mort de votre père, au lit de mort de votre mère : voici Bleak-House je lui donne aujourd'hui sa petite maîtresse, et devant Dieu, c'est le plus beau jour de toute ma vie. »

Il me releva ; nous n'étions plus seuls ; mon mari (il y a maintenant sept années révolues que je l'appelle ainsi), mon mari était à mes côtés.

« Allons, lui dit mon tuteur, recevez de ma main la meilleure épouse qu'un homme ait jamais eue. Je sais que vous en êtes digne et c'est le plus grand éloge que l'on puisse faire de vous. Acceptez la maison qu'elle vous apporte ; vous savez quel charme elle saura y répandre ; Allan, vous vous rappelez ce qu'elle a fait de l'homonyme de cette demeure. Laissez-moi partager quelquefois la félicité qu'on y trouvera et je n'aurai rien perdu. »

Il m'embrassa de nouveau et ajouta d'une voix plus douce avec des pleurs dans les yeux :

« Esther, mon enfant, après tant d'années passées ensemble, c'est une espèce de séparation. Je sais que la méprise que j'ai faite vous a causé quelque chagrin ; pardonnez à votre vieux tuteur en lui rendant l'ancienne place qu'il occupait dans votre affection, et oubliez l'instant où il s'était trompé. »

Il s'éloigna sous la voûte de feuillage, se retourna comme il venait d'en sortir, et nous regardant, tout inondé de lumière :

« Vous me retrouverez d'un côté ou de l'autre ; je serai dans les environs, dit-il. Le vent est de l'ouest, petite femme, tout à fait de l'ouest. Surtout qu'on ne pense plus à me remercier ; car je reprends mes anciennes habitudes ; et si quelqu'un venait à oublier cette recommandation, je m'enfuirais et je ne reviendrais plus. »

Quel bonheur que le nôtre pendant toute cette journée ! que de joie, d'espérance et de gratitude ! quelle félicité parfaite !

Nous devions nous marier avant la fin du mois ; mais l'époque à laquelle nous devions prendre possession de notre maison dépendait de Richard et d'Éva.

Le lendemain nous partîmes tous les trois pour Londres. Dès que nous fûmes arrivés, Allan courut à Symonds'-Inn pour voir Richard et lui porter la bonne nouvelle ainsi qu'à ma chère fille. J'avais moi-même l'intention d'aller passer quelques minutes auprès d'Eva, malgré l'heure avancée ; mais je revins d'abord à la maison, pour faire le thé de mon tuteur et reprendre à côté de lui mon ancienne place que je ne pouvais me résoudre à quitter sitôt.

On nous dit, en arrivant, qu'un jeune homme était venu trois fois dans la journée pour me voir, et qu'ayant fini par apprendre à la troisième fois que je ne rentrerais pas avant dix heures du soir, il avait laissé un mot pour dire qu'il repasserait de nouveau à cette heure-là. On nous remit ses trois cartes ; elles portaient le nom de M. Guppy.

Comme je cherchais naturellement à deviner le motif de ses trois visites et que, dans ma pensée, quelque chose de risible s'associait toujours au souvenir du visiteur, il advint qu'en riant de ce pauvre jeune homme, je racontai à M. Jarndyce l'ancienne proposition qu'il m'avait faite et la rétractation qui avait eu lieu plus tard. « Après cela, dit mon tuteur, nous ne pouvons pas nous dispenser de recevoir ce héros ; » et à peine l'ordre était-il donné de le faire entrer dès qu'il se présenterait, que M. Guppy sonnait à notre porte.

Il fut très-embarrassé lorsqu'il vit M. Jarndyce auprès de moi ; mais, se remettant bien vite, il lui demanda comment il se portait.

« Et vous, monsieur ? répondit mon tuteur.

— Assez bien, monsieur, je vous remercie. Voudriez-vous me permettre de vous présenter ma mère, mistress Guppy d'Old-Street-Road, et mon ami particulier M. Weevle, c'est-à-dire M. Jobling, car Weevle n'est pas son véritable nom. »

Mon tuteur les pria de s'asseoir, ce qu'ils firent tous les trois.

« Tony, voulez-vous exposer la cause ? dit M. Guppy en s'adressant à M. Jobling après un silence assez embarrassant.

— Faites-le vous-même, » répondit aigrement M. Jobling.

M. Guppy réfléchit un instant et prit la parole en ces termes, à la grande satisfaction de sa mère qui poussa M. Jobling du coude et me lança un clignement d'œil des plus significatifs :

« Monsieur Jarndyce, dit-il, je m'attendais à voir miss Summerson toute seule, et je n'étais nullement préparé à votre honorée présence. Mais peut être miss Summerson vous a-t-elle informé de ce qui s'est passé entre elle et moi dans de précédentes entrevues.

— Miss Summerson, répondit mon tuteur en souriant, m'en a dit en effet quelque chose.

— Ceci rend plus facile l'exposition des faits, répliqua M. Guppy. Je viens, monsieur, de terminer mon stage et d'obtenir mes diplômes chez Kenge et Carboy, et, j'ose le dire, à la satisfaction de toutes les parties. Je suis maintenant (après avoir subi un examen d'une stupidité exaspérante sur un tas de balivernes qu'il est inutile de connaître), je suis maintenant, dis-je, inscrit sur la liste des procureurs; j'en ai le certificat; je pourrais le produire si c'était pour vous une satisfaction de le voir.

— Je vous remercie, répliqua mon tuteur; je ne fais nulle opposition, je crois me servir d'un terme légal, nulle opposition à admettre ledit certificat. »

Sur cette assurance, M. Guppy se désista de tirer quelque chose de sa poche et continua ainsi :

« Je ne possède rien de mon propre chef; mais ma mère jouit d'une petite propriété, sous forme de rente, et les quelques livres à débourser pour le roulement des affaires ne manqueront pas dans ma caisse; elles seront, en outre, libres d'intérêt, ce qui, ajouta M. Guppy d'une voix émue, est un grand avantage.

— Certainement, dit mon tuteur.

— J'ai quelques relations du côté de Walcot-Square, reprit M. Guppy, et j'ai loué, par ce motif, une maison située dans ce quartier; maison que d'après l'opinion de mes amis, j'ai obtenue pour moins que rien (des impôts presque nuls, des glaces, des tablettes et autres agencements compris dans le chiffre du loyer) et c'est là que je vais immédiatement ouvrir mon cabinet. »

Mistress Guppy, dont la joie s'était déjà manifestée lorsqu'il avait été question de sa petite rente, n'y tint plus en entendant les dernières paroles de son fils, et, prise d'un véritable délire, roula sa tête sur ses épaules avec une verve effrayante, en souriant d'un air malin à tous ceux qui la regardaient.

« Cette maison, poursuivit M. Guppy, se compose de six pièces, sans compter la cuisine, et constitue, suivant l'opinion de mes amis, une habitation fort commode. Quand je parle de mes amis, je fais principalement allusion à mon ami Jobling, qui me connaît depuis ma première adolescence, » ajouta M. Guppy d'un air sentimental.

Assertion que M. Jobling confirma par un mouvement des deux jambes.

« Mon ami Jobling m'assistera en qualité de clerc, et vivra dans la maison, continua M. Guppy ; ma mère également viendra vivre chez moi à l'expiration de son présent terme dans Old-Street-Road ; par conséquent la société ne fera pas défaut. Mon ami Jobling a, par nature, des goûts aristocratiques, et, connaissant d'autre part tous les mouvements des cercles supérieurs, il me soutient et m'appuie dans les intentions que je suis en train de développer.

— Certainement, dit M. Jobling en s'éloignant un peu du coude de la mère de M. Guppy.

— Je n'ai pas, monsieur, puisque vous êtes dans la confidence de miss Summerson, je n'ai pas besoin de vous dire (je voudrais bien, ma mère, que vous restassiez tranquille), de vous dire que l'image de miss Summerson fut autrefois gravée dans mon cœur, et que je lui fis alors des propositions de mariage.

— C'est ce que j'ai appris, répondit mon tuteur.

— Certaines circonstances, complétement indépendantes de ma volonté, continua M. Guppy, affaiblirent à une certaine époque l'impression que m'avait faite cette image, époque à laquelle la conduite de mistress Summerson fut, dois-je le dire, des plus nobles et des plus magnanimes. »

Mon tuteur, que tout cela paraissait beaucoup divertir, me frappa sur l'épaule en souriant.

« Je suis maintenant, monsieur, dans une disposition d'esprit où cette conduite magnanime éveille en moi le besoin d'y répondre avec réciprocité ! s'écria M. Guppy. Je veux prouver à miss Summerson que je puis m'élever à une hauteur que peut-être elle ne me croyait pas capable d'atteindre. Je sens que l'image autrefois gravée dans mon cœur, et que j'en croyais effacée, y est restée profondément empreinte ; son influence sur moi est toujours effroyable ; et, cédant à sa puissance, je renouvelle, au mépris des circonstances que personne ne pouvait dominer, je renouvelle à miss Summerson la proposition que j'eus l'honneur de lui adresser autrefois, et je mets à ses pieds la maison de Walcot-Square, mon titre, mon diplôme et ma personne, en la priant de vouloir bien les accepter.

— Votre conduite, monsieur, est en effet très-magnanime, répondit mon tuteur.

— C'est mon plus vif désir, monsieur, que de me montrer magnanime, répliqua M. Guppy avec sincérité. Je ne considère pas, d'ailleurs, la proposition que je fais à miss Summerson comme désavantageuse pour moi, loin de là ; c'est également l'opinion de mes amis. Néanmoins certaines circonstances ont amené certains changements qui peuvent être mis en balance de mes désavantages et rétablir à peu près l'équilibre.

— Je prends sur moi, monsieur, de répondre, au nom de miss Summerson, à la proposition que vous voulez bien lui faire, répliqua mon tuteur en dirigeant sa main vers le cordon de la sonnette. Elle est très-sensible à vos bonnes intentions ; elle vous souhaite le bonsoir et fait des vœux pour votre prospérité.

— Que voulez-vous dire par là, s'il vous plaît ? monsieur, demanda M. Guppy d'un air incertain. Est-ce un rejet, une acceptation, ou seulement une prise en considération ?

— Un rejet absolu, monsieur, répondit mon tuteur.

— Vraiment, monsieur ! Et vous, Jobling, si vous étiez l'ami sincère que je suppose, vous donneriez le bras à ma mère pour l'emmener d'ici, au lieu de souffrir qu'elle restât plus longtemps dans un endroit où l'on n'a pas besoin d'elle. »

Mais mistress Guppy refusa positivement de partir et ne voulut pas en entendre parler.

« Sortez vous-même, dit-elle à mon tuteur. Qu'est-ce que ça signifie, votre rejet absolu ? Est-ce que mon fils ne la vaut pas ? N'êtes-vous point honteux ? Sortez, vous-même.

— Ma chère dame, il est peu raisonnable de me prier de sortir de chez moi, répondit mon tuteur.

— Je m'en soucie bien que ce soit raisonnable ou non ! reprit mistress Guppy. Si vous ne trouvez pas que nous valions assez pour vous, allez chercher quelqu'un qui vaille mieux. Allez, allez le chercher.

J'étais loin de m'attendre à la rapidité avec laquelle mistress Guppy avait passé de la joie la plus expansive au ressentiment le plus profond. Rien ne paraissait l'indigner et l'étonner autant que de nous voir rester à notre place.

« Mais allez donc ! s'écria-t-elle ; allez chercher quelqu'un d'assez huppé pour vous ? Pourquoi n'y allez-vous pas ? qu'est-ce qui vous retient ici ?

— Ma mère, lui dit son fils, qui tâchait de la pousser dehors et de se placer devant elle, ma mère, vous tairez-vous, enfin ?

— Non, William, non ; je ne me tairai pas avant qu'il soit sorti. »

Cependant William et son ami Jobling finirent par entraîner mistress Guppy, qui devenait fort insolente, et dont la voix montait d'un degré à mesure qu'on lui faisait descendre une marche, en continuant d'insister pour que nous sortissions immédiatement, afin d'aller chercher quelqu'un d'assez huppé pour nous.

CHAPITRE XXXV.

Nouvelle carrière.

La session était rouverte, et mon tuteur avait trouvé à son retour du Yorkshire un papier où M. Kenge lui notifiait que la cause serait appelée dans deux jours.

Comme je fondais assez d'espoir sur le testament pour que cette nouvelle me causât une certaine émotion, nous convînmes, Allan et moi, de nous rendre à l'audience le jour indiqué par M. Kenge. Richard était extrêmement agité ; sa faiblesse était si grande, bien qu'il ne fût malade que d'esprit, que ma pauvre amie avait un grand besoin d'être entourée et soutenue. Cependant elle portait, comme elle me l'avait dit, ses regards sur un avenir prochain, sur l'aide puissante qu'elle attendait bientôt, sans se laisser abattre un seul instant.

C'était à Westminster que la cause devait être appelée. C'était bien pour la centième fois déjà et toujours sans résultat ; mais je ne pouvais m'ôter de l'esprit que nous touchions enfin à l'arrêt définitif. Nous partîmes aussitôt après le déjeuner, pour arriver de bonne heure à Westminster, et nous suivîmes les rues vivantes qui nous y conduisaient, tout surpris et tout joyeux de les parcourir ensemble.

Tandis que nous marchions sans rien voir, faisant des plans pour Eva et pour Richard, j'entendis quelqu'un s'écrier :

« Esther ! ma chère Esther ! »

C'était Caddy Jellyby, qui, la tête à la portière d'une petite voiture qu'elle prenait pour aller donner ses leçons (elle avait maintenant tant d'élèves !), semblait vouloir m'embrasser à distance. Je lui avais écrit un mot pour lui dire tout ce que mon tuteur avait fait ; mais je n'avais pas trouvé le moment d'aller jusque chez elle. Nous revînmes sur nos pas ; et, dans sa joie de me revoir et de me rappeler la soirée où elle m'avait apporté les fleurs que j'avais attribuées à Prince, elle parut tellement décidée à m'écraser la figure, y compris mon chapeau qu'elle prenait à deux mains, à m'appeler des noms les plus tendres et à raconter follement que je lui avais rendu je ne sais plus quels services, que je me vis obligée de monter dans sa voiture pour lui laisser débiter là tout ce qu'elle voulut bien dire. Allan, resté debout à côté de la portière, n'était pas moins ravi que Caroline, et j'étais moi-même aussi enchantée qu'eux. Je m'étonne d'avoir pu m'éloigner, comme je finis par le faire; me sauvant toute rouge, ne pouvant m'empêcher de rire, passablement décoiffée et regardant Caroline, qui, de son côté, resta la tête à la portière aussi longtemps qu'elle put nous voir.

Cet incident nous avait retardés au moins d'un quart d'heure, et l'audience était commencée lorsque nous arrivâmes. Ce qu'il y avait de plus fâcheux, c'est que, par extraordinaire, la foule était si grande, que la salle était comble, et qu'il nous fut impossible de voir ou d'entendre ce qui se passait à l'intérieur. Apparemment que c'était quelque chose de très-drôle, car, de temps en temps, des rires et le mot « Silence ! » arrivaient jusqu'à nous. C'était toujours quelque chose d'intéressant et qui réjouissait fort les membres du barreau, car, lorsqu'un des avocats en favoris et en perruque qui se trouvaient parmi la foule redisait aux autres ce qu'il venait d'apprendre, ils mettaient leurs mains dans leurs poches, se tordaient à force de rire, et, n'en pouvant plus, frappaient du pied sur les dalles.

Nous demandâmes à un gentleman, qui était à côté de nous, s'il savait de quelle affaire on s'occupait actuellement. Il nous répondit que c'était de Jarndyce contre Jarndyce. Nous lui demandâmes encore s'il savait à quel point en était la discussion. Il nous répondit que personne ne l'avait jamais su; mais, qu'autant qu'il pouvait le comprendre, l'affaire était finie.

« Pour aujourd'hui ? m'écriai-je.
— Pour de bon, » répondit-il.
Pour de bon !

Nous nous regardâmes, pouvant à peine en croire cette réponse inattendue. Était-il possible que le testament eût rétabli tous les droits, fait cesser tous les doutes, et qu'Eva et Richard fussent à la veille d'être riches ? C'était trop beau pour être vrai.

Notre incertitude ne dura pas longtemps. La foule rompit bientôt ses rangs pressés, et ses flots s'écoulèrent, entraînant avec eux l'air fétide qui régnait dans la salle. Tout ce monde-là avait la figure animée et réjouie ; on aurait dit plutôt des gens sortant d'un théâtre de la foire que les graves habitués du sanctuaire de la justice. Nous nous étions mis à l'écart, guettant quelque personne de connaissance. Devant nous passaient d'énormes liasses de papiers, les unes enfoncées dans des sacs, les autres trop grosses pour y entrer; papiers de toutes formes et papiers informes, sous lesquels trébuchaient les porteurs, qui les jetaient pêle-mêle sur le carreau pour en aller chercher d'autres. Jusqu'aux clercs qui riaient aussi. Nous lançâmes un coup d'œil sur ces dossiers, et, y voyant les mots Jarndyce contre Jarndyce écrits partout, nous demandâmes à un gentleman, qui avait l'air d'appartenir à la robe, s'il était vrai que le procès fût terminé.

« Mon Dieu, oui! répondit-il. A la fin des fins, c'est donc fini! » et il éclata de rire.

Au même instant, nous aperçûmes M. Kenge sortant de la cour avec cette dignité affable qui le caractérisait. Il prêtait l'oreille à M. Vholes, qui lui parlait d'un air respectueux et qui portait lui-même son sac de dossiers.

« Voilà miss Summerson et M. Woodcourt, dit celui-ci.

— Oh! vraiment? répondit M. Kenge en soulevant son chapeau avec une politesse raffinée. Comment vous portez-vous? Enchanté de vous voir! M. Jarndyce n'est pas ici?

— Non; vous savez qu'il n'y vient jamais, lui rappelai-je.

— Il vaut autant qu'il n'y soit pas venu aujourd'hui, reprit M. Kenge; cela aurait peut-être encore augmenté la force.... dois-je le dire en l'absence de cet excellent ami, la force de son invincible préjugé. C'eût été déraisonnable; mais l'effet n'en eût pas moins été produit.

— Que s'est-il donc passé? lui dit Allan.

— Ce qui s'est passé? répéta M. Kenge; mais rien; on n'a pas fait grand'chose. Nous avons été arrêtés, désarmés subitement.

— Pouvez-vous, du moins, reprit Allan, nous apprendre si le testament est considéré comme valable?

— Je le ferais volontiers, si la chose était possible, dit M. Kenge; mais nous n'avons pas examiné ce document.

— Nous ne l'avons pas examiné, répéta M. Vholes, dont la voix creuse fit écho.

— Rappelez-vous que ce fut une grande cause, monsieur Woodcourt, fit observer M. Kenge d'un ton persuasif; une cause dont la durée fut considérable et les complications sans nombre. C'est à juste titre que l'affaire Jarndyce contre Jarndyce a été appelée un monument de pratique judiciaire.

— Monument surmonté de la statue de la Patience, dit Allan.

— Très-bien, retourna M. Kenge avec un certain rire de condescendance. Très-bien! Rappelez-vous, en outre, monsieur, poursuivit-il en revenant à une dignité sévère, rappelez-vous que les nombreuses difficultés, contingences, et formes de procédure qu'a renfermées cette grande cause, ont exigé des études profondes, infiniment d'éloquence, d'habileté, de savoir et d'intelligence ; que, pendant des années, la fleur du barreau, et le.... un.... les fruits automnals, veux-je dire, les fruits du sac de laine dans leur maturité, ont été prodigués dans l'affaire Jarndyce contre Jarndyce. Si donc le public jouit des bienfaits, si le pays recueille la gloire de cette collection de lumières, il faut que ces avantages soient rémunérés en argent ou en valeurs quelconques, monsieur Woodcourt.

— Excusez-moi, monsieur Kenge, le temps nous presse, dit Allan subitement éclairé ; dois-je comprendre que la succession tout entière se trouve absorbée par les frais ?

— Hum ! je le crois, répondit M. Kenge. Qu'en dites-vous, monsieur Vholes ?

— Je le crois, répliqua celui-ci.

— Et que la cause s'évanouit faute d'argent pour la poursuivre, dit Allan.

— Probablement, répondit M. Kenge.

— Probablement, dit M. Vholes.

— Ceci va briser le cœur de Richard, » me dit tout bas Allan.

Sa figure exprimait une anxiété si vive ; il connaissait si bien notre pauvre ami, dont moi-même j'avais suivi le dépérissement graduel, que les paroles prononcées par ma chère fille, dans la clairvoyance de son amour, me revinrent à l'esprit et résonnèrent à mon oreille comme un tintement funèbre.

« Dans le cas où vous chercheriez M. Carstone, dit M. Vholes en nous rejoignant, vous le trouverez près de la cour. Je l'y ai laissé tout à l'heure, prenant un peu de repos. Bonjour, monsieur, bonjour miss Summerson. » Il dirigea vers moi ce regard de fascination lente des reptiles qui lui appartenait en propre, bâilla en nouant les cordons de son sac, comme s'il eût avalé le dernier morceau de son client, se hâta de rejoindre M. Kenge, dont il semblait craindre de perdre l'ombre bénigne ; et sa personne, malsaine, vêtue de noir et boutonnée jusqu'aux lèvres, franchit la porte basse qui était au bout de la salle.

« Cher ange, me dit Allan, retournez bien vite avertir M. Jarndyce, et rendez-vous chez Eva, pendant que je vais m'occuper de celui que vous avez confié à mes soins. »

Je pris une voiture et je fus bientôt arrivée. J'annonçai graduellement à mon tuteur les nouvelles que je rapportais.

« Chère fille, me dit-il sans témoigner la moindre émotion pour son compte, la fin de ce procès qui nous délivre de la chancellerie est un bienfait plus grand que je n'osais l'espérer. Mais ces pauvres enfants ! »

Nous nous occupâmes d'eux toute la matinée ; examinant et discutant tout ce qu'il était possible de faire, et tout ce qu'on pouvait leur proposer. Dans l'après-midi, mon tuteur vint avec moi jusqu'à Symond's-Inn. Il me quitta à la porte d'Eva, et je montai seule chez elle. Quand ma pauvre amie entendit le bruit de mes pas dans l'étroit corridor, elle vint me trouver et se jeta dans mes bras ; mais elle réprima bientôt son émotion et me dit que Richard m'avait demandée plusieurs fois. Allan, continua-t-elle, l'avait trouvé assis dans un 'n de la salle où il paraissait pétrifié. Quand il fut réveillé a torpeur, il avait éclaté en reproches amers contre les juges ; mais le sang qui avait rempli sa bouche dès les premières paroles l'avait empêché de continuer, et son ami l'avait ramené.

Lorsque j'entrai dans la chambre, il était couché sur le divan, et paraissait dormir. Sur la table se trouvaient des fortifiants ; la pièce était aussi aérée que possible, et tout y était calme et parfaitement en ordre. Allan était à côté de lui et le regardait d'un air grave. Sa figure me sembla d'une pâleur absolue ; et, pour la première fois, je sentis combien il était épuisé ; son visage était pourtant d'une beauté que je ne lui avais pas vue depuis longtemps.

Je m'assis auprès de lui en silence. Il ouvrit les yeux quelques instants après, et me dit d'une voix faible, mais avec son ancien sourire :

« Dame Durden, embrassez-moi. »

La gaieté semblait lui être revenue autant que le permettait sa faiblesse. Il pensait à l'avenir et se montrait plus heureux de notre mariage qu'il ne pouvait l'exprimer. Mon mari, disait-il, avait été son ange gardien comme celui d'Eva. Il nous bénissait, nous souhaitait tout le bonheur que cette vie peut donner, et je crus un instant que mon cœur allait se briser, quand je lui vis prendre la main d'Allan et la retenir sur sa poitrine.

Nous parlâmes de diverses choses ; nous fîmes des projets. Il assisterait à notre mariage, disait-il, pour le peu que ses jambes voulussent bien le lui permettre. Eva trouverait toujours le moyen de l'y conduire.

« Certainement, » répondit-elle. Mais en dépit de la sérénité que montrait son doux visage, pauvre amie ! je savais bien.... je savais bien....

Il ne fallait pas qu'il parlât, et nous gardâmes le silence. Comme il avait l'habitude de me plaisanter sur la manie que j'avais d'être toujours occupée, j'allai prendre mon ouvrage, qui me servit de prétexte pour ne plus rien dire. Eva s'appuya sur son oreiller, et il posa la tête sur le bras du cher ange. Il sommeillait continuellement et n'ouvrait pas les yeux sans demander tout d'abord : « Où est Woodcourt? où est-il? »

Vers le soir, j'aperçus, en levant les yeux, mon tuteur qui était debout dans la petite pièce d'entrée. « Qui est-ce, dame Durden? » me dit Richard. La porte se trouvait derrière lui; mais il avait deviné à ma figure qu'il y avait là quelqu'un.

Je regardai Allan, pour lui demander conseil. Il inclina la tête, me faisant signe que oui. Je me penchai vers le malade et lui dis qui c'était. Pendant ce temps-là, mon tuteur, qui s'était approché de moi, posa sa main sur celle de Richard. « Oh! monsieur! que vous êtes bon, que vous êtes bon! » dit celui-ci en fondant en larmes.

M. Jarndyce prit ma place, et, conservant toujours la main de Richard dans la sienne :

« Mon cher Rick, dit-il, les nuages se sont dissipés et la lumière s'est faite. Nous avons tous été plus ou moins égarés; qu'importe, maintenant que nous voyons clair autour de nous? Comment cela va-t-il, mon pauvre ami?

— Je suis bien faible, monsieur; mais j'espère reprendre bientôt mes forces; j'ai à me créer une carrière.

— Très-bien pensé, dit mon tuteur.

— Et je ne suivrai pas le même chemin qu'autrefois, reprit Richard avec un triste sourire; la leçon a été rude, monsieur; mais vous pouvez être sûr que j'en ai profité.

— Très-bien, dit mon tuteur d'une voix encourageante, très-bien, mon enfant, très-bien !

— Je pensais tout à l'heure, continua Richard, que rien ne me ferait plus de plaisir que de voir leur maison,... celle de dame Durden et de Woodcourt. Si je pouvais y aller dès que je vais être un peu mieux, il me semble que je m'y rétablirais bien plus promptement qu'ailleurs.

— C'est précisément ce que nous disions ce matin, répondit mon tuteur; Esther et moi nous n'avons pas parlé d'autre chose pendant tout le déjeuner. J'imagine que son mari n'y mettra pas obstacle. »

Richard sourit et tendit la main à Allan, qui se trouvait derrière lui.

« Je ne parle pas d'Eva, dit-il, mais je pense à elle, j'y pense toujours. Voyez-la, près de moi, inclinée pour me soutenir, quand elle-même aurait tant besoin de se reposer; pauvre ange! pauvre amour! »

Il la serra dans ses bras au milieu du plus profond silence.

puis ses bras se détendirent peu à peu. Elle nous regarda, leva les yeux vers le ciel, et ses lèvres s'agitèrent.

« Quand j'irai à Bleak-House, reprit Richard, j'aurai beaucoup à vous dire; et vous, monsieur, vous aurez beaucoup de choses à me montrer; vous viendrez, n'est-ce pas?

— Sans doute, mon cher ami, sans doute.

— Merci, dit Richard, toujours le même, toujours! Ils m'ont dit comment vous aviez arrangé tout cela; poussant la bonté jusqu'à vous ressouvenir des moindres habitudes, des moindres goûts d'Esther. Je croirai revenir à l'ancien Bleak-House.

— Vous y reviendrez aussi, je l'espère bien, Rick. Je vais y être tout seul, et ce sera une charité que de venir me voir, ajouta-t-il en passant la main sur les cheveux blonds d'Eva et en portant à ses lèvres une de leurs mèches soyeuses. Il me sembla deviner en ce moment qu'il se faisait à lui-même la promesse de lui servir d'appui.

— Ce fut un bien mauvais rêve! s'écria Richard en serrant tout à coup les deux mains de mon tuteur.

— Rien de plus, mon pauvre Rick.

— Et vous seriez assez bon pour avoir pitié du rêveur, pour lui pardonner quand il s'éveille, et pour l'encourager?

— Moi-même n'ai-je pas rêvé? répondit mon tuteur en lui serrant la main.

— Je vais commencer une nouvelle existence, » dit Richard, dont les yeux rayonnèrent.

Allan se rapprocha d'Eva et fit un geste solennel pour avertir mon tuteur.

« Quand partirai-je de cet endroit obscur? poursuivit Richard; quand partirai-je pour retourner où nous étions autrefois, pour revoir cette campagne où je retrouverai la force de dire tout ce qu'Eva fut pour moi, où je reconnaîtrai mon aveuglement et mes fautes, et où je me préparerai à devenir le guide et le soutien de mon enfant qui va naître? Quand partirai-je?

— Dès que vous le pourrez, mon cher ami, répondit mon tuteur.

— Eva, mon ange! »

Il essaya de se soulever un peu. Allan le prit et le plaça de manière qu'il pût la serrer sur son cœur; c'était ce qu'il désirait.

« J'ai eu bien des torts envers toi, ma bien-aimée, lui dit-il; j'ai répandu l'ombre sur ta route, qui aurait dû être si belle; en t'épousant, je t'ai unie à l'inquiétude et à la pauvreté; j'ai pris ton avoir et l'ai dispersé à tous les vents; me pardonnes-tu, mon

Éva, me pardonnes-tu le passé, avant que je recommence une nouvelle carrière ? »

Elle s'inclina et l'embrassa. Un sourire éclaira le visage de Richard ; il posa lentement sa figure sur la poitrine de sa femme, l'étreignit une dernière fois ; et, jetant un dernier soupir, il entra dans cette vie nouvelle où sont réparés tous les maux qu'on a soufferts en ce monde.

Quand tout fut calme, à une heure assez avancée de la nuit, la pauvre miss Flite vint pleurer avec moi, et me dit qu'elle avait rendu la liberté à ses oiseaux.

CHAPITRE XXXVI.

Dans le comté de Lincoln.

Le silence règne partout à Chesney-Wold et couvre de son voile les derniers événements qui se passèrent dans la famille. On dit que sir Leicester a acheté la discrétion de plusieurs personnes qui, sans cela, auraient parlé ; mais c'est un on dit boiteux qui se traîne en chuchotant et qui meurt au moindre signe de vie qu'il essaye de donner.

On sait, à n'en pouvoir douter, que la belle lady Dedlock repose dans un mausolée situé au fond du parc, sous la voûte épaisse des vieux chênes, où le hibou fait retentir chaque nuit ses cris lugubres ; mais de quel endroit on l'apporta aux échos de ce lieu isolé et comment elle mourut, c'est toujours un mystère.

Il y a bien parmi ses anciennes amies, ces beautés décharnées aux joues de pêche, au cou décharné, quelques-unes de ces anciennes enchanteresses qui, en jouant avec leur éventail comme de pauvres fantômes réduits à coqueter avec la mort, après avoir perdu leur dernier adorateur, s'en vont répétant tout bas dans le monde que les cendres des Dedlock renfermées dans le mausolée du parc, doivent se soulever contre cette profanation ; mais les ombres des anciens Dedlock le prennent fort tranquillement, et n'ont pas, que l'on sache, fait à cet égard la moindre observation.

Du creux de la ravine, couverte de fougère, monte, parfois, jusqu'à ce lieu isolé, un bruit de pas qui suivent l'allée tourhaute cachée parmi les arbres. On voit alors sir Leicester, courbé, impotent, presque aveugle, mais noble encore, monté sur un vieux cheval dont un homme robuste, qui chevauche à côté de lui, surveille attentivement la bride. Quand ils arrivent devant la porte du mausolée, le cheval de sir Leicester s'arrête de lui-même; et le baronnet, découvrant ses cheveux blancs, reste immobile pendant quelques minutes avant de songer à s'éloigner.

La guerre existe toujours entre sir Dedlock et l'audacieux Boythorn, mais seulement par intervalles; tantôt faisant rage et tantôt s'éteignant, comme la flamme inconstante d'un feu mal entretenu. On dit qu'à l'époque où sir Leicester vint habiter Chesney-Wold pour ne plus en sortir, M. Boythorn manifesta l'intention d'abandonner ses droits et d'accepter l'ultimatum du baronnet; mais que sir Leicester, comprenant que c'était une concession à ses malheurs et à son état maladif, en avait été si profondément blessé, que M. Boythorn s'était trouvé dans la nécessité de commettre un flagrant délit pour rendre le calme à l'esprit de son voisin. Il continue donc ses effroyables menaces qu'il placarde lui-même (toujours avec son oiseau sur la tête), jurant d'aller assaillir le baronnet jusque dans le sanctuaire du foyer domestique, plutôt que de renoncer au droit de passage qu'il revendiquera jusqu'à la mort. Mais on dit tout bas que, plus il se montre féroce envers son vieil ennemi, plus il a pour lui de considération et de respect; et que sir Leicester, dans sa dignité d'homme implacable, ne se doute pas de quels égards on entoure sa faiblesse. Il ne sait pas davantage que le sort des deux sœurs crée entre lui et son antagoniste un lien sympathique de commune souffrance. M. Boythorn le sait bien, lui, mais il n'est pas homme à le lui dire; et la querelle continue à la satisfaction des deux parties.

La loge que l'on aperçoit du château, celle que regardait milady un jour où le comté de Lincoln se trouvait submergé et d'où elle voyait sortir l'enfant du garde, est maintenant occupée par Georges Rouncewell. Quelques armes, qui faisaient jadis partie du matériel de la galerie, sont appendues aux murailles; et leur entretien constitue le plus grand plaisir d'un petit homme boiteux qu'on voit sans cesse à la porte de la sellerie, toujours occupé, toujours polissant un étrier, un mors, une gourmette, une bossette de harnais, tout ce qu'enfin on peut fourbir et nettoyer, car il ne vit que pour le polissage; un petit homme ébouriffé, avarié, ressemblant quelque peu à un vieux chien mâtiné que toute sa vie on a repoussé à coups de pied, et qui répond au nom de Phil.

C'est un spectacle touchant que de voir la vieille femme de charge, à présent tout à fait sourde, aller à l'église appuyée sur le bras de son fils, et d'observer les relations qui existent entre eux et le baronnet. Au reste il y a peu de monde aujourd'hui pour en faire la remarque; car il ne vient presque personne maintenant à Chesney-Wold. Cependant, à l'époque des grandes chaleurs, on entrevoit parmi les feuilles un manteau gris et un parapluie jadis inconnus dans ces lieux; deux petites filles folichonnent alors dans la fosse des scieurs de long et dans les coins les plus retirés du parc, tandis qu'à la porte du sergent, la fumée de deux pipes déploie ses spirales dans l'air embaumé du soir, pendant qu'au fond de la loge un fifre fait entendre l'air inspirateur de *Grenadiers anglais*, et que, vers la fin de la soirée, une voix sèche dit ces mots d'un ton inflexible : « Mais je ne l'avoue pas devant la vieille : faut maintenir la discipline. »

Le château est presque entièrement fermé; et désormais on ne le montre plus à personne. Néanmoins sir Leicester se tient toujours dans le grand salon, où il occupe sa place accoutumée en face du portrait de milady. Quand vient le soir, on n'éclaire entre les paravents où il se trouve que la partie qu'il occupe; et la lumière, diminue graduellement jusqu'à l'heure où elle n'existera plus. Quelque temps encore et toute clarté s'éteindra pour sir Leicester; quelque temps encore, et la porte humide du mausolée, qui ferme si bien, s'ouvrira pour le recevoir.

Volumnia, dont le rouge devient plus foncé et le teint plus jaune à mesure que s'enfuient les années, fait la lecture au baronnet pendant les longues soirées d'hiver; et de tous les artifices dont elle use pour dissimuler ses bâillements, l'introduction du collier de perles entre ses lèvres roses est le plus efficace et le plus fréquemment employé. Le fond de ses lectures se compose de longues tartines sur la question Boodle et Buffy, où il est démontré que Buffy est immaculé et Boodle un scélérat; que le pays court à sa ruine en se déclarant pour Boodle et non pas pour Buffy; ou que l'État serait sauvé si le gouvernement donnait la préférence à Buffy et non à Boodle (il faut absolument que ce soit l'un des deux, car nul autre ne peut rien pour le pays).

Sir Leicester s'inquiète peu du sujet et ne paraît pas suivre les débats avec beaucoup d'attention. Toutefois il s'éveille dès que Volumnia se hasarde à suspendre sa lecture, et répétant le dernier mot d'une voix sonore, il lui demande avec un certain déplaisir si c'est qu'elle est fatiguée. Mais Volumnia, qui, tout en sautillant, furète au milieu des papiers de son cousin, a découvert un certain memorandum qui la concerne et qui lui assure, au cas où il arriverait « quelque chose » à son illustre arent, une compensation suffisante aux lectures les plus longues et les plus fastidieuses; compensation qui va même jusqu'à tenir en respect le dragon dévorant de l'ennui qui l'assiége.

Les cousins s'abstiennent, pour la plupart, de se montrer à Chesney-Wold, dont la tristesse les effarouche; ceux qui viennent encore n'apparaissent plus que dans la saison des chasses; à cette époque les plantations retentissent de coups de fusil et les gardes avec quelques rabatteurs vont attendre au rendez-vous habituel deux ou trois parents ennuyés. Le cousin débilité que l'aspect lugubre de ces lieux débilite plus encore, tombe dans un affreux accablement dès qu'il rentre au château, et gémit sous les oreillers des sofas couverts de housses, en assurant « que cette vieille geôle infernale n'est bonne qu'à enterrer les gens. »

L'unique solennité que Chesney-Wold procure maintenant à Volumnia ne se présente plus que de loin en loin, à l'époque où il s'agit de faire quelque chose pour le pays en daignant embellir un bal public de sa présence. Dans ces grands jours, la sylphide, revêtue d'une toilette juvénile, franchit avec joie, escortée de ses cousins, les quatorze milles qui la séparent de la salle des élections, transformée en salle de danse après avoir été, pendant les trois cent soixante-cinq jours des années ordinaires, une sorte de garde-meuble rempli de tables et de chaises à l'envers, la tête en bas, les pieds en l'air. Et vraiment, cette chère Volumnia captive tous les cœurs par sa condescendance, sa vivacité naïve et ses grâces toujours aussi légères qu'à l'époque où le hideux général, dont la vieille mâchoire est aujourd'hui rajeunie par un râtelier complet, n'avait pas encore acheté ses dents au prix de deux guinées la pièce. Nymphe de bonne maison, elle chasse et déchasse, balance et tourbillonne à travers les quadrilles avec autant de plaisir que de succès, se montrant tour à tour bienveillante et cruelle pour les bergers de l'endroit qui viennent lui offrir du thé, des sandwiches et de la limonade accompagnés de leurs hommages respectueux. Il existe une singulière ressemblance entre sa beauté surannée et les lustres de cristal dont la pièce est décorée; vieux ornements qui, avec leur maigre tige, leurs petites pendeloques devenues rares, leurs bobèches dégarnies, leurs rameaux dépouillés de viroles et de godets, surtout avec leur faible rayon de lumière vacillante et prismatique, ressemblent à autant de Volumnias.

Mais à part ces festivals exceptionnels, le Lincolnshire n'offre à la cousine du baronnet qu'un vaste manoir antique et solitaire, au milieu de grands arbres qui soupirent, se tordent les bras, courbent la tête, et, dans cette attitude désolée, jettent leurs larmes sur les vitraux assombris; un pompeux labyrinthe, dont les propriétaires véritables sont maintenant une famille d'échos retentissants que le moindre son fait sortir de leurs sépulcres; un dédale de corridors et d'escaliers où personne ne passe; un désert où le peigne d'écaille qui, par hasard, tombe le soir sur le parquet, fait courir le bruit de sa chute à travers tout l'édifice et le renvoie jusqu'au faîte; un lieu maudit où l'on a peur de rôder seul, où la cendre qui glisse du foyer arrache un cri de terreur à la nouvelle servante, qui, de frayeur en frayeur, tombe dans le marasme, donne congé et s'en va.

Tel est maintenant Chesney-Wold, presque entièrement abandonné au vide et aux ténèbres, presque aussi triste quand le soleil d'été brille que lorsque les nuages couvrent le ciel d'hiver. Plus de drapeau flottant pendant le jour, plus de rangées de fenêtres lumineuses étincelant dans la nuit, plus de famille, plus de visiteurs pour animer ces chambres glacées, plus de mouvement, plus de vie nulle part. La grandeur hautaine et l'orgueil même n'y frappent plus les yeux de l'étranger; ils se sont retirés de l'antique domaine des Dedlock pour céder la place à un morne repos.

CHAPITRE XXXVII.

Fin de la narration d'Esther.

Il y a maintenant plus de sept années que je suis la maîtresse de Bleak-House. J'aurai bientôt fini les quelques lignes que j'ai encore à écrire, et alors il ne me restera plus qu'à me séparer de l'ami inconnu pour qui j'ai pris la plume; mais je lui conserverai un affectueux souvenir, et j'espère que de son côté il ne m'oubliera pas.

Ils placèrent ma chère fille dans mes bras, et je passai de longues semaines sans la quitter une minute. Le petit enfant qu'elle attendait vint au monde avant que l'herbe fût poussée sur la tombe de son père. C'était un garçon, et mon tuteur, mon mari et moi, nous lui donnâmes le nom de Richard.

Le secours efficace sur lequel ma pauvre amie comptait lui arrivait enfin ; mais la sagesse éternelle avait disposé les choses autrement qu'elle ne l'avait rêvé. C'était pour consoler la veuve, et non pas pour faire le bonheur de son père qu'il était envoyé; et quand je vis la puissance de cette petite main si faible, dont l'attouchement guérissait le cœur de sa mère et ranimait l'espoir éteint dans son cœur, j'en conçus un sentiment plus profond de la bonté du Créateur.

L'enfant prit de la force, la mère se rétablit; peu à peu je vis ma pauvre amie rester plus longtemps dans mon jardin, et s'y promener avec son fils dans les bras. J'étais mariée alors, et la plus heureuse des femmes.

Lorsqu'elle fut tout à fait remise, mon tuteur vint nous rejoindre, et lui demanda à quelle époque elle reviendrait à la maison.

« Vous êtes chez vous dans les deux Bleak-House, lui dit-il; mais l'ancienne a le droit de priorité et le réclame ; dès que vous serez assez bien pour voyager, ainsi que mon petit Richard, venez donc, chère enfant, prendre possession de votre demeure.

— Cousin John.... lui dit Eva.

— Non, répondit-il, c'est tuteur qu'il faut dire à présent. »

Il était celui du Bébé, et voulait rester celui de la mère. Ce titre d'ailleurs se rattachait à un ancien souvenir; depuis lors elle l'appela donc tuteur; et les enfants ne lui connaissaient pas d'autre nom. Je dis les enfants, parce que j'ai deux petites filles.

On croira difficilement que Charley, dont les yeux sont toujours ronds et l'orthographe vicieuse, est mariée au meunier du village; pourtant rien n'est plus vrai, et, en ce moment même, de la table où j'écris, près de ma fenêtre, je vois tourner son moulin. J'espère que son mari ne la gâtera pas, quoiqu'il en soit très-épris, et que Charley se montre un peu vaine d'avoir fait un si beau mariage. Il est vrai que le meunier est bien dans ses affaires : aussi se voyait-il très-recherché des mamans qui avaient des filles à marier. Pour en revenir à ma petite femme de chambre, je pourrais croire que le temps s'est arrêté depuis six années, comme son moulin vient de le faire depuis un moment, car Emma, la sœur de Charley, est exactement maintenant ce qu'était Charley avant elle. Quant à ce pauvre Tom, je n'oserais pas parler des bévues qu'il fit un jour à l'école dans son calcul : il faut dire qu'il s'agissait de fractions décimales. Quoi qu'il en soit, il est apprenti meunier chez son beau-frère; c'est un excellent garçon, fort timide, toujours amoureux de quelque jeune fille, n'osant jamais le dire, et ne sachant pas plus le cacher.

Caroline Jellyby a passé les dernières vacances avec nous, meilleure et plus charmante que jamais; dansant perpétuellement avec les enfants, comme si la danse n'était pas son métier. Elle a maintenant une voiture et demeure du côté de l'ouest, à deux milles de Newman-Street. Elle est obligée de travailler cruellement, son mari, devenu boiteux, n'étant plus capable de grand'chose; mais elle est toujours contente de son sort et fait sa besogne de tout son cœur. M. Jellyby va passer toutes ses soirées chez elle, et appuie sa tête contre le mur de la nouvelle maison, comme il faisait dans l'ancienne. J'ai entendu dire que mistress Jellyby avait gémi profondément de l'ignoble mariage de sa fille et de son indigne profession; mais j'espère qu'elle a fini par oublier cette pensée mortifiante. Elle a eu des désappointements cruels dans la question africaine. Le roi de Borrioboula-Gha, ayant éprouvé le besoin de vendre pour un peu de rhum tous les colons qui avaient résisté au climat, la colonie est à vau-l'eau; mais Mme Jellyby s'est rattachée à la question des droits politiques de la femme, et Caroline m'a dit que cette mission donnait lieu à une correspondance encore plus volumineuse que celle de Borrioboula-Gha. J'allais oublier la pauvre petite fille de Caroline; elle a grandi et pris de la force, mais elle est sourde et muette. Je ne crois pas qu'il ait jamais existé de meilleure mère; et dans ses rares instants de loisir, Caddy apprend une foule de notions à l'usage des sourds-muets, afin d'adoucir le malheur de son enfant.

Pépy est employé à la douane et se conduit à merveille. Le vieux M. Turveydrop, chez qui l'apoplexie est de plus en plus imminente, exhibe toujours les grâces de sa tournure dans les endroits les mieux fréquentés; il continue à jouir de lui-même; il inspire toujours une foi profonde à son fils et à sa belle-fille; et conservant son patronage distingué à Pépy, il fait entendre qu'il lui léguera une pendule française d'un goût élégant qui est dans son cabinet de toilette.... et qui ne lui appartient pas.

Nos premières économies furent employées à la construction d'un petit grognoir, exclusivement destiné à mon tuteur, et que nous inaugurâmes avec toute la pompe imaginable. Je m'efforce d'écrire tout cela gaiement; mais, en dépit de moi-même, j'ai le cœur gros de voir que je touche à la fin de mon récit, et quand je parle de M. Jarndyce, il faut absolument que je laisse couler mes larmes.

Je ne le regarde jamais sans entendre encore notre pauvre Richard s'extasier trop tard sur sa bonté. Il est pour Éva et pour son fils le plus tendre des pères, et pour moi ce qu'il a toujours été; quel nom donner à cela? Il est à la fois le meilleur ami de mon mari, le favori des enfants, l'objet de notre amour et de notre vénération la plus profonde. Et cependant, tout en le considérant comme un être supérieur, je suis tellement familière, tellement à l'aise avec lui, que j'en suis presque surprise. Je n'ai perdu aucun de mes anciens noms: dame Durden, petite mère, petite femme, et je réponds: « Oui, tuteur, » absolument comme autrefois.

Je n'ai plus entendu parler du vent d'est, depuis le moment où il m'amena devant la façade de notre maison pour me faire lire le nom qui s'y trouvait gravé. Je lui en ai fait la remarque, et il m'a répondu qu'en effet le vent d'est avait depuis lors disparu complétement.

Éva est plus belle que jamais; la douleur que son visage exprima pendant longtemps, mais qui aujourd'hui est effacée, a donné à sa physionomie, déjà si pure, un caractère plus élevé, plus divin pour ainsi dire. Quand mon regard la rencontre et que je la vois si belle dans ses habits de deuil qu'elle conserve toujours, et donnant une leçon à mon petit Richard, j'éprouve un plaisir indéfinissable à penser que peut-être elle n'oublie pas sa chère Esther dans ses prières.

Si j'appelle son enfant mon petit Richard, c'est qu'il dit qu'il a deux mamans, et j'en suis une.

Nous ne touchons pas de gros intérêts à la banque; mais nous vivons à notre aise, et nous n'en demandons pas davantage. Je ne sors pas avec mon mari sans l'entendre bénir; je ne vais pas dans une maison, riche ou pauvre, sans qu'on me fasse son éloge, ou qu'on le regarde avec des yeux reconnaissants. Je ne me couche pas un seul jour, sans savoir qu'il a soulagé quelque douleur et secouru des malheureux. Je sais qu'à leurs derniers moments, ceux qu'il n'a pu guérir l'ont souvent remercié de sa bonté patiente et de ses soins généreux.

N'est-ce pas là être riches?

Ils vont même jusqu'à m'estimer infiniment en ma qualité de femme du docteur; ils me témoignent tant d'affection et me placent si haut dans leur considération, que j'en suis toute confuse. C'est à lui, mon orgueil et mon bonheur, à lui que je dois tout cela. Ils m'aiment à cause de lui, comme de mon côté je fais tout pour l'amour de lui.

Il y a deux ou trois jours, après avoir fait mes petits préparatifs pour recevoir mon tuteur, Eva et son enfant, qui nous arrivent demain, j'étais assise devant le portail, ce cher portail à jamais mémorable, quand Allan revint à la maison.

« A quoi pensiez-vous là, chère petite? me dit-il.

— Curieux que vous êtes! lui répondis-je; j'ai presque honte de vous le dire, mais c'est égal : eh bien! je pensais à ma figure d'autrefois.

— Et qu'est-ce que vous en pensiez, ma *diligente abeille?*

— Je pensais, lui dis-je, qu'il aurait été impossible que vous m'eussiez aimée davantage, même si je l'avais conservée....

— Telle qu'elle était jadis? demanda-t-il en riant.

— Justement, répliquai-je.

— Dame Durden, me dit Allan en m'offrant son bras, vous regardez-vous quelquefois dans la glace?

— Vous le savez bien, car vous m'y prenez quelquefois.

— Ne voyez-vous pas alors que vous êtes plus jolie que vous n'avez jamais été? »

Je ne le savais pas, et je ne suis pas bien sûre que ce soit vrai; mais je sais que mes petites filles sont charmantes, que mon Eva est très-belle, que mon mari est d'une beauté pleine d'élégance et de distinction, que mon tuteur a la figure la plus radieuse et la plus bienveillante qu'on puisse voir, et qu'il leur est inutile que je sois jolie.... même en supposant que....

FIN.

TABLE DES MATIÈRES

CONTENUES DANS LE SECOND VOLUME.

Chapitres		Pages
I.	Garde et malade...	1
II.	Le rendez-vous...	15
III.	Intrus...	28
IV.	Un tour de vis...	42
V.	Narration d'Esther...	57
VI.	Chesney-Wold...	71
VII.	Jarndyce contre Jarndyce...	83
VIII.	Lutte intérieure...	98
IX.	Procureur et client...	105
X.	Affaires publiques et privées...	120
XI.	Dans la chambre de M. Tulkinghorn...	130
XII.	Chez M. Tulkinghorn...	137
XIII.	Narration d'Esther...	144
XIV.	La lettre et la réponse...	154
XV.	Dépôt sacré...	160
XVI.	Arrêtez-le...	170
XVII.	Le testament de Jo...	177
XVIII.	Avertissement...	189
XIX.	Amitié fidèle...	202
XX.	Narration d'Esther...	214
XXI.	Éclaircissement...	221
XXII.	Obstination...	229
XXIII.	Sur la piste...	238
XXIV.	La mine éclate...	248
XXV.	Fuite...	264
XXVI.	Poursuite...	276
XXVII.	Narration d'Esther...	281
XXVIII.	Un jour et une nuit d'hiver...	294
XXIX.	Narration d'Esther...	307
XXX.	Perspective...	319
XXXI.	Une découverte...	330
XXXII.	Une autre découverte...	340
XXXIII.	Fer et acier...	349
XXXIV.	Narration d'Esther...	357
XXXV.	Nouvelle carrière...	368
XXXVI.	Dans le comté de Lincoln...	375
XXXVII.	Fin de la narration d'Esther...	379

FIN DE LA TABLE DU SECOND VOLUME.

Coulommiers. — Imp. Paul BRODARD. — 34.

Original en couleur
NF Z 43-120-8